S0-AXA-394

Intrigas

ADVANCED SPANISH THROUGH LITERATURE AND FILM

JAMES C. COURTAD
Bradley University

KATHRYN EVERLY
Syracuse University

MARTÍN GASPAR
Harvard University

VISTA HIGHER LEARNING
Boston, Massachusetts

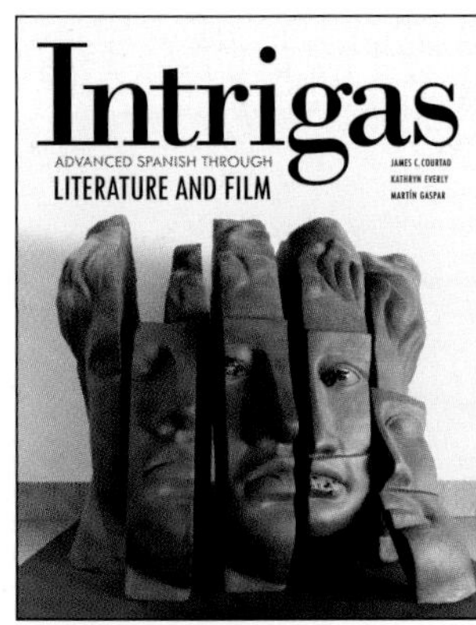

The **Intrigas** cover features the sculpture *Plataia en el Cajón No. 2 (Silver in the Box),* 1995, by Argentinian artist Marta Minujín.

Publisher: José A. Blanco
Executive Editors: Deborah Coffey, María Eugenia Corbo
Managing Editor: Paola Ríos Schaaf (Technology)
Senior Project Manager: Armando Brito
Editor: Egle Gutiérrez (Technology)
Production and Design Director: Marta Kimball
Design Manager: Susan Prentiss
Design and Production Team: María Eugenia Castaño, Oscar Díez, Mauricio Henao, Nick Ventullo

Copyright © 2012 by Vista Higher Learning, Inc.

All rights reserved.

No part of this work may be reproduced or distributed in any form or by any means, electronic or mechanical, including photocopying and recording, or by any information storage or retrieval system without prior written permission from Vista Higher Learning, 500 Boylston Street, Suite 620, Boston, MA 02116-3736.

ISBN: 978-1-61767-103-6

Library of Congress Control Number: 2010943174

"La cruda realidad" from *El eterno femenino* by Rosario Castellanos. D.R. © (1975) Fondo de Cultura Económica. Carretera Picacho-Ajusco 227, C.P. 14738, México, D.F. Esta edición consta de 16,000 ejemplares.

"Emma Zunz" from *El Aleph* by Jorge Luis Borges. Copyright © 1989, 1995 Maria Kodama, reprinted by permission of The Wylie Agency LLC.

6 7 8 9 RM 16 15

The Vista Higher Learning Story

Your Specialized Foreign Language Publisher

Independent, specialized, and privately owned, Vista Higher Learning was founded in 2000 with one mission: to raise the teaching and learning of world languages to a higher level. This mission is based on the following beliefs:

- It is essential to prepare students for a world in which learning another language is a necessity, not a luxury.
- Language learning should be fun and rewarding, and all students should have the tools necessary for achieving success.
- Students who experience success learning a language will be more likely to continue their language studies both inside and outside the classroom.

With this in mind, we decided to take a fresh look at all aspects of language instructional materials. Because we are specialized, we dedicate 100 percent of our resources to this goal and base every decision on how well it supports language learning.

That is where you come in. Since our founding in 2000, we have relied on the continuous and invaluable feedback of language instructors and students nationwide. This partnership has proved to be the cornerstone of our success by allowing us to constantly improve our programs to meet your instructional needs.

The result? Programs that make language learning exciting, relevant, and effective through:

- an unprecedented access to resources;
- a wide variety of contemporary, authentic materials;
- the integration of text, technology, and media; and
- a bold and engaging textbook design.

By focusing on our singular passion, we let you focus on yours.

The Vista Higher Learning Team

500 Boylston Street, Suite 620 Boston, MA 02116-3736 TOLLFREE: 800-618-7375
TELEPHONE: 617-426-4910 FAX: 617-426-5215 **www.vistahigherlearning.com**

Introduction

Intrigas was created to give students and teachers a fresh approach to advanced Spanish language courses. Its dynamic structure makes it suitable for use in a variety of course offerings at the post-intermediate level. Fundamentally a literary reader, but uniquely rich with additional content, **Intrigas** offers an unusual integration of literature, culture, and film while also focusing students on critical thinking, interpretation, speaking, and writing skills.

Each theme-based lesson features a full-length or short subject film and three to four reading passages—all chosen for their notable importance in the field and relevance to the chapter theme. The following are the key features of **Intrigas**:

- A full-color, richly illustrated design for maximum visual contextualization
- Thematically linked and universally distinguished film and literature selections
- A variety of literary formats that include short stories, poems, plays, and novel excerpts from the established literary canon
- A wealth of activities to increase comprehension, foster discussion, and encourage analysis before, during, and after each film or literature selection
- A process-based writing strand that requires students to synthesize what they have learned in the lesson
- Unparalleled technology that enhances the learning experience with:
    - Selected activities from the textbook, in an online format with auto-grading and instant feedback
    - Web-only additional practice activities
    - Grammar review and practice
    - Wimba Voice Board as a convenient vehicle for threaded discussions and announcements
    - An instructor gradebook for notifications, assignments, and grades
    - An online composition function with document upload feature

Vista Higher Learning is proud to present **Intrigas** for your advanced level Spanish students. We look forward to hearing how you, and they, enjoy this innovative, new approach.

Contenido

Contenido

CINE	LITERATURA	ESCRITURA

LECCIÓN 4: LAZOS DE SANGRE

LECCIÓN 5: UNA CUESTIÓN DE GÉNERO

LECCIÓN 6: LA MORAL A PRUEBA

CINE: Prepárate provides background information and practice to enhance your comprehension and appreciation of each film.

SOBRE EL DIRECTOR

Guillermo del Toro, nacido el 9 de octubre de 1964 en Guadalajara, México, tenía una ferviente abuela católica que lo exorcizó dos veces para quitarle de la cabeza su fascinación por los monstruos. Ser escritor, biólogo marino e ilustrador de libros eran sus aspiraciones, y más tarde todas confluyeron° en su amor por el cine.

Del Toro se preparó en efectos especiales con el famoso Dick Smith, luego incursionó° en la televisión mexicana, y en 1993 se hizo conocido en el cine mundial por su película *Cronos*. Su siguiente parada fue Hollywood; allí filmó *Mimic* (1997), que resultó una mala experiencia por las presiones de los productores. Regresó entonces a México para desarrollar plenamente su visión. El resultado fue *El espinazo del diablo* (2001), que Del Toro considera "el hermano" de su contraparte femenina *El laberinto del fauno* porque está ubicada en el mismo contexto histórico de tensiones políticas (la Guerra Civil Española) y de oscilación entre el mundo de la fantasía y el de la realidad. Ambas películas son para él parábolas de la Guerra Civil y espejos una de la otra.

Después llegaron los éxitos de taquilla *Blade II* (2002), *Hellboy I* (2004) y *Hellboy II* (2007), que lo convirtieron en una estrella en el competitivo mercado de Hollywood. En 2006 recibió una nominación al Oscar por el guión original de *El laberinto del fauno*, película que escribió, produjo y dirigió. Actualmente° vive en Los Ángeles y es gran amigo de los directores mexicanos Alejandro González Iñárritu y Alfonso Cuarón.

confluyeron *merged* **incursionó** *ventured*

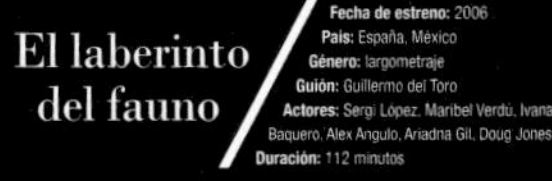

PERSONAJES

Capitán Vidal *Líder de las fuerzas franquistas*

Ofelia *Hija de Carmen e hijastra del Capitán*

Mercedes *El ama de llaves; partidaria de los guerrilleros*

El fauno *Personaje mitológico que habita el laberinto*

CONTEXTO HISTÓRICO

La Guerra Civil Española

Durante gran parte del siglo XX, España vivió aislada del resto de Europa, tanto que se llegó a decir que el tiempo se detuvo con la dictadura de Franco. La Guerra Civil (1936–1939) entre nacionales y republicanos sirvió para que potencias como Alemania e Italia se prepararan para el conflicto global que se acercaba. Debido a las ideologías que se enfrentaban, la batalla trascendió las fronteras, y fue así como obreros, estudiantes e intelectuales de otros países se unieron a las Brigadas Internacionales para luchar contra el fascismo, representado en la película por el brutal capitán Vidal. Por su lado, los nacionales recibieron el apoyo de Hitler desde Alemania y de Mussolini desde Italia. Sin embargo, en general, Europa se mantuvo al margen del conflicto.

Se calcula que, durante ese periodo, más de medio millón de personas murieron en batallas, bombardeos, ejecuciones sumarias, actos de represión y venganza de parte de los dos bandos, o por malnutrición y enfermedades. Aunque Franco derrotó° a los republicanos en 1939, siguió una política cruel de represalias contra los vencidos. *El laberinto del fauno* se inicia en 1944 en el Pirineo aragonés, donde grupos de rebeldes, llamados *maquis*, persistían en la resistencia armada, con la esperanza de que un triunfo Aliado permitiera una intervención para derrocar° a Franco, cosa que finalmente nunca ocurrió. En este momento de transición para Europa y el mundo, la heroína de la película debe elegir entre el bien y el mal, contra todo consejo y orden, a riesgo de perder su vida y a las personas a quienes más ama. La dictadura de Franco terminó con la muerte del dictador en 1975.

Milicianos republicanos de la Guerra Civil Española

Practice more at **vhlcentral.com.**

derrotó *defeated* **derrocar** *overthrow*

ANTESALA

Antes de mirar la película, conversa con un(a) compañero/a sobre los siguientes temas.

1. Aprende y practica el vocabulario de la película en vhlcentral.com.
2. ¿Qué sabes de los cuentos de hadas? ¿Cómo son sus personajes, qué historia cuentan y cómo terminan? ¿A quién piensas que están dirigidos? Cuando eras niño/a, ¿leíste *La bella durmiente*, *Cenicienta*, *Blancanieves* o *Caperucita Roja*? Elige un cuento que recuerdes y explica de qué se trataba y por qué te gustaba.
3. ¿Qué te sugiere la imagen de un laberinto y por qué? ¿Dónde has visto u oído hablar de laberintos? ¿Has entrado alguna vez en uno?
4. ¿Sueles mirar películas de terror? ¿Algún monstruo de la ficción te provoca miedo? ¿Por qué?
5. En los carteles de promoción de la película se incluye esta oración: "La inocencia tiene un poder que el mal no puede imaginar". ¿Cuál piensas que puede ser ese poder? ¿Qué expectativas tienes de la historia que vas a ver?

SOBRE EL DIRECTOR features the director's biography and lists a few other films by the same director.

PERSONAJES Headshots visually introduce the film's main characters. The accompanying captions summarize who the characters are and how they relate to each other.

CONTEXTO HISTÓRICO/CULTURAL This feature explains the film's historical or cultural context, revealing the world in which the film's characters live or the circumstances that influenced the director's perspective.

ANTESALA Pre-viewing exercises encourage you to think about the film's themes and discuss them in class, allowing you to approach the film from an informed perspective.

Intrigas at a glance

CINE: Mira la película breaks up the film into meaningful sections to ensure you understand what you have watched before continuing.

50 | CINE | Mira la película

LECCIÓN 2 | El filo del poder | 51

Parte 1

00:00
42:55

Ofelia conoce el laberinto

Guía para la comprensión
Mientras miras la primera parte, te darás cuenta de que la acción se desarrolla en dos planos: uno real e histórico (la guerra, el capitán Vidal) y otro imaginario (el visitado por Ofelia). Haz un recuadro de dos columnas y anota los sucesos importantes que ocurren en un plano y en el otro.

Preguntas

1. ¿Qué tipo de cuentos ama Ofelia?
2. ¿Contra quiénes lucha el capitán Vidal?
3. ¿Dónde está el laberinto?
4. ¿A quién encuentra Ofelia en el laberinto?
5. ¿Qué debe hacer Ofelia antes de la luna llena?
6. ¿Qué le dio de comer Ofelia al sapo?

Parte 2

42:56
1:21:40

Ofelia entra en apuros

Guía para la comprensión
En la segunda parte irás conociendo mejor a los protagonistas. Mientras la miras, haz una lista de los personajes y describe sus personalidades, intenciones y actitudes en notas muy breves. Por ejemplo:

Ofelia: Es inocente y dulce, le gustan los cuentos de hadas, etc.

Vidal: Es severo, cruel, egoísta, etc.

1. ¿Por qué razón Ofelia no puede seguir durmiendo con su madre?
2. ¿Dónde se reúne Mercedes con su hermano Pedro?
3. Según el fauno, ¿qué no debe hacer Ofelia en el banquete?
4. ¿Qué poder especial le da a Ofelia la tiza que le entrega el fauno?
5. ¿Qué hace el hombre pálido con las hadas?
6. ¿Cómo reacciona el fauno cuando regresa Ofelia?
7. ¿Qué hace el capitán Vidal con el rebelde capturado?

Parte 3

1:21:41
FIN

La tercera prueba de Ofelia

Guía para la comprensión
Los diferentes conflictos de la película se resuelven en la tercera parte. Haz una lista de los personajes (por ejemplo: los maquis, Vidal, Ofelia y su hermano, el fauno, Mercedes, etc.) e indica brevemente qué le sucede a cada uno. Señala si ves algún paralelismo entre sus desenlaces.

1. ¿Cómo muere la madre de Ofelia?
2. ¿Qué sucede cuando Ofelia y Mercedes intentan escapar?
3. ¿Cómo hiere (*wounds*) Mercedes al capitán Vidal?
4. ¿A quién encuentra Ofelia en el laberinto?
5. Según el fauno, ¿por qué Ofelia debe entregarle a su hermano?
6. ¿Qué quiere el capitán Vidal que sepa su hijo?
7. ¿Con quiénes se reúne Ofelia al final?

TÉCNICA CINEMATOGRÁFICA

El sonido y el color Los sonidos de las películas siempre están manipulados cuidadosamente por el director y sus sonidistas. A veces no nos damos cuenta y creemos que provienen de la imagen. Por ejemplo, los diálogos, el ruido de un motor o el zumbido de un insecto nos parecen "naturales". Cuando los sonidos no provienen de algo visible su artificialidad es más evidente. Esto ocurre, por ejemplo, cuando se escucha música o una "voz en *off*". Tampoco hay colores "naturales" en las películas: están manipulados para crear un efecto en el espectador. Habitualmente asociamos la claridad y el blanco con el bien, y la oscuridad y el negro con el mal. Los colores como el rojo, el naranja y el amarillo suelen evocar energía y pasión, mientras que el azul, el violeta y los verdes oscuros evocan tristeza y depresión. Cuando veas *El laberinto del fauno*, presta especial atención a qué sonidos y colores elige el director para evocar emociones y guiar al espectador. ¿Qué colores predominan? ¿Cuándo cambian los colores? ¿Cuándo se repite una canción determinada?

TÉCNICA CINEMATOGRÁFICA This feature provides an explanation of one of the techniques used to give each film its unique atmosphere. A different technique is presented for every film.

GUÍA PARA LA COMPRENSIÓN The while-viewing feature provides clues and activities to get you thinking about what is occurring during the corresponding segment of the film, giving you the necessary comprehension tools to move on to the following segment.

PREGUNTAS Discrete comprehension questions focus your attention on the segment's important details. They are an effective tool to help you check your understanding. The mouse icon indicates that you can find the same activity on the **Intrigas** Supersite.

CINE: Piénsalo post-viewing activities start with basic comprehension practice and progress towards open-ended conversation and writing.

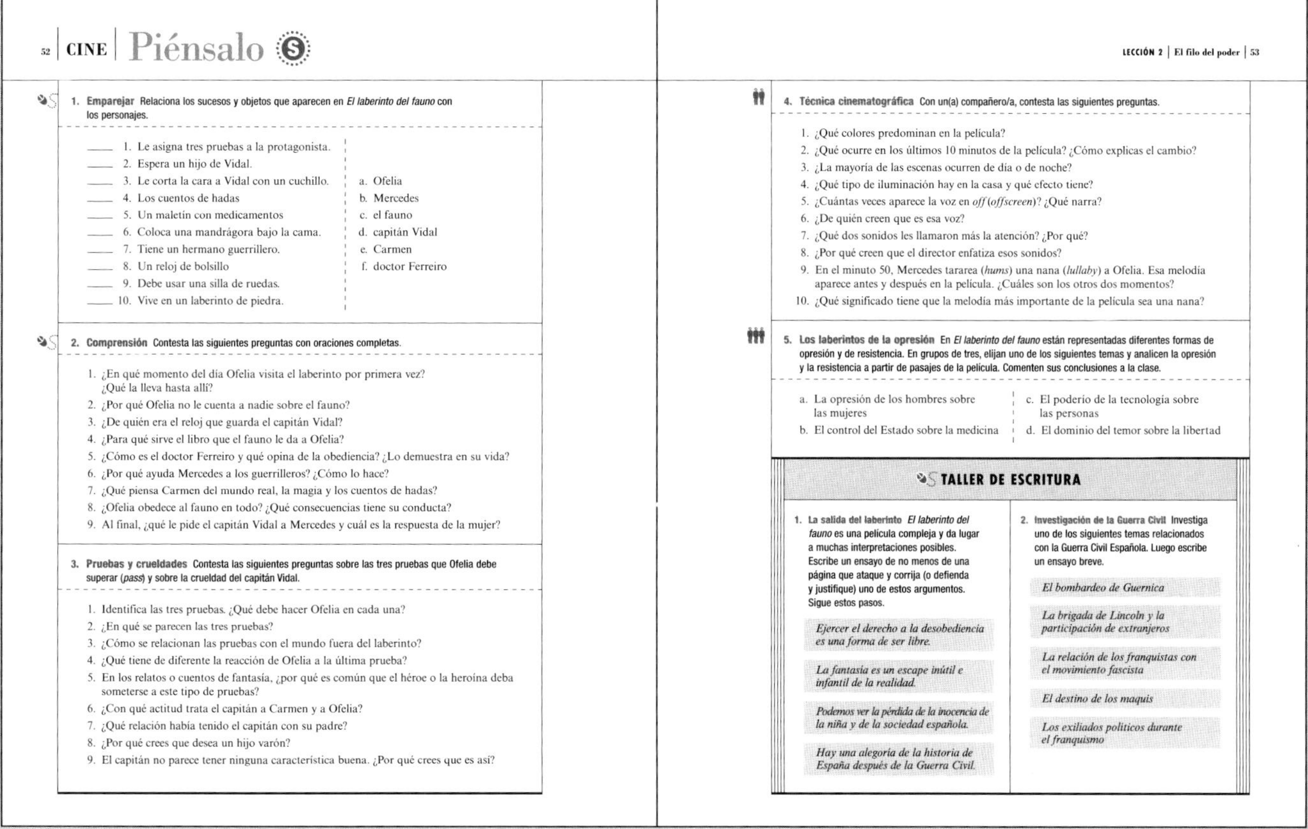

52 | CINE | Piénsalo

LECCIÓN 2 | El filo del poder | 53

1. **Emparejar** Relaciona los sucesos y objetos que aparecen en *El laberinto del fauno* con los personajes.

____ 1. Le asigna tres pruebas a la protagonista.	
____ 2. Espera un hijo de Vidal.	
____ 3. Le corta la cara a Vidal con un cuchillo.	a. Ofelia
____ 4. Los cuentos de hadas	b. Mercedes
____ 5. Un maletín con medicamentos	c. el fauno
____ 6. Coloca una mandrágora bajo la cama.	d. capitán Vidal
____ 7. Tiene un hermano guerrillero.	e. Carmen
____ 8. Un reloj de bolsillo	f. doctor Ferreiro
____ 9. Debe usar una silla de ruedas.	
____ 10. Vive en un laberinto de piedra.	

2. **Comprensión** Contesta las siguientes preguntas con oraciones completas.

1. ¿En qué momento del día Ofelia visita el laberinto por primera vez? ¿Qué la lleva hasta allí?
2. ¿Por qué Ofelia no le cuenta a nadie sobre el fauno?
3. ¿De quién era el reloj que guarda el capitán Vidal?
4. ¿Para qué sirve el libro que el fauno le da a Ofelia?
5. ¿Cómo es el doctor Ferreiro y qué opina de la obediencia? ¿Lo demuestra en su vida?
6. ¿Por qué ayuda Mercedes a los guerrilleros? ¿Cómo lo hace?
7. ¿Qué piensa Carmen del mundo real, la magia y los cuentos de hadas?
8. ¿Ofelia obedece al fauno en todo? ¿Qué consecuencias tiene su conducta?
9. Al final, ¿qué le pide el capitán Vidal a Mercedes y cuál es la respuesta de la mujer?

3. **Pruebas y crueldades** Contesta las siguientes preguntas sobre las tres pruebas que Ofelia debe superar (*pass*) y sobre la crueldad del capitán Vidal.

1. Identifica las tres pruebas. ¿Qué debe hacer Ofelia en cada una?
2. ¿En qué se parecen las tres pruebas?
3. ¿Cómo se relacionan las pruebas con el mundo fuera del laberinto?
4. ¿Qué tiene de diferente la reacción de Ofelia a la última prueba?
5. En los relatos o cuentos de fantasía, ¿por qué es común que el héroe o la heroína deba someterse a este tipo de pruebas?
6. ¿Con qué actitud trata el capitán a Carmen y a Ofelia?
7. ¿Qué relación había tenido el capitán con su padre?
8. ¿Por qué crees que desea un hijo varón?
9. El capitán no parece tener ninguna característica buena. ¿Por qué crees que es así?

4. **Técnica cinematográfica** Con un(a) compañero/a, contesta las siguientes preguntas.

1. ¿Qué colores predominan en la película?
2. ¿Qué ocurre en los últimos 10 minutos de la película? ¿Cómo explicas el cambio?
3. ¿La mayoría de las escenas ocurren de día o de noche?
4. ¿Qué tipo de iluminación hay en la casa y qué efecto tiene?
5. ¿Cuántas veces aparece la voz en *off* (*offscreen*)? ¿Qué narra?
6. ¿De quién creen que es esa voz?
7. ¿Qué dos sonidos les llamaron más la atención? ¿Por qué?
8. ¿Por qué creen que el director enfatiza esos sonidos?
9. En el minuto 50, Mercedes tararea (*hums*) una nana (*lullaby*) a Ofelia. Esa melodía aparece antes y después en la película. ¿Cuáles son los otros dos momentos?
10. ¿Qué significado tiene que la melodía más importante de la película sea una nana?

5. **Los laberintos de la opresión** En *El laberinto del fauno* están representadas diferentes formas de opresión y de resistencia. En grupos de tres, elijan uno de los siguientes temas y analicen la opresión y la resistencia a partir de pasajes de la película. Comenten sus conclusiones a la clase.

a. La opresión de los hombres sobre las mujeres
b. El control del Estado sobre la medicina
c. El poderío de la tecnología sobre las personas
d. El dominio del temor sobre la libertad

TALLER DE ESCRITURA

1. **La salida del laberinto** *El laberinto del fauno* es una película compleja y da lugar a muchas interpretaciones posibles. Escribe un ensayo de no menos de una página que ataque y corrija (o defienda y justifique) uno de estos argumentos. Sigue estos pasos.

Ejercer el derecho a la desobediencia es una forma de ser libre.

La fantasía es un escape inútil e infantil de la realidad.

Podemos ver la pérdida de la inocencia de la niña y de la sociedad española.

Hay una alegoría de la historia de España después de la Guerra Civil.

2. **Investigación de la Guerra Civil** Investiga uno de los siguientes temas relacionados con la Guerra Civil Española. Luego escribe un ensayo breve.

El bombardeo de Guernica

La brigada de Lincoln y la participación de extranjeros

La relación de los franquistas con el movimiento fascista

El destino de los maquis

Los exiliados políticos durante el franquismo

ACTIVIDAD 1 The first activity always features discrete items (matching, true/false, multiple choice, etc.) to practice basic comprehension of the film's plot. The mouse icon indicates that the same activity is on the **Intrigas** Supersite.

ACTIVIDAD 2 The second activity also practices comprehension, but in a complete-sentence answer format. Here again, the mouse icon indicates that the same activity is on the **Intrigas** Supersite.

ACTIVIDAD 3 Interpretation and analysis of the film's broader themes start with Activity 3 in the form of individual, pair, and group exercises.

ACTIVIDAD 4 The fourth activity asks you to think about the film using what you learned in the **Técnica cinematográfica** box of the **Mira la película** feature.

ACTIVIDAD 5 For the fifth activity, you will work in pairs or groups to carry out a conversation in which you discuss one of the film's topics.

TALLER DE ESCRITURA The last activity is a short, often one-page writing assignment that requires you to analyze a particular issue or problem presented in the film. This activity serves as valuable practice for the end-of-lesson **Escritura** strand.

Intrigas at a glance

LITERATURA: Prepárate provides background information and practice to enhance your comprehension and appreciation of the literary text.

SOBRE LA AUTORA

Luisa Valenzuela, nacida en 1938 en Buenos Aires, creció en un ambiente literario que la inspiró a nunca callar lo que tenía para decir. Su madre era escritora y solía organizar reuniones a las que asistían personalidades como Jorge Luis Borges y Adolfo Bioy Casares. Siendo aún muy joven, Valenzuela se casó y se mudó a Francia, aunque después también vivió en Estados Unidos, México y España. En 1966, de regreso en Argentina, publicó su primera novela, *Hay que sonreír,* que trata sobre el poder en las relaciones familiares y de pareja. Trabajó como periodista para el diario *La Nación* y la revista *Crisis,* y recorrió Latinoamérica como escritora independiente.

Gran parte de la obra de Valenzuela retrata° el clima político enrarecido° que se vivió en la década de los 70 en Argentina. En *Aquí pasan cosas raras* (1975), *Como en la guerra* (1977), *Cambio de armas* (1982) y *Cola de lagartija* (1983), la escritora se centra en temas como el poder y la sumisión, las relaciones de género, la violencia y la fuerza necesaria para rebelarse.

En 1979 Valenzuela se exilió a Estados Unidos para escapar de la represión de la dictadura que se había adueñado de Argentina tras el golpe militar de 1976 y "para no caer en la autocensura" impuesta por el miedo en el ambiente intelectual. Allí fue escritora en residencia de las universidades de Columbia y de Nueva York, y formó parte de organizaciones a favor de la libre expresión y los derechos humanos. Tras la reinstauración de la democracia, se radicó definitivamente en Argentina.

retrata *portrays* **enrarecido** *tense*

Los censores / **Fecha de publicación:** 1983 **País:** Argentina **Género:** cuento **Colección:** Donde viven las águilas **Personajes:** Juan, Mariana

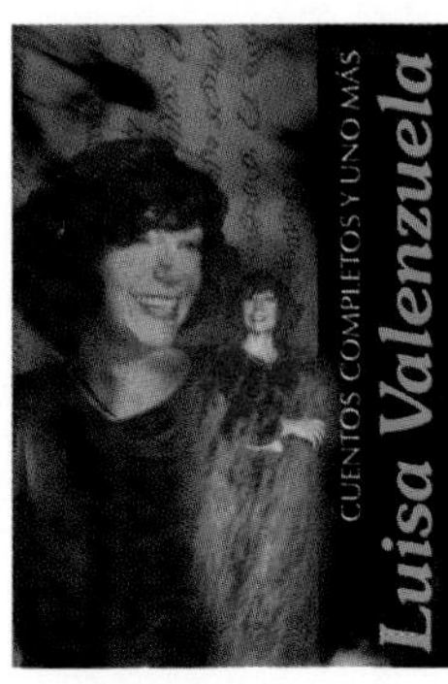

TÉCNICA LITERARIA

La voz del narrador

En el cuento *Los censores,* el narrador llama al protagonista por su nombre de pila (Juan). Esta técnica permite crear la impresión de que el narrador y Juan se conocen.

En toda narración hay una voz que cuenta el relato desde un cierto punto de vista. Ésa es la voz del **narrador** y puede tener diferentes características. Algunos narradores lo saben todo, otros saben lo mismo que el protagonista, otros saben menos que el protagonista y otros son sólo observadores.

Cuando leas *Los censores,* intenta contestar estas preguntas.

- ¿De quién es la voz que leo? ¿Cuánto sabe?
- ¿Cuál podría ser la relación entre Juan y el narrador?
- El narrador, ¿cuenta su propia historia, es un testigo o es alguien que no participa de ese mundo?

CONTEXTO HISTÓRICO

Dictadura y terror en Argentina

La atmósfera y los sucesos que se narran en *Los censores* reflejan la sociedad argentina al final de los años 70. Tras la muerte del presidente Perón en 1974, Argentina se encontraba en una situación de gran inestabilidad: la economía entraba en caos con devaluaciones e inflación récord, y la población vivía aterrorizada por los grupos de extrema derecha o izquierda que operaban con atentados°, secuestros° y asesinatos de los cuales se culpaban mutuamente.

El 24 de marzo de 1976 el poder militar llevó a cabo un golpe de estado°. La violencia, en lugar de decrecer, aumentó. Entre 1976 y 1983 hubo miles de "desaparecidos": activistas y líderes sindicales°, o simplemente individuos sospechados de ser militantes de izquierda, permanecían detenidos en cárceles clandestinas donde sufrían torturas y después se los asesinaba. El clima de terror que se instaló en el país, reflejado en *Los censores,* dio lugar a una "autocensura" de opinión, crítica y protesta en prácticamente toda la sociedad. Mientras tanto, el gobierno de la dictadura intervenía las universidades, "depuraba°" programas educativos, realizaba investigaciones a periódicos y editoriales, y quemaba libros. Los periodistas, escritores y artistas muchas veces eran víctimas de persecución, arresto e incluso desapariciones.

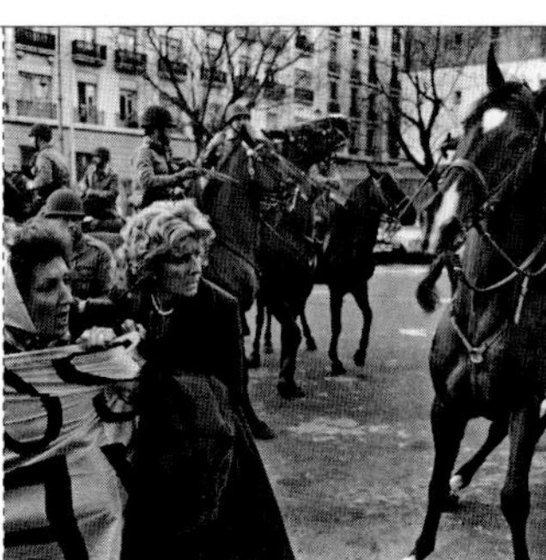

Manifestantes sufren la represión de la policía durante la dictadura militar argentina de 1976–1983.

La derrota en las islas Malvinas, las presiones internacionales por la violación de derechos humanos y las protestas sociales obligaron a la dictadura a convocar a elecciones y entregar el poder en 1983.

Practice more at **vhlcentral.com.**

atentados *attacks* **secuestros** *kidnappings* **golpe de estado** *coup (d' état)* **sindicales** *labor union* **depuraba** *purged*

ANTESALA **Antes de iniciar la lectura,** realiza estas actividades para lograr una mejor comprensión.

1. Aprende y practica el vocabulario del cuento en vhlcentral.com.
2. Observa y estudia la pintura del pintor cubano Julio Larraz que ilustra el cuento. ¿Qué atmósfera tiene el cuadro? ¿Qué te hace sentir? ¿Quiénes son las personas retratadas en el cuadro? ¿Qué situación representa?
3. Con un(a) compañero/a, conversa sobre los siguientes temas. ¿Conoces lugares donde se vigila a la gente? ¿En qué casos te parece que vigilar a otras personas puede ser necesario o "bueno"? ¿Cómo te comportas cuando sabes que te vigilan (por ejemplo, en una tienda o en la aduana)? ¿Qué sentirías si te dieras cuenta de que han intervenido electrónicamente tu teléfono, leen tus correos electrónicos, vigilan la puerta de tu casa y te siguen a todas partes? ¿Qué harías?

SOBRE EL AUTOR / LA AUTORA features the author's biography and lists a few of the other works that he or she has written.

TÉCNICA LITERARIA This feature presents and explains a particular literary technique used by the author of the selection. Being aware of literary techniques helps you understand how writers work and makes you a better reader.

CONTEXTO HISTÓRICO/CULTURAL Like its counterpart in the **Cine** strand, this feature explains the literary text's historical or cultural context, revealing the time and place in which its characters live or the circumstances that influenced the author's work.

ANTESALA Pre-reading exercises encourage you to think about the reading's themes and discuss them in class, allowing you to approach it from an informed perspective.

LITERATURA: Lectura features compelling literary texts by some of the Spanish-speaking world's greatest writers, richly illustrated with fine art and photography.

56 | CUENTO

Julio Larraz, *All Honorable Men*, 2006 ▶
© Julio Larraz, courtesy Marlborough Gallery, New York

LOS censores

Luisa Valenzuela

¡POBRE JUAN! AQUEL DÍA LO AGARRARON CON LA GUARDIA BAJA y no pudo darse cuenta de que lo que él creyó ser un guiño de la suerte era en cambio un maldito llamado de la fatalidad. Esas cosas pasan en cuanto uno descuida, y así como me oyen uno se descuida tan pero tan a menudo. Juancito dejó que se le viera encima la alegría —sentimiento por demás perturbador— cuando por un conducto° inconfesable le llegó la nueva dirección de Mariana, ahora en París, y pudo creer así que ella no lo había olvidado. Entonces se sentó ante la mesa sin pensarlo dos veces y escribió una carta. *La* carta. Esa misma que ahora le impide concentrarse en su trabajo durante el día y no lo deja dormir cuando llega la noche (¿qué habrá puesto en esa carta, qué habrá quedado adherido a esa hoja de papel que le envió a Mariana?).

conducto: channel

Juan sabe que no va a haber problema con el texto, que el texto es irreprochable, inocuo. Pero ¿y lo otro? Sabe también que a las cartas las auscultan, las huelen, las palpan, las leen entre líneas y en sus menores signos de puntuación, hasta en las manchitas involuntarias. Sabe que las cartas pasan de mano en mano por las vastas oficinas de censura, que son sometidas a todo tipo de pruebas y pocas son por fin las que pasan los exámenes y pueden continuar camino. Es por lo general cuestión de meses, de años si la cosa se complica, largo tiempo durante el cual está en suspenso la libertad y hasta quizá la vida no sólo del remitente sino también del destinatario. Y eso es lo que lo tiene sumido a nuestro Juan en la más profunda de las desolaciones: la idea de que a Mariana, en París, llegue a sucederle algo por culpa de él. Nada menos que a Mariana que debe de sentirse tan segura, tan tranquila allí donde siempre soñó vivir. Pero él sabe que los Comandos Secretos de Censura actúan en todas partes del mundo y gozan de un importante descuento en el transporte aéreo; por lo tanto nada les impide llegarse hasta el oscuro barrio de París, secuestrar a Mariana y volver a casita convencidos de su noble misión en esta tierra.

¿De qué hay que "tener cuidado" en la sociedad donde vive Juan?

PAUSES provide comprehension questions and suggestions to direct your attention to important details in the storyline so that you understand it better.

MARGIN GLOSSES provide English translations of Spanish words within the literary selection that may be unfamiliar at the advanced level and whose meanings cannot be guessed from cognates.

Intrigas at a glance

LITERATURA: Piénsalo post-reading activities start with basic comprehension practice and progress towards open-ended conversation and writing.

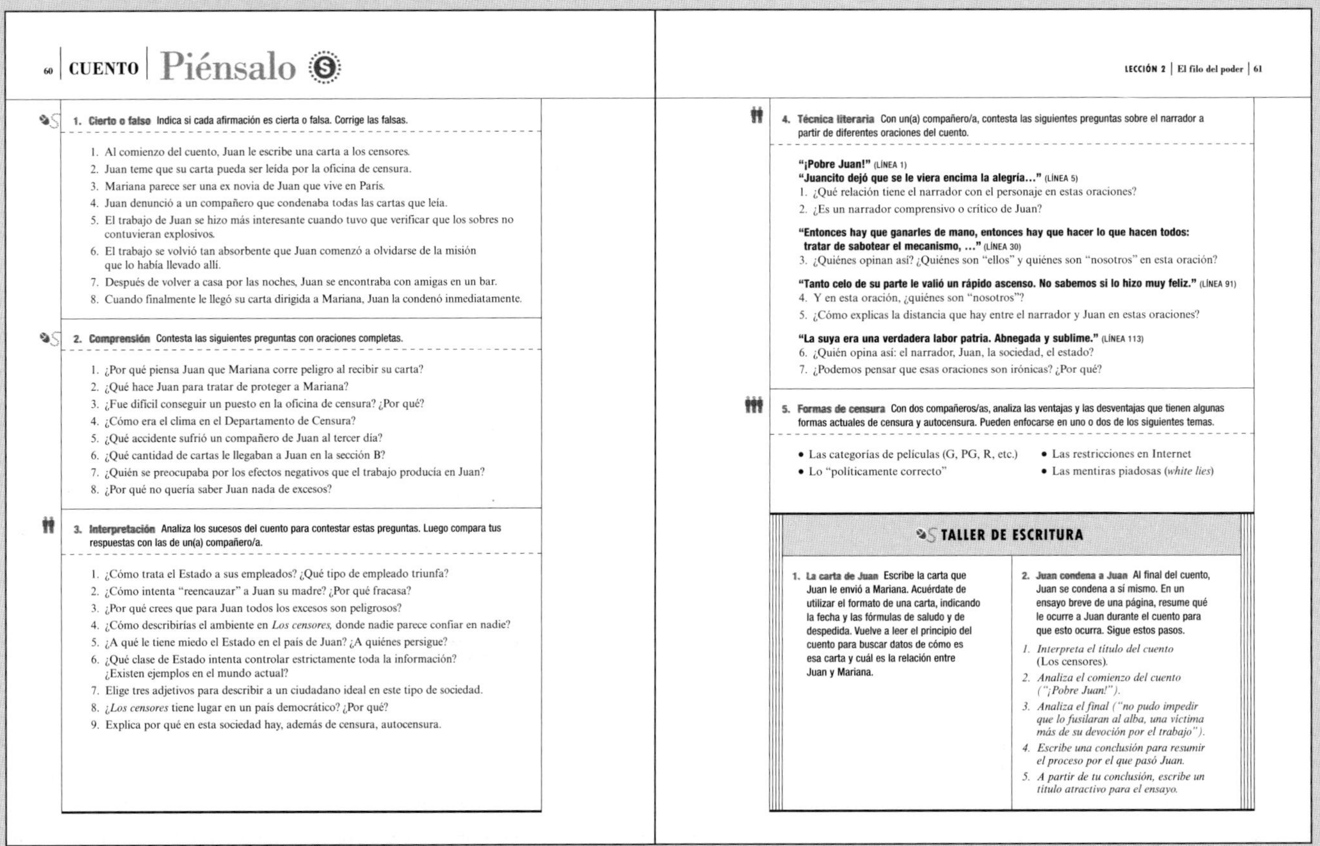

60 | CUENTO | Piénsalo

1. Cierto o falso Indica si cada afirmación es cierta o falsa. Corrige las falsas.

1. Al comienzo del cuento, Juan le escribe una carta a los censores.
2. Juan teme que su carta pueda ser leída por la oficina de censura.
3. Mariana parece ser una ex novia de Juan que vive en París.
4. Juan denunció a un compañero que condenaba todas las cartas que leía.
5. El trabajo de Juan se hizo más interesante cuando tuvo que verificar que los sobres no contuvieran explosivos.
6. El trabajo se volvió tan absorbente que Juan comenzó a olvidarse de la misión que lo había llevado allí.
7. Después de volver a casa por las noches, Juan se encontraba con amigas en un bar.
8. Cuando finalmente le llegó su carta dirigida a Mariana, Juan la condenó inmediatamente.

2. Comprensión Contesta las siguientes preguntas con oraciones completas.

1. ¿Por qué piensa Juan que Mariana corre peligro al recibir su carta?
2. ¿Qué hace Juan para tratar de proteger a Mariana?
3. ¿Fue difícil conseguir un puesto en la oficina de censura? ¿Por qué?
4. ¿Cómo era el clima en el Departamento de Censura?
5. ¿Qué accidente sufrió un compañero de Juan al tercer día?
6. ¿Qué cantidad de cartas le llegaban a Juan en la sección B?
7. ¿Quién se preocupaba por los efectos negativos que el trabajo producía en Juan?
8. ¿Por qué no quería saber Juan nada de excesos?

3. Interpretación Analiza los sucesos del cuento para contestar estas preguntas. Luego compara tus respuestas con las de un(a) compañero/a.

1. ¿Cómo trata el Estado a sus empleados? ¿Qué tipo de empleado triunfa?
2. ¿Cómo intenta "reencauzar" a Juan su madre? ¿Por qué fracasa?
3. ¿Por qué crees que para Juan todos los excesos son peligrosos?
4. ¿Cómo describirías el ambiente en *Los censores*, donde nadie parece confiar en nadie?
5. ¿A qué le tiene miedo el Estado en el país de Juan? ¿A quiénes persigue?
6. ¿Qué clase de Estado intenta controlar estrictamente toda la información? ¿Existen ejemplos en el mundo actual?
7. Elige tres adjetivos para describir a un ciudadano ideal en este tipo de sociedad.
8. ¿*Los censores* tiene lugar en un país democrático? ¿Por qué?
9. Explica por qué en esta sociedad hay, además de censura, autocensura.

LECCIÓN 2 | El filo del poder | 61

4. Técnica literaria Con un(a) compañero/a, contesta las siguientes preguntas sobre el narrador a partir de diferentes oraciones del cuento.

"¡Pobre Juan!" (LÍNEA 1)
"Juancito dejó que se le viera encima la alegría..." (LÍNEA 5)

1. ¿Qué relación tiene el narrador con el personaje en estas oraciones?
2. ¿Es un narrador comprensivo o crítico de Juan?

"Entonces hay que ganarles de mano, entonces hay que hacer lo que hacen todos: tratar de sabotear el mecanismo, ..." (LÍNEA 30)

3. ¿Quiénes opinan así? ¿Quiénes son "ellos" y quiénes son "nosotros" en esta oración?

"Tanto celo de su parte le valió un rápido ascenso. No sabemos si lo hizo muy feliz." (LÍNEA 91)

4. Y en esta oración, ¿quiénes son "nosotros"?
5. ¿Cómo explicas la distancia que hay entre el narrador y Juan en estas oraciones?

"La suya era una verdadera labor patria. Abnegada y sublime." (LÍNEA 113)

6. ¿Quién opina así: el narrador, Juan, la sociedad, el estado?
7. ¿Podemos pensar que esas oraciones son irónicas? ¿Por qué?

5. Formas de censura Con dos compañeros/as, analiza las ventajas y las desventajas que tienen algunas formas actuales de censura y autocensura. Pueden enfocarse en uno o dos de los siguientes temas.

- Las categorías de películas (G, PG, R, etc.)
- Lo "políticamente correcto"
- Las restricciones en Internet
- Las mentiras piadosas (*white lies*)

TALLER DE ESCRITURA

1. La carta de Juan Escribe la carta que Juan le envió a Mariana. Acuérdate de utilizar el formato de una carta, indicando la fecha y las fórmulas de saludo y de despedida. Vuelve a leer el principio del cuento para buscar datos de cómo es esa carta y cuál es la relación entre Juan y Mariana.

2. Juan condena a Juan Al final del cuento, Juan se condena a sí mismo. En un ensayo breve de una página, resume qué le ocurre a Juan durante el cuento para que esto ocurra. Sigue estos pasos.

1. *Interpreta el título del cuento* (Los censores).
2. *Analiza el comienzo del cuento ("¡Pobre Juan!").*
3. *Analiza el final ("no pudo impedir que lo fusilaran al alba, una víctima más de su devoción por el trabajo").*
4. *Escribe una conclusión para resumir el proceso por el que pasó Juan.*
5. *A partir de tu conclusión, escribe un título atractivo para el ensayo.*

ACTIVIDAD 1 The first activity always features discrete items (matching, true/false, multiple choice, etc.) to check basic comprehension of the literary text's plot. The mouse icon indicates that the same activity is on the **Intrigas** Supersite.

ACTIVIDAD 2 The second activity also checks comprehension, but in a complete-sentence answer format. Here again, the mouse icon indicates that the same activity is on the **Intrigas** Supersite.

ACTIVIDAD 3 As in **Cine: Piénsalo,** interpretation and analysis of the piece's broader themes start with Activity 3 in the form of individual, pair, and group exercises.

ACTIVIDAD 4 The fourth activity practices the literary technique presented in the **Técnica literaria** box of the **Prepárate** feature.

ACTIVIDAD 5 For the fifth activity, you are asked to work in pairs or groups to carry out a conversation in which you discuss one of the reading's topics.

TALLER DE ESCRITURA The last activity is a short, often one-page writing assignment that requires you to analyze a particular issue or problem presented in the reading. This activity serves as valuable practice for the end-of-lesson **Escritura** strand.

ESCRITURA pulls the entire lesson together with a longer structured writing task.

88 | ESCRITURA

UN ENSAYO DE COMPARACIÓN Y CONTRASTE

La película y los textos de esta lección exploran la guerra, la violencia, la opresión y la resistencia de maneras muy diferentes. Vas a preparar un ensayo que compare y contraste dos obras.

Plan de escritura

Comienza completando una tabla con las características de cada obra. Esta tabla te ayudará a preparar tu ensayo de comparación y contraste.

	personajes principales	ambiente	temas centrales
El laberinto del fauno	Ofelia, Mercedes, Capitán Vidal, Fauno		
Los censores		Argentina, finales de los años 70	
"Explico algunas cosas"			Guerra Civil Violencia Compromiso social
La casa de Bernarda Alba			

Planificar y preparar la escritura

1. Estrategia: Enfoca tu ensayo en un tema en concreto
   - Mira la tabla que completaste y piensa en un aspecto en particular que dos de las obras tengan en común.
   - Considera lo siguiente: los protagonistas reaccionan a la violencia y la represión que los rodea de maneras diferentes. ¿Cómo se enfrentan a ellas? ¿Cuáles son las consecuencias de su modo de actuar?
   - Recuerda que en el ensayo vas a comparar y contrastar dos obras, es decir, debes encontrar las semejanzas y diferencias entre ellas.
2. Estrategia: Encontrar información y organizarla
   - Para cada obra, busca todos los datos que te ayudarán a escribir un buen ensayo de comparación y contraste.
   - Utiliza un diagrama como punto de partida para organizar tus ideas sobre las obras. Una vez esté completo, piensa en el tema que elegiste y en cómo se pueden comparar y contrastar las obras con las ideas que reuniste.

	Situación	Reacción	Consecuencia
El laberinto del fauno	Posguerra; padrastro franquista…	Ofelia se refugia en la fantasía. Mercedes…	…

LECCIÓN 2 | El filo del poder | 89

Escribir

3. Tu ensayo de comparación y contraste Ahora puedes escribir tu ensayo. Utiliza la información que has reunido. Emplea palabras de comparación y contraste, como *también, igualmente, por el contrario* o *sin embargo*. Sigue estos pasos para escribir.
   - **Introducción:** Explica en términos generales sobre qué vas a escribir.
   - **Desarrollo:** Describe, compara y contrasta con detalle las semejanzas y diferencias entre las dos obras, ofreciendo tu opinión personal.
   - **Conclusión:** Resume tus observaciones más importantes y termina el ensayo dando tu opinión sobre los enfoques de las obras.

   Recuerda incluir oraciones de los textos o las citas de la película en tu ensayo que refuercen las ideas de comparación y contraste. Revisa las obras de nuevo y anota las oraciones o citas importantes en una tabla como ésta.

Obras	Oraciones o citas
Los censores	Pág. 14: "Entonces hay que ganarles de mano, entonces hay que hacer lo que hacen todos…" Pág. …
"Explico algunas cosas"	Pág. 23: "Venid a ver la sangre por las calles…" Pág. …

Revisar y leer

4. Revisión Pídele a un(a) compañero/a que lea tu ensayo y sugiera cómo mejorarlo. Revísalo incorporando sus sugerencias y prestando atención a los siguientes elementos.
   - ¿La introducción explica de manera clara el tema del ensayo?
   - ¿El desarrollo está escrito en un orden lógico? ¿Presenta bien los puntos de comparación y contraste entre las dos obras?
   - ¿La conclusión resume tus observaciones de comparación y contraste? ¿Expresa tu opinión sobre las obras?
   - ¿Son correctas la gramática y la ortografía?
5. Lectura Lee tu ensayo a varios/as compañeros/as. Tomen turnos. Cuando termines de leer tu ensayo, tus compañeros/as deben hacerte preguntas. Comenten juntos un punto interesante del ensayo que les haya llamado la atención.

PLAN DE ESCRITURA Warm up for the writing assignment by organizing a few general ideas about the lesson's film and literary readings.

PLANIFICAR Y PREPARAR LA ESCRITURA Start putting your composition together by delving further into the film and readings and gathering supporting arguments. Useful graphic organizers are provided to help you.

ESCRIBIR Outline and write the main sections of your composition and find quotes from the film or reading that support your arguments.

REVISAR Y LEER Share your composition with one or more partners. Read and peer-edit each other's work.

Intrigas Film Collection

Feature-length films available for purchase at **vistahigherlearning.com/store**

Cine

The **Intrigas** Film Collection contains short and feature-length films by contemporary Spanish-speaking filmmakers that are showcased in the **Cine** strand of each lesson. These films offer entertaining and thought-provoking opportunities to build your listening comprehension skills and cultural knowledge of the Spanish-speaking world.

FILM SYNOPSES

LECCIÓN 1

Sístole diástole
de Carlos Cuarón (México; 22 minutos)
A weekend outing takes several unexpected turns after a group of family and friends is suddenly required to change the location of their picnic. Love and luck are the order of the day as old flames reignite and secrets are revealed.

LECCIÓN 2

El laberinto del fauno
de Guillermo del Toro (México/España; 112 minutos)
Winner of three academy awards and Oscar nominee for best foreign language film, *El laberinto del fauno* takes place several years after the end of the Spanish Civil War. The despotic Captain Vidal controls his world with an iron fist, but he fails to prevent the young Ofelia from finding solace in the magical realm of the labyrinth.

LECCIÓN 3

Tercero B
de Jose Mari Goenaga (España; 18 minutos)
A stranger appears to betray the naïve Irene's trust. Upon learning of her mother's demise, however, the viewer realizes the extent to which the lines between predator and prey are often blurred.

LECCIÓN 4

El hijo de la novia
de Juan José Campanella (Argentina; 123 minutos)
Rafael is a busy man trying to balance work and family responsibilities and falling short in both areas. His father's announcement that he wants to give Rafael's ailing mother the wedding she never had inspires the workaholic son to reorder his priorities.

LECCIÓN 5

Mujeres al borde de un ataque de nervios
de Pedro Almodóvar (España; 90 minutos)
Life in the big city is not easy for a group of women suffering through one disappointment after another. Each one has reached the end of her rope and does the best she can to persevere. Sometimes this means making less than rational choices.

LECCIÓN 6

El crimen del padre Amaro
de Carlos Carrera (México; 118 minutos)
Father Amaro, a newly ordained priest, arrives in a small town to minister to his new community. One life lesson after another presents itself to the young cleric, who soon learns the complexity and heartbreak behind the will to do good.

Supersite

The **Intrigas** Supersite provides a wealth of resources for both students and instructors.

For Students

Student resources, available through a Supersite code, are provided free of charge with the purchase of a new student text. Here is an example of what you will find at **vhlcentral.com**:

- Selected activities from the student text
- Additional practice for every literature and film strand Practice more at **vhlcentral.com.**
- Grammar review and practice
- Composition engine with document-upload feature
- Voice Boards

For Instructors

Instructors have access to the entire student site, as well as these key resources:

- A robust course management system
- Reading and film synopses
- Voice Board capabilities for you to create additional oral activities
- And much more…

Supersiteplus

Supersite Plus includes the **Intrigas** Supersite and **Wimba Pronto** for online communication and collaboration.

- Audio and video conferencing
- Instant messaging
- Online Whiteboard to synchronously view and modify a shared canvas
- Application sharing—perfect for online tutoring
- Online office hours
- Instructor control of Pronto activation/deactivation

Acknowledgements

On behalf of the authors and editors, Vista Higher Learning expresses its sincere appreciation to the professors nationwide who participated in the preliminary surveys that led to the development of **Intrigas**. Their insights, ideas, and detailed comments were invaluable to the final product.

Raquel Aguilu de Murphy
Marquette University, WI

Mary Baldridge
Carson-Newman College, TN

Susan Berardini
Pace University, NY

Joelle Bonamy
Columbus State University, GA

Eduardo Cabrera
Millikin University, IL

Yanet Canavan
Northeastern University, MA

José R. Cartagena-Calderón
Pomona College, CA

Alberto Descalzo de Blas
Franciscan University of Steubenville, OH

Kenya C. Dworkin y Méndez
Carnegie Mellon University, PA

Héctor Enríquez
University of Texas at El Paso, TX

Rafael Falcón
Goshen College, IN

Judith García-Quismondo
Seton Hill University, PA

Miguel González-Abellas
Washburn University, KS

Milena Hurtado
Fayetteville State University, NC

Hilda M. Kachmar
St. Catherine University, MN

Frederic Leveziel
Augusta State University, GA

Nelson López
Bellarmine University, KY

Miguel López Lozano
University of New Mexico, NM

José M. López-Marrón
Bronx Community College-CUNY, NY

Robert John McCaw
University of Wisconsin-Milwaukee, WI

James McConnell
North Carolina State University, NC

Asima Saad Maura
University of Delaware, DE

Joaquín Montero
Benedictine University, IL

Eugenia Muñoz
Virginia Commonwealth University, VA

Jerome Mwinyelle
East Tennessee State University, TN

Jason R. Old
Southeastern University, FL

Martín Ponti
University of Illinois Chicago, IL

Terese Ricard
Spartanburg Community College, SC

Patricia Sagasti Suppes
Ferrum College, VA

Ruth Sánchez Imizcoz
The University of the South, TN

Gabriela Segal
Arcadia University, PA

Barbara Simerka
Queens College-CUNY, NY

Cynthia Sloan
Portland State University, OR

JP Spicer-Escalante
Utah State University, UT

David Thompson
Luther College, IA

Celines Villalba
Rutgers, the State University of New Jersey, NJ

Kerry Wilks
Wichita State University, KS

Intrigas

ADVANCED SPANISH THROUGH

LITERATURE AND FILM

LECCIÓN 1

Golpe al CORAZÓN

CONTENIDO

SOBRE EL DIRECTOR

Carlos Cuarón es un talentoso cineasta nacido en la ciudad de México en 1966. Se formó° en Literatura Inglesa, narrativa y redacción de guiones. La estrecha° relación que mantiene con su hermano Alfonso marcó un rumbo° definitivo para su carrera en la industria del cine. A principios de los 90, inspirado en una idea de ambos, Carlos escribió el guión de la película *Sólo con tu pareja,* dirigida por su hermano y muy exitosa en México. En 1997 dirigió su primer cortometraje, *Sístole diástole,* que muestra los enredos amorosos de una familia durante un picnic en Xochimilco. En esa oportunidad, Alfonso Cuarón colaboró con el guión. En 2001 los dos hermanos volvieron a trabajar juntos en *Y tu mamá también,* un largometraje que muestra de una manera muy peculiar el recorrido de dos amigos hacia la adultez. Carlos colaboró con el guión y Alfonso fue el director. Por esa película no sólo recibieron una nominación a los premios Oscar, sino que catapultaron a la fama a los jóvenes actores Gael García Bernal y Diego Luna. Éstos volvieron a reunirse en 2008 para protagonizar *Rudo y Cursi,* el primer largometraje dirigido por Carlos. Sin embargo, tres de los directores mexicanos más famosos, Alfonso Cuarón, Guillermo del Toro y Alejandro González Iñárritu, también participaron en el proyecto como productores.

se formó *trained* **estrecha** *close* **rumbo** *course*

PERSONAJES

Los padres *Están enamorados y celebran su aniversario.*

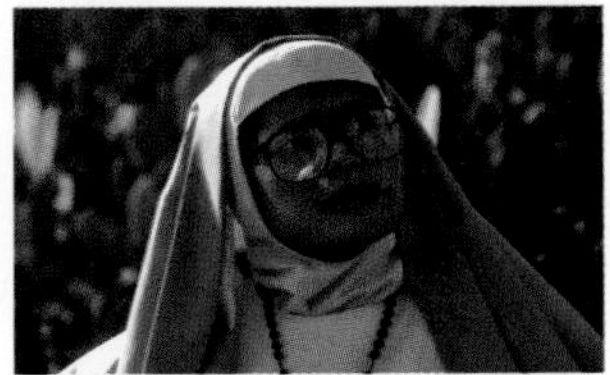

Carmelita *Es una novicia esperando una señal de Dios.*

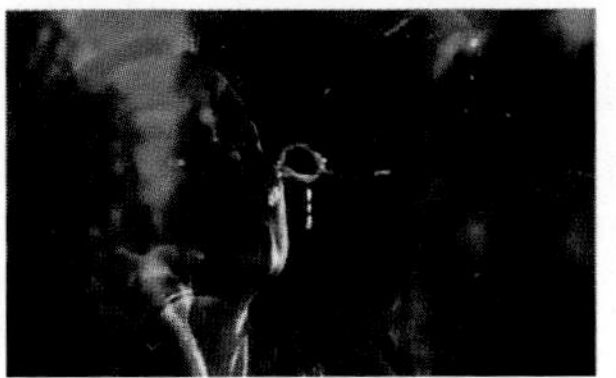

La Nena *Es una joven enamorada.*

Víctor Hugo *Es un primo huérfano y poco atractivo.*

Sístole / diástole

Fecha de estreno: 2006
País: México
Género: cortometraje
Guión: Carlos Cuarón y Alfonso Cuarón
Actores: Salma Hayek, Lumi Cavazos, Enrique Cimet, Ernesto Gómez Cruz
Duración: 22 minutos

CONTEXTO CULTURAL

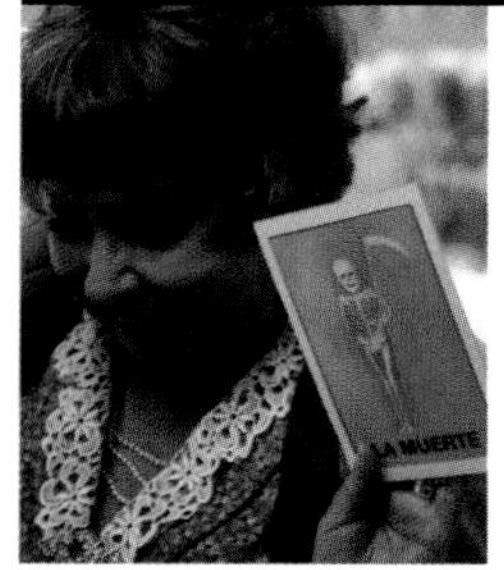

La suerte y el azar

La familia que protagoniza *Sístole diástole* desea tener la fortuna de ganar el premio mayor de la lotería con un billete que comparten entre todos. En la mitología romana, Fortuna era una diosa muy caprichosa° que controlaba la suerte, el destino y el azar°. Desde siempre, los seres humanos se han preguntado si las cosas suceden porque sí, aleatoriamente°, o si detrás de una aparente casualidad se esconde un motivo. El psicólogo Carl Jung llamó "sincronicidades" a las coincidencias significativas que parecían imposibles de explicar e intentó hallarles un sentido. Un subtipo de "sincronicidad" es la "serendipidad", que es la capacidad de descubrir algo tan importante como un avance científico de manera accidental. (El ejemplo más famoso es el de la penicilina.) Aunque las religiones tradicionales rechacen su existencia, muchas personas creen en la suerte e intentan ponerla de su lado mediante diferentes cábalas°, talismanes y amuletos. En los juegos de azar, como los dados y la lotería, la probabilidad de ganar no depende de las habilidades del jugador, sino de la buena suerte, que suele considerarse tan impredecible como el amor.

Hans S. Behaim, *Fortuna* (detalle), 1541

 Practice more at **vhlcentral.com.**

caprichosa *fanciful* **azar** *chance* **aleatoriamente** *at random* **cábala** *superstitious ritual*

ANTESALA

Antes de mirar la película, conversa con un(a) compañero/a sobre los siguientes temas.

1. Aprende y practica el vocabulario del cortometraje en vhlcentral.com.
2. Analiza el título del cortometraje que estás a punto de ver. ¿Qué temas tratará? ¿Qué tono tendrá? ¿Será romántico, trágico o cómico?
3. ¿Alguna vez has comprado un billete de lotería o has hecho una apuesta? ¿Crees en la buena y la mala suerte? ¿Te parece que el azar juega un papel importante en la vida? ¿Piensas que puede ser cierto el dicho "Afortunado en el juego, desafortunado en el amor"?
4. ¿Qué te sugiere la imagen de una reunión familiar? ¿Te parece que en todas las familias hay secretos? ¿Por qué?
5. ¿Conoces alguna comedia de enredos? ¿Cómo son sus personajes? ¿Qué cosas ocurren?

Mira la película

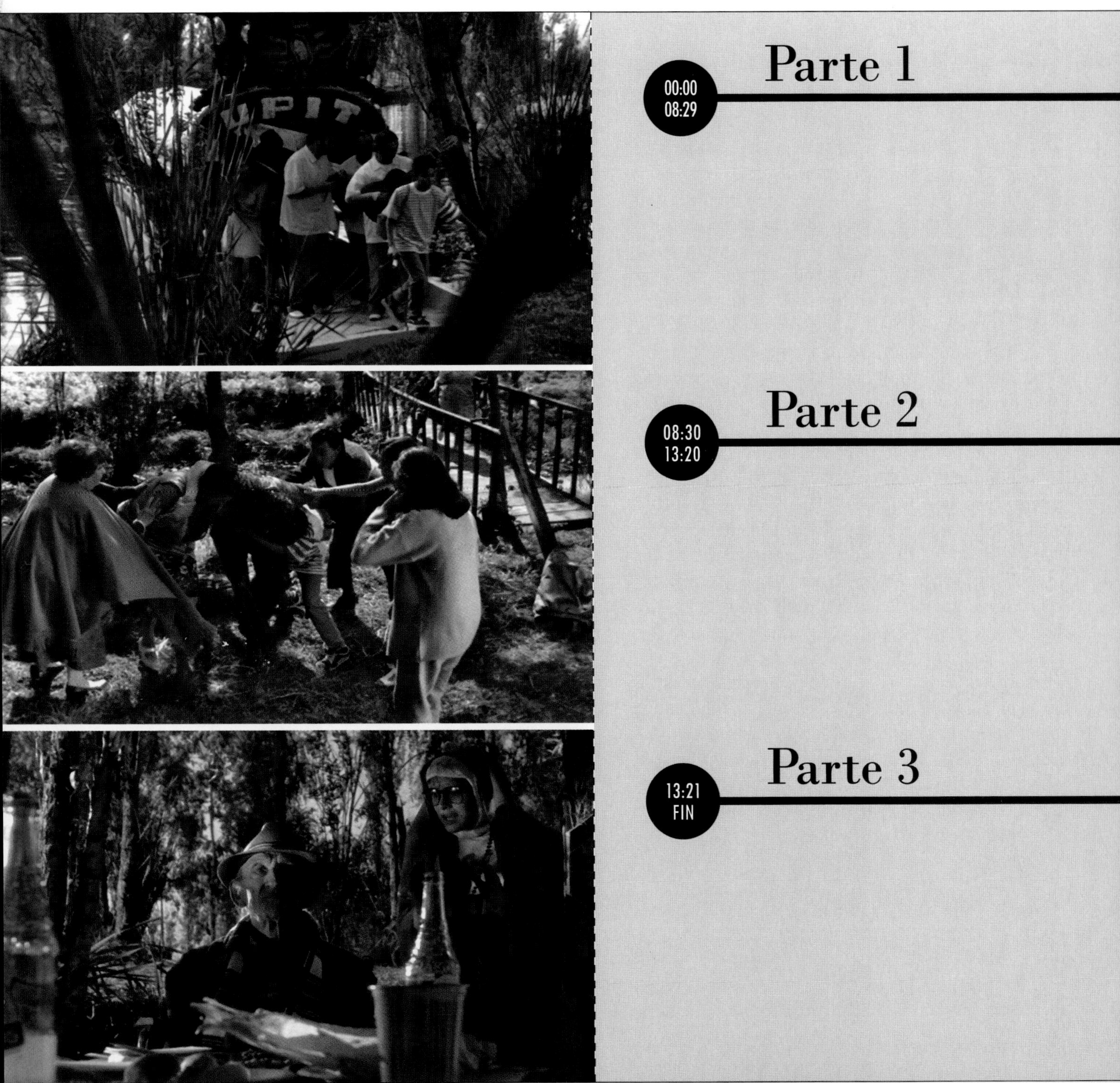

Parte 1

00:00
08:29

Parte 2

08:30
13:20

Parte 3

13:21
FIN

TÉCNICA CINEMATOGRÁFICA

Los estereotipos Los estereotipos son ideas que nos formamos sobre las personas sin hacer el debido análisis. A menudo surgen de imágenes convencionales o prejuicios difíciles de reconocer. En muchas películas, los personajes secundarios representan diferentes estereotipos (el policía malo, el anciano sabio, etc.). Si bien permiten contar una historia, no son los protagonistas porque

El desembarco de la familia

Guía para la comprensión

En la primera parte del cortometraje, vemos el desembarco de la familia. Mientras miras el fragmento, identifica a los diferentes personajes y descríbelos brevemente. Por ejemplo:

Carmelita: Es una novicia y parece despistada.

Preguntas

1. ¿Quiénes bajan del barco?
2. ¿Qué planea hacer Víctor Hugo?
3. ¿Qué está celebrando la familia?
4. ¿Qué sorteo habrá ese mismo día?
5. ¿Cuál es el problema que tiene Rosita con Edmundo? ¿Qué piensa hacer al respecto?
6. ¿Qué espera Carmelita de Dios?

¡A salvo!

Guía para la comprensión

En la segunda parte, algunos personajes atraviesan situaciones que cambiarán sus vidas para siempre. Indica qué le ha ocurrido a cada uno.

Edmundo:
Juan Carlos:
Rosita:
La Nena:

1. ¿De quién está enamorada la Nena? ¿Por qué tiene que ocultarlo?
2. ¿Por qué Rosita no quiere dar otra oportunidad a Edmundo?
3. ¿A quién le pide consejo Edmundo? ¿Qué respuesta recibe?
4. ¿Cuál es el consuelo de Víctor Hugo?
5. ¿Qué le sucede a Carmelita entre los nopales?

¡Milagro! ¡Habló el abuelo!

Guía para la comprensión

Durante el sorteo de la lotería, algunos personajes están escuchando la radio y otros no. Señala dónde se encuentran.

Rosita y Edmundo:
La Nena y Susi:
Carmelita:
El abuelo:
Los padres:

1. ¿Qué significado tienen las espinas y las heridas para Carmelita?
2. ¿Por qué encienden la radio?
3. ¿Cuál es la promesa de Edmundo?
4. ¿Qué hace el abuelo cuando ve la última carta de la lotería?
5. ¿Por qué se marchan rápidamente?
6. ¿Qué cambios hubo o puede haber en la vida de cada personaje?

no resultan demasiado interesantes: ya los conocemos y sabemos cómo son. Los protagonistas, en cambio, suelen cambiar durante el relato o sorprendernos con algún acto, gesto o virtud.

Sístole diástole es una recopilación de estereotipos tradicionales de la cultura mexicana: sus personajes son caricaturescos y resultan tan exagerados que nos hacen reír… y pensar en los límites de los estereotipos.

¿Qué estereotipos has visto en películas recientes?

¿Conoces películas que tienen muchos estereotipos?

1. Elegir **Indica la opción correcta.**

1. La familia desembarca en ese lugar porque Carmelita quiere...
   a. rezar. b. buscar flores. c. ir al baño.
2. Antes de conocer a su esposa, el abuelo soñó con...
   a. un nopal. b. una sirena. c. un billete de lotería.
3. Ese día Víctor Hugo planea confesarle su amor secreto a...
   a. Susi. b. Rosita. c. la Nena.
4. Carmelita le pide a Dios...
   a. por la salud del abuelo. b. ganar la lotería. c. una señal de su vocación.
5. Rosita quiere divorciarse de su esposo porque...
   a. la engaña. b. se emborracha. c. roba.
6. Susi piensa que si tu amor ya no te quiere, lo mejor es...
   a. vengarse. b. olvidar. c. morir.
7. Edmundo se arroja al agua porque quiere...
   a. suicidarse. b. bañarse. c. llamar la atención.
8. El abuelo habla después de mucho tiempo porque...
   a. Carmelita lo asusta. b. quiere irse. c. ve el cartón de lotería lleno.

2. Comprensión **Contesta las siguientes preguntas con oraciones completas.**

1. ¿Cuál es el motivo de la reunión familiar?
2. ¿Cuándo dejó de hablar el abuelo?
3. ¿Por qué el primo Víctor Hugo es tímido e inseguro? ¿De qué tiene miedo?
4. Según el padre, ¿quiénes tienen derecho a "un cachito" del billete de lotería y quiénes no?
5. ¿Cuál es el secreto de la Nena? ¿Qué escribe en el corazón que dibuja en el árbol?
6. ¿Qué dice la canción de los músicos sobre los enamorados?
7. ¿Qué le pide Edmundo a Rosita? ¿Quién se arroja al agua para salvarlo?
8. ¿Por qué cae entre los nopales Carmelita? ¿Por qué le da tanta importancia a las espinas y las heridas?
9. La familia, ¿gana la lotería finalmente?

3. Interpretación **Cada uno de los personajes está esperando que un milagro cambie su vida. Contesta las siguientes preguntas justificando tus respuestas.**

1. ¿Qué milagro espera Carmelita? ¿Ocurre o no?
2. ¿Se cumple el deseo de Víctor Hugo?
3. ¿Qué preocupa a Rosita? ¿Se resuelve su conflicto?
4. ¿Cuál es el problema que tiene la Nena? ¿Se soluciona?
5. ¿Y qué milagro esperan los padres?

4. Técnica cinematográfica Algunas cartas de la lotería mexicana parecen corresponderse con los protagonistas de las historias de amor. Con un(a) compañero/a, contesta las siguientes preguntas para describir la relación que existe entre los estereotipos y los personajes.

1. ¿Con quién se relaciona la carta?
2. ¿Cuál es su estereotipo?
3. ¿El personaje confirma su estereotipo?

cartas	estereotipo	personaje del corto
la sirena	atrae	la Nena
la dama		
el catrín		
el borracho		
el valiente		

5. Los enamorados Con un(a) compañero/a, analiza cómo se trata uno de los siguientes temas en el cortometraje. Usa como punto de partida las situaciones que debe atravesar el personaje correspondiente. Comenten sus conclusiones a la clase.

- La vocación religiosa (Carmelita)
- El papel de "lo femenino" en el matrimonio (Rosita)
- El papel del "patriarca" en la familia (el abuelo; el padre)
- Las relaciones de pareja (Víctor Hugo)

TALLER DE ESCRITURA

1. Convenciones y transgresiones Escribe un ensayo de una página con argumentos en contra de una de las siguientes opiniones sobre la película.

Sístole diástole...

- *repite las convenciones sociales.*
- *critica las ideas tradicionales sobre el amor desde un punto de vista contemporáneo.*
- *muestra la incomprensión entre tres generaciones de una misma familia.*
- *ataca la fe religiosa.*

2. Frases hechas y deshechas Los personajes utilizan muchas expresiones populares. Elige una, búscala en *Sístole diástole* y analiza el mensaje que la película da sobre esa expresión.

- *"El amor es como el fútbol, a veces se gana y a veces se pierde. Pero el chiste está en intentarlo."*
- *"Lo que hay aquí adentro es mucho más grande que nuestro apellido."*
- *"Si lo que quiere es el cielo por qué no se fue de azafata."*
- *"Hazme digna de una señal que me indique si debo seguir a tu servicio."*
- *"Los enamorados son ciegos y locos, también incapaces de hablar."*
- *"Si mi amor no me quiere, me muero."*

SOBRE LA AUTORA

Ángeles Mastretta es una prominente escritora y periodista mexicana nacida en la ciudad de Puebla el 9 de octubre de 1949. Tras la muerte de su padre en 1971, Mastretta se estableció en la capital de su país para estudiar periodismo en la Universidad Nacional Autónoma de México. Allí descubrió que en su pueblo natal° había estado aislada de los acontecimientos políticos y sociales de la época, y comenzó a familiarizarse con los nuevos movimientos, especialmente el feminista.

Durante los años que estudió en la universidad, Mastretta se relacionó con algunos de los escritores más influyentes de México, como Juan Rulfo y Salvador Elizondo. Ya en ese entonces demostró un profundo interés por mostrar la realidad mexicana desde un punto de vista femenino. Trabajó como articulista° para la revista feminista *Fem,* y a partir de 1983 formó parte de su consejo editorial.

Más allá de sus diversos éxitos profesionales e intelectuales (fue premiada en numerosas ocasiones), Mastretta ha alcanzado la fama gracias a su escritura. Sus libros se han traducido a varios idiomas. Entre sus obras más conocidas se encuentran las novelas *Arráncame la vida* (1985) y *Mal de amores* (1996). También ha escrito numerosos poemas y cuentos. En 2007 publicó *Maridos,* la selección de relatos cortos en la que se encuentra *Cine y malabarismo*. Además, actualiza periódicamente su blog, *Puerto Libre,* donde cuenta anécdotas personales y opina sobre temas de actualidad.

pueblo natal *hometown* **articulista** *columnist*

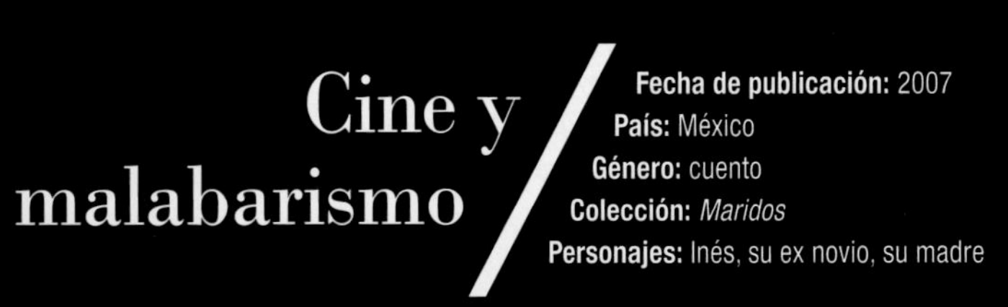

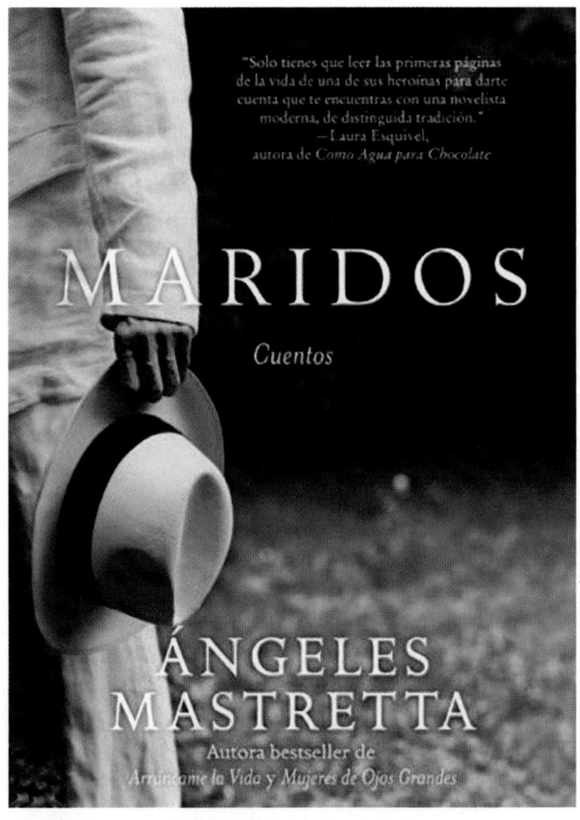

TÉCNICA LITERARIA

El cuento y el poder de las palabras

Cine y malabarismo es un cuento. Si bien se trata de un género muy antiguo, se ha perfeccionado a lo largo de los siglos. En este tipo de narraciones, el autor cuenta una historia de manera breve, por lo que debe jugar con el lenguaje para entretener al lector y captar su atención. Por eso, suele recurrir a ironías, dobles interpretaciones y diferentes juegos de palabras. Mastretta, por ejemplo, utiliza adjetivos muy descriptivos y repite determinadas palabras para enfatizar algunas situaciones, sorprender y, sobre todo, hacer reflexionar al lector.

Contesta las siguientes preguntas basándote en lo que has aprendido sobre esta técnica literaria:

- ¿Cuáles son las ventajas y las desventajas de narrar una historia a través de un cuento?
- ¿Qué características debería tener el lenguaje usado en un cuento para captar la atención del lector?

CONTEXTO HISTÓRICO

Feminismo y feminidad en el *postboom* mexicano
Ángeles Mastretta, una de las escritoras más reconocidas de México, desarrolló gran parte de su carrera durante el *postboom* de la literatura hispanoamericana. Ese movimiento literario, que comenzó a mediados de los 70 y se extendió hasta fines de los 80, se caracterizó por una fuerte influencia de los medios masivos de comunicación y por un estilo contracultural: ya no se buscaba cambiar el mundo, simplemente mostrarlo tal como era.

En ese contexto tomó fuerza el feminismo mexicano. Las escritoras que formaban parte de ese movimiento utilizaban la literatura y la prensa para reivindicar° el papel de la mujer dentro de una sociedad que les resultaba patriarcal y opresiva. Uno de sus objetivos principales era redefinir la figura femenina desde tres perspectivas complementarias: como escritora, como personaje literario y como lectora.

Hoy en día, el contexto sociocultural ha cambiado completamente: la presencia femenina se ha extendido por todos los sectores laborales, políticos y sociales, y se dan por sentados° derechos que parecían impensables° hace tan sólo 30 años. Sin embargo, la mujer debe enfrentar nuevas adversidades y eso se ve reflejado en la literatura. Por ejemplo, en el cuento *Cine y malabarismo,* Ángela Mastretta describe la realidad más íntima de la mujer en una era en la que las relaciones personales constituyen un verdadero desafío°.

Martha Chapa, Denise Dresser y Marta Lamas durante una presentación de su libro, *Gritos y susurros*

 Practice more at **vhlcentral.com.**

reivindicar *to vindicate* **se dan por sentados** *are taken for granted* **impensables** *inconceivable* **desafío** *challenge*

ANTESALA

Antes de iniciar la lectura, completa estas actividades para lograr una mejor comprensión.

 **1.** Aprende y practica el vocabulario del cuento en vhlcentral.com.

2. En grupos, conversen sobre estos temas.

- ¿Qué importancia tiene el cine en tu vida? ¿Afecta a la forma en la que ves el mundo y te relacionas con tu entorno?
- ¿Conoces a alguien que haya tenido una relación de pareja que terminara de forma inesperada? ¿Cuál es el detalle que más recuerdas de esa relación?
- ¿Qué es lo que más extrañas de tus seres queridos cuando estás lejos? ¿Por qué?
- Las parejas que viven en unión libre (*unmarried, living together*) son algo común en nuestra sociedad. ¿Piensas que hay diferencias entre esas parejas y las casadas? Justifica tu respuesta.

CINE Y MALABARISMO

Ángeles Mastretta

¿Por qué, a pesar de llorar durante tanto tiempo, esa tarde Inés tiene miedo de perder sus recuerdos?

INÉS VIO LA TARDE PERDERSE Y POR PERDIDA LA DIO. LLOVÍA despacio. En invierno llueve así. Igual que es lenta la luz de la madrugada° y transparente la del atardecer. Volvió del cine con los recuerdos a cuestas y tenía miedo a perderlos. Llevaba seis meses hecha un mar de lágrimas: se había quedado sin el hombre de sus primeros milagros.

Y todo por su culpa, por andar haciendo el malabarismo° de pensar en el futuro y decirse con todas las palabras que quién sabía si alguna vez él podría ser su marido, más aún de lo que ya era.

En realidad no fue culpa de nadie. Quizá del tiempo. Para ser tan cortas sus vidas, fue largo el sueño que soñaron. Habían jugado a ser de todo: amigos, novios, cónyuges°. Se oía extraño, pero la verdad es que su rompimiento fue un divorcio que no pudo llevar semejante nombre, porque no hubo nunca una ceremonia pública que los uniera con la formalidad que luego necesita romperse frente a la ley. Es larga su historia y quien esto cuenta no tiene autoridad para contar sino un detalle.

dawn

balancing act

spouses

A los veinte años, Inés llevaba tres compartidos con su novio de la prepa° y de la vida. Se habían acompañado en todo. Y se habían reído juntos como sólo se ríen los que se adoran. Hasta que se cansaron. Por eso habría que aceptar que al perderlo, Inés perdió un marido. Esa historia quizá la cuente ella algún día, aquí sólo cabe contar lo que su madre le oyó decir la noche en que volvió del cine llorando, todavía, las penas de esa tarde.

pre-university courses

Si en algún momento, sobre todos, lo extrañaba Inés como al aire, era antes de ir al cine.

No eran novios hacía mucho, se abrían entre sus cuerpos seis meses, una eternidad y el repentino noviazgo nuevo del muchacho que, como casi cualquier hombre, no pudo penar la pena a solas. A los dos meses empezó a salir y entrar con otra niña por los patios de la Universidad. Y lo primero que hizo fue decírselo a Inés y lo primero que ella hizo fue ponerse desolada.

Lo que no se pudo no se pudo y quien primero lo vio así fue Inés, pero habían tenido demasiado juntos como para saltar de un tren a otro sin un respiro. De todos modos, decían que eran amigos. Así que se llamaban de vez en cuando o hablaban por el Messenger en ese ritual sobrio que es hablar por ahí.

Si en algún momento, sobre todos, lo extrañaba Inés como al aire, era antes de ir al cine. En los dos años once meses que habían estado juntos, habían visto mil siete películas. Quizá las horas que pasaron en el cine, sumadas, hubieran dado un año y medio continuo de cine en continua cercanía. De eso tenía Inés nostalgia a cada rato y esa tarde no se la había aguantado y lo llamó.

Marcó despacio el teléfono de su casa y ahí le contestó la voz de una mujer que parecía ya dueña del espacio. Una voz que al preguntarle quién llamaba, le iba diciendo también que a ésa su media casa, de antes, podía llamar cualquiera y a ella se la trataba ya como a cualquiera.

Ni modo. Dijo quién era y su ex novio tomó el teléfono. Inés no quería ni recordar a solas lo que obtuvo como respuesta al ¿qué estás haciendo? Menos aún el tono tenue de la ingrata respuesta. Le dolían los oídos con el solo recuerdo. Se lo contó a su madre entre sollozos° cuando volvió del cine, sin haber dejado de llorar un momento: ni de ida, ni mientras le corría por enfrente la película, ni de vuelta a su casa.

II Además de la respuesta de su ex novio, ¿por qué le duele a Inés el "tono tenue" en que él le habla?

sobs

—¿Qué pasó? —quiso saber su madre.

¿Qué podía haber pasado más grave que su ausencia, su nueva novia, su falta de memoria, su idea de que un abismo se salta como un charco?

—Más pasó —dijo Inés recordando la voz de la nueva novia de su viejo novio, la voz de él encajándole° una rabia de llorar y unos celos marineros que se le atravesaron entre los ojos como avispas.

giving her

—¿Pues qué estaban haciendo? —preguntó la madre—. ¿El amor?

—Peor que eso —dijo Inés sin perder un mínimo de su desolación.

—¿Qué hay peor? —le preguntó la madre, a quien no le daba para más la cabeza.

Sin interrumpir el río de lágrimas, Inés dejó pasar un silencio fúnebre y luego dijo como quien por fin acepta lo inexorable:

—Estaban viendo una película en la tele.

Su madre la abrazó para no sentirse más inútil de lo que era. No para consolarla, porque para esa pérdida no hay más consuelo que el tiempo.

Lo demás es misterio. La intimidad, la imperturbable intimidad, es ver juntos una película en la tele. ■

¿Qué cosa vuelve definitivamente "inexorable" la pérdida del amor de su antiguo novio?

Piénsalo

1. Cierto o falso Indica si cada afirmación es cierta o falsa. Corrige las falsas.

1. Inés está casada.
2. La madre de Inés vive con ella.
3. Inés estuvo de novia dos años.
4. Inés vio más de siete mil películas con su ex novio.
5. La protagonista lleva seis meses soltera.
6. Inés está contenta por haber terminado la relación.
7. El ex novio de Inés comenzó otra relación a los dos meses de la separación.
8. Después de colgar el teléfono, Inés fue a hablar con su madre.
9. La madre de Inés comprende perfectamente los sentimientos de su hija.

2. Comprensión Contesta las siguientes preguntas con oraciones completas.

1. ¿Por qué Inés volvió llorando del cine?
2. ¿Por qué se separaron Inés y su novio?
3. ¿El ex novio de Inés ha rehecho su vida? ¿Cómo lo sabes?
4. ¿Se comunicaban después de su ruptura? ¿Cómo?
5. ¿Qué tipo de relación tienen actualmente Inés y su ex novio?
6. ¿Qué es lo que Inés más extraña de su relación?
7. ¿Qué estaba haciendo el ex novio de Inés cuando ella lo llamó?
8. Según el narrador, ¿qué es lo único que ayudará a Inés a sentirse mejor?

3. Interpretación Analiza las siguientes preguntas y contéstalas con oraciones completas.

1. El título del relato es *Cine y malabarismo.* ¿Por qué lo habrá elegido la autora? Si estás de acuerdo con su elección, explica el título; si no, ¿qué título habrías elegido tú y por qué?
2. ¿Qué tipo de relación tienen Inés y su ex novio?
3. ¿Cómo interpreta él esa relación? ¿Y ella?
4. ¿Qué motiva a Inés a llamar a su ex novio?
5. ¿Qué espera Inés que ocurra con esa llamada?
6. ¿Se siente Inés culpable de la separación? ¿Por qué?
7. ¿Cómo crees que se siente la actual novia del muchacho cuando Inés llama a la casa?

4. Técnica literaria Con un(a) compañero/a, contesta las siguientes preguntas.

1. ¿Cómo cambiaría la historia si Inés la narrara en primera persona?
2. Si tuvieras que describir el estado de ánimo de Inés con tres adjetivos, ¿cuáles usarías? ¿Y para describir la atmósfera general del cuento?
3. ¿Por qué crees que la autora sitúa la historia en una tarde lluviosa? ¿Piensas que tiene alguna relación con el argumento del cuento?
4. El narrador dice que el ex novio de Inés "como casi cualquier hombre, no pudo penar la pena a solas". ¿Es una expresión irónica o feminista?
5. ¿Por qué crees que Inés es el único personaje de la historia con nombre? ¿Qué efecto consigue la autora con esa técnica?

5. Opiniones Con dos compañeros/as, analiza las siguientes preguntas justificando cada respuesta.

1. Si fueras la madre de Inés, ¿cómo la ayudarías a superar la ruptura?
2. ¿Cómo cambiaría la historia si el protagonista fuera el ex novio de Inés?
3. En la obra se trata el tema del amor y de las relaciones personales. ¿Qué hubieras hecho en el lugar de Inés?
4. ¿Crees que Inés está enamorada u obsesionada con el recuerdo de su pareja?
5. Si el cuento fuera una película, ¿a qué género cinematográfico crees que debería pertenecer? ¿Es un drama? ¿Una comedia romántica? ¿Una tragedia?

TALLER DE ESCRITURA

1. Inés y el cine ¿Te gustó el final de *Cine y malabarismo*? Ahora tú serás el autor de la historia. Escribe un texto apropiado para una de estas situaciones.

A. La carta *Inés decide enviarle una carta a su ex novio. ¿Será para despedirse o para pedirle otra oportunidad? Recuerda utilizar el formato de una carta: indica la fecha y usa las fórmulas de saludo y de despedida.*

B. La llamada *Imagina una conversación entre el ex novio de Inés y su actual pareja después de la llamada. Crea un breve relato que incluya las reacciones de los personajes ante lo sucedido. Intenta incluir todos los diálogos que puedas.*

2. La actitud de Inés En un ensayo breve de una página, analiza la actitud de Inés a lo largo del cuento. Sigue estos pasos:

- *Interpreta el título del cuento* (Cine y malabarismo).
- *Analiza el comienzo del cuento ("Inés vio la tarde perderse y por perdida la dio.").*
- *Analiza el final ("Lo demás es misterio. La intimidad, la imperturbable intimidad, es ver juntos una película en la tele.").*
- *Escribe una conclusión para resumir el proceso por el que pasó Inés.*
- *A partir de tu conclusión, escribe un título atractivo para el ensayo.*

SOBRE LA AUTORA

Alfonsina Storni nació en Suiza a fines de mayo de 1892. Su familia, de origen muy humilde, se trasladó poco después a la Argentina. Allí Alfonsina tuvo que trabajar duramente desde muy pequeña para salir adelante. Tras una breve incursión en el teatro, Alfonsina decidió estudiar magisterio°. Ya recibida°, consiguió trabajo en una escuela y comenzó a desarrollar su vocación por las letras. Publicó varios poemas en algunas revistas literarias y de a poco se fue relacionando con otros escritores. Con muchas dificultades, logró publicar su primer poemario: *La inquietud del rosal* (1916). A partir de entonces, nada se interpuso en su sólido camino hacia la creación poética: ni su delicada salud, ni sus problemas económicos, ni su condición de madre soltera en un entorno cultural cerrado y predominantemente machista. Su obra se caterizó por mostrar una visión dolorosa y pesimista de la vida, como se observa en *El dulce daño* (1918), *Irremediablemente* (1919) o *Languidez* (1920). Durante toda su vida luchó activamente por la profesionalización de la escritura y el reconocimiento de la importancia de la mujer en la cultura y la sociedad. A fines de los años 30, Alfonsina era una poetisa admirada y reconocida internacionalmente. Sin embargo, deprimida y enferma, el 25 de octubre de 1938 decidió arrojarse al mar. Algunos días antes, había escrito su último poema: *Voy a dormir.*

magisterio *teaching* **recibida** *graduated*

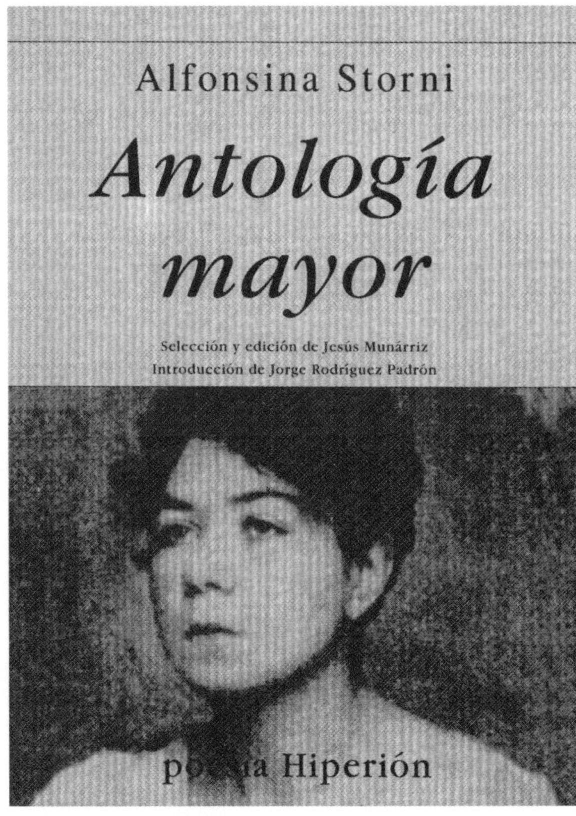

TÉCNICA LITERARIA

La metáfora y el sentido figurado

En el poema "Tú me quieres blanca", Alfonsina Storni utiliza la metáfora: una palabra con significado diferente al que conocemos en sentido literal. La poetisa utiliza el sentido figurado para darle un nuevo valor al vocabulario y sugerir una comparación implícita. De esta manera, sus palabras cobran un sentido que no es el literal y se usan en un contexto que no es el habitual. Por ejemplo, en el verso "Tú me quieres blanca", el adjetivo "blanca" no se refiere al color, sino a la pureza, la castidad, que su interlocutor le exige.

- ¿Conoces otro poema en el que haya metáforas? Menciona alguna y su significado.
- ¿Qué aportan al texto estas comparaciones?

CONTEXTO HISTÓRICO

La mujer a principios del siglo XX

Desde tiempos inmemoriales hasta fines del siglo XIX, la mujer tuvo un papel secundario en la sociedad. Salvo contadas excepciones, su vida se desarrollaba en un ámbito doméstico y familiar. Debía ser bella, obediente y casta para que un hombre la tomara como esposa y luego pasar el resto de su vida cuidando de sus hijos. Sin embargo, a comienzos del siglo XX, esa situación comenzó a revertirse. La mujer empezó a tener una participación activa en todos los ámbitos sociales y culturales de la época: el arte, la política, la filosofía, etc. Los sectores feministas reclamaron derechos que hasta ese entonces estaban reservados para el hombre. Por ejemplo, exigieron el voto femenino, la igualdad laboral y la seguridad jurídica. Fue precisamente en ese contexto que las virtudes creativas y artísticas femeninas comenzaron a valorarse en su justa medida. La mujer ya no se sentía satisfecha con su rol de ama de casa y madre: buscaba convertirse en un ser independiente con mayor participación en la sociedad de la que formaba parte. Ese reclamo se observa claramente en el poema "Tú me quieres blanca" de Alfonsina Storni: la voz poética se enfrenta a un interlocutor retrógrado° y machista que la considera un objeto y que le exige una pureza moral que él mismo es incapaz de alcanzar.

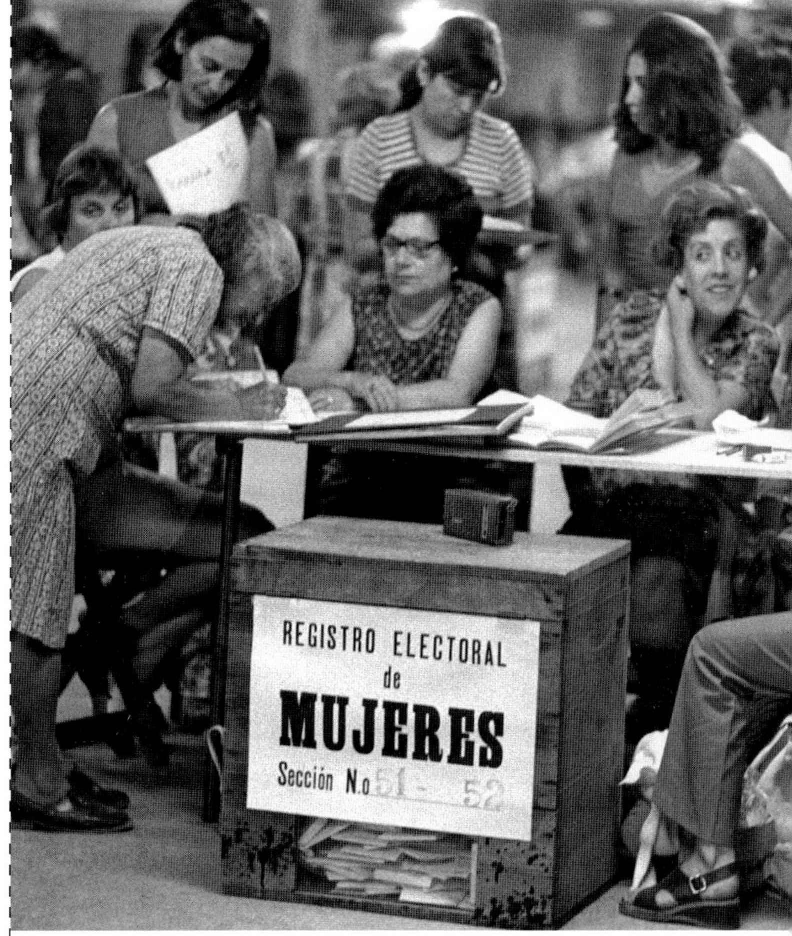

Mujeres inscribiéndose para votar en Santiago de Chile en 1973

 Practice more at **vhlcentral.com.**

retrógrado *reactionary*

ANTESALA

Antes de iniciar la lectura, completa estas actividades para lograr una mejor comprensión.

1. Aprende y practica el vocabulario del poema en vhlcentral.com.
2. ¿Crees que en la actualidad el hombre sigue teniendo una visión tradicional acerca de la mujer? ¿Crees que vale la pena tener una relación con una persona que pretende controlar el comportamiento de su pareja?
3. En grupos, conversen sobre estos temas.
   - ¿Crees que hoy en día existe igualdad entre mujeres y hombres?
   - ¿Ocupan las mujeres los mismos puestos que los hombres?
   - ¿Crees que el hombre tiene mayor participación que la mujer en el campo artístico?
   - ¿Se valora de igual modo las obras de las mujeres que las de los hombres? ¿Por qué?

Juan Berlengieri, *Retrato,* 1935 ►

Tú me quieres blanca

Alfonsina Storni

Tú me quieres alba°,
Me quieres de espumas,
Me quieres de nácar.
Que sea azucena°
Sobre todas, casta°.
De perfume tenue.
Corola cerrada.

Ni un rayo de luna
Filtrado me haya.
Ni una margarita
Se diga mi hermana.
Tú me quieres nívea°,
Tú me quieres blanca,
Tú me quieres alba.

white

white lily

chaste

snow-white

¿Las características de pureza y castidad responden al estereotipo tradicional de la mujer amada? ¿Por qué?

Tú que hubiste todas
Las copas a mano,
De frutos y mieles
Los labios morados.
Tú que en el banquete
Cubierto de pámpanos° grapevines
Dejaste las carnes
Festejando a Baco.
Tú que en los jardines
Negros del Engaño
Vestido de rojo
Corriste al Estrago.

Tú que el esqueleto
Conservas intacto
No sé todavía
Por cuáles milagros,
Me pretendes blanca
(Dios te lo perdone),
Me pretendes casta
(Dios te lo perdone),
¡Me pretendes alba!

¿Qué clase de vida ha llevado ese hombre? ¿Se parece a lo que pide de ella?

Huye hacia los bosques,
Vete a la montaña;
Límpiate la boca;
Vive en las cabañas;
Toca con las manos
La tierra mojada;
Alimenta el cuerpo
Con raíz amarga;
Bebe de las rocas;
frost Duerme sobre escarcha°;
Renueva tejidos
salt residue Con salitre° y agua;
Habla con los pájaros
rise Y lévate° al alba.
Y cuando las carnes
Te sean tornadas,
Y cuando hayas puesto
En ellas el alma
Que por las alcobas
Se quedó enredada,
Entonces, buen hombre,
Preténdeme blanca,
Preténdeme nívea,
Preténdeme casta. ■

¿En qué sentido las acciones que la poetisa le sugiere al *tú* pueden redimirlo? ¿Qué cambios provocarían en él?

1. Clasificar Empareja las características que le corresponden a la mujer (M) y las que le corresponden al hombre (H) en este poema.

_____	1. Blancura	_____	8. Rojo	
_____	2. Azucena	_____	9. Engaño	
_____	3. Perfume tenue	_____	10. Corola cerrada	
_____	4. Banquete	_____	11. Alcobas	Hombre
_____	5. Alba	_____	12. Castidad	Mujer
_____	6. Copas	_____	13. Labios morados	
_____	7. Espuma	_____	14. Jardines negros	

2. Comprensión Contesta las siguientes preguntas con oraciones completas.

1. ¿A quién le habla la poetisa?
2. ¿Qué cualidades espera esa persona de ella?
3. ¿Cómo ha vivido ese *tú* antes de conocerla?
4. ¿Ella está de acuerdo con lo que se espera de ella y le parece lógico? ¿En qué se nota?
5. ¿Cuáles son las condiciones que ella le exige al *tú*?
6. ¿Qué cambios deben provocar esas acciones ordenadas por ella?
7. ¿Qué podrá hacer el *tú* si cumple las acciones que ella le señala?

3. Interpretación Con un(a) compañero/a, contesta las siguientes preguntas.

1. ¿Qué emoción o sentimiento le provocan a la poetisa las expectativas del *tú*? ¿Qué tono usa ella en el poema?
2. ¿A qué crees que se refiere la exigencia de una "corola cerrada" y que "ni un rayo de luna filtrado me haya"?
3. ¿Qué estilo de vida indican las copas, los labios morados de mieles y frutos, las fiestas y banquetes? ¿Se parece al que se le pide a la mujer? ¿Por qué?
4. ¿Con qué emoción relacionas el color rojo? ¿De qué puede estar acusando la poetisa al *tú* al señalar que "vestido de rojo" corrió por los jardines negros del Engaño?
5. ¿Qué quiere decir que el alma se le quedó enredada por las alcobas? ¿Cómo podría recuperarla con las acciones que ella le exige?
6. ¿Las condiciones que ella le impone al *tú* corresponden a una sanación física, moral o espiritual? ¿Por qué alguien se expondría a la incomodidad de alimentarse con raíces amargas, dormir en la escarcha y levantarse al alba?
7. ¿Te parece que la poetisa realmente piensa aceptar las condiciones del *tú* si él cumple con las que ella pide? ¿Por qué?
8. ¿Cuál crees que es el tema que se retrata en este poema?

4. Técnica literaria Con un(a) compañero/a, contesta las siguientes preguntas.

1. ¿Qué tienen en común estas metáforas: el alba, la espuma, el nácar, la azucena?
2. ¿Por qué quiere el *tú* que la mujer sea como el alba, la espuma, el nácar o la azucena?
3. ¿Qué significan las metáforas "corola cerrada" y "perfume tenue"?
4. ¿Con qué objeto compara la autora a la mujer en esas expresiones?
5. ¿Por qué no quiere el *tú* que se filtre ni un rayo de luna sobre la mujer?
6. ¿Cuál es el significado de la margarita?
7. ¿Por qué es un milagro que el hombre aún conserve intacto su esqueleto?

5. Conversación Con un(a) compañero/a, analiza las siguientes preguntas justificando cada respuesta.

- ¿Cómo ha cambiado la manera de pensar de la mujer?
- ¿Por qué ha influido este cambio en sus relaciones amorosas?
- ¿De qué manera el machismo y los celos masculinos han limitado la libertad de la mujer a lo largo de la historia? Da algunos ejemplos.
- ¿Por qué crees que la sociedad tiene una doble moral, por la cual se permite que el hombre cometa ciertos excesos, mientras que se critica a la mujer si hace lo mismo?
- ¿Alguna vez otra persona te ha presionado para que fueras diferente de lo que eras? ¿Cómo reaccionaste?

TALLER DE ESCRITURA

1. Diálogo entre enamorados Basándote en el poema "Tú me quieres blanca" y lo que sabes acerca de los personajes, escribe el diálogo en prosa que podrían haber mantenido ambos protagonistas sobre su posible romance. Ten en cuenta el contraste entre dos personalidades tan diferentes. Puedes incluir información y situaciones nuevas. Además de dar un nombre a cada uno para que parezcan más reales, también puedes situarlos en la época actual y utilizar un lenguaje más moderno.

2. Respuesta del pretendiente Sabemos lo que quiere la mujer; sin embargo, no sabemos cuáles son las impresiones del pretendiente al respecto. Redacta una carta personal con la respuesta del *tú* a su amada ahora que ya sabe lo que ella opina. Recuerda que debes escribir la carta según la manera de pensar del personaje, con una mentalidad tradicional de finales del siglo XIX.

SOBRE EL AUTOR

Mario Benedetti (1920–2009) fue un autor uruguayo que abarcó° todos los géneros y publicó más de 80 libros. En su obra se distinguen dos periodos: uno enfocado en la temática ciudadana y otro caracterizado por un gran compromiso político-social. Sin embargo, la segunda etapa también tuvo relatos ajenos a las inquietudes políticas del momento, como *Los viudos de Margaret Sullavan*. Benedetti fue un autodidacta°. De adolescente, debió abandonar el liceo° para trabajar y ayudar a su familia. Antes de ser escritor, fue taquígrafo, vendedor, periodista, traductor y empleado público. Entre 1954 y 1960 ocupó tres veces la dirección literaria de *Marcha*, el principal semanario° de la vida política y cultural de Uruguay. En 1959 apareció su volumen de cuentos *Montevideanos*. Benedetti decía que un cuento podía llevarle años, ya que "[cada palabra] tiene que tener su rol, y los finales son muy importantes". En 1960 conoció la fama internacional con *La tregua*, novela que llegó a ser finalista para el Oscar a la mejor película extranjera. Más tarde, Benedetti fue director del Departamento de Literatura Hispanoamericana en la Facultad de Humanidades y Ciencias de la Universidad de Montevideo, pero con el golpe militar de 1973, renunció a su cargo y se exilió en Argentina, Perú, Cuba y España. Reconocido en 1999 con el Premio Reina Sofía de Poesía Iberoamericana, Benedetti dejó poemas como "Inventario" (1963), novelas como *Gracias por el fuego* (1965) y cuentos como *La muerte y otras sorpresas* (1968).

abarcó *covered* **autodidacta** *self-taught person* **liceo** *secondary school* **semanario** *weekly paper*

Los viudos de Margaret Sullavan

Fecha de publicación: 1977
País: Uruguay
Género: relato autobiográfico
Personajes: Mario Benedetti, el boletero, Margaret Sullavan

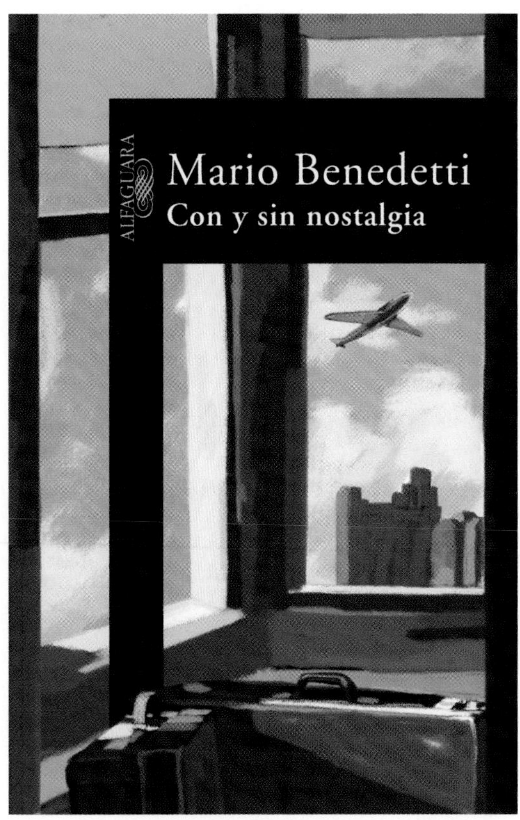

TÉCNICA LITERARIA

La yuxtaposición

¿Cuántas veces has oído decir: "¡Qué casualidad!"? Los escritores saben que las coincidencias nos asombran, el parecido entre las personas nos llama la atención y las repeticiones nos hacen pensar en la existencia de un orden natural. Por eso, a veces yuxtaponen, o ponen juntos, dos personajes o hechos para crear el efecto de la casualidad. Algunos escriben sobre romances que comienzan con un encuentro fortuito. Otros nos presentan personajes idénticos (dobles) o que llevan vidas paralelas sin saberlo.

En *Los viudos de Margaret Sullavan*, dos personas que se encuentran casualmente descubren que comparten su admiración por una misma estrella de cine.

- ¿Conoces alguna película o libro que comience con un encuentro casual? ¿Cuál?
- *Los viudos de Margaret Sullavan* es una especie de historia de amor a distancia. ¿Conoces alguna otra?

CONTEXTO CULTURAL

Hollywood y el sistema de estrellas

La vida de la actriz Margaret Sullavan terminó inesperadamente a los cincuenta y un años en 1960 por una sobredosis de barbitúricos. Su debut en el cine estadounidense se produjo en la década dorada° de 1930. Por entonces, los estudios (Metro Goldwyn Mayer, 20th Century Fox, etc.) ya se habían dado cuenta de que el éxito de sus producciones no solo dependía de la calidad del argumento sino también de los protagonistas. Esto marcó el nacimiento del sistema de estrellas. Los estudios se peleaban por firmar largos contratos con los artistas que los obligaban a filmar una película tras otra durante años. Además controlaban todo lo que se publicaba en las revistas para transmitir una imagen completamente idealizada del *glamour* hollywoodense que enamoraba a los seguidores en todo el mundo. Una estrella debía tener talento, carisma, belleza física, sensualidad y buenas costumbres. Margaret Sullavan hizo dieciséis películas (formando pareja con James Stewart en las más famosas) y después se volcó° al teatro, su ámbito preferido. En el cine brilló como una actriz que proyectaba misterio y tragedia en la pantalla, encarnando° a mujeres jóvenes con una madurez especial y gran fortaleza de carácter.

 Practice more at **vhlcentral.com.**

dorada *golden* **volcó** *turned* **encarnando** *playing the part of*

ANTESALA

Antes de iniciar la lectura, completa estas actividades para lograr una mejor comprensión.

1. Aprende y practica el vocabulario del cuento en **vhlcentral.com**.
2. Observa con atención la fotografía de Margaret Sullavan. Busca fotografías de Greta Garbo, Marilyn Monroe y Audrey Hepburn en Internet. ¿Qué características tiene cada una de estas mujeres? ¿Qué te parece que comunican? ¿Cómo te imaginas la personalidad de cada una?
3. En grupos, conversen sobre estos temas.
   - ¿Alguna vez has idealizado a una persona? ¿Eres o has sido fanático de alguna figura pública? ¿Opinas que el fanatismo a veces puede ser peligroso para uno mismo o para los demás? ¿Qué emociones se ponen en juego en estos casos?
   - Aparte de los lazos familiares, ¿cuáles de las siguientes cosas pueden generar una conexión entre las personas? Marca tu respuesta.
     a. signo del zodiaco
     b. religión
     c. generación
     d. gustos literarios, musicales, etc.
     e. compartir una situación límite
     f. practicar el mismo deporte

Margaret Sullavan, *Next Time We Love,* 1936 ►

Los viudos de Margaret Sullavan

Mario Benedetti

UNO DE LOS POCOS NOMBRES REALES QUE APARECEN EN MIS primeros cuentos ("Idilio", "Sábado de Gloria") es el de Margaret Sullavan. Y aparece por una razón sencilla. Es inevitable que en la adolescencia uno se enamore de una actriz, y ese enamoramiento suele ser definitorio y también formativo. Una actriz de cine no es exactamente una mujer; más bien es una imagen. Y a esa edad uno tiende, como primera tentativa, a enamorarse de imágenes de mujer antes que de mujeres de carne y hueso. Luego, cuando se va penetrando realmente en la vida, no hay mujer de celuloide —al fin de cuentas, sólo captable por la vista y el oído— capaz de competir con las mujeres reales, igualmente captables por ambos sentidos, pero que además pueden ser disfrutadas por el gusto, el olfato y el tacto.

Pero la actriz que por primera vez nos corta el aliento° e invade nuestros insomnios, significa también nuestro primer ensayo de emoción, nuestro primer borrador° de amor. Un borrador que años después pasaremos en limpio con alguna muchacha —o mujer—, que seguramente poco o nada se asemejará a aquella imagen de inauguración, pero que en cambio tendrá la ventaja de sus manos tangibles con mensajes de vida de sus labios besables sin más trámite, de sus ojos que no sólo sirvan para ser mirados, sino también para mirarnos.

nos corta el aliento *takes our breath away*

draft

II ¿De qué manera pueden verse como ensayos (*rehearsals*) de amor y emoción los enamoramientos adolescentes con estrellas de cine?

Carl

Margaret Sullavan

in Ursula Parrott's

NEXT TIME WE LOVE

from the story "SAY GOODBYE AGAIN"

JAMES STEWART · RAY MILLAND · GRANT MITCHELL

ROBERT McWADE · ANNA de METRIO · RONALD COSBEY directed by EDW. H. GRIFFITH

A Universal Picture

... siempre se mira, a través del tiempo esmerilado, a la mujer que de alguna manera nos ha iniciado en el viaje amoroso.

Sin embargo, el amor de celuloide es importante. Significa algo así como un preestreno°. Frente a aquel rostro, a aquella sonrisa, a aquella mirada, a aquel ademán°, tan reveladores, uno prueba sus fuerzas, hace la primera gimnasia de corazón, y algunas veces hasta escucha campanas, y como, después de todo, no se corre mayor riesgo (la imagen por lo general está remota, en un Hollywood o una Cinecitá inalcanzables), uno se deja soñar, desinhibido, resignado y veraz°, aunque el fondo de tanta franqueza sea un amor de ficción.

Margaret Sullavan había sido eso para mí. Es claro que, cuando escribí los cuentos, ya no era por cierto un adolescente. Aunque todavía daban en los cines montevideanos alguna que otra película de su última época, y aunque por supuesto no me perdía ninguna, yo ya había pasado más de una vez en limpio aquel borrador de amor, y en consecuencia podía verlo con distancia y objetividad, pero también con una cálida nostalgia, con una alegre gratitud, como siempre se mira, a través del tiempo esmerilado°, a la mujer que de alguna manera nos ha iniciado en el viaje amoroso.

Con el paso de los años, ¿qué sentimientos quedan en el narrador hacia la actriz que admiró en su juventud?

No obstante, sólo años después advertí con precisión qué lugarcito había ganado en mi vida la incanjeable, maravillosa protagonista de *Y ahora qué* y *El bazar de las sorpresas*. En enero de 1960 estaba con mi mujer en Nueva York. Una tarde nos encontramos con cuatro amigos uruguayos y decidimos cenar temprano e ir luego a un teatro del Village donde se representaba *Our Town*, de Thornton Wilder, en la notable versión de José Quintero. La pieza llevaba ya varios meses en cartel°, pero no era fácil conseguir entradas en las horas previas a cada función; de modo que, mientras los otros se instalaban en un restorán italiano de ruidosa clientela, yo me largué hasta el teatro a ver si conseguía localidades° para seis.

De entrada me sorprendió que el boletero no tuviera aspecto de tal, aunque si alguien me hubiese obligado a una definición, no habría sabido decir cómo era el aspecto de un boletero inconfundible.

Éste era joven, delgado; tenía unos anteojos de armazón° oscura y cristales de miope°; su aspecto era de estudiante de letras° o de primer clarinete. El vestíbulo° del teatro estaba desierto y eso estimuló mis esperanzas. Pero la razón de esa paz era muy simple: no había localidades. Cuando pregunté si existía alguna remota posibilidad de conseguir seis entradas ("sólo seis entradas, señor"), el muchacho levantó la vista de un ajado° ejemplar del *New Yorker* y me miró con tajante° desprecio: "¿A esta hora seis localidades? ¿En qué mundo vive?" El tipo tenía razón. Yo no estaba nada seguro del mundo en que vivía. Pero me sentí como un provinciano al que rezongan porque no se atreve con la escalera mecánica o con el teléfono público. A pesar de todo, no me fui enseguida. Me quedé unos minutos mirando las fotografías del elenco, tal vez con la secreta esperanza de que alguien viniera a devolver seis entradas, ni una más, ni una menos.

preview
gesture
truthful
like frosted glass
en cartel *playing*
tickets
frames
near-sighted / Humanities
foyer
worn-out
categorical

Entonces sonó el teléfono. El muchacho hizo un nuevo gesto de fastidio, ya que debía interrumpir otra vez su lectura del New Yorker, o quizá porque estaba cansado de repetir con voz gangosa° que no había localidades. De pronto su rostro se transfiguró.

gangosa: nasal

Se quitó los anteojos con un gesto rabioso, y dijo casi sollozando: "¡No! ¡No! ¡No puede ser!" Después colgó, con un gesto brusco y desprendido, tan maquinal como marginal, y hundió la vencida cabeza entre los dedos flacos y temblorosos.

Yo era el único testigo de aquella congoja°.

congoja: grief

Pese a la agresiva respuesta que me había propinado°, pensé que podía sentirse mal y me acerqué. Le toqué apenas un brazo, sólo para que notara mi presencia. Le pregunté si le sucedía algo, si había recibido una mala noticia, si lo podía ayudar, etc. Entonces levantó la cabeza, y me miró con los ojos sin cristales, como a través de una ventana con lluvia o de un recuerdo inmóvil.

propinado: given

"Murió Margaret Sullavan". Lo dijo lentamente, marcando cada sílaba, como si quisiera dejar bien claro que se sentía indefenso, que se sentía desgraciado, y que no se estaba mandando la parte°.

mandando la parte *boasting*

¿Qué emoción expresa el boletero al anunciar la muerte de Margaret Sullavan? ¿Es igual a lo que siente el narrador?

Entonces fui yo el que dije, en otro estilo y en otro idioma, claro, como para mí mismo y para nadie más. "No, no puede ser." El muchacho no entendió las palabras en español, pero seguramente comprendió mi asombro, mi tristeza. Me recosté° contra la pared, porque necesitaba algo en qué apoyarme. Nos miramos el boletero y yo: él, un poco asombrado de haber hallado imprevistamente a otro viudo de Margaret, allí, en el teatro, al alcance de su mano huesuda; yo, apenas consciente de que en ese instante se extinguía el último rescoldo° de mi ya lejana adolescencia.

recosté: leaned

rescoldo: lingering feeling

... yo, apenas consciente de que en ese instante se extinguía el último rescoldo de mi ya lejana adolescencia.

De pronto el boletero se pasó una mano por los ojos, a fin de arrastrar sin disimulo las lágrimas, y me preguntó con la voz entrecortada, pero ya no gangosa: "¿Cuántas entradas dijo que quería? ¿Seis?"

Abrió un cajoncito y extrajo seis entradas, unidas por un alfiler, y me las dio. Le pagué, sin decir nada.

Darle una propina en aquellas circunstancias habría sido un agravio°; algo absolutamente descartable entre dos viudos de la misma imagen. Nos dimos la mano y todo, como dos deudos°. Casi como hubiera podido sentirse James Stewart, pareja de Margaret en tantas películas. Cuando salí en dirección al restorán italiano, yo también me froté los ojos, pero en mi estilo: no con la palma sino con los nudillos°. En realidad, no conocía cuál podía ser el grado o la motivación del amargo estupor° del boletero, irascible y cegato°. Pero en mi caso sí que lo sabía: por primera vez en mi vida había perdido a un ser querido. ■

agravio: offense

deudos: relatives

nudillos: knuckles

estupor: astonishment / cegato: near-sighted

¿Por qué la reacción del narrador convenció al boletero de conseguirle las entradas para esa noche?

1. Cierto o falso Indica si cada afirmación es cierta o falsa. Corrige las falsas.

1. Según el autor, las mujeres de carne y hueso se aprecian más cuando se llega a la adultez.
2. Según el autor, las actrices no provocan emociones ni son importantes en la vida de los espectadores.
3. La acción del cuento transcurre en Nueva York.
4. El protagonista quiere conseguir entradas de teatro para la función de esa misma noche.
5. El boletero que lo atiende es un anciano muy amable.
6. El vestíbulo del teatro está vacío porque no hay más localidades.
7. Cuando suena el teléfono, el escritor está discutiendo con el boletero para que le consiga las entradas
8. Tras la llamada telefónica, el escritor descubre que el boletero era el marido de Margaret Sullavan en la vida real.
9. El boletero finalmente le vende cuatro entradas en vez de las seis que el protagonista quería.
10. El escritor se marcha sin darle propina al boletero.

2. Comprensión Contesta las siguientes preguntas con oraciones completas.

1. ¿Qué representa una actriz de cine para el autor?
2. ¿Él pudo reemplazar su idealización de la actriz de cine por una mujer de verdad?
3. ¿Qué aspecto tenía el boletero del teatro? ¿Qué estaba leyendo?
4. ¿Cómo es su respuesta al pedido de entradas para esa noche: cortés, neutral, agresiva, irónica?
5. ¿Cuál es la noticia que le dan por teléfono y que lo conmociona?
6. ¿Qué lo hace cambiar de idea y venderle las entradas al escritor?
7. Según el autor, ¿cómo se sienten él y el boletero ante la noticia? ¿Por qué?

3. Interpretación El narrador reflexiona sobre su propio aprendizaje acerca del amor y de los sentimientos. Contesta las siguientes preguntas a partir de las experiencias que relata.

1. ¿Por qué son irresistibles las estrellas de cine?
2. ¿Por qué las mujeres de carne y hueso ganan si compiten con las actrices de cine?
3. Para enamorarse, ¿es bueno tener práctica? ¿Por qué?
4. ¿Por qué es probable que alguien de Uruguay se enamore de una estrella de Hollywood?
5. ¿Qué tipo de amor podemos sentir por imágenes que no nos hablan ni nos ven?
6. ¿Cuál es nuestra primera reacción cuando muere un ser querido?
7. ¿En qué casos podemos ver nuestras emociones reflejadas en las de otra persona?
8. ¿Qué emociones son capaces de unir a dos personas de lugares y culturas diferentes?

4. Técnica literaria En el cuento, dos personas se encuentran por casualidad. Con un(a) compañero/a, contesta las siguientes preguntas sobre su modo de ser y de actuar.

1. ¿Cuántos años aproximadamente tienen el boletero y el escritor?
2. ¿Cómo describirías la personalidad del escritor?
3. ¿Y la del boletero?
4. ¿Qué sentimientos despierta en el escritor la muerte de Margaret Sullavan?
5. "Es inevitable que en la adolescencia uno se enamore de una actriz", dice el autor. ¿Crees que sus experiencias son universales? ¿Por qué?
6. Basándote en lo que sabes sobre el boletero, ¿cuáles crees que son sus sentimientos? ¿Por qué?
7. El boletero y el escritor hablan idiomas diferentes. ¿Por qué es eso importante?
8. Al final del cuento, ¿qué tipo de relación hay entre los "dos viudos de la misma imagen"?

5. Enamorados del cine Si no existiera el cine hollywoodense, la anécdota que se relata en el cuento nunca habría ocurrido. Con dos compañeros/as, utiliza la información del cuento para argumentar a favor y en contra de las siguientes afirmaciones. Comenten sus conclusiones a la clase.

a. El cine es una industria globalizada que une a gente de todo el mundo.
b. El culto a las estrellas de cine perjudica a la gente porque les hace olvidar sus problemas.
c. Los amantes del cine tienen problemas para diferenciar la realidad de la ficción.
d. Las estrellas de cine transmiten una imagen positiva a la sociedad.
e. Todos somos, en el fondo, *paparazzis*.

TALLER DE ESCRITURA

1. El vestíbulo La escena del encuentro ocurre en la entrada de un teatro. En un ensayo de una página, describe detalladamente cómo imaginas el lugar a partir de los datos que leíste en el cuento. Utiliza una de las siguientes técnicas cinematográficas:

- *Primero describe el piso del vestíbulo y sigue lentamente hacia el techo, o al revés.*
- *Enfócate en un detalle muy específico y de a poco describe de manera más general.*
- *Toma un punto de vista inesperado.*

2. El boletero El relato está contado desde el punto de vista del escritor. En una página, relátalo desde el punto de vista del boletero. Utiliza la información que sabes sobre el personaje y añade algunos datos imaginarios, como:

- *¿Qué opina de su trabajo como boletero? ¿Le gusta?*
- *El escritor lo considera "irascible". ¿Cómo considera él al escritor? ¿Y a sí mismo?*
- *¿Qué relación tiene con el cine y con Margaret Sullavan?*
- *¿Quién lo llama por teléfono?*

SOBRE EL AUTOR

Benito Pérez Galdós (1843–1920) fue un novelista, dramaturgo, crítico literario y periodista español reconocido como el innovador de la novela contemporánea. *Marianela* (1878) puede considerarse el mayor éxito de este escritor que fue figura clave de la literatura realista y naturalista del siglo XIX. A los diecinueve años Galdós viajó a Madrid para estudiar Derecho, carrera que abandonó para dedicarse a la literatura. Ese viaje lo contactó con la realidad social y cultural al frecuentar tertulias° literarias, cafés, redacciones y teatros. Galdós dividió su obra en tres periodos. En el primero, *Episodios nacionales,* narró la historia novelada de la España de su siglo documentándose con rigor y alejándose de la novela histórica del romanticismo. Luego, en las novelas del primer periodo, como *La fontana de oro* (1870) y *Doña Perfecta* (1876), atacó la intolerancia y el fanatismo. Y en las novelas contemporáneas, como *La desheredada* (1881), *Fortunata y Jacinta* (1886–87) y *Miau* (1888), describió la sociedad contemporánea con una mayor complejidad de los personajes. Progresista y anticlerical, Galdós fue elegido diputado por el partido liberal en 1886 y encabezó la lista a la candidatura de la coalición republicano-socialista por Madrid en 1907. En sus últimos años de vida, quedó ciego y tuvo serias dificultades económicas. Pero quizás lo más triste fue cuando en 1905 la Real Academia Española, de la cual fue miembro, le negó el apoyo para su candidatura al Premio Nobel de Literatura por su orientación política.

tertulias *gatherings*

Fecha de publicación: 1878
País: España
Género: novela
Personajes: Marianela, Pablo, Teodoro Golfín, Florentina

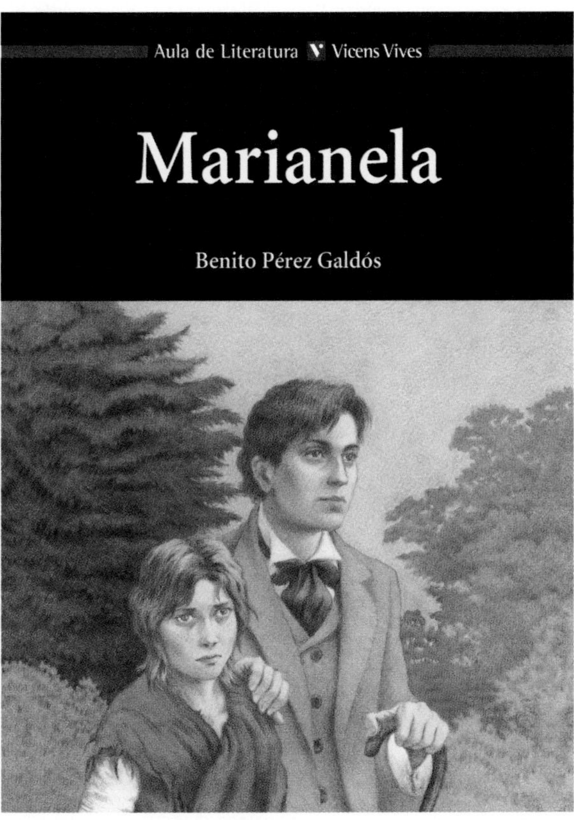

TÉCNICA LITERARIA

La ironía

La ironía consiste en decir o hacer algo queriendo dar a entender lo contrario. La entonación, el contexto o los datos que conocen el autor y el lector revelan el verdadero sentido de las palabras. Esta técnica se usa para hacer que los lectores reflexionen o para criticar algunas actitudes, o un momento histórico o político.

Hay muchas maneras de expresar ironía, como describir algo con cualidades contrarias (por ejemplo, llamarle "flaco" a un gordo). En *Marianela,* el hecho de que Pablo recupera la vista es irónico porque a partir de ese momento, deja de apreciar la belleza interior de Marianela.

- ¿Conoces otros usos de la ironía como técnica literaria? Descríbelos y da ejemplos.
- La ironía suele usarse con intenciones peyorativas o negativas. ¿Podrías dar un ejemplo en el que se use para alabar (*praise*)?

CONTEXTO HISTÓRICO

El realismo

La España de *Marianela* (1878) es una de tensiones sociales y de constantes cambios políticos. En la década previa a la publicación de esa novela, España vivió una revolución que destronó a la reina Isabel II, una monarquía democrática, una breve república y la restauración de la monarquía borbónica con la coronación del rey Alfonso XII.

A raíz de estos cambios y siguiendo los pasos de la prosa europea, surgió en España una corriente literaria que reflejaba a la sociedad de la época: el realismo. Benito Pérez Galdós, Leopoldo Alas "Clarín", Juan Valera y Pedro Antonio de Alarcón fueron los principales representantes de este estilo.

El realismo surgió como oposición a la estética del romanticismo, que prefería los ambientes exóticos y los personajes extravagantes. Su objetivo era presentar una visión objetiva de la realidad. Buscando la máxima verosimilitud, se utilizaba un lenguaje sencillo con distintos registros según la profesión y la procedencia geográfica de los protagonistas. El aumento de la población que sabía leer y escribir (de un 5% al 40%) y el nacimiento de la novela por entregas° ayudaron al éxito de esta corriente literaria.

El rey Alfonso XII de España

 Practice more at **vhlcentral.com.**

novela por entregas *serial novel*

ANTESALA

Antes de iniciar la lectura, completa estas actividades para lograr una mejor comprensión.

1. Aprende y practica el vocabulario de la novela en **vhlcentral.com.**
2. En grupos, conversen sobre estos temas.
   - ¿Qué importancia tiene lo que opinan los demás en tu vida personal y, especialmente, en tus relaciones personales?
   - ¿Alguna vez has empezado o terminado una relación por influencia de tus amigos o de tus seres queridos?
   - Dicen que el amor es ciego. ¿Crees que son posibles las relaciones puramente platónicas?
   - Mucha gente opina que lo importante de una persona está en su interior. ¿Qué importancia le das a la apariencia física en tus relaciones personales?
   - ¿Te consideras una persona empática? ¿Has tomado alguna vez una decisión que te ha afectado negativamente por ayudar a otra persona? ¿En qué tipo de situación lo harías?

Pablo Picasso, *Head*, 1960 ►

Marianela

Benito Pérez Galdós

[...] ERA COMO UNA NIÑA, PUES SU ESTATURA DEBÍA CONTARSE entre las más pequeñas, correspondiendo a su talle delgadísimo y a su busto mezquinamente constituido. Era como una jovenzuela, pues sus ojos no tenían el mirar propio de la infancia, y su cara revelaba la madurez de un organismo en que ha entrado o debido entrar el juicio°. A pesar de esta desconformidad, era admirablemente proporcionada, y su pequeña cabeza remataba° con cierta gallardía el miserable cuerpecillo. Alguien decía que era una mujer mirada con vidrio de disminución; alguno que era una niña con ojos y expresión de adolescente. No conociéndola, se dudaba si era un asombroso progreso o un deplorable atraso.

judgment

topped

—¿Qué edad tienes tú? —preguntole Golfín sacudiendo los dedos para arrojar el fósforo, que empezaba a quemarle.

—Dicen que tengo diez y seis años —replicó la Nela, examinando a su vez al doctor.

—¡Diez y seis años! Atrasadilla estás, hija. Tu cuerpo es de doce, a lo sumo.

¿A qué se debe la falta de desarrollo de Marianela? ¿Qué educación tiene y a qué clase social pertenece?

—¡Madre de Dios! Si dicen que yo soy como un fenómeno —manifestó ella en tono de lástima de sí misma.

—¡Un fenómeno! —repitió Golfín poniendo su mano sobre los cabellos de la chica—. Podrá ser. Vamos, guíame.

La Nela comenzó a andar resueltamente sin adelantarse mucho, antes bien, cuidando de ir siempre al lado del viajero, como si apreciara en todo su valor la honra de tan noble compañía. Iba descalza: sus pies, ágiles y pequeños denotaban familiaridad consuetudinaria con el suelo, con las piedras, con los charcos, con los abrojos°. Vestía una falda sencilla y no muy larga, denotando en su rudimentario atavío°, así como en la libertad de sus cabellos sueltos y cortos, rizados con nativa elegancia, cierta independencia más propia del salvaje que del mendigo°. Sus palabras, al contrario, sorprendieron a Golfín por lo recatadas° y humildes, dando indicios de un carácter formal y reflexivo. Resonaba su voz con simpático acento de cortesía, que no podía ser hijo de la educación, y sus miradas eran fugaces y momentáneas, como no fueran dirigidas al suelo o al cielo.

burrs

attire

beggar / coy

¿Es realmente por modestia que Marianela mantiene los ojos fijos en el suelo y dice que no sirve para nada?

—Dime —le preguntó Golfín— ¿tú vives en las minas? ¿Eres hija de algún empleado de esta posesión?

—Dicen que no tengo madre ni padre.

—¡Pobrecita! Tú trabajarás en las minas...

—No, señor. Yo no sirvo para nada —replicó sin alzar del suelo los ojos.

—Pues a fe que tienes modestia.

Teodoro se inclinó para mirarle el rostro. Este era delgado, muy pecoso, todo salpicado de menudas manchitas parduzcas. Tenía pequeña la frente, picudilla y no falta de gracia la nariz, negros y vividores los ojos; pero comúnmente brillaba en ellos una luz de tristeza. Su cabello dorado-oscuro había perdido el hermoso color nativo por la incuria° y su continua exposición al aire, al sol y al polvo. Sus labios apenas se veían de puro chicos, y siempre estaban sonriendo; pero aquella sonrisa era semejante a la imperceptible de algunos muertos cuando han dejado de vivir pensando en el cielo. La boca de la Nela, estéticamente hablando, era desabrida°, fea; pero quizás podía merecer elogios, aplicándole el verso de Polo de Medina: «es tan linda su boca que no pide». En efecto; ni hablando, ni mirando, ni sonriendo revelaba aquella miserable el hábito degradante de la mendicidad callejera.

neglect

dull

Golfín le acarició el rostro con su mano, tomándolo por la barba y abarcándolo casi todo entre sus gruesos dedos.

—¡Pobrecita! —exclamó—. Dios no ha sido generoso contigo.

[...]

Pablo y Marianela salieron al campo, precedidos de Choto, que iba y volvía gozoso y saltón, moviendo la cola y repartiendo por igual sus caricias entre su amo y el lazarillo° de su amo.

guide for the blind

—Nela —dijo Pablo—, hoy está el día muy hermoso. El aire que corre es suave y fresco, y el sol calienta sin quemar. ¿A dónde vamos?

—Echaremos por estos prados adelante —replicó la Nela, metiendo su mano en una de las faltriqueras de la americana° del mancebo°—. ¿A ver qué me has traído hoy?

jacket / young man

—Busca bien y encontrarás algo —dijo Pablo riendo.

—¡Ah, Madre de Dios! Chocolate crudo... ¡y poco que me gusta el chocolate crudo! ... nueces... una cosa envuelta en un papel... ¿qué es? ¡Ah! ¡Madre de Dios!, un dulce... ¡Dios Divino!, ¡pues a fe que me gusta poco el dulce! ¡Qué rico está! En mi casa no se ven nunca estas comidas ricas, Pablo. Nosotros no gastamos lujo en el comer. Verdad que no lo gastamos tampoco en el vestir. Total, no lo gastamos en nada.

—¿A dónde vamos hoy? —repitió el ciego.

—A donde quieras, niño de mi corazón —repuso la Nela, comiéndose el dulce y arrojando el papel que lo envolvía—. Pide por esa boca, rey del mundo.

Los negros ojuelos de la Nela brillaban de contento, y su cara de avecilla graciosa y vivaracha multiplicaba sus medios de expresión, moviéndose sin cesar. Mirándola se creía ver un relampagueo de reflejos temblorosos, como los que produce la luz sobre la superficie del agua agitada. Aquella débil criatura, en la cual parecía que el alma estaba como prensada y constreñida dentro de un cuerpo miserable, se ensanchaba y crecía maravillosamente al hallarse sola con su amo y amigo. Junto a él tenía espontaneidad, agudeza, sensibilidad, gracia, donosura°, fantasía. Al separarse, parece que se cerraban sobre ella las negras puertas de una prisión.

[...] Yo le dije a mi padre: «Concibo un tipo de belleza encantadora, un tipo que contiene todas las bellezas posibles; ese tipo es la Nela». Mi padre se echó a reír y me dijo que sí.

La Nela se puso como amapola y no supo responder nada. Durante un breve instante de terror y ansiedad, creyó que el ciego la estaba *mirando*.

—Sí, tú eres la belleza más acabada que puede imaginarse —añadió Pablo con calor—. ¿Cómo podría suceder que tu bondad, tu inocencia, tu candor, tu gracia, tu imaginación, tu alma celestial y cariñosa que ha sido capaz de alegrar mis tristes días; cómo podría suceder, cómo, que no estuviese representada en la misma hermosura? ... Nela, Nela— añadió balbuciente° y con afán—. ¿No es verdad que eres muy bonita?

La Nela calló. Instintivamente se había llevado las manos a la cabeza, enredando entre sus cabellos las florecitas medio ajadas que había cogido antes en la pradera.

—¿No respondes? ... Es verdad que eres modesta. Si no lo fueras, no serías tan repreciosa como eres. Faltaría la lógica de las bellezas, y eso no puede ser. ¿No respondes? ...

—Yo... —murmuró la Nela con timidez, sin dejar de la mano su tocado°— no sé... dicen que cuando niña era muy bonita... Ahora...

—Y ahora también.

María, en su extraordinaria confusión, pudo hablar así:

—Ahora... ya sabes tú que las personas dicen muchas tonterías... se equivocan también... a veces el que tiene más ojos ve menos.

—¡Oh! ¡Qué bien dicho! Ven acá: dame un abrazo.

La Nela no pudo acudir pronto, porque habiendo conseguido sostener entre sus cabellos una como guirnalda° de florecillas, sintió vivos deseos de observar el efecto de aquel atavío en el claro cristal del agua. Por primera vez desde que vivía se sintió presumida°. Apoyándose en sus manos, asomose al estanque.

Por primera vez desde que vivía se sintió presumida. Apoyándose en sus manos, asomose al estanque.

—¿Qué haces, Mariquilla?

—Me estoy mirando en el agua, que es como un espejo —replicó con la mayor inocencia, delatando° su presunción.

—Tú no necesitas mirarte. Eres hermosa como los ángeles que rodean el trono de Dios.

El alma del ciego llenábase de entusiasmo y fervor.

—El agua se ha puesto a temblar —dijo la Nela— y no me veo bien, señorito. Ella tiembla como yo. Ya está más tranquila, ya no se mueve... Me estoy mirando... ahora.

—¡Qué linda eres! Ven acá, niña mía —añadió el ciego, extendiendo sus brazos.

donosura: *charm*
balbuciente: *stammering*
tocado: *headdress*
guirnalda: *garland*
presumida: *vain*
delatando: *giving away*

¿Por qué Marianela siente terror y ansiedad cuando cree por un instante que el ciego puede verla?

¿Qué piensa Marianela sobre su aspecto? ¿Qué efecto le causan los halagos (*praises*) de Pablo? ¿Se los cree?

Pues esa que veo en el estanque no es tan fea como dicen. Es que hay también muchos que no saben ver.

—¡Linda yo! —dijo ella llena de confusión y ansiedad—. Pues esa que veo en el estanque no es tan fea como dicen. Es que hay también muchos que no saben ver.

—Sí, muchos.

—¡Si yo me vistiese como se visten otras! ... —exclamó la Nela con orgullo.

—Te vestirás.

—¿Y ese libro dice que yo soy bonita? —preguntó la Nela apelando a todos los recursos de convicción.

—Lo digo yo, que poseo una verdad inmutable —exclamó el ciego, llevado de su ardiente fantasía.

—Puede ser —observó la Nela, apartándose de su espejo pensativa y no muy satisfecha— que los hombres sean muy brutos y no comprendan las cosas como son.

[...]

—Prima... ¡por Dios! —exclamó Pablo con entusiasmo candoroso— ¿por qué eres tú tan bonita? ... Mi padre es muy razonable... no se puede oponer nada a su lógica ni a su bondad... Florentina, yo creí que no podía quererte; yo creí posible querer a otra más que a ti... ¡Qué necedad°! Gracias a Dios que hay lógica en mis afectos... Mi padre, a quien he confesado mis errores, me ha dicho que yo amaba a un monstruo... Ahora puedo decir que idolatro a un ángel. El estúpido ciego ha visto ya y al fin presta homenaje a la verdadera hermosura... pero yo tiemblo... ¿no me ves temblar? Te estoy viendo y no deseo más que poder cogerte y encerrarte dentro de mi corazón, abrazándote y apretándote contra mi pecho... fuerte, muy fuerte.

foolishness

Pablo, que había puesto las dos rodillas en tierra, se abrazaba a sí mismo.

—Yo no sé lo que siento —añadió con turbación°, torpe la lengua, pálido el rostro—. Cada día descubro un nuevo mundo, Florentina. Descubrí el de la luz, descubro hoy otro... ¿Es posible que tú, tan hermosa, tan divina, seas para mí? ¡Prima, prima mía, esposa de mi alma!

confusion

II ¿Qué emociones experimenta Pablo al recuperar la vista? ¿En qué cambia su idea del mundo que lo rodea?

Parecía que iba a caer al suelo desvanecido°. Florentina hizo ademán de levantarse. Pablo le tomó una mano; después, retirando él mismo la ancha manga que lo cubría, besole el brazo con vehemente ardor, contando los besos.

fainted

—Uno, dos, tres, cuatro... ¡Yo me muero!

—Quita, quita —dijo Florentina, poniéndose en pie, y haciendo levantar tras ella a su primo—. Señor doctor, ríñale° usted.

tell him off

Teodoro gritó:

—¡Pronto... esa venda en los ojos, y a su cuarto, joven!

Confuso volvió el joven su rostro hacia aquel lado. Tomando la visual recta vio al doctor junto al sofá de paja cubierto de mantas.

—¿Está usted ahí, Sr. Golfín? —dijo acercándose en línea recta.

—Aquí estoy —repuso Golfín seriamente. Creo que debe usted ponerse la venda y retirarse a su habitación. Yo le acompañaré.

—Me encuentro perfectamente... Sin embargo, obedeceré... Pero antes déjenme ver esto.

Observaba la manta y entre las mantas una cabeza cadavérica y de aspecto muy desagradable. En efecto, parecía que la nariz de la Nela se había hecho más picuda, sus ojos más chicos, su boca más insignificante, su tez más pecosa, sus cabellos más ralos°, su frente más angosta. Con los ojos cerrados, el aliento fatigoso, entreabiertos los cárdenos° labios, la infeliz parecía hallarse en la postrera° agonía, síntoma inevitable de la muerte.

ralos: sparse
cárdenos: purple
postrera: final

—¡Ah! —dijo Pablo— mi tío me dijo que Florentina había recogido una pobre... ¡Qué admirable bondad! ... Y tú, infeliz muchacha, alégrate, has caído en manos de un ángel... ¿Estás enferma? En mi casa no te faltará nada... Mi prima es la imagen más hermosa de Dios... Esta pobrecita está muy mala, ¿no es verdad, doctor?

¿Qué siente Pablo al encontrarse frente a la joven enferma? ¿Se parece a lo que sentía por Marianela cuando estaba ciego?

—Sí —dijo Golfín—, le conviene estar sola y no oír hablar.

—Pues me voy.

Pablo alargó una mano hasta tocar aquella cabeza que le parecía la expresión más triste de la miseria y desgracia humanas. Entonces la Nela movió los ojos y los fijó en su amo. Pablo se creyó Pablo mirado desde el fondo de un sepulcro; tanta era la tristeza y el dolor que en aquella mirada había. Después la Nela sacó de entre las mantas una mano flaca, tostada y áspera y tomó la mano del señorito de Penáguilas, quien al sentir su contacto se estremeció de pies a cabeza y lanzó un grito en que toda su alma gritaba.

Hubo una pausa angustiosa, una de esas pausas que preceden a las catástrofes del espíritu, como para hacerlas más solemnes.

Con voz temblorosa, que en todos produjo trágica emoción, la Nela dijo:

—Sí, señorito mío, yo soy la Nela.

¿Por qué Pablo reacciona así cuando Marianela le toca la mano?

Lentamente y como si moviera un objeto de mucho peso, llevó a sus secos labios la mano del señorito y le dio un beso... después un segundo beso... y al dar el tercero, sus labios resbalaron inertes sobre la piel del mancebo.

Después callaron todos. Callaban mirándola. El primero que rompió la palabra fue Pablo, que dijo:

—Eres tú... ¡Eres tú! ...

Después le ocurrieron muchas cosas, pero no pudo decir ninguna. Era preciso para ello que hubiera descubierto un nuevo lenguaje, así como había descubierto dos nuevos mundos, el de la luz, y el del amor por la forma. No hacía más que mirar, mirar y hacer memoria de aquel tenebroso° mundo en que había vivido, allá donde quedaban perdidos entre la bruma° sus pasiones, sus ideas y sus errores de ciego.

tenebroso: gloomy
bruma: mist

Florentina se acercó derramando lágrimas, para examinar el rostro de la Nela, y Golfín que la observaba como hombre y como sabio, pronunció estas lúgubres palabras.

—¡La mató! ¡Maldita vista suya!

Y después mirando a Pablo con severidad le dijo:

—Retírese usted.

[...] ■

1. Cierto o falso Indica si cada afirmación es cierta o falsa. Corrige las falsas.

1. Marianela es muy guapa.
2. La protagonista es huérfana.
3. Marianela tiene dieciséis años.
4. Pablo está enamorado de Marianela.
5. Pablo y Florentina son primos.
6. Florentina quiere ser amiga de Nela.
7. Golfín es el abuelo de Pablo.
8. Cuando Pablo recupera la vista reconoce a Marianela inmediatamente al verla.
9. Pablo continuó queriendo a Marianela después de recuperar la vista.

2. Comprensión Contesta las siguientes preguntas con oraciones completas.

1. ¿Cómo era Marianela físicamente?
2. ¿Qué piensa Golfín de Marianela como persona?
3. ¿Cómo se veía Marianela a sí misma? ¿Cómo la veía Pablo?
4. ¿Pablo está enamorado realmente de Nela? ¿Y Nela de él? ¿Cómo lo sabes?
5. ¿Al padre de Pablo le gusta Nela? ¿Por qué?
6. ¿Por qué se enamora Pablo de Florentina cuando recupera la vista?
7. ¿Cómo se siente Pablo cuando ve a Marianela por primera vez? ¿Por qué?

3. Interpretación Analiza las siguientes preguntas y contesta con oraciones completas.

1. ¿Crees que la opinión que la gente tiene de Marianela afecta al modo en el que ella se ve a sí misma? ¿Cómo?
2. ¿Qué tipo de relación tienen Pablo y Marianela? ¿Cómo evoluciona?
3. ¿Crees que Pablo y Marianela interpretan de la misma forma su relación? Justifica tu respuesta.
4. Según tu opinión, la perspectiva que tiene Pablo de Marianela, ¿es más real antes o después de recuperar la vista? ¿Por qué?
5. En el texto, Marianela y Pablo se expresan de maneras muy distintas. ¿Crees que pertenecen a la misma clase social? Justifica tu respuesta.
6. ¿Cuáles son los motivos que el padre de Pablo tiene para decirle a su hijo que Marianela es un "monstruo"?
7. Según el texto, ¿cómo afecta a los personajes principales el hecho de que Pablo recupera la vista?
8. ¿Por qué crees que muere Marianela?

4. Técnica literaria Con un(a) compañero/a, contesta las siguientes preguntas.

1. Busca tres ejemplos en los que se utilice la ironía para describir a Marianela. ¿De qué manera afecta al lector este uso de la ironía?
2. Golfín proviene de la palabra "golfo". ¿Conoces el significado de esa palabra? Si no la conoces, búscala en el diccionario y explica por qué el autor la ha escogido.
3. Pablo le contó a Marianela que, hablando con su padre, le dijo: "«Concibo un tipo de belleza encantadora, un tipo que contiene todas las bellezas posibles; ese tipo es la Nela.» Mi padre se echó a reír y me dijo que sí". ¿Qué quería decir su padre en realidad?
4. El amor y el apoyo que Marianela le da a Pablo tiene consecuencias irónicas. ¿Cuáles son?
5. ¿Cómo crees que cambiaría la historia si el narrador no utilizara la ironía en *Marianela*?
6. La ironía se puede utilizar como arma para denunciar situaciones con las que el autor no está de acuerdo. ¿Te parece que eso ocurre en Marianela? Justifica tu respuesta.

5. Opiniones Con dos compañeros/as, analiza las siguientes preguntas justificando cada respuesta.

1. Si fueras Marianela, ¿qué habrías hecho cuando Pablo recuperó la vista?
2. Hay varias personas que ejercen una clara influencia en las decisiones que toma Pablo en su vida personal. ¿Hace bien Pablo al dejarse aconsejar por ellas? ¿Por qué?
3. ¿Qué crees que va a ocurrir en la vida de los personajes principales tras la muerte de Marianela?
4. ¿Crees que la historia habría cambiado si Pablo no hubiera recuperado la vista? ¿Cómo?
5. ¿Cómo crees que hubiera reaccionado la gente ante Marianela si fuera de la misma clase social que Pablo? ¿Los personajes se comportarían de manera distinta si la novela se desarrollase en la actualidad? ¿Cómo?

TALLER DE ESCRITURA

¿Te parece que *Marianela* debería haber terminado de otra manera? ¿Cambiarías la descripción de alguno de los personajes de la historia? Ahora tú serás el autor. Lee cuidadosamente las situaciones que se proponen a continuación, escoge una y crea un texto apropiado.

1. **Descripción** En la obra siempre vemos a Marianela a través de los ojos de otros. Después de leer los fragmentos de la novela y de ver las distintas perspectivas que se tienen de ella, escribe una descripción de la protagonista. Ten en cuenta a la hora de crear tu descripción que algunos personajes tienen opiniones totalmente diferentes sobre la muchacha.

2. **Carta** Marianela está enamorada de Pablo pero no se atreve a decírselo en persona. Por eso, decide enviarle una carta para expresar lo que siente. ¿Le dirá que prefiere que no se vean más porque teme no gustarle a Pablo? ¿Le dirá que el amor lo supera todo? Acuérdate de utilizar el formato de una carta, indicando la fecha y las fórmulas de saludo y de despedida.

UN ENSAYO LITERARIO INTERPRETATIVO

Vas a escribir un ensayo literario que analice una de las obras de esta lección.

Plan de escritura

Comienza completando una tabla con las características de cada obra. Esta tabla te ayudará a preparar tu ensayo literario interpretativo.

	personajes principales	ambiente	temas centrales
Sístole diástole			convenciones sociales, el amor y la pareja, el azar
Cine y malabarismo	Inés, la madre de Inés		
"Tú me quieres blanca"			
Los viudos de Margaret Sullavan		Nueva York, 1960	
Marianela			

Planificar y preparar la escritura

1. Estrategia: Reaccionar a una obra

- Elige la obra sobre la que deseas escribir tu ensayo. ¿Qué piensas de esta obra? ¿Cuál crees que es su mensaje? Haz una lista de oraciones o citas que expresen la intención del/de la autor(a).
- Vuelve a leer las citas que has anotado y contesta las siguientes preguntas.
    - ¿Cuál es el tema principal de la obra?
    - ¿De qué manera expresa el/la autor(a) un mensaje?

2. Estrategia: Examinar la técnica

- Presta atención a la técnica literaria o cinematográfica que usa el/la autor(a): la ironía, la repetición, los estereotipos, los juegos de palabras, las metáforas, etc.
- En esta tabla puedes escribir la técnica utilizada en la obra, así como agregar las citas que escribiste antes.

obra	técnica	citas
"Tú me quieres blanca"	metáfora	Tú me quieres alba,/ Me quieres de espumas,/ Me quieres de nácar.

3. Estrategia: Analizar una obra

A. Estudia la obra que elegiste fijándote en los siguientes puntos y anotando tus ideas al respecto.

- ¿Cómo está organizada (párrafos, secciones, estilo)?
- ¿Cuál es el mensaje general de la obra?
- ¿Qué tipo de lenguaje utiliza el/la autor(a)? Especialmente en el caso del poema "Tú me quieres blanca", presta atención al simbolismo del texto.

B. Mira la tabla que completaste en la segunda **Estrategia** y explica cómo el/la autor(a) utiliza la técnica para transmitir el mensaje de la obra.

Escribir

4. Tu ensayo literario interpretativo Prepara un ensayo de tres partes en el que analices una de las obras de esta lección. Utiliza la información que has reunido. Sigue estos pasos para escribir.

- **Introducción:** Presenta el título y el/la autor(a) de la obra. Explica brevemente el tema principal de la obra.
- **Análisis de la obra:** Describe con detalle tu interpretación de la obra siguiendo las notas e información que reuniste. Utiliza detalles y citas para ilustrar tu análisis.
- **Conclusión:** Resume brevemente y explica cuál crees que fue la intención del/de la autor(a). Para terminar, da tu opinión personal y justifícala.

Revisar y leer

5. Revisión Pídele a un(a) compañero/a que lea tu ensayo y sugiera cómo mejorarlo. Revísalo incorporando sus sugerencias y prestando atención a los siguientes elementos.

- ¿La introducción explica de manera clara el tema del ensayo?
- ¿El desarrollo está escrito en un orden lógico? ¿Describe bien tu interpretación de la obra? ¿Incluye detalles y citas?
- ¿La conclusión resume el tema de la obra? ¿Explica la intención del/de la autor(a)? ¿Expresa tu opinión sobre la obra?
- ¿Son correctas la gramática y la ortografía?

6. Lectura Lee tu ensayo a varios/as compañeros/as. Tomen turnos. Cuando termines de leer tu ensayo, tus compañeros/as deben hacerte preguntas. Comenten juntos un punto interesante de tu ensayo que les haya llamado la atención.

Cuando hayan acabado de leer sus ensayos en grupo, anota en una tabla los puntos más interesantes de las obras de esta lección.

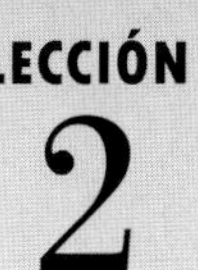

LECCIÓN 2

EL *filo* DEL PODER

CONTENIDO

SOBRE EL DIRECTOR

Guillermo del Toro, nacido el 9 de octubre de 1964 en Guadalajara, México, tenía una ferviente abuela católica que lo exorcizó dos veces para quitarle de la cabeza su fascinación por los monstruos. Ser escritor, biólogo marino e ilustrador de libros eran sus aspiraciones, y más tarde todas confluyeron° en su amor por el cine.

Del Toro se preparó en efectos especiales con el famoso Dick Smith, luego incursionó° en la televisión mexicana, y en 1993 se hizo conocido en el cine mundial por su película *Cronos.* Su siguiente parada fue Hollywood; allí filmó *Mimic* (1997), que resultó una mala experiencia por las presiones de los productores. Regresó entonces a México para desarrollar plenamente su visión. El resultado fue *El espinazo del diablo* (2001), que Del Toro considera "el hermano" de su contraparte femenina *El laberinto del fauno* porque está ubicada en el mismo contexto histórico de tensiones políticas (la Guerra Civil Española) y de oscilación entre el mundo de la fantasía y el de la realidad. Ambas películas son para él parábolas de la Guerra Civil y espejos una de la otra.

Después llegaron los éxitos de taquilla *Blade II* (2002), *Hellboy I* (2004) y *Hellboy II* (2007), que lo convirtieron en una estrella en el competitivo mercado de Hollywood. En 2006 recibió una nominación al Oscar por el guión original de *El laberinto del fauno,* película que escribió, produjo y dirigió. Actualmente° vive en Los Ángeles y es gran amigo de los directores mexicanos Alejandro González Iñárritu y Alfonso Cuarón.

confluyeron *merged* **incursionó** *ventured*

El laberinto del fauno

Fecha de estreno: 2006
País: España, México
Género: largometraje
Guión: Guillermo del Toro
Actores: Sergi López, Maribel Verdú, Ivana Baquero, Alex Angulo, Ariadna Gil, Doug Jones
Duración: 112 minutos

PERSONAJES

Capitán Vidal *Líder de las fuerzas franquistas*

Ofelia *Hija de Carmen e hijastra del Capitán*

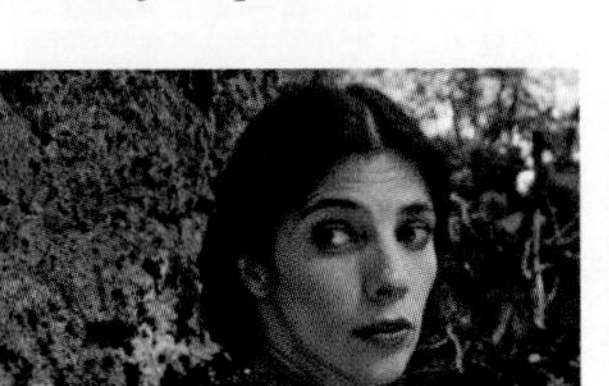

Mercedes *El ama de llaves; partidaria de los guerrilleros*

El fauno *Personaje mitológico que habita el laberinto*

CONTEXTO HISTÓRICO

La Guerra Civil Española

Durante gran parte del siglo XX, España vivió aislada del resto de Europa, tanto que se llegó a decir que el tiempo se detuvo con la dictadura de Franco. La Guerra Civil (1936–1939) entre nacionales y republicanos sirvió para que potencias como Alemania e Italia se prepararan para el conflicto global que se acercaba. Debido a las ideologías que se enfrentaban, la batalla trascendió las fronteras, y fue así como obreros, estudiantes e intelectuales de otros países se unieron a las Brigadas Internacionales para luchar contra el fascismo, representado en la película por el brutal capitán Vidal. Por su lado, los nacionales recibieron el apoyo de Hitler desde Alemania y de Mussolini desde Italia. Sin embargo, en general, Europa se mantuvo al margen del conflicto.

Se calcula que, durante ese periodo, más de medio millón de personas murieron en batallas, bombardeos, ejecuciones sumarias, actos de represión y venganza de parte de los dos bandos, o por malnutrición y enfermedades. Aunque Franco derrotó° a los republicanos en 1939, siguió una política cruel de represalias contra los vencidos. *El laberinto del fauno* se inicia en 1944 en el Pirineo aragonés, donde grupos de rebeldes, llamados *maquis*, persistían en

Milicianos republicanos de la Guerra Civil Española

la resistencia armada, con la esperanza de que un triunfo Aliado permitiera una intervención para derrocar° a Franco, cosa que finalmente nunca ocurrió. En este momento de transición para Europa y el mundo, la heroína de la película debe elegir entre el bien y el mal, contra todo consejo y orden, a riesgo de perder su vida y a las personas a quienes más ama. La dictadura de Franco terminó con la muerte del dictador en 1975.

 Practice more at **vhlcentral.com.**

derrotó *defeated* **derrocar** *overthrow*

ANTESALA

Antes de mirar la película, conversa con un(a) compañero/a sobre los siguientes temas.

1. Aprende y practica el vocabulario de la película en **vhlcentral.com**.
2. ¿Qué sabes de los cuentos de hadas? ¿Cómo son sus personajes, qué historia cuentan y cómo terminan? ¿A quién piensas que están dirigidos? Cuando eras niño/a, ¿leíste *La bella durmiente, Cenicienta, Blancanieves* o *Caperucita Roja*? Elige un cuento que recuerdes y explica de qué se trataba y por qué te gustaba.
3. ¿Qué te sugiere la imagen de un laberinto y por qué? ¿Dónde has visto u oído hablar de laberintos? ¿Has entrado alguna vez en uno?
4. ¿Sueles mirar películas de terror? ¿Algún monstruo de la ficción te provoca miedo? ¿Por qué?
5. En los carteles de promoción de la película se incluye esta oración: “La inocencia tiene un poder que el mal no puede imaginar”. ¿Cuál piensas que puede ser ese poder? ¿Qué expectativas tienes de la historia que vas a ver?

Parte 1

00:00
42:55

Parte 2

42:56
1:21:40

Parte 3

1:21:41
FIN

TÉCNICA CINEMATOGRÁFICA

El sonido y el color Los sonidos de las películas siempre están manipulados cuidadosamente por el director y sus sonidistas. A veces no nos damos cuenta y creemos que provienen de la imagen. Por ejemplo, los diálogos, el ruido de un motor o el zumbido de un insecto nos parecen "naturales". Cuando los sonidos no provienen de algo visible su artificialidad es más evidente.

Ofelia conoce el laberinto

Guía para la comprensión

Mientras miras la primera parte, te darás cuenta de que la acción se desarrolla en dos planos: uno real e histórico (la guerra, el capitán Vidal) y otro imaginario (el visitado por Ofelia). Haz un recuadro de dos columnas y anota los sucesos importantes que ocurren en un plano y en el otro.

Preguntas

1. ¿Qué tipo de cuentos ama Ofelia?
2. ¿Contra quiénes lucha el capitán Vidal?
3. ¿Dónde está el laberinto?
4. ¿A quién encuentra Ofelia en el laberinto?
5. ¿Qué debe hacer Ofelia antes de la luna llena?
6. ¿Qué le dio de comer Ofelia al sapo?

Ofelia entra en apuros

Guía para la comprensión

En la segunda parte irás conociendo mejor a los protagonistas. Mientras la miras, haz una lista de los personajes y describe sus personalidades, intenciones y actitudes en notas muy breves. Por ejemplo:

Ofelia: Es inocente y dulce, le gustan los cuentos de hadas, etc.

Vidal: Es severo, cruel, egoísta, etc.

1. ¿Por qué razón Ofelia no puede seguir durmiendo con su madre?
2. ¿Dónde se reúne Mercedes con su hermano Pedro?
3. Según el fauno, ¿qué no debe hacer Ofelia en el banquete?
4. ¿Qué poder especial le da a Ofelia la tiza que le entrega el fauno?
5. ¿Qué hace el hombre pálido con las hadas?
6. ¿Cómo reacciona el fauno cuando regresa Ofelia?
7. ¿Qué hace el capitán Vidal con el rebelde capturado?

La tercera prueba de Ofelia

Guía para la comprensión

Los diferentes conflictos de la película se resuelven en la tercera parte. Haz una lista de los personajes (por ejemplo: los maquis, Vidal, Ofelia y su hermano, el fauno, Mercedes, etc.) e indica brevemente qué le sucede a cada uno. Señala si ves algún paralelismo entre sus desenlaces.

1. ¿Cómo muere la madre de Ofelia?
2. ¿Qué sucede cuando Ofelia y Mercedes intentan escapar?
3. ¿Cómo hiere (*wounds*) Mercedes al capitán Vidal?
4. ¿A quién encuentra Ofelia en el laberinto?
5. Según el fauno, ¿por qué Ofelia debe entregarle a su hermano?
6. ¿Qué quiere el capitán Vidal que sepa su hijo?
7. ¿Con quiénes se reúne Ofelia al final?

Esto ocurre, por ejemplo, cuando se escucha música o una "voz en *off*". Tampoco hay colores "naturales" en las películas; están manipulados para crear un efecto en el espectador. Habitualmente asociamos la claridad y el blanco con el bien, y la oscuridad y el negro con el mal. Los colores como el rojo, el naranja y el amarillo suelen evocar energía y pasión, mientras que el azul, el violeta y los verdes oscuros evocan tristeza y depresión. Cuando veas *El laberinto del fauno,* presta especial atención a qué sonidos y colores elige el director para evocar emociones y guiar al espectador. ¿Qué colores predominan? ¿Cuándo cambian los colores? ¿Cuándo se repite una canción determinada?

1. Emparejar Relaciona los sucesos y objetos que aparecen en *El laberinto del fauno* con los personajes.

____ 1. Le asigna tres pruebas a la protagonista.
____ 2. Espera un hijo de Vidal.
____ 3. Le corta la cara a Vidal con un cuchillo.
____ 4. Los cuentos de hadas
____ 5. Un maletín con medicamentos
____ 6. Coloca una mandrágora bajo la cama.
____ 7. Tiene un hermano guerrillero.
____ 8. Un reloj de bolsillo
____ 9. Debe usar una silla de ruedas.
____ 10. Vive en un laberinto de piedra.

a. Ofelia
b. Mercedes
c. el fauno
d. capitán Vidal
e. Carmen
f. doctor Ferreiro

2. Comprensión Contesta las siguientes preguntas con oraciones completas.

1. ¿En qué momento del día Ofelia visita el laberinto por primera vez? ¿Qué la lleva hasta allí?
2. ¿Por qué Ofelia no le cuenta a nadie sobre el fauno?
3. ¿De quién era el reloj que guarda el capitán Vidal?
4. ¿Para qué sirve el libro que el fauno le da a Ofelia?
5. ¿Cómo es el doctor Ferreiro y qué opina de la obediencia? ¿Lo demuestra en su vida?
6. ¿Por qué ayuda Mercedes a los guerrilleros? ¿Cómo lo hace?
7. ¿Qué piensa Carmen del mundo real, la magia y los cuentos de hadas?
8. ¿Ofelia obedece al fauno en todo? ¿Qué consecuencias tiene su conducta?
9. Al final, ¿qué le pide el capitán Vidal a Mercedes y cuál es la respuesta de la mujer?

3. Pruebas y crueldades Contesta las siguientes preguntas sobre las tres pruebas que Ofelia debe superar (*pass*) y sobre la crueldad del capitán Vidal.

1. Identifica las tres pruebas. ¿Qué debe hacer Ofelia en cada una?
2. ¿En qué se parecen las tres pruebas?
3. ¿Cómo se relacionan las pruebas con el mundo fuera del laberinto?
4. ¿Qué tiene de diferente la reacción de Ofelia a la última prueba?
5. En los relatos o cuentos de fantasía, ¿por qué es común que el héroe o la heroína deba someterse a este tipo de pruebas?
6. ¿Con qué actitud trata el capitán a Carmen y a Ofelia?
7. ¿Qué relación había tenido el capitán con su padre?
8. ¿Por qué crees que desea un hijo varón?
9. El capitán no parece tener ninguna característica buena. ¿Por qué crees que es así?

4. Técnica cinematográfica Con un(a) compañero/a, contesta las siguientes preguntas.

1. ¿Qué colores predominan en la película?
2. ¿Qué ocurre en los últimos 10 minutos de la película? ¿Cómo explicas el cambio?
3. ¿La mayoría de las escenas ocurren de día o de noche?
4. ¿Qué tipo de iluminación hay en la casa y qué efecto tiene?
5. ¿Cuántas veces aparece la voz en *off* (*offscreen*)? ¿Qué narra?
6. ¿De quién creen que es esa voz?
7. ¿Qué dos sonidos les llamaron más la atención? ¿Por qué?
8. ¿Por qué creen que el director enfatiza esos sonidos?
9. En el minuto 50, Mercedes tararea (*hums*) una nana (*lullaby*) a Ofelia. Esa melodía aparece antes y después en la película. ¿Cuáles son los otros dos momentos?
10. ¿Qué significado tiene que la melodía más importante de la película sea una nana?

5. Los laberintos de la opresión En *El laberinto del fauno* están representadas diferentes formas de opresión y de resistencia. En grupos de tres, elijan uno de los siguientes temas y analicen la opresión y la resistencia a partir de pasajes de la película. Comenten sus conclusiones a la clase.

a. La opresión de los hombres sobre las mujeres
b. El control del Estado sobre la medicina
c. El poderío de la tecnología sobre las personas
d. El dominio del temor sobre la libertad

TALLER DE ESCRITURA

1. La salida del laberinto *El laberinto del fauno* es una película compleja y da lugar a muchas interpretaciones posibles. Escribe un ensayo de no menos de una página que ataque y corrija (o defienda y justifique) uno de estos argumentos. Sigue estos pasos.

Ejercer el derecho a la desobediencia es una forma de ser libre.

La fantasía es un escape inútil e infantil de la realidad.

Podemos ver la pérdida de la inocencia de la niña y de la sociedad española.

Hay una alegoría de la historia de España después de la Guerra Civil.

2. Investigación de la Guerra Civil Investiga uno de los siguientes temas relacionados con la Guerra Civil Española. Luego escribe un ensayo breve.

El bombardeo de Guernica

La brigada de Lincoln y la participación de extranjeros

La relación de los franquistas con el movimiento fascista

El destino de los maquis

Los exiliados políticos durante el franquismo

SOBRE LA AUTORA

Luisa Valenzuela, nacida en 1938 en Buenos Aires, creció en un ambiente literario que la inspiró a nunca callar lo que tenía para decir. Su madre era escritora y solía organizar reuniones a las que asistían personalidades como Jorge Luis Borges y Adolfo Bioy Casares. Siendo aún muy joven, Valenzuela se casó y se mudó a Francia, aunque después también vivió en Estados Unidos, México y España. En 1966, de regreso en Argentina, publicó su primera novela, *Hay que sonreír,* que trata sobre el poder en las relaciones familiares y de pareja. Trabajó como periodista para el diario *La Nación* y la revista *Crisis,* y recorrió Latinoamérica como escritora independiente.

Gran parte de la obra de Valenzuela retrata° el clima político enrarecido° que se vivió en la década de los 70 en Argentina. En *Aquí pasan cosas raras* (1975), *Como en la guerra* (1977), *Cambio de armas* (1982) y *Cola de lagartija* (1983), la escritora se centra en temas como el poder y la sumisión, las relaciones de género, la violencia y la fuerza necesaria para rebelarse.

En 1979 Valenzuela se exilió a Estados Unidos para escapar de la represión de la dictadura que se había adueñado de Argentina tras el golpe militar de 1976 y "para no caer en la autocensura" impuesta por el miedo en el ambiente intelectual. Allí fue escritora en residencia de las universidades de Columbia y de Nueva York, y formó parte de organizaciones a favor de la libre expresión y los derechos humanos. Tras la reinstauración de la democracia, se radicó definitivamente en Argentina.

retrata *portrays* **enrarecido** *tense*

TÉCNICA LITERARIA

La voz del narrador

En el cuento *Los censores,* el narrador llama al protagonista por su nombre de pila (Juan). Esta técnica permite crear la impresión de que el narrador y Juan se conocen.

En toda narración hay una voz que cuenta el relato desde un cierto punto de vista. Ésa es la voz del **narrador** y puede tener diferentes características. Algunos narradores lo saben todo, otros saben lo mismo que el protagonista, otros saben menos que el protagonista y otros son sólo observadores.

Cuando leas *Los censores,* intenta contestar estas preguntas.

- ¿De quién es la voz que leo? ¿Cuánto sabe?
- ¿Cuál podría ser la relación entre Juan y el narrador?
- El narrador, ¿cuenta su propia historia, es un testigo o es alguien que no participa de ese mundo?

Los censores

Fecha de publicación: 1983
País: Argentina
Género: cuento
Colección: Donde viven las águilas
Personajes: Juan, Mariana

CONTEXTO HISTÓRICO

Dictadura y terror en Argentina

La atmósfera y los sucesos que se narran en *Los censores* reflejan la sociedad argentina al final de los años 70. Tras la muerte del presidente Perón en 1974, Argentina se encontraba en una situación de gran inestabilidad: la economía entraba en caos con devaluaciones e inflación récord, y la población vivía aterrorizada por los grupos de extrema derecha o izquierda que operaban con atentados°, secuestros° y asesinatos de los cuales se culpaban mutuamente.

El 24 de marzo de 1976 el poder militar llevó a cabo un golpe de estado°. La violencia, en lugar de decrecer, aumentó. Entre 1976 y 1983 hubo miles de "desaparecidos": activistas y líderes sindicales°, o simplemente individuos sospechados de ser militantes de izquierda, permanecían detenidos en cárceles clandestinas donde sufrían torturas y después se los asesinaba. El clima de terror que se instaló en el país, reflejado en *Los censores,* dio lugar a una "autocensura" de opinión, crítica y protesta en prácticamente toda la sociedad. Mientras tanto, el gobierno de la dictadura intervenía las universidades, "depuraba°" programas educativos, realizaba investigaciones a periódicos y editoriales, y quemaba libros. Los periodistas, escritores y artistas muchas veces eran víctimas de persecución, arresto e incluso desapariciones.

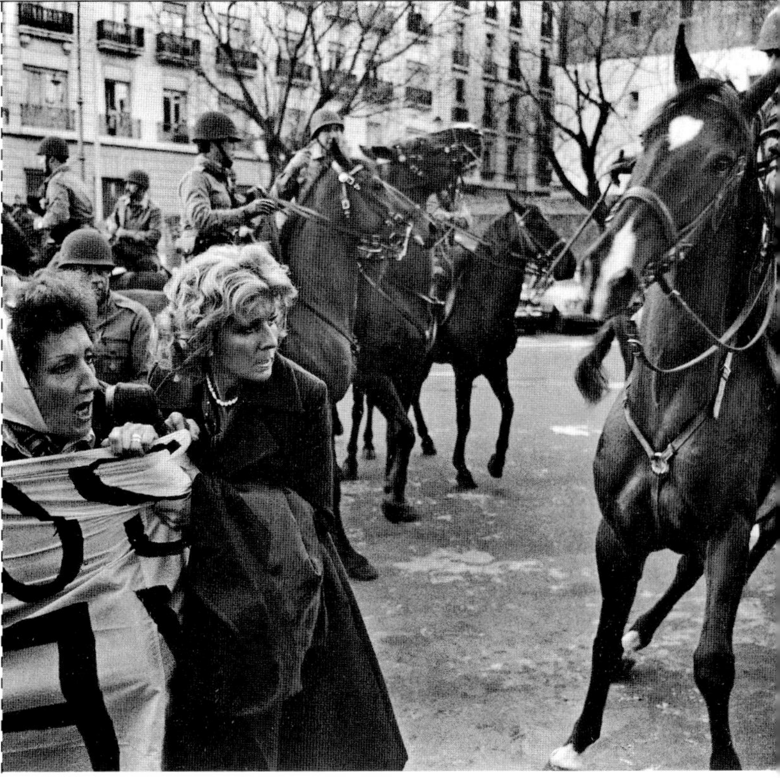

Manifestantes sufren la represión de la policía durante la dictadura militar argentina de 1976–1983.

La derrota en las islas Malvinas, las presiones internacionales por la violación de derechos humanos y las protestas sociales obligaron a la dictadura a convocar a elecciones y entregar el poder en 1983.

 Practice more at **vhlcentral.com.**

atentados *attacks* **secuestros** *kidnappings* **golpe de estado** *coup (d' état)* **sindicales** *labor union* **depuraba** *purged*

ANTESALA

Antes de iniciar la lectura, realiza estas actividades para lograr una mejor comprensión.

1. Aprende y practica el vocabulario del cuento en vhlcentral.com.
2. Observa y estudia la pintura del pintor cubano Julio Larraz que ilustra el cuento. ¿Qué atmósfera tiene el cuadro? ¿Qué te hace sentir? ¿Quiénes son las personas retratadas en el cuadro? ¿Qué situación representa?
3. Con un(a) compañero/a, conversa sobre los siguientes temas. ¿Conoces lugares donde se vigila a la gente? ¿En qué casos te parece que vigilar a otras personas puede ser necesario o "bueno"? ¿Cómo te comportas cuando sabes que te vigilan (por ejemplo, en una tienda o en la aduana)? ¿Qué sentirías si te dieras cuenta de que han intervenido electrónicamente tu teléfono, leen tus correos electrónicos, vigilan la puerta de tu casa y te siguen a todas partes? ¿Qué harías?

Julio Larraz, *All Honorable Men,* 2006 ►

© Julio Larraz, courtesy Marlborough Gallery, New York

LOS censores

Luisa Valenzuela

¡POBRE JUAN! AQUEL DÍA LO AGARRARON CON LA GUARDIA BAJA y no pudo darse cuenta de que lo que él creyó ser un guiño de la suerte era en cambio un maldito llamado de la fatalidad. Esas cosas pasan en cuanto uno descuida, y así como me oyen uno se descuida tan pero tan a menudo. Juancito dejó que se le viera encima la alegría —sentimiento por demás perturbador— cuando por un conducto° inconfesable le llegó la nueva dirección de Mariana, ahora en París, y pudo creer así que ella no lo había olvidado. Entonces se sentó ante la mesa sin pensarlo dos veces y escribió una carta. *La* carta. Esa misma que ahora le impide concentrarse en su trabajo durante el día y no lo deja dormir cuando llega la noche (¿qué habrá puesto en esa carta, qué habrá quedado adherido a esa hoja de papel que le envió a Mariana?).

channel

Juan sabe que no va a haber problema con el texto, que el texto es irreprochable, inocuo. Pero ¿y lo otro? Sabe también que a las cartas las auscultan, las huelen, las palpan, las leen entre líneas y en sus menores signos de puntuación, hasta en las manchitas involuntarias. Sabe que las cartas pasan de mano en mano por las vastas oficinas de censura, que son sometidas a todo tipo de pruebas y pocas son por fin las que pasan los exámenes y pueden continuar camino. Es por lo general cuestión de meses, de años si la cosa se complica, largo tiempo durante el cual está en suspenso la libertad y hasta quizá la vida no sólo del remitente sino también del destinatario. Y eso es lo que lo tiene sumido a nuestro Juan en la más profunda de las desolaciones: la idea de que a Mariana, en París, llegue a sucederle algo por culpa de él. Nada menos que a Mariana que debe de sentirse tan segura, tan tranquila allí donde siempre soñó vivir. Pero él sabe que los Comandos Secretos de Censura actúan en todas partes del mundo y gozan de un importante descuento en el transporte aéreo; por lo tanto nada les impide llegarse hasta el oscuro barrio de París, secuestrar a Mariana y volver a casita convencidos de su noble misión en esta tierra.

II ¿De qué hay que "tener cuidado" en la sociedad donde vive Juan?

> ... hay que hacer lo que hacen todos: tratar de sabotear el mecanismo, de ponerle en los engranajes unos granos de arena...

Entonces hay que ganarles de mano°, entonces hay que hacer lo que hacen todos: tratar de sabotear el mecanismo, de ponerle en los engranajes° unos granos de arena, es decir ir a las fuentes del problema para tratar de contenerlo.

Fue con ese sano propósito con que Juan, como tantos, se postuló para censor. No por vocación como unos pocos ni por carencia de trabajo como otros, no. Se postuló simplemente para tratar de interceptar su propia carta, idea para nada novedosa pero consoladora. Y lo incorporaron de inmediato porque cada día hacen falta más censores y no es cuestión de andarse con melindres° pidiendo antecedentes.

En los altos mandos de la Censura no podían ignorar el motivo secreto que tendría más de uno para querer ingresar a la repartición°, pero tampoco estaban en condiciones de ponerse demasiado estrictos y total ¿para qué? Sabían lo difícil que les iba a resultar a esos pobres incautos detectar la carta que buscaban y, en el supuesto caso de lograrlo, ¿qué importancia podían tener una o dos cartas que pasan la barrera frente a todas las otras que el nuevo censor frenaría en pleno vuelo? Fue así como no sin ciertas esperanzas nuestro Juan pudo ingresar en el Departamento de Censura del Ministerio de Comunicaciones.

El edificio, visto desde fuera, tenía un aire festivo a causa de los vidrios ahumados que reflejaban el cielo, aire en total discordancia con el ambiente austero que imperaba° dentro. Y poco a poco Juan fue habituándose al clima de concentración que el nuevo trabajo requería, y el saber que estaba haciendo todo lo posible por su carta —es decir por Mariana— le evitaba ansiedades. Ni siquiera se preocupó cuando, el primer mes, lo destinaron a la sección K, donde con infinitas precauciones se abren los sobres para comprobar que no encierran explosivo alguno.

Cierto es que a un compañero, al tercer día, una carta le voló la mano derecha y le desfiguró la cara, pero el jefe de sección alegó que había sido mera imprudencia por parte del damnificado y Juan y los demás empleados pudieron seguir trabajando como antes aunque bastante más inquietos. Otro compañero intentó a la hora de salida organizar una huelga para pedir aumento de sueldo por trabajo insalubre pero Juan no se adhirió y después de pensar un rato fue a denunciarlo ante la autoridad para intentar así ganarse un ascenso.

Una vez no crea hábito, se dijo al salir del despacho del jefe, y cuando lo pasaron a la sección J donde se despliegan las cartas con infinitas precauciones para comprobar si encierran polvillos venenosos, sintió que había escalado un peldaño y que por lo tanto podía volver a su sana costumbre de no inmiscuirse° en asuntos ajenos.

ganarles de mano *to beat them*
engranajes *machinery*
andarse con melindres *being picky*
repartición *government office*
imperaba *prevailed*
inmiscuirse *interfering*

¿Dónde imaginas que ocurre la acción de este cuento? ¿Por qué?

¿Cómo se comporta Juan en el Departamento de Censura?

De la J, gracias a sus méritos, escaló rápidamente posiciones hasta la sección E donde ya el trabajo se hacía más interesante pues se iniciaba la lectura y el análisis del contenido de las cartas. En dicha sección hasta podía abrigar esperanzas de echarle mano a su propia misiva dirigida a Mariana que, a juzgar por el tiempo transcurrido, debería de andar más o menos a esta altura después de una larguísima procesión por otras dependencias.

Poco a poco empezaron a llegar días cuando su trabajo se fue tornando de tal modo absorbente que por momentos se le borraba la noble misión que lo había llevado hasta las oficinas. Días de pasarles tinta roja a largos párrafos, de echar sin piedad muchas cartas al canasto de las condenadas. Días de horror ante las formas sutiles y sibilinas° que encontraba la gente para transmitirse mensajes subversivos, días de una intuición tan aguzada° que tras un simple "el tiempo se ha vuelto inestable" o "los precios siguen por las nubes" detectaba la mano algo vacilante de aquel cuya intención secreta era derrocar al Gobierno.

enigmatic (sibilinas) · *sharp* (aguzada)

¿Cómo sugiere el cuento que Juan se está volviendo más y más paranoico?

Tanto celo° de su parte le valió un rápido ascenso. No sabemos si lo hizo muy feliz. En la sección B la cantidad de cartas que le llegaba a diario era mínima —muy contadas franqueaban° las anteriores barreras— pero en compensación había que leerlas tantas veces, pasarlas bajo la lupa, buscar micropuntos con el microscopio electrónico y afinar tanto el olfato que al volver a su casa por las noches se sentía agotado. Sólo atinaba a recalentarse una sopita, comer alguna fruta y ya se echaba a dormir con la satisfacción del deber cumplido. La que se inquietaba, eso sí, era su santa madre que trataba sin éxito de reencauzarlo por el buen camino. Le decía, aunque no fuera necesariamente cierto: Te llamó Lola, dice que está con las chicas en el bar, que te extrañan, que te esperan. Pero Juan no quería saber nada de excesos: todas las distracciones podían hacerle perder la acuidad° de sus sentidos y él los necesitaba alertas, agudos, atentos, afinados, para ser perfecto censor y detectar el engaño. La suya era una verdadera labor patria. Abnegada° y sublime.

conscientiousness (celo) · *got through* (franqueaban) · *sharpness* (acuidad) · *self-sacrificing* (Abnegada)

Días de horror ante las formas sutiles y sibilinas que encontraba la gente para transmitirse mensajes subversivos, días de una intuición…

Su canasto de cartas condenadas pronto pasó a ser el más nutrido pero también el más sutil de todo el Departamento de Censura. Estaba a punto ya de sentirse orgulloso de sí mismo, estaba a punto de saber que por fin había encontrado su verdadera senda, cuando llegó a sus manos su propia carta dirigida a Mariana. Como es natural, la condenó sin asco. Como también es natural, no pudo impedir que lo fusilaran al alba°, una víctima más de su devoción por el trabajo. ■

al alba *at dawn*

La autora usa la palabra "devoción" al final del cuento. ¿Qué relación tiene esta palabra con el principio del cuento?

1. Cierto o falso Indica si cada afirmación es cierta o falsa. Corrige las falsas.

1. Al comienzo del cuento, Juan le escribe una carta a los censores.
2. Juan teme que su carta pueda ser leída por la oficina de censura.
3. Mariana parece ser una ex novia de Juan que vive en París.
4. Juan denunció a un compañero que condenaba todas las cartas que leía.
5. El trabajo de Juan se hizo más interesante cuando tuvo que verificar que los sobres no contuvieran explosivos.
6. El trabajo se volvió tan absorbente que Juan comenzó a olvidarse de la misión que lo había llevado allí.
7. Después de volver a casa por las noches, Juan se encontraba con amigas en un bar.
8. Cuando finalmente le llegó su carta dirigida a Mariana, Juan la condenó inmediatamente.

2. Comprensión Contesta las siguientes preguntas con oraciones completas.

1. ¿Por qué piensa Juan que Mariana corre peligro al recibir su carta?
2. ¿Qué hace Juan para tratar de proteger a Mariana?
3. ¿Fue difícil conseguir un puesto en la oficina de censura? ¿Por qué?
4. ¿Cómo era el clima en el Departamento de Censura?
5. ¿Qué accidente sufrió un compañero de Juan al tercer día?
6. ¿Qué cantidad de cartas le llegaban a Juan en la sección B?
7. ¿Quién se preocupaba por los efectos negativos que el trabajo producía en Juan?
8. ¿Por qué no quería saber Juan nada de excesos?

3. Interpretación Analiza los sucesos del cuento para contestar estas preguntas. Luego compara tus respuestas con las de un(a) compañero/a.

1. ¿Cómo trata el Estado a sus empleados? ¿Qué tipo de empleado triunfa?
2. ¿Cómo intenta “reencauzar” a Juan su madre? ¿Por qué fracasa?
3. ¿Por qué crees que para Juan todos los excesos son peligrosos?
4. ¿Cómo describirías el ambiente en *Los censores,* donde nadie parece confiar en nadie?
5. ¿A qué le tiene miedo el Estado en el país de Juan? ¿A quiénes persigue?
6. ¿Qué clase de Estado intenta controlar estrictamente toda la información? ¿Existen ejemplos en el mundo actual?
7. Elige tres adjetivos para describir a un ciudadano ideal en este tipo de sociedad.
8. ¿*Los censores* tiene lugar en un país democrático? ¿Por qué?
9. Explica por qué en esta sociedad hay, además de censura, autocensura.

4. Técnica literaria Con un(a) compañero/a, contesta las siguientes preguntas sobre el narrador a partir de diferentes oraciones del cuento.

"¡Pobre Juan!" (LÍNEA 1)
"Juancito dejó que se le viera encima la alegría..." (LÍNEA 5)

1. ¿Qué relación tiene el narrador con el personaje en estas oraciones?
2. ¿Es un narrador comprensivo o crítico de Juan?

"Entonces hay que ganarles de mano, entonces hay que hacer lo que hacen todos: tratar de sabotear el mecanismo, ..." (LÍNEA 30)

3. ¿Quiénes opinan así? ¿Quiénes son "ellos" y quiénes son "nosotros" en esta oración?

"Tanto celo de su parte le valió un rápido ascenso. No sabemos si lo hizo muy feliz." (LÍNEA 91)

4. Y en esta oración, ¿quiénes son "nosotros"?
5. ¿Cómo explicas la distancia que hay entre el narrador y Juan en estas oraciones?

"La suya era una verdadera labor patria. Abnegada y sublime." (LÍNEA 113)

6. ¿Quién opina así: el narrador, Juan, la sociedad, el estado?
7. ¿Podemos pensar que esas oraciones son irónicas? ¿Por qué?

5. Formas de censura Con dos compañeros/as, analiza las ventajas y las desventajas que tienen algunas formas actuales de censura y autocensura. Pueden enfocarse en uno o dos de los siguientes temas.

- Las categorías de películas (G, PG, R, etc.)
- Lo "políticamente correcto"
- Las restricciones en Internet
- Las mentiras piadosas (*white lies*)

TALLER DE ESCRITURA

1. La carta de Juan Escribe la carta que Juan le envió a Mariana. Acuérdate de utilizar el formato de una carta, indicando la fecha y las fórmulas de saludo y de despedida. Vuelve a leer el principio del cuento para buscar datos de cómo es esa carta y cuál es la relación entre Juan y Mariana.

2. Juan condena a Juan Al final del cuento, Juan se condena a sí mismo. En un ensayo breve de una página, resume qué le ocurre a Juan durante el cuento para que esto ocurra. Sigue estos pasos.

1. *Interpreta el título del cuento* (Los censores).
2. *Analiza el comienzo del cuento ("¡Pobre Juan!").*
3. *Analiza el final ("no pudo impedir que lo fusilaran al alba, una víctima más de su devoción por el trabajo").*
4. *Escribe una conclusión para resumir el proceso por el que pasó Juan.*
5. *A partir de tu conclusión, escribe un título atractivo para el ensayo.*

SOBRE EL AUTOR

Pablo Neruda fue el seudónimo utilizado por el chileno Ricardo Eliecer Neftalí Reyes Basoalto (1904–1973) para evitarle a su padre la incomodidad de tener un hijo poeta. Neruda dio a conocer su primer libro, *Crepusculario,* en 1923, afrontando él mismo el costo de la publicación aunque todavía era apenas un adolescente. Al año siguiente llegaría *Veinte poemas de amor y una canción desesperada,* una de sus obras más conocidas.

En 1927 comienza su carrera diplomática de cónsul, que lo llevó a viajar por lugares como Rangún, Birmania, Buenos Aires (donde conoció a Federico García Lorca), Barcelona (donde conoció a Rafael Alberti y Miguel Hernández) y Madrid. Fue justamente en esa ciudad española que se integró plenamente al mundo de poetas y artistas. Allí publicó *Residencia en la tierra* y conoció a su segunda esposa. La Guerra Civil Española y el asesinato de su amigo García Lorca lo conmovieron profundamente y transformaron su poesía, que se volvió° hacia temas sociales y cuestiones políticas. Desde Francia, publicó *España en el corazón* (1937), donde aparece su poema "Explico algunas cosas". En 1939 fue nombrado cónsul para la inmigración española en París y trabajó para ayudar a los exiliados.

Su afiliación al Partido Comunista le significó la persecución y la clandestinidad en su país natal durante varios años. En 1971 recibió el Premio Nobel de Literatura.

se volvió *turned to*

Explico algunas cosas

Fecha de publicación: 1937
País del autor: Chile
Género: poema
Colección: España en el corazón

TÉCNICA LITERARIA

La voz poética

Como en todo acto de comunicación, en la poesía también hay una voz que transmite un mensaje. En un poema de amor, por ejemplo, la voz poética se dirige a la persona amada. Pero la voz poética puede dirigirse a varias personas, a nosotros los lectores o a un lector particular. En esos casos, la voz poética puede nombrar o invocar a una persona o a una divinidad, o incluso puede interpelarnos (como diciendo: "¡Oye, tú!"). Estas invocaciones o interpelaciones están señaladas con verbos en segunda persona y pronombres deícticos.

En "Explico algunas cosas" la voz se dirige a diferentes personas en diferentes momentos. Mientras lees, identifica esos momentos.

- ¿Conoces otros textos que se dirigen directamente al lector? ¿Cómo lo hacen?
- ¿Qué efecto tienen los momentos en que la voz nos interpela?

CONTEXTO HISTÓRICO

Madrid, el corazón de la lucha

La Guerra Civil Española estalló en 1936 con el golpe militar de Franco en Marruecos; para los nacionales era esencial tomar Madrid, capital del país y sede° de gobierno, y obtener así el control político, militar y económico. En noviembre de 1936, la artillería franquista comenzó a bombardear Madrid, y la ciudad se convirtió en un frente de guerra entre los dos bandos, preparándose para la resistencia con el lema° "¡No pasarán!" La situación era desesperante por los continuos bombardeos de aviones (italianos y alemanes para el bando nacional, rusos para el bando republicano), los francotiradores° y la falta de alimentos.

Uno de los lugares más castigados por los constantes ataques de ambos bandos fue el barrio de Argüelles, donde se encontraba la casa de Neruda en Madrid. Cuando su edificio fue bombardeado, el poeta no estaba en España. Regresó poco después con su amigo Miguel Hernández y descubrió, horrorizado, que su casa estaba destruida.

La ineficacia de las instituciones poco a poco desmoralizó a la población y la fractura dentro del bloque republicano precipitó el final de la guerra. El 28 de marzo de 1939, las tropas de Franco entraron en la ciudad sin encontrar ninguna resistencia, lo que puso punto final al prolongado sitio° de Madrid.

Ciudadanos de Madrid caminan entre los escombros tras un bombardeo en la batalla de Madrid.

 Practice more at **vhlcentral.com.**

sede *seat* **lema** *motto* **francotiradores** *snipers* **sitio** *siege*

ANTESALA

Antes de iniciar la lectura, completa estas actividades para lograr una mejor comprensión.

1. Aprende y practica el vocabulario del poema en vhlcentral.com.
2. Observa con atención el mural Guernica de Pablo Picasso, pintado en 1937. ¿Qué ves? ¿Qué imágenes puedes distinguir? ¿Qué crees que simboliza cada una? ¿Qué impresión te causa el mural?
3. En grupos, conversen sobre estos temas:
   - ¿Alguna vez has perdido algo que querías mucho y que es imposible recuperar? ¿Cómo te hizo sentir eso?
   - ¿Conoces a alguien que cambió repentinamente su manera de ser por un suceso particular (un accidente, la pérdida de un ser querido)? ¿Qué te pasaría a ti en esas circunstancias?
   - ¿Qué opinas del viejo refrán que dice "en el amor y la guerra todo vale"? ¿Piensas que hay causas que justifican el uso de las armas contra los civiles?
   - ¿Las ideas son más importantes que las personas? Si tuvieras que elegir entre proteger tus ideas o proteger a tus seres queridos, ¿qué harías?
   - ¿Qué papel te parece que desempeñan los artistas cuando narran eventos históricos? ¿Piensas que vale la pena arriesgar la vida para que ciertos sucesos se conozcan en todas partes?

Pablo Picasso, *Guernica (detalle)*, 1937 ►

Explico algunas cosas

Pablo Neruda

Preguntaréis: Y dónde están las lilas?
Y la metafísica cubierta de amapolas?
Y la lluvia que a menudo golpeaba
sus palabras llenándolas
de agujeros y pájaros?

Os voy a contar todo lo que me pasa.

Yo vivía en un barrio
de Madrid, con campanas,
con relojes, con árboles.
Desde allí se veía
el rostro seco de Castilla
como un océano de cuero.
Mi casa era llamada
la casa de las flores, porque por todas partes
estallaban geranios: era
una bella casa
con perros y chiquillos°.
Raúl, te acuerdas?
Te acuerdas, Rafael?
Federico, te acuerdas
debajo de la tierra,
te acuerdas de mi casa con balcones en donde
la luz de junio ahogaba flores en tu boca?
Hermano, hermano!

° *kids*

¿Quiénes serán Raúl, Rafael y Federico? ¿Por qué les habla el autor?

Todo
eran grandes voces, sal de mercaderías,
aglomeraciones de pan palpitante,
mercados de mi barrio de Argüelles con su estatua
como un tintero pálido entre las merluzas:
el aceite llegaba a las cucharas,
un profundo latido
de pies y manos llenaba las calles,
metros, litros, esencia
aguda de la vida,
pescados hacinados°,
contextura de techos con sol frío en el cual
la flecha se fatiga,
delirante marfil fino de las patatas,
tomates repetidos hasta el mar.

overcrowded

Y una mañana todo estaba ardiendo
y una mañana las hogueras
salían de la tierra
devorando seres,
y desde entonces fuego,
pólvora desde entonces,
y desde entonces sangre.

¿Qué palabras usa el autor para evocar la destrucción y la muerte?

Bandidos con aviones y con moros,
bandidos con sortijas y duquesas,
bandidos con frailes negros bendiciendo
venían por el cielo a matar niños,
y por las calles la sangre de los niños
corría simplemente, como sangre de niños.

Chacales que el chacal rechazaría,
piedras que el cardo seco mordería escupiendo,
víboras que las víboras odiaran!

Frente a vosotros he visto la sangre
de España levantarse
para ahogaros en una sola ola
de orgullo y de cuchillos!

Generales
traidores:
mirad mi casa muerta,
mirad España rota:
pero de cada cosa muerta sale metal ardiendo
en vez de flores,
pero de cada hueco de España
sale España,
pero de cada niño muerto sale un fusil° con ojos,
pero de cada crimen nacen balas
que os hallarán un día el sitio
del corazón.

Preguntaréis por qué su poesía
no nos habla del sueño, de las hojas,
de los grandes volcanes de su país natal?

Venid a ver la sangre por las calles,
venid a ver
la sangre por las calles,
venid a ver la sangre
por las calles! ■

rifle

II ¿Cómo expresa el autor que se trata de una guerra civil?

1. Cierto o falso Indica si cada afirmación es cierta o falsa. Corrige las falsas.

1. En el poema se dice que no hay más lilas ni amapolas porque ha llegado el invierno.
2. Raúl, Rafael y Federico son los bandidos de los que habla el poeta.
3. La casa en la que vivía el poeta se llamaba "casa de las flores".
4. Neruda vivía en el barrio de Castilla.
5. Los "frailes negros bendiciendo" son los representantes de la iglesia católica.
6. El poeta llama "generales traidores" a los militares que dieron el golpe de estado contra la República.
7. La casa está muerta porque todos los que vivían en ella han muerto en bombardeos.
8. El país natal del poeta no es España.

2. Comprensión Contesta las siguientes preguntas con oraciones completas.

1. ¿Cómo era la casa de Neruda en Madrid?
2. ¿Por qué dice el poeta que Federico está debajo de la tierra? ¿Qué pasó con él?
3. ¿El barrio en el que vivía el poeta era muy silencioso o ruidoso? ¿Qué había allí antes?
4. ¿Por qué cambió todo? ¿El cambio fue lento o se dio repentinamente?
5. ¿Qué le ocurrió a su casa?
6. ¿Quiénes son las víctimas, según el poeta?
7. ¿De qué cosas no habla su poesía?
8. Al final del poema, ¿la situación ha cambiado? ¿Se han solucionado las cosas?

3. De la pregunta al reclamo El poema plantea una pregunta, la contesta y luego hace un reclamo. Con un(a) compañero/a, analiza las tres partes del poema a partir de las siguientes preguntas.

La pregunta

1. ¿Quién le hace preguntas al poeta?
2. ¿Cómo interpretas las preguntas que le hacen?

La respuesta

1. ¿Cómo era el barrio y qué sucedió "una mañana"?
2. ¿Quiénes son las víctimas y los "bandidos"? Interpreta a quiénes se refiere el poema.

El reclamo

1. ¿De qué ha sido testigo el poeta?
2. ¿Contestó el poeta a la pregunta inicial? ¿Por qué cambió su poesía?
3. ¿Qué quiere el poeta que hagan los lectores?
4. Este poema es considerado un ejemplo de "poesía comprometida" (*engaged poetry*). Explica por qué. ¿Con qué se compromete? ¿Qué abandona?

4. **Técnica literaria** La voz poética les habla a diferentes personas o grupos. Con un(a) compañero/a, usa tus conocimientos sobre Neruda y la Guerra Civil Española para indicar a quiénes se refiere el poema en cada palabra o frase subrayada. Analicen el efecto que tiene leer un poema dirigido a tantas personas.

1. "Os voy a contar todo lo que me pasa."
2. "Yo vivía en un barrio/ de Madrid, con campanas"
3. "Federico, te acuerdas/ debajo de la tierra"
4. "Frente a vosotros he visto la sangre/ de España levantarse"
5. "mirad mi casa muerta,/ mirad España rota"
6. "Preguntaréis por qué su poesía/ no nos habla del sueño, de las hojas,/ de los grandes volcanes de su país natal?"

5. **Expliquemos algunas cosas** ¿Qué cosas explica el poeta? Con dos compañeros/as, analiza la presencia de estos temas en el poema. Comenten sus conclusiones a la clase.

El poema explica algunas cosas sobre...

- el tipo de poesía que se puede escribir cuando hay una guerra.
- los efectos de la guerra en la actividad de un país.
- la influencia negativa que la iglesia y la tecnología pueden tener en un país.
- las obligaciones que tienen el escritor de literatura y sus lectores.

TALLER DE ESCRITURA

1. **El diálogo con el lector** La última estrofa del poema pide que haya testigos ("venid a ver"). En un ensayo de una página, analiza los recursos que utiliza el poema para convencer. Sigue estos pasos.

   1. *Analiza la descripción de la casa y del barrio antes del comienzo de la guerra.*
   2. *Explica cuáles son las motivaciones y las características de los agresores en el poema.*
   3. *Comenta cuál de los dos bandos actúa con justicia.*
   4. *Explica con cuál de los bandos se identifica "España".*
   5. *En la conclusión, piensa qué cosa, además de observar, puede pedir el poema.*

2. **La guerra continúa** Neruda escribió este poema en 1937, cuando la Guerra Civil Española aún no había terminado. En un ensayo breve de una página, explica qué actitud tiene el poema ante la guerra. ¿Es un poema optimista o pesimista? ¿Nostálgico o animado? Justifica tu respuesta con un análisis detallado.

SOBRE EL AUTOR

Federico García Lorca nació el 5 de junio de 1898 en Granada, España. Desde muy pequeño le fascinaron las canciones populares y lo marcó la fuerte herencia mora de su tierra. Estudió Derecho, pero nunca ejerció de abogado. Su madre, que era maestra, le había transmitido el amor por los libros y por eso García Lorca decidió volcarse a la literatura. Así fue como en 1918 publicó su primer libro, *Impresiones y paisajes,* con la ayuda financiera de su padre, un terrateniente° de la región. Participó activamente en el círculo de artistas españoles de su generación, entre los que se contaban el poeta Rafael Alberti, el cineasta Luis Buñuel y el pintor Salvador Dalí, quien se encargó de los decorados para la puesta en escena de *Mariana Pineda,* el primer drama de García Lorca. Publicó libros de poemas como *Romancero gitano* y *Poeta en Nueva York*, y obras de teatro como *Bodas de sangre, Yerma* y *Doña Rosita la soltera,* que le dieron fama internacional.

Al estallar la Guerra Civil en 1936, ser comunista y homosexual lo convirtió en un enemigo del régimen. Ese mismo año publicó *La casa de Bernarda Alba,* considerada su obra maestra, que trata sobre la represión de la mujer y la intolerancia moral. García Lorca pasó el verano en su Granada natal. Por una denuncia anónima, los nacionales lo detuvieron en la casa de un amigo y lo fusilaron° el 19 de agosto de 1936. Su cuerpo está enterrado en una fosa común° anónima.

terrateniente *landowner* **fusilaron** *executed* **fosa común** *common grave*

TÉCNICA LITERARIA

El escenario

El escenario es el espacio donde se sitúan los actores y se desarrolla el conflicto. La iluminación y los decorados — la escenografía — contribuyen a crear una atmósfera para la obra. El escenario casi nunca es un lugar cerrado: hay puertas y ventanas, así como ruidos y gritos que vienen de fuera.

En el Acto Segundo de *La casa de Bernarda Alba,* la escenografía es sencilla: una habitación de una casa modesta. Uno de los temas de la obra es la interacción entre los personajes que están dentro de la casa y el mundo exterior. A medida que lees este acto, presta atención a la atmósfera que hay en la casa y a los momentos en que se alude a lo que ocurre fuera de ella.

- ¿Cómo imaginas un escenario que evoque una atmósfera de libertad? ¿Y de opresión?
- ¿Qué significado simbólico puede tener una habitación con un calor agobiante?

La casa de Bernarda Alba

Fecha de publicación: 1936
Fecha de estreno: 1945
País: España
Género: teatro
Personajes principales: Bernarda, la Poncia, Adela, Angustias, Martirio

CONTEXTO HISTÓRICO

Autoritarismo en la España de la preguerra

La casa de Bernarda Alba representa de una manera muy exacta el ambiente opresivo que se vivía en España a comienzos del siglo XX. De hecho, el director teatral Lluís Pasqual afirmó que esta obra muestra "el segundo antes del *Big Bang,* ese momento tan tenso que precede a la explosión de la Guerra Civil y que pillará° al propio Lorca de los primeros".

Entre las circunstancias históricas que llevaron a la Guerra Civil Española se encuentran las diferencias abismales entre ricos y pobres. También está la persistencia de una estructura patriarcal que sometía° a las mujeres a su padre o marido en lo legal y a las normas morales de la Iglesia Católica en todo lo demás. Durante la Segunda República Española se aprobó la Constitución de 1931 que le concedía° a la mujer el voto, la igualdad jurídica y el derecho al divorcio. Sin embargo, todos estos avances cívicos quedaron suspendidos con la llegada al poder del franquismo en 1939 y no se recuperarían hasta cuarenta años más tarde. *La casa de Bernarda Alba* es como una fotografía de la situación que se vivía en las vísperas de la guerra, cuando la obra fue terminada. Luego quedó unida al destino de su autor y de España, donde no se

Dolores Ibárruri, dirigente política que luchó por los derechos de las mujeres, da un discurso en 1936.

representó hasta 1964. Refleja un tema universal, pero muy español a la vez, ya que muestra la importancia absoluta del "qué dirán", la obsesión con la moral y la defensa de las apariencias hasta llegar al extremo de imponer la autoridad y el poder sobre la vida misma.

 Practice more at **vhlcentral.com.**

pillará *will catch* **sometía** *subjugated* **concedía** *granted* **derrotó** *defeated*

ANTESALA

Antes de iniciar la lectura, completa estas actividades para lograr una mejor comprensión.

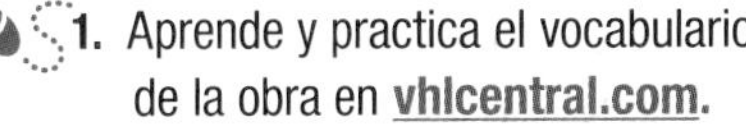

1. Aprende y practica el vocabulario de la obra en vhlcentral.com.
2. Observa las fotografías que ilustran la obra. ¿Qué piensas de los personajes que aparecen allí? ¿Qué están haciendo? ¿Qué impresión te causan las imágenes?
3. En grupos, conversen sobre estos temas.
   - ¿Qué derechos crees que deben tener todos los seres humanos por igual?
   - En las relaciones de autoridad, ¿te parece que se consiguen más resultados por miedo, por respeto o por amor? ¿Qué consecuencias puede tener una educación demasiado estricta?
   - ¿Harías algo sólo para evitar que hablaran mal de ti? Explica.
   - ¿Cómo te sentirías si no te dejaran salir de tu casa?
   - ¿De qué manera te parece que se puede escapar de una estructura asfixiante? Elige una de estas opciones y explica por qué te parece la indicada.
     a. desafiándola
     b. ignorándola/ no prestándole atención
     c. sometiéndose

Maribel Bálius, *La casa de Bernarda Alba,* Grupo de Teatro de Antiguos Alumnos del Colegio del Pilar de Madrid, 2006 ►

LA CASA DE BERNARDA ALBA

ACTO SEGUNDO (fragmento)

Federico García Lorca

PERSONAJES

Bernarda (madre), 60 años. Tiene cinco hijas. Angustias es hija de un primer matrimonio.

Angustias (hija), 39 años. Es la prometida de Pepe el Romano.

La Poncia (criada), 60 años. Ha trabajado para Bernarda toda su vida.

Criada.

Magdalena (hija), 30 años.

Amelia (hija), 27 años.

Martirio (hija), 24 años.

Adela (hija), 20 años.

SINOPSIS

Cuando muere su segundo marido, Bernarda decreta un estricto luto° de ocho años. La despótica madre impide que sus cinco hijas, de diferentes edades y temperamentos, se relacionen con el mundo exterior, sometiéndolas a estar recluidas en la casa. Angustias, hija de un matrimonio anterior y heredera de más dinero que sus hermanas, se prepara ansiosa para su futuro casamiento concertado con el joven Pepe el Romano. Pero ella no es la única hermana apasionada por él. Tampoco es la única que desea la libertad.

mourning

Habitación blanca del interior de la casa de Bernarda. Las puertas de la izquierda dan a los dormitorios. Las hijas de Bernarda están sentadas en sillas bajas, cosiendo. Magdalena borda. Con ellas está la Poncia.

MAGDALENA *(A voces.)* Adela, ¿no vienes?

AMELIA Estará echada en la cama.

LA PONCIA Ésa tiene algo. La encuentro sin sosiego, temblona°, asustada, como si tuviera una lagartija entre los pechos.

temblona: *shivering*

MARTIRIO No tiene ni más ni menos que lo que tenemos todas.

MAGDALENA Todas, menos Angustias.

ANGUSTIAS Yo me encuentro bien, y al que le duela que reviente.

MAGDALENA Desde luego hay que reconocer que lo mejor que has tenido siempre ha sido el talle y la delicadeza°.

delicadeza: *refinement, frailty*

II Observa los comentarios sobre el clima en los diálogos. Piensa qué atmósfera crean estos comentarios y qué emociones pueden estar relacionadas con ella.

ANGUSTIAS Afortunadamente pronto voy a salir de este infierno.

MAGDALENA ¡A lo mejor no sales!

MARTIRIO ¡Dejar esa conversación!

ANGUSTIAS Y, además, ¡más vale onza en el arca que ojos negros en la cara!

MAGDALENA Por un oído me entra y por otro me sale.

AMELIA *(A la Poncia.)* Abre la puerta del patio a ver si nos entra un poco el fresco. *(La Poncia lo hace.)*

MARTIRIO Esta noche pasada no me podía quedar dormida del calor.

AMELIA ¡Yo tampoco!

MAGDALENA Yo me levanté a refrescarme. Había un nublo° negro de tormenta y hasta cayeron algunas gotas.

nublo: *cloud*

LA PONCIA Era la una de la madrugada y salía fuego de la tierra. También me levanté yo. Todavía estaba Angustias con Pepe en la ventana.

MAGDALENA *(Con ironía.)* ¿Tan tarde? ¿A qué hora se fue?

ANGUSTIAS Magdalena, ¿a qué preguntas, si lo viste?

AMELIA Se iría a eso de la una y media.

ANGUSTIAS Sí. ¿Tú por qué lo sabes?

AMELIA Lo sentí toser y oí los pasos de su jaca.

LA PONCIA ¡Pero si yo lo sentí marchar a eso de las cuatro!

ANGUSTIAS ¡No sería él!

LA PONCIA ¡Estoy segura!

AMELIA A mí también me pareció...

MAGDALENA ¡Qué cosa más rara! *(Pausa.)*

LA PONCIA Oye, Angustias, ¿qué fue lo que te dijo la primera vez que se acercó a tu ventana?

ANGUSTIAS Nada. ¡Qué me iba a decir? Cosas de conversación.

MARTIRIO Verdaderamente es raro que dos personas que no se conocen se vean de pronto en una reja y ya novios.

ANGUSTIAS Pues a mí no me chocó°.

no me chocó: *I wasn't surprised*

AMELIA A mí me daría no sé qué.

ANGUSTIAS No, porque cuando un hombre se acerca a una reja ya sabe por los que van y vienen, llevan y traen, que se le va a decir que sí.

MARTIRIO Bueno, pero él te lo tendría que decir.

ANGUSTIAS ¡Claro!

AMELIA *(Curiosa.)* ¿Y cómo te lo dijo?

ANGUSTIAS Pues, nada: "Ya sabes que ando detrás de ti, necesito una mujer buena, modosa, y ésa eres tú, si me das la conformidad."

AMELIA ¡A mí me da vergüenza de estas cosas!

ANGUSTIAS Y a mí, ¡pero hay que pasarlas!

LA PONCIA ¿Y habló más?

ANGUSTIAS Sí, siempre habló él.

MARTIRIO ¿Y tú?

ANGUSTIAS Yo no hubiera podido. Casi se me salía el corazón por la boca. Era la primera vez que estaba sola de noche con un hombre.

MAGDALENA Y un hombre tan guapo.

ANGUSTIAS No tiene mal tipo.

LA PONCIA Esas cosas pasan entre personas ya un poco instruidas, que hablan y dicen y mueven la mano... La primera vez que mi marido Evaristo el Colorín vino a mi ventana... ¡Ja, ja, ja!

AMELIA ¿Qué pasó?

LA PONCIA Era muy oscuro. Lo vi acercarse y, al llegar, me dijo: "Buenas noches." "Buenas noches", le dije yo, y nos quedamos callados más de media hora. Me corría el sudor° por todo el cuerpo. Entonces Evaristo se acercó, se acercó que se quería meter por los hierros, y dijo con voz muy baja: "¡Ven que te tiente°!" *(Ríen todas. Amelia se levanta corriendo y espía por una puerta.)*

sweat

feel

AMELIA ¡Ay! Creí que llegaba nuestra madre.

MAGDALENA ¡Buenas nos hubiera puesto! *(Siguen riendo.)*

AMELIA Chisst... ¡Que nos va a oír!

LA PONCIA Luego se portó bien. En vez de darle por otra cosa, le dio por criar colorines hasta que murió. A vosotras, que sois solteras, os conviene saber de todos modos que el hombre a los quince días de boda deja la cama por la mesa, y luego la mesa por la tabernilla. Y la que no se conforma se pudre llorando en un rincón.

AMELIA Tú te conformaste°.

you resigned yourself

LA PONCIA ¡Yo pude con él!

MARTIRIO ¿Es verdad que le pegaste algunas veces?

LA PONCIA Sí, y por poco lo dejo tuerto°.

one-eyed

MAGDALENA ¡Así debían ser todas las mujeres!

LA PONCIA Yo tengo la escuela de tu madre. Un día me dijo no sé qué cosa y le maté todos los colorines con la mano del almirez°. *(Ríen.)*

mano del almirez *pestle*

La Poncia relata cómo conoció a su marido. ¿Qué idea tiene La Poncia del matrimonio?

MAGDALENA Adela, niña, no te pierdas esto.

AMELIA Adela. *(Pausa.)*

MAGDALENA ¡Voy a ver! *(Entra.)*

LA PONCIA ¡Esa niña está mala!

MARTIRIO Claro, ¡no duerme apenas!

LA PONCIA Pues, ¿qué hace?

MARTIRIO ¡Yo qué sé lo que hace!

LA PONCIA Mejor lo sabrás tú que yo, que duermes pared por medio.

ANGUSTIAS La envidia la come.

AMELIA No exageres.

ANGUSTIAS Se lo noto en los ojos. Se le está poniendo mirar de loca.

MARTIRIO No habléis de locos. Aquí es el único sitio donde no se puede pronunciar esta palabra. *(Sale Magdalena con Adela.)*

MAGDALENA Pues, ¿no estabas dormida?

ADELA Tengo mal cuerpo.

MARTIRIO *(Con intención.)* ¿Es que no has dormido bien esta noche?

ADELA Sí.

MARTIRIO ¿Entonces?

ADELA *(Fuerte.)* ¡Déjame ya! ¡Durmiendo o velando, no tienes por qué meterte en lo mío! ¡Yo hago con mi cuerpo lo que me parece!

MARTIRIO ¡Sólo es interés por ti!

ADELA Interés o inquisición. ¿No estabais cosiendo? Pues seguir. ¡Quisiera ser invisible, pasar por las habitaciones sin que me preguntarais dónde voy!

CRIADA *(Entra.)* Bernarda os llama. Está el hombre de los encajes°. *(Salen. Al salir, Martirio mira fijamente a Adela.)*

encajes: *lace*

En la conversación entre Adela y Martirio, ¿qué clase de sentimientos demuestra una hacia la otra?

ADELA ¡No me mires más! Si quieres te daré mis ojos, que son frescos, y mis espaldas, para que te compongas la joroba° que tienes, pero vuelve la cabeza cuando yo pase. *(Se va Martirio.)*

joroba: *hump*

LA PONCIA ¡Adela, que es tu hermana, y además la que más te quiere!

ADELA Me sigue a todos lados. A veces se asoma a mi cuarto para ver si duermo. No me deja respirar. Y siempre: "¡Qué lástima de cara! ¡Qué lástima de cuerpo, que no va a ser para nadie!" ¡Y eso no! Mi cuerpo será de quien yo quiera!

LA PONCIA *(Con intención y en voz baja.)* De Pepe el Romano, ¿no es eso?

ADELA *(Sobrecogida.)* ¿Qué dices?

LA PONCIA ¡Lo que digo, Adela!

ADELA ¡Calla!

LA PONCIA *(Alto.)* ¿Crees que no me he fijado?

ADELA ¡Baja la voz!

LA PONCIA ¡Mata esos pensamientos!

ADELA ¿Qué sabes tú?

LA PONCIA Las viejas vemos a través de las paredes. ¿Dónde vas de noche cuando te levantas?

ADELA ¡Ciega debías estar!

LA PONCIA Con la cabeza y las manos llenas de ojos cuando se trata de lo que se trata. Por mucho que pienso no sé lo que te propones. ¿Por qué te pusiste casi desnuda con la luz encendida y la ventana abierta al pasar Pepe el segundo día que vino a hablar con tu hermana?

ADELA ¡Eso no es verdad!

you bear it

childbirth

LA PONCIA ¡No seas como los niños chicos! Deja en paz a tu hermana y si Pepe el Romano te gusta te aguantas°. *(Adela llora.)* Además, ¿quién dice que no te puedas casar con él? Tu hermana Angustias es una enferma. Ésa no resiste el primer parto°. Es estrecha de cintura, vieja, y con mi conocimiento te digo que se morirá. Entonces Pepe hará lo que hacen todos los viudos de esta tierra: se casará con la más joven, la más hermosa, y ésa eres tú. Alimenta esa esperanza, olvídalo. Lo que quieras, pero no vayas contra la ley de Dios.

¿Qué le recomienda La Poncia a Adela para lograr casarse con Pepe?

ADELA ¡Calla!

LA PONCIA ¡No callo!

nosy

ADELA Métete en tus cosas, ¡oledora°! ¡pérfida!

LA PONCIA ¡Sombra tuya he de ser!

filthy / talk nonsense

ADELA En vez de limpiar la casa y acostarte para rezar a tus muertos, buscas como una vieja marrana° asuntos de hombres y mujeres para babosear° en ellos.

LA PONCIA ¡Velo! Para que las gentes no escupan al pasar por esta puerta.

ADELA ¡Qué cariño tan grande te ha entrado de pronto por mi hermana!

No os tengo ley *I don't care about you*

LA PONCIA No os tengo ley° a ninguna, pero quiero vivir en casa decente. ¡No quiero mancharme de vieja!

ADELA Es inútil tu consejo. Ya es tarde. No por encima de ti, que eres una criada, por encima de mi madre saltaría para apagarme este fuego que tengo levantado por piernas y boca. ¿Qué puedes decir de mí? ¿Que me encierro en mi cuarto y no abro la puerta? ¿Que no duermo? ¡Soy más lista que tú! Mira a ver si puedes agarrar la liebre con tus manos.

LA PONCIA No me desafíes. ¡Adela, no me desafíes! Porque yo puedo dar voces, encender luces y hacer que toquen las campanas.

flares

ADELA Trae cuatro mil bengalas° amarillas y ponlas en las bardas del corral. Nadie podrá evitar que suceda lo que tiene que suceder.

LA PONCIA ¡Tanto te gusta ese hombre!

ADELA ¡Tanto! Mirando sus ojos me parece que bebo su sangre lentamente.

LA PONCIA Yo no te puedo oír.

ADELA ¡Pues me oirás! Te he tenido miedo. ¡Pero ya soy más fuerte que tú! *(Entra Angustias.)*

ANGUSTIAS ¡Siempre discutiendo!

LA PONCIA Claro, se empeña° en que, con el calor que hace, vaya a traerle no sé qué cosa de la tienda.

ANGUSTIAS ¿Me compraste el bote de esencia?

LA PONCIA El más caro. Y los polvos. En la mesa de tu cuarto los he puesto. *(Sale Angustias.)*

ADELA ¡Y chitón°!

LA PONCIA ¡Lo veremos! *(Entran Martirio, Amelia y Magdalena.)*

MAGDALENA *(A Adela.)* ¿Has visto los encajes?

AMELIA Los de Angustias para sus sábanas de novia son preciosos.

ADELA *(A Martirio, que trae unos encajes.)* ¿Y éstos?

MARTIRIO Son para mí. Para una camisa.

ADELA *(Con sarcasmo.)* ¡Se necesita buen humor!

MARTIRIO *(Con intención.)* Para verlos yo. No necesito lucirme ante nadie.

LA PONCIA Nadie la ve a una en camisa.

MARTIRIO *(Con intención y mirando a Adela.)* ¡A veces! Pero me encanta la ropa interior. Si fuera rica la tendría de holanda. Es uno de los pocos gustos° que me quedan.

LA PONCIA Estos encajes son preciosos para las gorras de niño, para mantehuelos de cristianar°. Yo nunca pude usarlos en los míos. A ver si ahora Angustias los usa en los suyos. Como le dé por tener crías vais a estar cosiendo mañana y tarde.

MAGDALENA Yo no pienso dar una puntada.

AMELIA Y mucho menos cuidar niños ajenos. Mira tú cómo están las vecinas del callejón, sacrificadas por cuatro monigotes°.

LA PONCIA Ésas están mejor que vosotras. ¡Siquiera allí se ríe y se oyen porrazos°!

MARTIRIO Pues vete a servir con ellas.

LA PONCIA No. ¡Ya me ha tocado en suerte este convento! *(Se oyen unos campanillos lejanos, como a través de varios muros.)*

MAGDALENA Son los hombres que vuelven al trabajo.

LA PONCIA Hace un minuto dieron las tres.

MARTIRIO ¡Con este sol!

ADELA *(Sentándose.)* ¡Ay, quién pudiera salir también a los campos!

MAGDALENA *(Sentándose.)* ¡Cada clase tiene que hacer lo suyo!

MARTIRIO *(Sentándose.)* ¡Así es!

AMELIA *(Sentándose.)* ¡Ay!

LA PONCIA No hay alegría como la de los campos en esta época. Ayer de mañana llegaron los segadores°. Cuarenta o cincuenta buenos mozos.

MAGDALENA ¿De dónde son este año?

LA PONCIA De muy lejos. Vinieron de los montes. ¡Alegres! ¡Como árboles quemados! ¡Dando voces y arrojando piedras! Anoche llegó al pueblo una mujer vestida de lentejuelas° y que bailaba con un acordeón, y quince de ellos la contrataron para llevársela al olivar. Yo los vi de lejos. El que la contrataba era un muchacho de ojos verdes, apretado como una gavilla de trigo°.

¿Por qué se burlan de Martirio al saber que compró encajes? ¿Para qué piensan todas que sirven los adornos?

---

insists

hush

pleasures

mantehuelos de cristianar *baptism clothes*

rugrats

beatings

harvesters

sequins

gavilla de trigo *wheat sheaf*

AMELIA ¿Es eso cierto?

ADELA ¡Pero es posible!

LA PONCIA Hace años vino otra de éstas y yo misma di dinero a mi hijo mayor para que fuera. Los hombres necesitan estas cosas.

ADELA Se les perdona todo.

AMELIA Nacer mujer es el mayor castigo.

MAGDALENA Y ni nuestros ojos siquiera nos pertenecen. *(Se oye un canto lejano que se va acercando.)*

LA PONCIA Son ellos. Traen unos cantos preciosos.

AMELIA Ahora salen a segar.

CORO Ya salen los segadores en busca de las espigas; se llevan los corazones de las muchachas que miran. *(Se oyen panderos y carrañacas. Pausa. Todas oyen en un silencio traspasado por el sol.)*

AMELIA ¡Y no les importa el calor!

MARTIRIO Siegan entre llamaradas.°

flares

ADELA Me gustaría segar para ir y venir. Así se olvida lo que nos muerde.

MARTIRIO ¿Qué tienes tú que olvidar?

ADELA Cada una sabe sus cosas.

MARTIRIO *(Profunda.)* ¡Cada una!

LA PONCIA ¡Callar! ¡Callar!

CORO *(Muy lejano.)* Abrir puertas y ventanas las que vivís en el pueblo; el segador pide rosas para adornar su sombrero.

LA PONCIA ¡Qué canto!

MARTIRIO *(Con nostalgia.)* Abrir puertas y ventanas las que vivís en el pueblo...

ADELA *(Con pasión.)* ... el segador pide rosas para adornar su sombrero. *(Se va alejando el cantar.)*

LA PONCIA Ahora dan la vuelta a la esquina.

ADELA Vamos a verlos por la ventana de mi cuarto.

LA PONCIA Tened cuidado con no entreabrirla mucho, porque son capaces de dar un empujón para ver quién mira. *(Se van las tres. Martirio queda sentada en la silla baja con la cabeza entre las manos.)*

AMELIA *(Acercándose.)* ¿Qué te pasa?

MARTIRIO Me sienta mal el calor.

AMELIA ¿No es más que eso?

MARTIRIO Estoy deseando que llegue noviembre, los días de lluvia, la escarcha; todo lo que no sea este verano interminable.

AMELIA Ya pasará y volverá otra vez.

MARTIRIO ¡Claro! *(Pausa.)* ¿A qué hora te dormiste anoche?

AMELIA No sé. Yo duermo como un tronco. ¿Por qué?

MARTIRIO Por nada, pero me pareció oír gente en el corral.

AMELIA ¿Sí?

MARTIRIO Muy tarde.

AMELIA ¿Y no tuviste miedo?

MARTIRIO No. Ya lo he oído otras noches.

AMELIA Debíamos tener cuidado. ¿No serían los gañanes°?

farmhands

MARTIRIO Los gañanes llegan a las seis.

11 La escena de los segadores nos permite ver cuáles son los espacios femeninos y masculinos. ¿Cuál es el espacio de los hombres? ¿Y el de las mujeres? ¿Por qué Martirio quiere que llegue noviembre?

AMELIA Quizá una mulilla sin desbravar°.

mulilla sin desbravar *wild mule*

MARTIRIO *(Entre dientes y llena de segunda intención.)* ¡Eso, eso!, una mulilla sin desbravar.

AMELIA ¡Hay que prevenir!

MARTIRIO ¡No, no! No digas nada. Puede ser un barrunto° mío.

suspicion

AMELIA Quizá. *(Pausa. Amelia inicia el mutis.)*

MARTIRIO Amelia.

AMELIA *(En la puerta.)* ¿Qué? *(Pausa.)*

MARTIRIO Nada. *(Pausa.)*

AMELIA ¿Por qué me llamaste? *(Pausa.)*

MARTIRIO Se me escapó. Fue sin darme cuenta. *(Pausa.)*

AMELIA Acuéstate un poco.

ANGUSTIAS *(Entrando furiosa en escena, de modo que haya un gran contraste con los silencios anteriores.)* ¿Dónde está el retrato de Pepe que tenía yo debajo de mi almohada? ¿Quién de vosotras lo tiene?

MARTIRIO Ninguna.

AMELIA Ni que Pepe fuera un San Bartolomé de plata.

ANGUSTIAS ¿Dónde está el retrato? *(Entran la Poncia, Magdalena y Adela.)*

ADELA ¿Qué retrato?

ANGUSTIAS Una de vosotras me lo ha escondido.

MAGDALENA ¿Tienes la desvergüenza de decir esto?

ANGUSTIAS Estaba en mi cuarto y no está.

MARTIRIO ¿Y no se habrá escapado a medianoche al corral? A Pepe le gusta andar con la luna.

ANGUSTIAS ¡No me gastes bromas! Cuando venga se lo contaré.

LA PONCIA ¡Eso, no! ¡Porque aparecerá! *(Mirando a Adela.)*

ANGUSTIAS ¡Me gustaría saber cuál de vosotras lo tiene!

ADELA *(Mirando a Martirio.)* ¡Alguna! ¡Todas, menos yo!

MARTIRIO *(Con intención.)* ¡Desde luego!

¿Qué es lo que más le preocupa a Bernarda Alba de la discusión de sus hijas?

BERNARDA *(Entrando con su bastón.)* ¿Qué escándalo es éste en mi casa y con el silencio del peso del calor? Estarán las vecinas con el oído pegado a los tabiques°.

walls

ANGUSTIAS Me han quitado el retrato de mi novio.

BERNARDA *(Fiera°.)* ¿Quién? ¿Quién?

furious

ANGUSTIAS ¡Éstas!

BERNARDA ¿Cuál de vosotras? *(Silencio.)* ¡Contestarme! *(Silencio. A Poncia.)* Registra los cuartos, mira por las camas. Esto tiene no ataros más cortas°. ¡Pero me vais a soñar! *(A Angustias.)* ¿Estás segura?

Esto... cortas. *This happens for not keeping you on a shorter leash.*

ANGUSTIAS Sí.

BERNARDA ¿Lo has buscado bien?

ANGUSTIAS Sí, madre. *(Todas están en medio de un embarazoso silencio.)*

BERNARDA Me hacéis al final de mi vida beber el veneno más amargo que una madre puede resistir. *(A Poncia.)* ¿No lo encuentras?

LA PONCIA *(Saliendo.)* Aquí está.

BERNARDA ¿Dónde lo has encontrado?

LA PONCIA Estaba...

BERNARDA Dilo sin temor.

LA PONCIA *(Extrañada.)* Entre las sábanas de la cama de Martirio.

BERNARDA *(A Martirio.)* ¿Es verdad?

MARTIRIO ¡Es verdad!

BERNARDA *(Avanzando y golpeándola con el bastón.)* ¡Mala puñalada te den, mosca muerta! ¡Sembradura de vidrios!

MARTIRIO *(Fiera.)* ¡No me pegue usted, madre!

BERNARDA ¡Todo lo que quiera!

MARTIRIO ¡Si yo la dejo! ¿Lo oye? ¡Retírese usted!

LA PONCIA No faltes a tu madre.

ANGUSTIAS *(Cogiendo a Bernarda.)* Déjela. ¡Por favor!

BERNARDA Ni lágrimas te quedan en esos ojos.

MARTIRIO No voy a llorar para darle gusto.

BERNARDA ¿Por qué has cogido el retrato?

MARTIRIO ¿Es que yo no puedo gastar una broma° a mi hermana? ¿Para qué otra cosa lo iba a querer?

gastar una broma *play a joke*

ADELA *(Saltando llena de celos.)* No ha sido broma, que tú no has gustado nunca de juegos. Ha sido otra cosa que te reventaba el pecho por querer salir. Dilo ya claramente.

MARTIRIO ¡Calla y no me hagas hablar, que si hablo se van a juntar las paredes unas con otras de vergüenza!

ADELA ¡La mala lengua no tiene fin para inventar!

BERNARDA ¡Adela!

MAGDALENA Estáis locas.

AMELIA Y nos apedreáis con malos pensamientos.

MARTIRIO Otras hacen cosas más malas.

ADELA Hasta que se pongan en cueros° de una vez y se las lleve el río.

naked

BERNARDA ¡Perversa!

ANGUSTIAS Yo no tengo la culpa de que Pepe el Romano se haya fijado en mí.

ADELA ¡Por tus dineros!

ANGUSTIAS ¡Madre!

BERNARDA ¡Silencio!

MARTIRIO Por tus marjales° y tus arboledas°.

marshes / groves

MAGDALENA ¡Eso es lo justo!

BERNARDA ¡Silencio digo! Yo veía la tormenta venir, pero no creía que estallara tan pronto. ¡Ay, qué pedrisco° de odio habéis echado sobre mi corazón! Pero todavía no soy anciana y tengo cinco cadenas para vosotras y esta casa levantada por mi padre para que ni las hierbas se enteren de mi desolación. ¡Fuera de aquí! *(Salen. Bernarda se sienta desolada. La Poncia está de pie arrimada a los muros. Bernarda reacciona, da un golpe en el suelo y dice:)* ¡Tendré que sentarles la mano! Bernarda, ¡acuérdate que ésta es tu obligación!

hail

LA PONCIA ¿Puedo hablar?

BERNARDA Habla. Siento que hayas oído. Nunca está bien una extraña en el centro de la familia.

Según Martirio, ¿por qué se llevó el retrato del novio de su hermana? ¿Le creen las demás? ¿Cómo trata Bernarda a sus hijas?

LA PONCIA Lo visto, visto está.

BERNARDA Angustias tiene que casarse en seguida.

LA PONCIA Hay que retirarla de aquí.

BERNARDA No a ella. ¡A él!

LA PONCIA ¡Claro, a él hay que alejarlo de aquí! Piensas bien.

BERNARDA No pienso. Hay cosas que no se pueden ni se deben pensar. Yo ordeno.

LA PONCIA ¿Y tú crees que él querrá marcharse?

BERNARDA *(Levantándose.)* ¿Qué imagina tu cabeza?

LA PONCIA Él, claro, ¡se casará con Angustias!

BERNARDA Habla. Te conozco demasiado para saber que ya me tienes preparada la cuchilla.

LA PONCIA Nunca pensé que se llamara asesinato al aviso.

BERNARDA ¿Me tienes que prevenir algo?

LA PONCIA Yo no acuso, Bernarda. Yo sólo te digo: abre los ojos y verás.

BERNARDA ¿Y verás qué?

LA PONCIA Siempre has sido lista. Has visto lo malo de las gentes a cien leguas. Muchas veces creí que adivinabas los pensamientos. Pero los hijos son los hijos. Ahora estás ciega.

BERNARDA ¿Te refieres a Martirio?

LA PONCIA Bueno, a Martirio... *(Con curiosidad.)* ¿Por qué habrá escondido el retrato?

BERNARDA *(Queriendo ocultar a su hija.)* Después de todo ella dice que ha sido una broma. ¿Qué otra cosa puede ser?

LA PONCIA *(Con sorna.)* ¿Tú lo crees así?

BERNARDA *(Enérgica.)* No lo creo. ¡Es así!

LA PONCIA Basta. Se trata de lo tuyo. Pero si fuera la vecina de enfrente, ¿qué sería?

BERNARDA Ya empiezas a sacar la punta del cuchillo.

LA PONCIA *(Siempre con crueldad.)* No, Bernarda, aquí pasa una cosa muy grande. Yo no te quiero echar la culpa, pero tú no has dejado a tus hijas libres. Martirio es enamoradiza, digas lo que tú quieras. ¿Por qué no la dejaste casar con Enrique Humanes? ¿Por qué el mismo día que iba a venir a la ventana le mandaste recado° que no viniera?

recado: message

BERNARDA *(Fuerte.)* ¡Y lo haría mil veces! Mi sangre no se junta con la de los Humanes mientras yo viva! Su padre fue gañán.

LA PONCIA ¡Y así te va a ti con esos humos!

BERNARDA Los tengo porque puedo tenerlos. Y tú no los tienes porque sabes muy bien cuál es tu origen.

LA PONCIA *(Con odio.)* ¡No me lo recuerdes! Estoy ya vieja, siempre agradecí tu protección.

BERNARDA *(Crecida.)* ¡No lo parece!

LA PONCIA *(Con odio envuelto en suavidad.)* A Martirio se le olvidará esto.

BERNARDA Y si no lo olvida peor para ella. No creo que ésta sea la «cosa muy grande» que aquí pasa. Aquí no pasa nada. ¡Eso quisieras tú! Y si pasara algún día estáte segura que no traspasaría las paredes.

¿Le interesa a Bernarda escuchar la opinión de los demás? ¿Qué personalidad demuestra en su conversación con la criada?

LA PONCIA ¡Eso no lo sé yo! En el pueblo hay gentes que leen también de lejos los pensamientos escondidos.

BERNARDA ¡Cómo gozarías de vernos a mí y a mis hijas camino del lupanar°!

brothel

LA PONCIA ¡Nadie puede conocer su fin!

BERNARDA ¡Yo sí sé mi fin! ¡Y el de mis hijas! El lupanar se queda para alguna mujer ya difunta...

LA PONCIA *(Fiera.)* ¡Bernarda! ¡Respeta la memoria de mi madre!

BERNARDA ¡No me persigas tú con tus malos pensamientos! *(Pausa.)*

LA PONCIA Mejor será que no me meta en nada.

BERNARDA Eso es lo que debías hacer. Obrar y callar a todo. Es la obligación de los que viven a sueldo.

LA PONCIA Pero no se puede. ¿A ti no te parece que Pepe estaría mejor casado con Martirio o... ¡sí!, con Adela?

II ¿Por qué la Poncia sugiere que Pepe debería casarse con Adela? ¿Qué piensa Bernarda?

BERNARDA No me parece.

LA PONCIA *(Con intención.)* Adela. ¡Ésa es la verdadera novia del Romano!

BERNARDA Las cosas no son nunca a gusto nuestro.

LA PONCIA Pero les cuesta mucho trabajo desviarse de la verdadera inclinación. A mí me parece mal que Pepe esté con Angustias, y a las gentes, y hasta al aire. ¡Quién sabe si se saldrán con la suya!

BERNARDA ¡Ya estamos otra vez!... Te deslizas para llenarme de malos sueños. Y no quiero entenderte, porque si llegara al alcance de todo lo que dices te tendría que arañar.

LA PONCIA ¡No llegará la sangre al río°!

¡No llegará... río! *You will not hurt me.*

BERNARDA ¡Afortunadamente mis hijas me respetan y jamás torcieron mi voluntad!

LA PONCIA ¡Eso sí! Pero en cuanto las dejes sueltas se te subirán al tejado°.

BERNARDA ¡Ya las bajaré tirándoles cantos°!

LA PONCIA ¡Desde luego eres la más valiente!

BERNARDA ¡Siempre gasté sabrosa pimienta°!

LA PONCIA ¡Pero lo que son las cosas! A su edad. ¡Hay que ver el entusiasmo de Angustias con su novio! ¡Y él también parece muy picado°! Ayer me contó mi hijo mayor que a las cuatro y media de la madrugada, que pasó por la calle con la yunta, estaban hablando todavía.

BERNARDA ¡A las cuatro y media!

ANGUSTIAS *(Saliendo.)* ¡Mentira!

LA PONCIA Eso me contaron.

BERNARDA *(A Angustias.)* ¡Habla!

ANGUSTIAS Pepe lleva más de una semana marchándose a la una. Que Dios me mate si miento.

MARTIRIO *(Saliendo.)* Yo también lo sentí marcharse a las cuatro.

BERNARDA Pero, ¿lo viste con tus ojos?

MARTIRIO No quise asomarme. ¿No habláis ahora por la ventana del callejón?

ANGUSTIAS Yo hablo por la ventana de mi dormitorio. *(Aparece Adela en la puerta.)*

MARTIRIO Entonces...

BERNARDA ¿Qué es lo que pasa aquí?

LA PONCIA ¡Cuida de enterarte! Pero, desde luego, Pepe estaba a las cuatro de la madrugada en una reja de tu casa.

BERNARDA ¿Lo sabes seguro?

LA PONCIA Seguro no se sabe nada en esta vida.

ADELA Madre, no oiga usted a quien nos quiere perder a todas.

BERNARDA ¡Yo sabré enterarme! Si las gentes del pueblo quieren levantar falsos testimonios se encontrarán con mi pedernal°. No se hable de este asunto. Hay a veces una ola de fango° que levantan los demás para perdernos.

MARTIRIO A mí no me gusta mentir.

LA PONCIA Y algo habrá.

BERNARDA No habrá nada. Nací para tener los ojos abiertos. Ahora vigilaré sin cerrarlos ya hasta que me muera.

ANGUSTIAS Yo tengo derecho de enterarme.

BERNARDA Tú no tienes derecho más que a obedecer. Nadie me traiga ni me lleve. *(A la Poncia.)* Y tú te metes en los asuntos de tu casa. ¡Aquí no se vuelve a dar un paso que yo no sienta!

CRIADA *(Entrando.)* ¡En lo alto de la calle hay un gran gentío° y todos los vecinos están en sus puertas!

BERNARDA *(A la Poncia.)* ¡Corre a enterarte de lo que pasa! *(Las mujeres corren para salir.)* ¿Dónde vais? Siempre os supe mujeres ventaneras y rompedoras de su luto. ¡Vosotras al patio! *(Salen y sale Bernarda. Se oyen rumores lejanos. Entran Martirio y Adela, que se quedan escuchando y sin atreverse a dar un paso más de la puerta de salida.)*

se... tejado *they will go wild*

stones

¡Siempre... pimienta! *I've always been aggressive.*

interested

flint

mud

crowd

Aquí se plantea un misterio y una posible solución. ¿Quién dice que Pepe se va a la una? ¿Quiénes dicen que se va a las cuatro? ¿Quién tiene razón? ¿Qué crees que hace Pepe por las noches?

MARTIRIO Agradece a la casualidad que no desaté mi lengua.

ADELA También hubiera hablado yo.

MARTIRIO ¿Y qué ibas a decir? ¡Querer no es hacer!

ADELA Hace la que puede y la que se adelanta. Tú querías, pero no has podido.

MARTIRIO No seguirás mucho tiempo.

ADELA ¡Lo tendré todo!

MARTIRIO Yo romperé tus abrazos.

ADELA *(Suplicante.)* ¡Martirio, déjame!

MARTIRIO ¡De ninguna!

ADELA ¡Él me quiere para su casa!

MARTIRIO ¡He visto cómo te abrazaba!

rope

ADELA Yo no quería. He ido como arrastrada por una maroma°.

MARTIRIO ¡Primero muerta! *(Se asoman Magdalena y Angustias. Se siente crecer el tumulto.)*

LA PONCIA *(Entrando con Bernarda.)* ¡Bernarda!

BERNARDA ¿Qué ocurre?

LA PONCIA La hija de la Librada, la soltera, tuvo un hijo no se sabe con quién.

ADELA ¿Un hijo?

threshold

LA PONCIA Y para ocultar su vergüenza lo mató y lo metió debajo de unas piedras; pero unos perros, con más corazón que muchas criaturas, lo sacaron y como llevados por la mano de Dios lo han puesto en el tranco° de su puerta. Ahora la quieren matar. La traen arrastrando por la calle abajo, y por las trochas y los terrenos del olivar vienen los hombres corriendo, dando unas voces que estremecen los campos.

BERNARDA Sí, que vengan todos con varas de olivo y mangos de azadones, que vengan todos para matarla.

ADELA ¡No, no, para matarla no!

MARTIRIO Sí, y vamos a salir también nosotras.

BERNARDA Y que pague la que pisotea su decencia. *(Fuera se oye un grito de mujer y un gran rumor.)*

ADELA ¡Que la dejen escapar! ¡No salgáis vosotras!

MARTIRIO *(Mirando a Adela.)* ¡Que pague lo que debe!

BERNARDA *(Bajo el arco.)* ¡Acabar con ella antes que lleguen los guardias! ¡Carbón ardiendo en el sitio de su pecado!

ADELA *(Cogiéndose el vientre.)* ¡No! ¡No!

BERNARDA ¡Matadla! ¡Matadla!

Telón rápido. ■

II La violencia al final parece tener un significado especial. ¿Qué quiere Adela que ocurra? ¿Por qué? ¿Por qué Bernarda quiere que maten a la hija de la Librada?

1. Elegir Indica la opción correcta.

1. La prometida de Pepe el Romano es...
   a. Adela. b. Angustias. c. Martirio.
2. El clima que hay en el pueblo y dentro de la casa es...
   a. caluroso. b. frío. c. lluvioso.
3. Pepe y su prometida conversan por las rejas de la ventana...
   a. del salón. b. de la cocina. c. del dormitorio de ella.
4. Adela siente por Pepe...
   a. odio. b. pasión. c. indiferencia.
5. Cuando vuelven los obreros, las hermanas...
   a. conversan con ellos. b. no les prestan atención. c. los espían.
6. Bernarda Alba es una mujer...
   a. callada. b. triste. c. autoritaria.
7. Martirio no se casó con Enrique Humanes porque...
   a. ella no quiso. b. su madre se lo impidió. c. él la abandonó.

2. Comprensión Contesta las siguientes preguntas con oraciones completas.

1. ¿En qué lugar se desarrolla toda la escena?
2. ¿Por qué Pepe el Romano se quiere casar con Angustias?
3. ¿Qué piensa la Poncia sobre el matrimonio?
4. ¿Cuál de las hermanas vigila todo el tiempo a Adela?
5. ¿Por qué se interesa la Poncia por la moral de la casa de Bernarda?
6. ¿Por qué Bernarda se opuso al noviazgo de su hija Martirio?
7. ¿Qué pasó con la hija de la Librada? ¿Todas las mujeres de la casa de Bernarda Alba están de acuerdo con la decisión del pueblo?

3. Una tormenta que llega El acto comienza con una escena de mujeres que cosen y termina con una mujer que pide a gritos que maten a otra. Con un(a) compañero/a, analiza cómo aumenta la tensión y se desarrollan los conflictos.

1. ¿Por qué es importante el horario de las visitas de Pepe?
2. Según la Poncia, ¿qué debe hacer Adela para conquistar a Pepe? ¿Cómo reacciona Adela?
3. Hay un momento de tranquilidad cuando los hombres pasan. ¿Por qué?
4. ¿Qué intenciones dice Martirio que tuvo al robar el retrato? ¿Le creen las demás?
5. “Yo veía la tormenta venir”, dice Bernarda. ¿A qué se refiere?
6. ¿Cómo reacciona Bernarda ante lo que le dice la Poncia?
7. ¿Por qué el pueblo quiere linchar a la hija de la Librada? ¿Qué quiere Adela?

4. Técnica literaria En escena sólo aparecen personajes de la casa de Bernarda: sus hijas y las criadas. Sin embargo, muchas veces se refieren a lo que ocurre afuera. Con dos compañeros/as, contesta las siguientes preguntas sobre la interacción entre la casa y el exterior.

Adentro y afuera

1. ¿Qué tareas hacen las mujeres y los hombres? ¿Qué espacios ocupan?
2. ¿Quién puede tomar la iniciativa?

Las ventanas

3. En los "romances" de la Poncia, Angustias y Adela, las ventanas son indispensables. ¿Por qué?
4. ¿Qué significado simbólico tienen las ventanas en la obra?

Las paredes

5. La Poncia dice: "Las viejas vemos a través de las paredes". ¿Qué repercusión tienen estas palabras en la obra?
6. Bernarda dice que si ocurre algo en la casa "no traspasaría las paredes". ¿Qué le preocupa a Bernarda?

5. Una sociedad conservadora Con dos compañeros/as, analiza los diferentes aspectos de la sociedad que aparecen presentados en la obra. Utilicen las palabras clave en un debate de cinco minutos. Comenten sus conclusiones a la clase.

Religión	Clases sociales	Tradición	Control
castidad	los Humanes y los Alba	la casa	despotismo
decencia	gañán	la historia familiar	rumores

TALLER DE ESCRITURA

1. Pepe el Romano A pesar de ser el motivo evidente del conflicto, Pepe el Romano nunca aparece en escena. En un ensayo breve de una página, describe la personalidad de este personaje e imagina su aspecto a partir de la información que nos da la obra.

2. Una sociedad violenta A lo largo del Acto Segundo hay una serie de hechos de violencia, relatados o explícitos. En un ensayo de una página, describe los momentos violentos y cómo se relacionan entre sí. Sigue estos pasos.

1. *Explica los motivos de la pelea entre Angustias, Martirio y Adela.*
2. *Analiza la reacción de Bernarda ante el conflicto entre sus hijas.*
3. *Analiza la relación entre el conflicto central de la obra y el caso de la hija de la Librada.*
4. *Escribe una conclusión sobre los orígenes de la violencia en esta sociedad.*

UN ENSAYO DE COMPARACIÓN Y CONTRASTE

La película y los textos de esta lección exploran la guerra, la violencia, la opresión y la resistencia de maneras muy diferentes. Vas a preparar un ensayo que compare y contraste dos obras.

Plan de escritura

Comienza completando una tabla con las características de cada obra. Esta tabla te ayudará a preparar tu ensayo de comparación y contraste.

	personajes principales	ambiente	temas centrales
El laberinto del fauno	Ofelia, Mercedes, Capitán Vidal, Fauno		
Los censores		Argentina, finales de los años 70	
"Explico algunas cosas"			Guerra Civil Violencia Compromiso social
La casa de Bernarda Alba			

Planificar y preparar la escritura

1. **Estrategia: Enfoca tu ensayo en un tema en concreto**
   - Mira la tabla que completaste y piensa en un aspecto en particular que dos de las obras tengan en común.
   - Considera lo siguiente: los protagonistas reaccionan a la violencia y la represión que los rodea de maneras diferentes. ¿Cómo se enfrentan a ellas? ¿Cuáles son las consecuencias de su modo de actuar?
   - Recuerda que en el ensayo vas a comparar y contrastar dos obras, es decir, debes encontrar las semejanzas y diferencias entre ellas.
2. **Estrategia: Encontrar información y organizarla**
   - Para cada obra, busca todos los datos que te ayudarán a escribir un buen ensayo de comparación y contraste.
   - Utiliza un diagrama como punto de partida para organizar tus ideas sobre las obras. Una vez esté completo, piensa en el tema que elegiste y en cómo se pueden comparar y contrastar las obras con las ideas que reuniste.

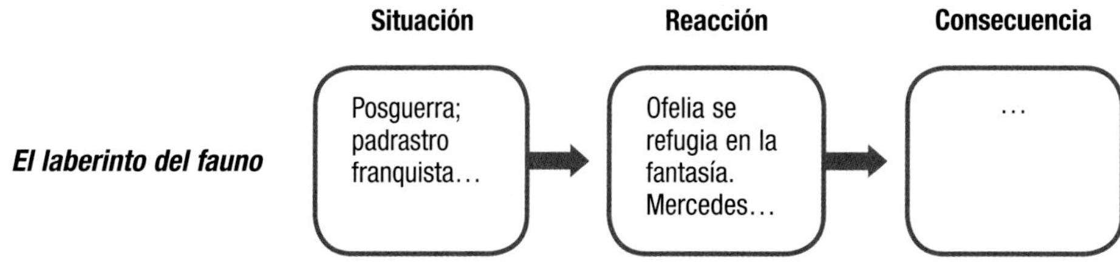

Escribir

3. **Tu ensayo de comparación y contraste** Ahora puedes escribir tu ensayo. Utiliza la información que has reunido. Emplea palabras de comparación y contraste, como *también, igualmente, por el contrario* o *sin embargo*. Sigue estos pasos para escribir.

- **Introducción:** Explica en términos generales sobre qué vas a escribir.
- **Desarrollo:** Describe, compara y contrasta con detalle las semejanzas y diferencias entre las dos obras, ofreciendo tu opinión personal.
- **Conclusión:** Resume tus observaciones más importantes y termina el ensayo dando tu opinión sobre los enfoques de las obras.

Recuerda incluir oraciones de los textos o las citas de la película en tu ensayo que refuercen las ideas de comparación y contraste. Revisa las obras de nuevo y anota las oraciones o citas importantes en una tabla como ésta.

Obras	Oraciones o citas
Los censores	Pág. 14: "Entonces hay que ganarles de mano, entonces hay que hacer lo que hacen todos..." Pág. ...
"Explico algunas cosas"	Pág. 23: "Venid a ver la sangre por las calles..." Pág. ...

Revisar y leer

4. **Revisión** Pídele a un(a) compañero/a que lea tu ensayo y sugiera cómo mejorarlo. Revísalo incorporando sus sugerencias y prestando atención a los siguientes elementos.

- ¿La introducción explica de manera clara el tema del ensayo?
- ¿El desarrollo está escrito en un orden lógico? ¿Presenta bien los puntos de comparación y contraste entre las dos obras?
- ¿La conclusión resume tus observaciones de comparación y contraste? ¿Expresa tu opinión sobre las obras?
- ¿Son correctas la gramática y la ortografía?

5. **Lectura** Lee tu ensayo a varios/as compañeros/as. Tomen turnos. Cuando termines de leer tu ensayo, tus compañeros/as deben hacerte preguntas. Comenten juntos un punto interesante del ensayo que les haya llamado la atención.

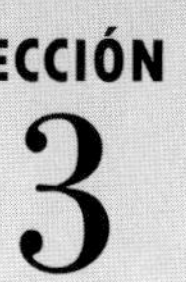

LECCIÓN 3

EL *lado* OSCURO

CONTENIDO

SOBRE EL DIRECTOR

Jose Mari Goenaga es un joven director y productor de cine vasco. En sus películas, los encuentros casuales abren la puerta a situaciones que cambian radicalmente la vida de los personajes.

Goenaga nació en Ordizia, Guipúzcoa, en 1976. Desde pequeño sintió mucho interés por el cine, pero sólo como espectador. Tras recibirse de Licenciado en Dirección y Administración de Empresas, decidió hacer un curso de cine en el Centro Sarobe de Urnieta. Su objetivo inicial era ampliar los conocimientos que tenía sobre el séptimo arte, pero finalmente decidió dedicarse profesionalmente a la realización de películas.

En el año 2001, cofundó la empresa Moriarti Produkzioak con un grupo de amigos que conoció mientras estudiaba en Sarobe. Esa empresa muy pronto lo ayudó a lanzar sus producciones cinematográficas. En su primer cortometraje para cine, *Tercero B,* se observa claramente la influencia de Hitchcock, su director favorito. Su obra principal pronto se convirtió en un enorme éxito y recibió decenas de premios en festivales nacionales e internacionales. En los años siguientes, Goenaga trabajó como guionista y director de otras obras, como el largometraje animado *Supertramps* (2004), el cortometraje *Sintonía* (2005) y el documental *Lucio* (2007). En 2009, este talentoso cineasta estrenó la película *En 80 días,* que codirigió junto con su socio Jon Garaño.

PERSONAJES

Irene *Mujer de mediana edad que vive con su madre*

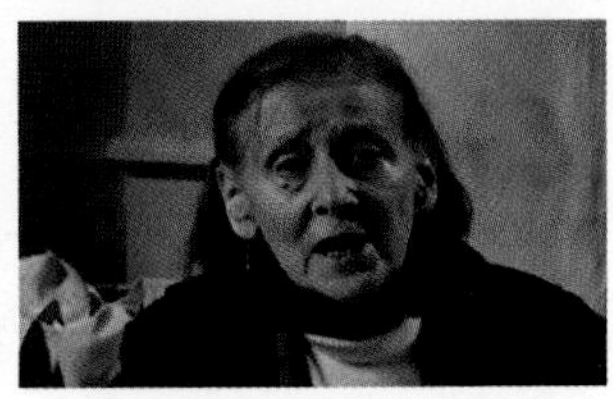

Madre *Mujer severa y agresiva*

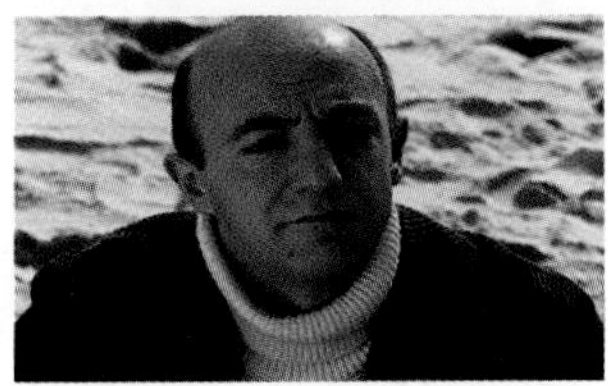

Hombre de la playa *Desconocido que Irene se encuentra por casualidad*

Tercero B

Fecha de estreno: 2002
País: España
Género: cortometraje
Guión: Jose Mari Goenaga
Actores: Blanca Portillo, Ramón Agirre, Mariví Bilbao
Duración: 18 minutos

CONTEXTO CULTURAL

Hitchcock, el maestro del *suspense*

Alfred Hitchcock (1899–1980) comenzó su carrera profesional en Londres, su ciudad natal, en 1925. Filmó veintiséis películas en Inglaterra y en 1939 decidió establecerse definitivamente en Hollywood.

Creador de una narrativa cinematográfica única —que más adelante recibiría el nombre de "hitchcockeana"— su lema era simple, pero contundente°: "El público debe sufrir tanto como sea posible". El juego del reconocido director consistía en dar y negar información, a veces al espectador y a veces al protagonista. De eso se trata, precisamente, el *suspense:* el espectador sabe algo que el protagonista ignora y la anticipación le produce una tensión insoportable.

En *Tercero B,* Jose Mari Goenaga usó muchas de las técnicas creadas por Hitchcock. La música, los sonidos y las luces cobran singular importancia en el cortometraje, ya que ayudan a crear un ambiente opresivo y angustiante. El diálogo queda relegado a segundo plano, y el argumento se sostiene con las imágenes y las pistas que el director revela poco a poco.

Si bien el público tiene acceso al punto de vista de los dos protagonistas, nada es lo que parece. Entonces, el espectador es testigo de confusiones, traiciones a la confianza, escapes y persecuciones que no llega a comprender del todo y que lo mantienen permanentemente en vilo°.

 Practice more at **vhlcentral.com.**

contundente *categorical* **en vilo** *on the edge of their seat*

ANTESALA

Antes de mirar la película, conversa con un(a) compañero/a sobre los siguientes temas.

1. Aprende y practica el vocabulario del cortometraje en vhlcentral.com.
2. ¿Puedes adivinar de qué se trata el cortometraje a partir del título *Tercero B*?
3. ¿Qué opinas de los encuentros casuales? ¿Se puede confiar en desconocidos que parecen amables o es preferible tener cuidado?
4. ¿Estás de acuerdo con la expresión "la primera impresión es lo que cuenta"? ¿Por qué?
5. ¿Piensas que realmente conocemos a las personas que están a nuestro alrededor, como vecinos, compañeros de trabajo, etc.?
6. ¿Piensas que nuestra casa es una extensión de nosotros mismos y que su decoración refleja nuestra personalidad?
7. ¿Crees que toda culpa merece castigo? ¿Sucede eso en el mundo real o a veces los culpables logran burlar la justicia?

Mira la película

Parte 1

00:00
09:17

Parte 2

09:18
FIN

TÉCNICA CINEMATOGRÁFICA

El *thriller* Las películas se pueden clasificar en diferentes géneros: hay cine de ciencia ficción, de acción, de horror, etc. Uno de los géneros más conocidos e interesantes es el *thriller.* Los *thrillers* se caracterizan por tener enormes dosis de suspenso; provocan ansiedad, nervios y hasta temor en los espectadores. Por lo general, se desarrollan en ambientes siniestros y sus

Irene se acerca al desconocido

Guía para la comprensión

En la primera parte conocerás a Irene, la protagonista, y a los otros dos personajes. Cada tres minutos, detén el cortometraje y anota lo que opinas de cada uno. Es posible que tus primeras impresiones no sean las definitivas.

	del principio al minuto 3	del minuto 3 al 6	del minuto 6 al 9
Irene			
El hombre			
La madre de Irene			

Preguntas

1. ¿Por qué Irene le deja su bolso a un desconocido?
2. ¿Cómo reacciona la madre de Irene al escuchar lo ocurrido?
3. ¿Por qué Irene dice que no pagará el cambio de cerradura?
4. ¿Qué le explica el desconocido de la playa a Irene cuando la llama por teléfono?
5. ¿De quién es la billetera que Irene lleva al café?
6. ¿Cómo se siente Irene mientras espera al desconocido?
7. ¿Por qué Irene vuelve corriendo a su casa?
8. ¿Cuál es la reacción de Irene cuando ve a su madre?

Irene... ¿se defiende?

Guía para la comprensión

En la segunda parte, vemos la historia desde el punto de vista del hombre. Anota cada una de sus acciones.

Ejemplo:

1. Se lleva el bolso cuando nadie lo ve.
2. ...
3. ...

1. ¿Cómo sabe el hombre dónde vive Irene?
2. ¿Por qué se acerca a la puerta del edificio pero no entra?
3. ¿Cómo es la casa de Irene?
4. ¿Tienen dinero Irene y su madre?
5. ¿Qué hace el hombre cuando se da cuenta de que hay alguien más en la casa?
6. ¿Por qué el desconocido dice “Aquí no ha pasado nada”?
7. ¿Le cree Irene?

personajes se convierten en individuos peligrosos y atemorizantes. A partir de este género surgieron diferentes subgéneros, como el *thriller* psicológico. En este tipo de películas, el criminal sufre de algún tipo de trastorno psicológico que lo obliga a comportarse de determinada manera. Uno de los íconos del género es *Psycho*, la obra maestra dirigida por Alfred Hitchcock en 1960.

Cuando mires *Tercero B,* intenta prestar atención al ambiente que se crea a partir de la escenografía, la música, la iluminación y la caracterización de los personajes.

¿Has visto algún *thriller*? ¿Y algún *thriller* psicológico? ¿Cuál crees que es el mayor atractivo de este tipo de películas? ¿Qué suele ocurrir con los criminales que protagonizan estas películas?

Piénsalo

1. Emparejar **Relaciona los sucesos y objetos que aparecen en *Tercero B* con los personajes. Ten en cuenta que algunos pueden emparejarse con más de un personaje.**

_____ 1. No tiene dinero.
_____ 2. Soporta maltratos.
_____ 3. Cerveza
_____ 4. Rastas (*Dreadlocks*)
_____ 5. Antifaz
_____ 6. Malhumor
_____ 7. Miente.
_____ 8. Aparentemente amable
_____ 9. Quiere escapar.
_____ 10. Malas apariencias

a. Irene
b. Desconocido
c. Madre
d. Muchachos de la playa

2. Comprensión **Contesta las siguientes preguntas con oraciones completas.**

1. ¿Qué va a hacer Irene a la playa?
2. ¿Por qué Irene no quiere dejar la ropa y el bolso sin vigilancia?
3. ¿Qué hace el desconocido cuando Irene se va a nadar?
4. ¿Qué le dice Irene a su madre cuando regresa a su casa?
5. Según la madre, ¿por qué Irene no tiene dinero? ¿Le da la razón su hija?
6. Cuando el desconocido llama por teléfono a Irene, ¿le miente o le dice la verdad?
7. ¿Qué planea hacer el hombre?
8. ¿Qué descubre el intruso?
9. ¿Qué intenta hacer el desconocido cuando ve lo que sucede en la casa? ¿Lo logra?

3. Son como son **No sabemos muy bien qué ni cómo piensan los personajes de *Tercero B*, pero la película nos proporciona algunas pistas. Con un(a) compañero/a, contesta las siguientes preguntas sobre sus motivaciones. Hay más de una respuesta posible.**

1. ¿El hombre ya tenía planeado cometer un delito antes de ir a la playa? ¿Por qué?
2. ¿Por qué la madre le dice a Irene que es una inútil?
3. ¿Por qué Irene le dice al hombre que vive sola?
4. ¿Por qué Irene está tan feliz en el café?
5. ¿Por qué Irene continúa atacando al desconocido cuando él le promete guardar su secreto?

4. **Técnica cinematográfica** Los *thrillers* crean suspenso y nos transportan a situaciones incómodas y peligrosas. Con dos compañeros/as, comenta los siguientes temas de *Tercero B*.

- la caracterización de los personajes
- los sonidos y la música
- el ambiente de la casa
- la manera en que se desenvuelve la historia

5. **La psicología de los personajes y del espectador** Con tres compañeros/as, justifica o critica las siguientes opiniones sobre el cortometraje *Tercero B* y sobre los espectadores.

Tercero B demuestra que...

- el egoísmo de los padres puede afectar a los hijos.
- las apariencias engañan.
- las películas nos hacen sentir empatía por los criminales.
- a nadie le agrada ver una película de final abierto.

TALLER DE ESCRITURA

1. **La psicología de Irene** Aunque no sabemos lo que Irene siente, podemos adivinarlo a partir de sus gestos y acciones. Escribe un ensayo de no menos de una página desde el punto de vista de Irene, describiendo cada una de sus emociones a lo largo del cortometraje. Sigue estos pasos.

   1. *Imagina por qué Irene quiso ir a la playa.*
   2. *Comenta cómo se sintió al regresar y hablar con su madre.*
   3. *Explica qué le provocó la llamada del desconocido.*
   4. *Imagina qué esperaba ella que pasara en el encuentro en el café.*
   5. *Detalla lo que sintió al descubrir que el hombre era un ladrón.*

2. **El fin de la pelea** Imagina que al final de la película aparece un policía que debe elaborar un informe a partir de lo que ve. Elige una de las siguientes opciones y describe en una página el final del cortometraje.

   El policía...

   - *encuentra al ladrón muerto y a Irene con las tijeras ensangrentadas en la mano.*
   - *encuentra a Irene muerta y al ladrón intentando escapar.*
   - *interrumpe la pelea entre Irene y el ladrón.*

SOBRE LA AUTORA

Emilia Pardo Bazán, nació en La Coruña, España, el 16 de septiembre de 1851. Hija de los condes de Pardo Bazán, recibió una excelente educación y desde muy joven demostró un enorme interés por la literatura. De hecho, escribió sus primeros poemas a la temprana edad de nueve años y, a los quince, su primer cuento. A lo largo de su vida, recorrió varios países europeos y plasmó° sus impresiones en numerosos escritos. También se interesó por el teatro, la crítica literaria y el ensayo. Sin embargo, fue su trayectoria como novelista la que le otorgó° su gran fama y prestigio dentro del mundo de las letras. Entre sus novelas, en las que se percibe una fuerte influencia naturalista, se destacan *La tribuna* (1883), *Los pazos de Ulloa* (1886) y *La madre naturaleza* (1887).

Pardo Bazán también colaboró en diferentes publicaciones con artículos de opinión, cuentos y crónicas de viajes. En 1890 creó la revista *Nuevo Teatro Crítico* y, poco después, fundó y dirigió la Biblioteca de la Mujer. Sus más de quinientas obras anticiparon lo que es hoy el movimiento feminista. Siempre consciente del sexismo imperante en los círculos intelectuales, Pardo Bazán se dedicó incansablemente a defender los derechos y las libertades de la mujer. Gracias a su éxito y popularidad, recibió innumerables felicitaciones, pero también muchas críticas. Murió el 12 de mayo de 1921.

plasmó *expresó* **otorgó** *bestowed*

El revólver

Fecha de publicación: 1905
País: España
Género: cuento
Personajes: El narrador, Flora, Reinaldo

TÉCNICA LITERARIA

El *flashback*

El *flashback* o "escena retrospectiva" es una técnica literaria que permite rememorar situaciones pasadas a partir de una acción que ocurre en el momento en el que se desarrolla la historia. El narrador, u otro personaje, evoca desde el presente una escena que tuvo lugar en el pasado, a menudo con lujo de detalles.

El uso de esta técnica es muy frecuente en todo tipo de obras narrativas y cinematográficas, ya que sirve para explicar qué hizo que el personaje en cuestión se encuentre en la situación actual. Un claro ejemplo es el cuento *El revólver,* de Emilia Pardo Bazán: la protagonista describe sus experiencias pasadas a una persona que acaba de conocer.

- ¿Conoces alguna obra literaria famosa por el uso de *flashbacks*?
- ¿Piensas que una narración tendría la misma intensidad sin el uso de esa técnica? ¿Por qué?

CONTEXTO CULTURAL

El naturalismo

A lo largo del siglo XIX, surgieron varios movimientos literarios en el ámbito cultural español. Entre los más importantes figuran el realismo y el naturalismo. El primero se centraba en la realidad de la época, buscaba la verosimilitud de las obras literarias e intentaba apartarse del romanticismo, caracterizado por la exaltación de lo fantástico y del pasado histórico.

El naturalismo, en cambio, profundizaba en los aspectos más tristes y miserables de la naturaleza humana. Al escribir, los naturalistas se basaban en conceptos científicos sobre el desarrollo del individuo en su entorno, como la evolución natural darwiniana o la herencia genética. También deseaban destacar la influencia de las pasiones y de los instintos en la conducta de los seres humanos. A su vez, se apartaron del idealismo de la fe católica y mostraron una visión materialista y racional de Dios y del universo. Lógicamente, todos estos conceptos polémicos generaron un gran revuelo entre los sectores sociales más conservadores de la época.

El revólver es un cuento claramente naturalista. El texto pone de manifiesto aspectos oscuros de la naturaleza humana, como los celos. Además, el narrador no sólo usa terminología médica en sus descripciones, sino que busca una explicación racional al estado actual de la protagonista.

El escritor francés Émile Zola, principal representante del naturalismo

 Practice more at **vhlcentral.com.**

ANTESALA

Antes de iniciar la lectura, completa estas actividades para lograr una mejor comprensión.

1. Aprende y practica el vocabulario del cuento en vhlcentral.com.
2. ¿Cuáles son las principales diferencias entre el romanticismo y el realismo? ¿Qué diferencia el naturalismo de otras corrientes literarias realistas? ¿Qué temas e ideas suelen abordarse en las obras del naturalismo literario? ¿Por qué esa corriente generó tanta crítica en la sociedad?
3. Emilia Pardo Bazán fue una ferviente católica. Además, aunque parezca contradictorio, introdujo el naturalismo literario en la España ultraconservadora del siglo XIX. En grupos, conversen sobre estos temas.
   - ¿Qué debe ser más importante para el artista: su obra o sus creencias religiosas? ¿Pueden compaginarse (*go together*)?
   - ¿Cómo afectó el concepto de la supervivencia del más apto (*survival of the fittest*) a la visión de la jerarquía social del siglo XIX?
   - ¿Por qué las pasiones y los instintos hacen más verosímiles las obras literarias? ¿Con qué personaje se sentiría más identificado el lector del siglo XIX: con un caballero medieval o con una persona humilde? ¿Por qué?

EL revólver

Emilia Pardo Bazán

EN UN ACCESO DE CONFIANZA, DE ESOS QUE PROVOCA LA familiaridad y convivencia de los balnearios, la enferma del corazón me refirió su mal, con todos los detalles de sofocaciones, violentas palpitaciones, vértigos, síncopes, colapsos, en que se ve llegar la última hora... Mientras hablaba, la miraba yo atentamente. Era una mujer como de treinta y cinco a treinta y seis años, estropeada por el padecimiento; al menos tal creí, aunque, prolongado el examen, empecé a suponer que hubiese algo más allá de lo físico en su ruina. Hablaba y se expresaba, en efecto, como quien ha sufrido mucho, y yo sé que los males del cuerpo, generalmente, cuando no son de inminente gravedad, no bastan para producir ese marasmo°, ese radical abatimiento. Y notando cómo las anchas hojas de los plátanos, tocadas de carmín por la mano artística del otoño, caían a tierra majestuosamente y quedaban extendidas cual manos cortadas, le hice observar, para arrancar confidencias, lo pasajero de todo, la melancolía del tránsito de las cosas...

wasting

—Nada es nada —me contestó, comprendiendo instantáneamente que, no una curiosidad, sino una compasión, llamaba a las puertas de su espíritu—. Nada es nada..., a no ser que nosotros mismos convirtamos ese nada en algo. Ojalá lo viésemos todo, siempre, con el sentimiento ligero, aunque triste, que nos produce la caída de ese follaje sobre la arena.

El encendimiento enfermo de sus mejillas se avivó, y entonces me di cuenta de que habría sido muy hermosa, aunque estuviese su hermosura borrada y barrida, lo mismo que las cintas de un cuadro fino, al cual se le pasa el algodón impregnado° de alcohol. Su pelo rubio y sedeño mostraba rastros de ceniza, canas precoces... Sus facciones habíanse marchitado; la tez°, sobre todo, revelaba esas alteraciones de la sangre que son envenenamientos lentos, descomposiciones del organismo. Los ojos, de un azul amante, con vetas negras, debieron de atraer en otro tiempo; pero ahora, los afeaba algo peor que los años: una especie de extravío, que por momentos les prestaba relucir de locura.

soaked

skin

Callábamos; pero mi modo de contemplarla decía tan expresivamente mi piedad, que ella, suspirando por ensanchar° un poco el siempre oprimido pecho, se decidió, y no sin detenerse de cuando en cuando a respirar y rehacerse, me contó la extraña historia.

to widen

Normalmente, ¿qué sentimientos despiertan los enfermos en nosotros?

No tardé, sin embargo, en comprender el origen de su transformación: en Reinaldo se habían desarrollado los celos, unos celos violentos...

—Me casé muy enamorada... Mi marido era entrado en edad respecto a mí; frisaba en° los cuarenta, y yo sólo contaba diecinueve. Mi genio era alegre, animadísimo; conservaba carácter de chiquilla, y los momentos en que él no estaba en casa, los dedicaba a cantar, a tocar el piano, a charlar y reír con las amigas que venían a verme y que me envidiaban la felicidad, la boda lucida, el esposo apasionado y la brillante situación social.

Duró esto un año —el año delicioso de la luna de miel—. Al volver la primavera, el aniversario de nuestro casamiento, empecé a notar que el carácter de Reinaldo cambiaba. Su humor era sombrío° muchas veces, y sin que yo adivinase el por qué, me hablaba duramente, tenía accesos de enojo. No tardé, sin embargo, en comprender el origen de su transformación: en Reinaldo se habían desarrollado los celos, unos celos violentos, y razonados°, sin objeto ni causa y, por lo mismo, doblemente crueles y difíciles de curar. Si salíamos juntos, se celaba de que la gente me mirase o me dijese, al paso, cualquier tontería de éstas que se les dice a las mujeres jóvenes; si salía él solo, se celaba de lo que yo quedase haciendo en casa, de las personas que venían a verme; si salía sola yo, los recelos°, las suposiciones eran todavía más infamantes°...

Si le proponía, suplicando, que nos quedásemos en casa juntos, se celaba de mi semblante entristecido, de mi supuesto aburrimiento, de mi labor, de un instante en que, pasando frente a la ventana, me ocurría esparcir la vista hacia fuera... Se celaba, sobre todo, al percibir que mi genio de pájaro, mi buen humor de chiquilla, habían desaparecido, y que muchas tardes, al encender luz se veía brillar sobre mi tez el rastro húmedo y ardiente del llanto. Privada de mis inocentes distracciones; separada ya de mis amigas, de mi parentela°, de mi propia familia, porque Reinaldo interpretaba como ardides° de traición el deseo de comunicarme y mirar otras caras que la suya, yo lloraba a menudo, y no correspondía a los transportes de pasión de Reinaldo con el dulce abandono de los primeros tiempos.

Cierto día, después de una de las amargas escenas de costumbre, mi marido me advirtió:

—Flora, yo podré ser un loco, pero no soy un necio°. Me ha enajenado° tu cariño, y aunque tal vez tú no hubieses pensado en engañarme, en lo sucesivo, sin poderlo remediar, pensarías en ello.

Ya nunca más seré para ti el amor. Las golondrinas° que se fueron no vuelven. Pero como yo te quiero, por desgracia, más cada día, y te quiero sin tranquilidad, con ansia y fiebre, te advierto que he pensado el modo de que no haya entre nosotros ni cuestiones, ni quimeras, ni lágrimas, y una vez por todas sepas cuál va a ser nuestro convenio.

Hablando así, me cogió del brazo y me llevó hacia la alcoba. Yo iba temblando; presentimientos crueles me helaban. Reinaldo abrió el cajón del mueblecito incrustado donde guardaba el tabaco, el reloj, pañuelos, y me enseñó un revólver grande, un arma siniestra.

frisaba en *was approaching*
gloomy
well-reasoned
suspicions
defamatory
extended family
tricks
stupid / deranged
swallows

II ¿En qué se parecen los celos de Reinaldo a una fiebre? ¿Puede hacer algo su esposa para conformarlo?

—Aquí tienes —me dijo— la garantía de que tu vida va a ser en lo sucesivo tranquila y dulce. No volveré a exigirte cuentas ni de cómo empleas tu tiempo, ni de tus amistades, ni de tus distracciones. Libre eres, como el aire libre. Pero el día que yo note algo que me hiera en el alma... ese día, ¡por mi madre te lo juro! sin quejas, sin escenas, sin la menor señal de que estoy disgustado, ¡ah, eso no!, me levanto de noche calladamente, cojo el arma, te la aplico a la sien° y te despiertas en la eternidad. Ya estás avisada...

sien: temple

Lo que yo estaba era desmayada, sin conocimiento. Fue preciso llamar al médico, por lo que duraba el síncope. Cuando recobré el sentido y recordé, sobrevino la convulsión. Hay que advertir que les tengo un miedo cerval° a las armas de fuego; de un casual disparo murió un hermanito mío. Mis ojos, con fijeza alocada, no se apartaban del cajón del mueble que encerraba el revólver.

tengo un miedo cerval *I am terrified*

No podía yo dudar, por el tono y el gesto de Reinaldo, que estaba dispuesto a ejecutar su amenaza, y como, además, sabía la facilidad con que se ofuscaba su imaginación, empecé a darme por muerta. En efecto, Reinaldo, cumpliendo su promesa, me dejaba completamente dueña de mí, sin dirigirme la menor censura, sin mostrar ni en el gesto que se opusiese a ninguno de mis deseos o desaprobase mis actos; pero esto mismo me espantaba, porque indicaba la fuerza y la tirantez de una voluntad que descansa en una resolución..., y víctima de un terror cada día más hondo, permanecía inmóvil, no atreviéndome a dar un paso. Siempre veía el reflejo de acero del cañón del revólver.

De noche, el insomnio me tenía con los ojos abiertos; creyendo percibir sobre la sien el metálico frío de un círculo de hierro, o, si conciliaba el sueño, despertaba sobresaltada, con palpitaciones en que parecía que el corazón iba a salírseme del pecho, porque soñaba que un estampido atroz me deshacía los huesos del cráneo y me volaba el cerebro, estrellándolo contra la pared... Y esto duró cuatro años, cuatro años en que no tuve minuto tranquilo, en que no di un paso sin recelar que ese paso provocase la tragedia.

¿Aprovecha Flora la libertad que le da su marido tras mostrarle el revólver? ¿Por qué?

—Y ¿cómo terminó esa situación tan horrible? —pregunté, para abreviar, porque la veía asfixiarse.

—Terminó... con Reinaldo, que fue despedido por un caballo y se rompió algo dentro, quedando allí mismo difunto. Entonces, sólo entonces, comprendí que le quería aún, y le lloré muy de veras, ¡aunque fue mi verdugo°, y verdugo sistemático!

verdugo: tyrant

—¿Y recogió usted el revólver para tirarlo por la ventana?

—Verá usted —murmuró ella—. Sucedió una cosa... bastante singular. Mandé al criado de Reinaldo que quitase de mi habitación el revólver, porque yo continuaba viendo en sueños el disparo y sintiendo el frío sobre la sien... Y después de cumplir la orden, el criado vino a decirme:

—Señorita, no había por qué tener miedo... Ese revólver no estaba cargado.

—¿Que no estaba cargado?

—No, señora, ni me parece que lo ha estado nunca... Como que el pobre señorito ni llegó a comprar las cápsulas. Si hasta le pregunté, a veces, si quería que me pasase por casa del armero° y las trajese, y no me respondió, y luego no se volvió a hablar más del asunto...

armero: gunsmith's

—De modo —añadió la cardiaca— que un revólver sin carga me pegó un tiro, no en la cabeza, sino en la mitad del corazón, y crea usted, que a pesar del digital y baños y todos los remedios, la bala no perdona... ■

Piénsalo

1. Cierto o falso **Indica si cada afirmación es cierta o falsa. Corrige las falsas.**

1. La protagonista del cuento sufrió mucho durante su matrimonio.
2. En su juventud, Flora era bella y alegre.
3. Reinaldo tenía la misma edad que su mujer.
4. Flora se casó con Reinaldo porque quería quedarse con su dinero.
5. Flora entristeció por los celos de su marido.
6. Reinaldo guardaba un rifle en el armario.
7. El hermano de Flora murió en un accidente de trabajo.
8. Flora no podía dormir porque temía sufrir un paro cardiaco.
9. El revólver estaba listo para disparar.
10. A pesar de todo, Flora seguía amando a su marido.

2. Comprensión **Contesta las siguientes preguntas con oraciones completas.**

1. ¿De qué manera influyó el estado de ánimo de Flora en su apariencia?
2. ¿Cuánto tiempo duró la felicidad en el matrimonio de Flora y Reinaldo?
3. ¿Por qué se ponía celoso Reinaldo cuando Flora y él salían a pasear?
4. ¿Por qué se ponía celoso cuando ella se quedaba en casa?
5. ¿Qué sentía Flora cuando pensaba en el revólver? ¿Qué le pasaba por las noches?
6. ¿Le dijo Reinaldo a su mujer que el arma estaba descargada?

3. Interpretación **Analiza los sucesos del cuento para contestar estas preguntas. Luego compara tus respuestas con las de un(a) compañero/a.**

1. ¿Para qué va a un balneario la protagonista?
2. ¿Qué relación hay entre el estado de ánimo de Flora y el medioambiente?
3. ¿Cómo influyó la diferencia de edad en el matrimonio?
4. ¿Por qué Reinaldo cambió de carácter?
5. ¿Era Reinaldo consciente de sus propios celos? ¿Cómo lo sabes?
6. ¿Por qué Reinaldo compara el amor con las golondrinas?
7. ¿Por qué crees que Flora seguía queriendo a Reinaldo a pesar de su amenaza?
8. ¿Qué fue más doloroso para Flora: haber perdido a Reinaldo o descubrir la verdad sobre el arma? ¿Por qué?
9. ¿Por qué Reinaldo nunca compró balas?

4. Técnica literaria Teniendo en cuenta el uso de escenas retrospectivas en el cuento *El revólver*, contesta las siguientes preguntas.

1. ¿Dónde están el narrador y Flora?
2. ¿Qué hacen?
3. ¿En qué momento comienza Flora a rememorar su pasado?
4. ¿A quién le está contando su historia Flora?
5. ¿Qué datos nos confirman que los hechos narrados pertenecen al pasado? Cita dos ejemplos.
6. ¿Qué tiempo verbal se utiliza en los diálogos entre Reinaldo y su esposa?
7. ¿Cuándo sabemos que la escena retrospectiva ha terminado?
8. ¿De qué forma impacta en el/la lector(a) la estructura de *flashback* de la historia?
9. ¿Sería diferente el efecto de la historia si fuera narrada linealmente? ¿Por qué?

5. Relaciones de pareja Con dos compañeros/as, analiza los siguientes temas. Justifiquen sus respuestas.

- ¿En qué punto los celos dejan de ser normales y pasan a ser un problema?
- ¿Pueden existir celos sin amor? ¿Por qué?
- ¿Qué cualidades debe tener una pareja para que funcione?
- ¿Qué factores suelen provocar las rupturas?
- ¿Qué tipo de maltrato crees que es más difícil de superar para una víctima de la violencia de género: el físico o el psicológico? ¿Por qué?

TALLER DE ESCRITURA

1. La carta de Flora Conociendo la relación enfermiza que existía entre Reinaldo y su esposa, redacta una carta que Flora podría haberle escrito a su marido si hubiese decidido abandonarlo. Detalla los motivos de su alejamiento y describe cómo deberían cambiar la actitud y el comportamiento de Reinaldo para que Flora decidiese regresar. Acuérdate de utilizar el formato de una carta, indicando la fecha y las fórmulas de saludo y de despedida.

2. Intercambio de papeles Imagina que en realidad fue Flora quien atemorizó a Reinaldo con el revólver. Escribe un diálogo cómico o dramático entre ambos sin olvidar estos puntos.

- *Los cambios que ha sufrido la relación desde que se conocieron*
- *Las cosas que ponen más celosa a Flora*
- *Los casos en los que Flora estaría dispuesta a disparar el arma*
- *Los argumentos que Reinaldo usaría para disuadir a su esposa de sus propósitos*

SOBRE EL AUTOR

Javier de Viana, uno de los escritores uruguayos más destacados de fines del siglo XIX y principios del siglo XX, nació en Canelones el 5 de agosto de 1868. Pasó parte de su infancia en la estancia° de sus padres, donde pudo ver de cerca la vida rural y familiarizarse con la idiosincrasia del hombre de campo. Luego se estableció en Montevideo para continuar con sus estudios.

En ese entonces, Uruguay estaba convulsionado por revoluciones y enfrentamientos entre Blancos (con respaldo rural) y Colorados (con respaldo urbano). Desde muy joven, de Viana mostró un gran interés por la política. Mientras estudiaba medicina en la universidad, participó en la Revolución del Quebracho (1886), sobre la que escribió una serie de crónicas. En 1891 abandonó sus estudios para dedicarse plenamente a la literatura y al periodismo. En esa época colaboró con varios periódicos y revistas, comenzó a destacarse como cuentista y publicó las novelas *Gaucha* (1899) y *Gurí* (1901).

Tras haber participado en la revolución de 1904, se vio forzado a exiliarse en Argentina por temor a represalias gubernamentales. Trabajó para varias publicaciones de ese país y editó algunos libros de cuentos: *Macachines* (1910), donde incluyó la narración *La Tísica, Leña seca* (1911) y *Yuyos* (1912). En 1918 regresó a Uruguay, donde murió pocos años después. A pesar de su agitada vida, si por algo de Viana será siempre recordado es por la verosimilitud y brillantez de sus cuentos.

estancia *ranch*

La Tísica

Fecha de publicación: 1910
País: Uruguay
Género: cuento
Colección: Macachines
Personajes: La Tísica, el médico, el peón

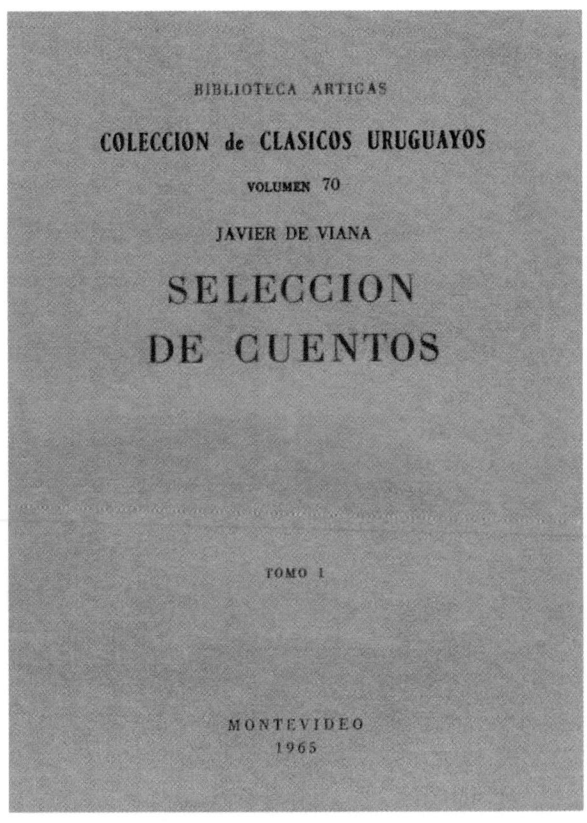
BIBLIOTECA ARTIGAS

COLECCION de CLASICOS URUGUAYOS

VOLUMEN 70

JAVIER DE VIANA

SELECCION DE CUENTOS

TOMO I

MONTEVIDEO
1965

TÉCNICA LITERARIA

El giro argumental

El giro argumental es una técnica muy utilizada en la literatura. A menudo, una historia aparentemente convencional nos sorprende con un vuelco (*twist*) totalmente inesperado. Si ese cambio se produce al final del relato, el impacto es aún mayor.

En el cuento *La Tísica,* por ejemplo, el autor proporciona pistas acerca de lo que va a ocurrir. Sin embargo, al final el giro argumental rompe con el ritmo de la historia. Un buen ejercicio para comprender esta técnica consiste en releer el texto una vez que se conoce el desenlace. De esta manera, se pueden apreciar los detalles premonitorios.

Contesta las siguientes preguntas.

- ¿De qué manera afecta el giro argumental al lector? ¿Qué puede ocurrir si un autor hace un uso excesivo de esta técnica?
- ¿Puedes dar ejemplos de obras literarias o cinematográficas en las que haya giros argumentales?

CONTEXTO HISTÓRICO

El modernismo y el naturalismo en la obra de Javier de Viana

A fines del siglo XIX y principios del siglo XX, Latinoamérica se modernizó: hubo importantes avances tecnológicos y mejoraron las comunicaciones. Durante ese periodo, convergieron varios movimientos literarios que ejercieron una profunda influencia en la obra de Javier de Viana.

Este escritor uruguayo, que formó parte de la llamada "Generación del 900", intentó romper con el romanticismo imperante° hasta la segunda mitad del siglo XIX. En un principio, mostró interés por un movimiento de origen europeo que se consolidó en Latinoamérica en la primera mitad del siglo XX: el modernismo. Durante su etapa modernista, de Viana publicó el libro de cuentos *Campo,* y las novelas *Gaucha* y *Gurí*. Sin embargo, pronto se alejó de esa corriente y desarrolló un estilo naturalista, mucho más afín° a sus ideas políticas.

En todas sus historias, de Viana creó descripciones esenciales y contundentes de los personajes y del entorno, y elaboró diálogos breves y concisos muy similares a los de la lengua hablada. Uno de los relatos más característicos de su etapa naturalista es el cuento *La Tísica*. En su narración, el autor incluye vocabulario médico, describe conductas humanas miserables e intenta racionalizar lo ocurrido.

El escritor español Benito Pérez Galdós, figura clave del naturalismo

 Practice more at **vhlcentral.com.**

imperante *prevailing* **afín** *related*

ANTESALA

Antes de iniciar la lectura, completa estas actividades para lograr una mejor comprensión.

1. Aprende y practica el vocabulario del cuento en vhlcentral.com.
2. Con un(a) compañero/a, conversa sobre los siguientes temas
   - ¿Alguna vez has visto a alguien burlarse o aprovecharse de una persona más débil? ¿Cómo te sentiste? ¿Cómo crees que se sentía la víctima? ¿De qué manera reaccionarías si le pasara eso a una persona muy cercana a ti?
   - ¿Alguna vez has creído conocer a una persona y después te ha sorprendido su verdadera forma de ser? ¿Por qué una persona podría querer ocultar su verdadera naturaleza? ¿Te parece que es correcto hacerlo bajo determinadas circunstancias? ¿Cuáles? Justifica tus respuestas.
   - Sócrates y Rousseau consideraban que "el hombre es bueno por naturaleza". Thomas Hobbes, en cambio, opinaba que "el hombre es un lobo para el hombre". ¿Cuál de las dos descripciones te parece más acertada? ¿Crees que las personas son buenas o malas desde su nacimiento, o que el ambiente puede influir de manera decisiva en el desarrollo de la personalidad? Da ejemplos.

Juan B. Verás (Roberto Verás), *Rostro de mujer,* 2009 ►

LA TÍSICA

Javier de Viana

YO LA QUERÍA, LA QUERÍA MUCHO A MI PRINCESITA GAUCHA, de rostro color de trigo, de ojos color de pena, de labios color de pitanga marchita°.

Tenía una cara pequeña, pequeña y afilada como la de un cuzco°; era toda pequeña y humilde. Bajo el batón de percal, su cuerpo de virgen apenas acusaba curvas ligerísimas: un pobre cuerpo de chicuela° anémica. Sus pies aparecían diminutos, aun dentro de las burdas alpargatas°; sus manos desaparecían en el exceso de manga de la tosca° camiseta de algodón.

A veces, cuando se levantaba a ordeñar°, en las madrugadas crudas, tosía. Sobre todo, tosía cuando se enojaba haciendo inútiles esfuerzos para separar de la ubre el ternero grande, en el "apoyo°". Era la tisis° que andaba rondando sobre sus pulmoncitos indefensos. Todavía no era tísica. Médico yo, lo había constatado.

Hablaba raras veces y con una voz extremadamente dulce. Los peones no le dirigían la palabra sino para ofenderla y empurpurarla° con alguna obscenidad repulsiva. Los patrones mismos —buenas gentes, sin embargo— la estimaban poco, considerándola máquina animal de escaso rendimiento.

Para todos era "La Tísica".

Era linda, pero su belleza enfermiza, sin los atributos incitantes de la mujer, no despertaba codicias. Y las gentes de la estancia, brutales, casi la odiaban por eso: el yaribá, el caraguatá, todas esas plantas que dan frutos incomestibles, estaban en su caso.

Ella conocía tal inquina° y, lejos de ofenderse, pagaba con un jarro de "apoyo" a quien más cruelmente la había herido. Ante los insultos y las ofensas no tenía más venganza que la mirada tristísima de sus ojos, muy grandes, de pupilas muy negras, nadando en unas córneas de un blanco azulado que le servían de marco admirable. Jamás había una lágrima en esos ojos que parecían llorar siempre.

pitanga marchita *withered Surinam cherry plant*
little dog
little kid
burdas alpargatas *coarse espadrilles*
coarse
to milk
flow of milk / tuberculosis
to make her blush
ill will

¿Por qué razones, según el narrador, todos odian a la Tísica? ¿Qué elementos de la lectura nos indican que el narrador le tiene lástima?

La Tísica se parece al camaleón: es el animal más chiquito y más peligroso.

Exponiéndose a un rezongo° de la patrona, ella apartaba la olla del fuego para que calentase una caldera para el mate amargo el peón recién venido del campo; o distraía brasas° al asado a fin de que otro tostase un choclo°… ¡Y no la querían los peones!

rezongo: telling-off; brasas: embers; choclo: corn

—La Tísica tiene más veneno que un alacrán —oí decir a uno.

Y a otro que salía envolviendo en el poncho el primer pan del amasijo, que ella le había alcanzado a hurtadillas:

—La Tísica se parece al camaleón: es el animal más chiquito y más peligroso.

A estas injusticias de los hombres se unían otras injusticias del destino para amargar la existencia de la pobre chicuela. Llevada de su buen corazón, recogía pichones de "benteveo" y de "pirincho" y hasta "horneros" a quienes los chicos habían destruido sus palacios de barro. Con santa paciencia los atendía en sus escasos momentos de ocio; y todos los pájaros morían, más tarde o más temprano, no se sabe por qué extraño maleficio.

¿Qué le hace pensar al doctor que todo lo que le sucede a la Tísica son "injusticias"?

Cuidaba los corderos guachos° que crecían, engordaban y se presentaban rozagantes° para aparecer una mañana muertos, la panza hinchada°, las patas rígidas.

guachos: abandoned; rozagantes: healthy; hinchada: swollen

Una vez pude presenciar esta escena.

Anochecía. Se había carneado tarde. Media res de capón asábase apresuradamente al calor de una leña verde que se "emperraba" sin hacer brasas. Llega un peón:

—¡Hágame un lugarcito para la caldera!

—¿Pero no ve que no hay fuego?

—¡Un pedacito!

—¡Bueno, traiga, aunque después me llueva un aguacero° de retos de la patrona!

aguacero: downpour

Se sacrifican algunos tizones°. El agua comienza a hervir en la pava°. La Tísica, tosiendo, ahogada por el humo de la leña verde, se inclina para cogerla. El peón la detiene.

tizones: charred sticks; pava: kettle

—Deje —dice—, no se acerque.

—¿No me acerque? … ¿por qué, Sebastián? —balbucea la infeliz, lagrimeando.

—Porque… sabe… para ofensa no es… pero… ¡le tengo miedo cuando se arrima!

—¿Me tiene miedo a mí? …

—¡Más miedo que al cielo cuando refucila°! …

refucila: flashes

El peón tomó la caldera y se fue sin volver la vista. Yo entré en ese momento y vi a la chicuela muy afanada° en el cuidado del costillar°, el rostro inmutable, siempre la misma palidez en sus mejillas, siempre idéntica tristeza en sus enormes ojos negros, pero sin una lágrima, sin otra manifestación de pena que la que diariamente reflejaba su semblante°.

afanada: intent on; costillar: side of beef; semblante: countenance

—¿La hacen sufrir mucho, mi princesita? —dije por decir algo y tratando de ocultar mi indignación.

Ella rió, con una risa incolora, fría, mala, a fuerza de ser buena, y dijo con incomparable dulzura:

—No, señor. Ellos son así, pero son buenos... Y después... para mí to...

Un acceso de tos le cortó la palabra.

Yo no pude contenerme. Corrí. La sostuve en mis brazos entre los cuales se estremecía su cuerpecito, mientras sus ojos, sus ojos de crepúsculo de invierno, sus ojos áridos inmensamente negros, se fijaban en los míos con extraña expresión, con una expresión que no era de agradecimiento, ni de simpatía, ni de cariño. Aquella mirada me desconcertó por completo. Era la misma mirada, la misma, de una víbora° de la Cruz con la cual, en circunstancia inolvidable, me encontré frente a frente cierta vez.

snake

Helado de espanto, abrí los brazos. Y antes que me arrepintiese de mi acción cobarde, cuando creía ver a la Tísica tumbada, falta de mi apoyo, la contemplé muy firme, muy segura, arrimando tranquilamente brasas al asado, siempre pálida, siempre serena, la misma tristeza resignada en el fondo de sus pupilas sombrías.

¿Cuál es el motivo de la turbación del médico tras intentar consolar a la Tísica? ¿Cómo reacciona ella?

Turbado en extremo, sin saber qué hacer, sin saber qué decir, abandoné la cocina, salí al patio y en el patio encontré al peón de la caldera que me dijo respetuosamente:

—Vaya con cuidado, doctor. Yo le tengo mucho miedo a las víboras; pero, caso obligado, preferiría acostarme a dormir con una víbora crucera y no con la Tísica.

... sus ojos áridos inmensamente negros, se fijaban en los míos con extraña expresión, con una expresión que no era de agradecimiento...

Intrigado e indignado a un tiempo lo tomé por un brazo, lo zamarreé° gritando:

shook

—¿Qué sabe usted?

Él, muy tranquilo, me respondió:

—No sé nada. Nadie sabe nada. Colijo°.

I guess

—¡Pero es una infamia presumir de ese modo! —respondí con violencia—. ¿Qué ha hecho esta pobre muchacha para que la traten así, para que la supongan capaz de malas acciones, cuando toda ella es bondad, cuando no hace otra cosa que pagar con bondades las ofensas que ustedes le infieren a diario?

—Oiga, don... Decir una cosa de la Tísica, yo no puedo decir. Tampoco puedo decir que el camaleón mata picando, porque no lo he visto picar a nadie... Puede ser, puede ser, pero le tengo miedo... Y a la Tísica es lo mismo... Yo le tengo miedo, todos le tenemos miedo... Mire, doctor: a esos bichos chiquitos como el alacrán, como la mosca mala, hay que tenerles miedo...

Calló el paisano°. Yo nada repliqué.

peasant

Pocos días después partí de la estancia y al cabo de cuatro o cinco meses leí de un diario este breve despacho telegráfico:

"En la estancia X... han perecido, envenenados con pasteles que contenían arsénico, el dueño Z..., su esposa, su hija, el capataz° y toda la servidumbre, excepto una peona° conocida por el sobrenombre de la Tísica." ■

foreman

farm worker

Piénsalo

1. Cierto o falso Indica si cada afirmación es cierta o falsa. Corrige las falsas.

1. La Tísica es una mujer grande y fuerte.
2. Todos los personajes de la historia quieren a la Tísica.
3. El médico siente pena por la Tísica.
4. La protagonista está enferma.
5. La protagonista nunca permite a los otros personajes usar el fuego de la caldera.
6. La Tísica llora todo el tiempo.
7. El peón que aparece mencionado en el relato le tiene miedo a la Tísica.
8. El médico piensa que no es justo que a la Tísica se le trate tan mal.
9. A la Tísica se le compara con un camaleón.
10. El médico muere envenenado al final de la historia.

2. Comprensión Contesta las siguientes preguntas con oraciones completas.

1. ¿Qué personaje narra la historia?
2. ¿Cómo es la Tísica físicamente? ¿Cómo es su comportamiento?
3. ¿Cuál es la ocupación de la Tísica?
4. ¿Cómo tratan los peones a la Tísica?
5. ¿Por qué los patrones no quieren mucho a la Tísica?
6. ¿Qué sucede con todos los animales a los que cuida la Tísica?
7. ¿Por qué el peón no permite que la Tísica retire su pava del fuego?
8. Según el médico, ¿a qué se parecía la mirada de la Tísica?
9. ¿Qué noticia sorprendente lee el médico en el periódico al final del relato?

3. Interpretación Con un(a) compañero/a, analiza las siguientes preguntas y constesta con oraciones completas.

1. ¿Por qué la protagonista es conocida por el sobrenombre de la Tísica? ¿Qué crees que busca el autor al no mencionar en ningún momento el verdadero nombre de la muchacha?
2. En el cuento, el médico trata a la protagonista como si fuera buena e inocente, pero los otros personajes la tratan mal y le tienen miedo. ¿Quién crees que tiene razón? Justifica tu respuesta.
3. ¿Es una coincidencia que el médico compare la mirada de la Tísica con la mirada de una víbora crucera? ¿Por qué se compara también a la muchacha con un camaleón y con una mosca mala? Justifica tu respuesta.
4. ¿Por qué crees que los pájaros heridos y los corderos huérfanos que cuida la Tísica siempre se mueren? ¿Están relacionadas estas muertes con las muertes del final del relato?
5. A la Tísica no parecen afectarle los comentarios de la gente. ¿Crees que esto es realmente así? ¿Por qué motivo la Tísica es la única superviviente del envenenamiento? Justifica tu respuesta.

4. Técnica literaria Con un(a) compañero/a, contesta las siguientes preguntas.

1. ¿En el cuento hay señales de que se producirá un cambio radical en el argumento? Identifica en el texto esos elementos premonitorios.
2. El cuento está narrado desde la perspectiva del médico. ¿Qué aporta a la historia este punto de vista?
3. Identifica el momento exacto en el que se produce el giro argumental. Justifica tu respuesta. ¿Cómo crees que habría continuado la historia sin ese giro argumental?
4. Todos los personajes, menos el médico, piensan que algo malo está por ocurrir con relación a la Tísica. ¿De qué manera influye esto en el giro argumental?
5. Si hubiéramos sabido con certeza desde el principio que la Tísica era mala, ¿crees que la reacción de los personajes habría sido igual? ¿Y la del lector?

5. Opiniones Con dos compañeros/as, contesta las siguientes preguntas justificando cada respuesta.

1. Si fueras el médico, ¿habrías actuado del mismo modo con la Tísica? ¿Crees que el hecho de que el médico también rechazara a la muchacha tiene que ver con el desenlace de la historia?
2. ¿Crees que la Tísica era malvada por naturaleza? ¿O la realidad es que los malos tratos de los peones la empujan a cometer el acto del final de la obra?
3. ¿Cuál habría sido la mejor manera de mejorar la relación de la Tísica con su entorno? Comenta posibles alternativas (violencia, diálogo, etc.) para solucionar el conflicto existente en la obra.
4. Si la obra transcurriera en la ciudad y no en el campo, ¿se habría desarrollado de la misma manera? ¿Cambiaría la relación entre los personajes? ¿Cómo? ¿Qué efecto tendría en el desenlace de la historia?

TALLER DE ESCRITURA

1. **El reportaje** Imagina que eres un periodista que está investigando el caso de *La Tísica.* El periódico para el que trabajas te pide que escribas un artículo en el que detalles qué ocurrió, cómo ocurrió, dónde ocurrió, cuáles fueron las causas que precipitaron los acontecimientos y cuáles fueron las consecuecias para cada uno de los implicados en el asunto. Recuerda utilizar un lenguaje formal y herramientas como el estilo indirecto y las descripciones para hacer que tu reportaje sea lo más completo posible.

2. **Versiones opuestas** Imagina que después de los envenenamientos, dos vecinos del pueblo se pusieron a hablar sobre el tema. Uno opinaba que la Tísica había envenado a todo el mundo porque era malvada y el otro, que la Tísica era demasiado inocente para haber cometido esos crímenes. Describe esta situación utilizando un lenguaje informal que explique la historia y las dos versiones de lo sucedido.

SOBRE EL AUTOR

Julio Cortázar fue uno de los escritores argentinos más influyentes del siglo XX. Sus relatos muchas veces contienen "túneles" entre diferentes espacios y tiempos y, como en *La noche boca arriba,* cuestionan la existencia de una sola realidad. Este lector voraz° y amante de la música y del cine nació en Bruselas en 1914. En 1918 se trasladó a Argentina con su familia, pero poco después su padre los abandonó y fue criado por su madre, su hermana y su abuela. De su infancia Cortázar no conservó buenos recuerdos: "sensibilidad excesiva, tristeza frecuente, asma, brazos rotos, primeros amores desesperados". Fue Jorge Luis Borges quien, en la prestigiosa revista *Sur,* dio a conocer su primer cuento, *Casa tomada,* en 1946. En 1948, el escritor se graduó de traductor público de inglés y francés, haciendo la carrera en sólo nueve meses. Semejante exigencia le produjo síntomas neuróticos. *Bestiario,* su primer libro de cuentos aparecido en 1951, funcionó como una terapia para curar sus fobias. Luego, por motivos políticos, viajó a Francia, donde vivió gran parte de su vida y trabajó como traductor en la Unesco. Sus primeros años en Europa, aunque duros, fueron muy prolíficos. Cortázar publicó libros de cuentos, como *Final del juego* (1956) e *Historias de cronopios y de famas* (1962), y también novelas, como *Los premios* (1960) y la conocida *Rayuela* (1963). *Todos los fuegos el fuego* (1966), *62/ Modelo para armar* (1968), y *Un tal Lucas* (1979) son algunas otras obras de este escritor que murió en París en 1984.

voraz *avid*

JULIO CORTÁZAR

Final del juego

ALFAGUARA

BIBLIOTECA CORTÁZAR

TÉCNICA LITERARIA

Lo fantástico

Según Cortázar, lo fantástico puede ocurrir bajo la ducha o en un autobús. A veces se abren "pequeños paréntesis" en la realidad y sentimos que algo está fuera de lugar. Entonces, las reglas de la causalidad, del tiempo o del espacio a las que estamos acostumbrados quedan suspendidas temporalmente. En sus relatos fantásticos, Cortázar suele mostrarnos el choque y la fusión de dos dimensiones lógicamente incompatibles (pesadilla y vigilia, presente y pasado, etc.). Por separado, estas dos dimensiones no presentan aspectos sobrenaturales, pero la interferencia entre ambas produce una ruptura fantástica en el universo realista del relato.

Cuando leas *La noche boca arriba,* intenta contestar estas preguntas.

- ¿Qué película o cuento del género fantástico recuerdas? ¿Qué elementos fantásticos tenía?
- ¿Alguna vez tuviste ese sentimiento de lo fantástico en lo cotidiano que describe Cortázar?

La noche boca arriba

Fecha de publicación: 1956
País: Argentina
Género:: cuento
Colección: Final del juego
Personajes: el motociclista, el moteca

CONTEXTO CULTURAL

Las guerras floridas

En *La noche boca arriba,* un indio mexicano huye de una tribu enemiga durante una guerra florida. Las guerras floridas eran un ritual azteca que, al parecer, comenzó hacia 1450. Según algunos relatos indígenas, ese año ocurrieron una serie de desgracias, como una intensa nevada, una epidemia y una larga hambruna°. Como las calamidades no cesaban, se creyó que los dioses estaban indignados con el imperio. Para apaciguar° a los dioses y evitar el fin del mundo azteca, varias ciudades se pusieron de acuerdo en organizar combates para capturar prisioneros de ambos bandos y ofrecerlos en forma de sacrificio a sus dioses. Esto se debía hacer periódicamente para que los dioses les fueran siempre favorables. Durante estas guerras floridas, en vez de matar a sus enemigos en el campo de batalla, las tribus debían capturarlos y llevarlos vivos a su capital. Allí los sacerdotes los sacrificaban sobre una de sus pirámides: los ponían boca arriba en una piedra y les quitaban el corazón (la flor más preciosa) con un puñal de piedra. Además de proveer de prisioneros para el sacrificio, las guerras floridas proporcionaban entrenamiento a los guerreros. También eran un mecanismo para lograr el ascenso social. Los guerreros que lograban volver vivos a su ciudad tras varias capturas de enemigos ganaban el respeto y la admiración de su pueblo y compañeros.

Diego Rivera, *El mundo azteca* (detalle), 1929

 Practice more at **vhlcentral.com.**

hambruna *famine* **apaciguar** *appease*

ANTESALA

Antes de iniciar la lectura, completa estas actividades para lograr una mejor comprensión.

1. Aprende y practica el vocabulario del cuento en vhlcentral.com.
2. Si te dieran a elegir en qué época vivir, ¿cuál elegirías? ¿Por qué? ¿Cómo imaginas que sería tu vida en esa otra época? ¿Qué cosas podrías vivir que no vives ahora? ¿Y qué cosas podrías padecer?
3. En grupos, conversen sobre estos temas.
   - ¿Crees que en los sueños cumplimos los deseos que no podemos satisfacer cuando estamos despiertos? ¿Recuerdas alguna pesadilla que hayas tenido? ¿Qué te parece que significan las pesadillas recurrentes?
   - ¿Alguna vez has estado en un hospital, ya sea internado/a o visitando a un paciente? ¿Qué sensaciones te produce estar en un hospital? ¿Qué olores, colores o imágenes te vienen a la mente cuando piensas en un hospital?

Enrique Chagoya, *Life is a Dream, Then You Wake Up*, 1995 ►

La noche boca arriba

Julio Cortázar

Y salían en ciertas épocas a cazar enemigos; le llamaban la guerra florida.

A MITAD DEL LARGO ZAGUÁN° DEL HOTEL PENSÓ QUE DEBÍA SER tarde y se apuró a salir a la calle y sacar la motocicleta del rincón donde el portero° de al lado le permitía guardarla. En la joyería de la esquina vio que eran las nueve menos diez; llegaría con tiempo sobrado° adonde iba. El sol se filtraba entre los altos edificios del centro, y él —porque para sí mismo, para ir pensando, no tenía nombre— montó en la máquina saboreando el paseo. La moto ronroneaba° entre sus piernas, y un viento fresco le chicoteaba° los pantalones.

Dejó pasar los ministerios (el rosa, el blanco) y la serie de comercios con brillantes vitrinas de la calle Central. Ahora entraba en la parte más agradable del trayecto, el verdadero paseo: una calle larga, bordeada de árboles, con poco tráfico y amplias villas que dejaban venir los jardines hasta las aceras°, apenas demarcadas por setos° bajos. Quizá algo distraído, pero corriendo por la derecha como correspondía, se dejó llevar por la tersura°, por la leve crispación° de ese día apenas empezado. Tal vez su involuntario relajamiento le impidió prevenir el accidente. Cuando vio que la mujer parada en la esquina se lanzaba a la calzada° a pesar de las luces verdes, ya era tarde para las soluciones fáciles. Frenó con el pie y con la

hallway / *superintendent* / *to spare* / *purred / whipped* / *sidewalks / hedges* / *smoothness / tension* / *road*

11 Generalmente, ¿cuál es el estado de ánimo de una persona al iniciar un paseo?

Como sueño era curioso porque estaba lleno de olores y él nunca soñaba olores.

mano, desviándose a la izquierda; oyó el grito de la mujer, y junto con el choque perdió la visión. Fue como dormirse de golpe°.

Volvió bruscamente del desmayo°. Cuatro o cinco hombres jóvenes lo estaban sacando de debajo de la moto. Sentía gusto a sal y sangre, le dolía una rodilla y cuando lo alzaron gritó, porque no podía soportar la presión en el brazo derecho. Voces que no parecían pertenecer a las caras suspendidas sobre él, lo alentaban con bromas y seguridades. Su único alivio fue oír la confirmación de que había estado en su derecho° al cruzar la esquina. Preguntó por la mujer, tratando de dominar la náusea que le ganaba la garganta. Mientras lo llevaban boca arriba hasta una farmacia próxima, supo que la causante del accidente no tenía más que rasguños° en las piernas. "Usté la agarró apenas, pero el golpe le hizo saltar la máquina de costado..."; Opiniones, recuerdos, despacio, éntrenlo de espaldas, así va bien y alguien con guardapolvo° dándole de beber un trago que lo alivió en la penumbra de una pequeña farmacia de barrio.

La ambulancia policial llegó a los cinco minutos, y lo subieron a una camilla° blanda donde pudo tenderse a gusto. Con toda lucidez, pero sabiendo que estaba bajo los efectos de un shock terrible, dio sus señas al policía que lo acompañaba. El brazo casi no le dolía; de una cortadura en la ceja goteaba sangre por toda la cara. Una o dos veces se lamió° los labios para beberla. Se sentía bien, era un accidente, mala suerte; unas semanas quieto y nada más. El vigilante le dijo que la motocicleta no parecía muy estropeada°. "Natural", dijo él. "Como que me la ligué encima°..." Los dos rieron y el vigilante le dio la mano al llegar al hospital y le deseó buena suerte. Ya la náusea volvía poco a poco; mientras lo llevaban en una camilla de ruedas hasta un pabellón° del fondo, pasando bajo árboles llenos de pájaros, cerró los ojos y deseó estar dormido o cloroformado. Pero lo tuvieron largo rato en una pieza con olor a hospital, llenando una ficha, quitándole la ropa y vistiéndolo con una camisa grisácea y dura. Le movían cuidadosamente el brazo, sin que le doliera. Las enfermeras bromeaban todo el tiempo, y si no hubiera sido por las contracciones del estómago se habría sentido muy bien, casi contento.

Lo llevaron a la sala de radio°, y veinte minutos después, con la placa° todavía húmeda puesta sobre el pecho como una lápida° negra, pasó a la sala de operaciones. Alguien de blanco, alto y delgado se le acercó y se puso a mirar la radiografía. Manos de mujer le acomodaban la cabeza, sintió que lo pasaban de una camilla a otra. El hombre de blanco se le acercó otra vez, sonriendo, con algo que le brillaba en la mano derecha. Le palmeó la mejilla e hizo una seña a alguien parado atrás.

Como sueño era curioso porque estaba lleno de olores y él nunca soñaba olores. Primero un olor a pantano°, ya que a la izquierda de la calzada empezaban las marismas°, los tembladerales de donde no volvía nadie.

¿Cómo se siente el motociclista tras su accidente?

de golpe *all of a sudden*
faint
había estado en su derecho *had had the right of way*
scratches
lab coat
stretcher
licked
damaged
me la ligué encima *the whole thing landed on me*
hospital building
radiology / X-ray
headstone
swamp
marshes

Pero el olor cesó, y en cambio vino una fragancia compuesta y oscura como la noche en que se movía huyendo de los aztecas. Y todo era tan natural, tenía que huir de los aztecas que andaban a caza de hombres, y su única probabilidad era la de esconderse en lo más denso de la selva, cuidando de no apartarse de la estrecha calzada que sólo ellos, los motecas, conocían.

Lo que más lo torturaba era el olor, como si aun en la absoluta aceptación del sueño algo se revelara contra eso que no era habitual, que hasta entonces no había participado del juego. "Huele a guerra", pensó, tocando instintivamente el puñal° de piedra atravesado en su ceñidor° de lana tejida. Un sonido inesperado lo hizo agacharse y quedar inmóvil, temblando. Tener miedo no era extraño, en sus sueños abundaba el miedo. Esperó, tapado por las ramas de un arbusto y la noche sin estrellas. Muy lejos, probablemente del otro lado del gran lago, debían estar ardiendo fuegos de vivac°; un resplandor rojizo teñía esa parte del cielo. El sonido no se repitió. Había sido como una rama quebrada. Tal vez un animal que escapaba como él del olor a guerra. Se enderezó despacio, venteando. No se oía nada, pero el miedo seguía allí como el olor, ese incienso dulzón de la guerra florida. Había que seguir, llegar al corazón de la selva evitando las ciénagas°. A tientas°, agachándose a cada instante para tocar el suelo más duro de la calzada, dio algunos pasos. Hubiera querido echar a correr, pero los tembladerales palpitaban a su lado. En el sendero en tinieblas°, buscó el rumbo. Entonces sintió una bocanada° del olor que más temía, y saltó desesperado hacia adelante.

No se oía nada, pero el miedo seguía allí como el olor, ese incienso dulzón de la guerra florida.

—Se va a caer de la cama —dijo el enfermo de la cama de al lado—. No brinque tanto, amigazo°.

Abrió los ojos y era de tarde, con el sol ya bajo en los ventanales de la larga sala. Mientras trataba de sonreír a su vecino, se despegó casi físicamente de la última visión de la pesadilla. El brazo, enyesado°, colgaba de un aparato con pesas y poleas. Sintió sed, como si hubiera estado corriendo kilómetros, pero no querían darle mucha agua, apenas para mojarse los labios y hacer un buche°. La fiebre lo iba ganando despacio y hubiera podido dormirse otra vez, pero saboreaba el placer de quedarse despierto, entornados° los ojos, escuchando el diálogo de los otros enfermos, respondiendo de cuando en cuando° a alguna pregunta. Vio llegar un carrito blanco que pusieron al lado de su cama, una enfermera rubia le frotó con alcohol la cara anterior del muslo°, y le clavó una gruesa aguja conectada con un tubo que subía hasta un frasco lleno de líquido opalino. Un médico joven vino con un aparato de metal y cuero que le ajustó al brazo sano para verificar alguna cosa. Caía la noche, y la fiebre lo iba arrastrando blandamente a un estado donde las cosas tenían un relieve como de gemelos de teatro°, eran reales y dulces y a la vez ligeramente repugnantes, como estar viendo una película aburrida y pensar que sin embargo en la calle es peor, y quedarse.

dagger / girdle
bivouac
swamps / **A tientas** *Feeling his way around*
darkness / blast
pal
in a plaster cast
mouthful
half-closed
de cuando en cuando *from time to time*
thigh
gemelos de teatro *opera glasses*

¿Cuáles son las dos sensaciones que predominan en la huida del moteca?

Oyó los gritos y se enderezó de un salto, puñal en mano. Como si el cielo se incendiara en el horizonte, vio antorchas moviéndose entre las ramas, muy cerca.

Vino una taza de maravilloso caldo de oro oliendo a puerro, a apio, a perejil. Un trocito de pan, más precioso que todo un banquete, se fue desmigajando poco a poco. El brazo no le dolía nada y solamente en la ceja, donde lo habían suturado°, chirriaba° a veces una punzada° caliente y rápida. Cuando los ventanales de enfrente viraron° a manchas de un azul oscuro, pensó que no iba a ser difícil dormirse. Un poco incómodo, de espaldas, pero al pasarse la lengua por los labios resecos y calientes sintió el sabor del caldo, y suspiró de felicidad, abandonándose.

stitched up / squeaked / sharp pain

viraron *turned*

Primero fue una confusión, un atraer hacia sí todas las sensaciones por un instante embotadas o confundidas. Comprendía que estaba corriendo en plena oscuridad, aunque arriba el cielo cruzado de copas de árboles era menos negro que el resto. "La calzada", pensó. "Me salí de la calzada." Sus pies se hundían en un colchón de hojas y barro, y ya no podía dar un paso sin que las ramas de los arbustos le azotaran el torso y las piernas. Jadeante°, sabiéndose acorralado° a pesar de la oscuridad y el silencio, se agachó para escuchar. Tal vez la calzada estaba cerca, con la primera luz del día iba a verla otra vez. Nada podía ayudarlo ahora a encontrarla. La mano que sin saberlo él aferraba el mango del puñal, subió como un escorpión de los pantanos hasta su cuello, donde colgaba el amuleto protector. Moviendo apenas los labios musitó° la plegaria° del maíz que trae las lunas felices, y la súplica° a la Muy Alta, a la dispensadora de los bienes motecas. Pero sentía al mismo tiempo que los tobillos se le estaban hundiendo despacio en el barro, y la espera en la oscuridad del chaparral desconocido se le hacía insoportable. La guerra florida había empezado con la luna y llevaba ya tres días y tres noches. Si conseguía refugiarse en lo profundo de la selva, abandonando la calzada mas allá de la región de las ciénagas, quizá los guerreros no le siguieran el rastro. Pensó en la cantidad de prisioneros que ya habrían hecho°. Pero la cantidad no contaba, sino el tiempo sagrado. La caza continuaría hasta que los sacerdotes dieran la señal del regreso. Todo tenía su número y su fin, y él estaba dentro del tiempo sagrado, del otro lado de los cazadores.

Panting

trapped

whispered / prayer / plea

captured

¿Por qué debe esperar el guerrero moteca para intentar huir de sus perseguidores?

Oyó los gritos y se enderezó de un salto, puñal en mano. Como si el cielo se incendiara en el horizonte, vio antorchas moviéndose entre las ramas, muy cerca. El olor a guerra era insoportable, y cuando el primer enemigo le saltó al cuello casi sintió placer en hundirle la hoja° de piedra en pleno pecho. Ya lo rodeaban las luces y los gritos alegres. Alcanzó a cortar el aire una o dos veces, y entonces una soga lo atrapó desde atrás.

blade

—Es la fiebre —dijo el de la cama de al lado—. A mí me pasaba igual cuando me operé del duodeno. Tome agua y va a ver que duerme bien.

Al lado de la noche de donde volvía la penumbra tibia de la sala le pareció deliciosa. Una lámpara violeta velaba° en lo alto de la pared del fondo como un ojo protector. Se oía toser, respirar fuerte, a veces un diálogo en voz baja. Todo era grato y seguro, sin acoso, sin... Pero no quería seguir pensando en la pesadilla. Había tantas cosas en qué entretenerse. Se puso a mirar el yeso del brazo, las poleas que tan cómodamente se lo sostenían en el aire. Le habían puesto una botella de agua mineral en la mesa de noche. Bebió del gollete°, golosamente°. Distinguía ahora las formas de la sala, las treinta camas, los armarios con vitrinas. Ya no debía tener tanta fiebre, sentía fresca la cara. La ceja le dolía apenas, como un recuerdo. Se vio otra vez saliendo del hotel, sacando la moto. ¿Quién hubiera pensado que la cosa iba a acabar así? Trataba de fijar el momento del accidente, y le dio rabia° advertir que había ahí como un hueco, un vacío que no alcanzaba a rellenar. Entre el choque y el momento en que lo habían levantado del suelo, un desmayo o lo que fuera no le dejaba ver nada. Y al mismo tiempo tenía la sensación de que ese hueco, esa nada, había durado una eternidad. No, ni siquiera tiempo, más bien como si en ese hueco él hubiera pasado a través de algo o recorrido distancias inmensas. El choque, el golpe brutal contra el pavimento. De todas maneras al salir del pozo negro había sentido casi un alivio mientras los hombres lo alzaban del suelo. Con el dolor del brazo roto, la sangre de la ceja partida, la contusión en la rodilla; con todo eso, un alivio al volver al día y sentirse sostenido y auxiliado. Y era raro. Le preguntaría alguna vez al médico de la oficina. Ahora volvía a ganarlo el sueño, a tirarlo despacio hacia abajo. La almohada era tan blanda, y en su garganta afiebrada la frescura del agua mineral. Quizá pudiera descansar de veras°, sin las malditas pesadillas. La luz violeta de la lámpara en lo alto se iba apagando poco a poco.

velaba kept watch; *gollete* bottleneck; *golosamente* avidly; **le dio rabia** *it incensed him*; **de veras** *really*

Como dormía de espaldas, no lo sorprendió la posición en que volvía a reconocerse, pero en cambio el olor a humedad, a piedra rezumante de° filtraciones, le cerró la garganta y lo obligó a comprender. Inútil abrir los ojos y mirar en todas direcciones; lo envolvía una oscuridad absoluta. Quiso enderezarse y sintió las sogas en las muñecas y los tobillos. Estaba estaqueado° en el piso, en un suelo de lajas° helado y húmedo. El frío le ganaba la espalda desnuda, las piernas. Con el mentón buscó torpemente el contacto con su amuleto, y supo que se lo habían arrancado. Ahora estaba perdido, ninguna plegaria podía salvarlo del final. Lejanamente, como filtrándose entre las piedras del calabozo, oyó los atabales° de la fiesta. Lo habían traído al teocalli°, estaba en las mazmorras° del templo a la espera de su turno.

Quiso enderezarse y sintió las sogas en las muñecas y los tobillos. Estaba estaqueado en el piso...

rezumante de *oozing with*; *estaqueado* staked; *lajas* slabs; *atabales* kettledrums; *teocalli* Aztec temple; *mazmorras* dungeons

Oyó gritar, un grito ronco que rebotaba en las paredes. Otro grito, acabando en un quejido. Era él que gritaba en las tinieblas, gritaba porque estaba vivo, todo su cuerpo se defendía con el grito de lo que iba a venir,

¿Qué recuerda el motociclista del momento del accidente y qué sensación le quedó del hecho?

¿El guerrero grita porque todavía tiene esperanzas de que lo rescaten o por otra razón?

Boca arriba, a un metro del techo de roca viva que por momentos se iluminaba con un reflejo de antorcha.

del final inevitable. Pensó en sus compañeros que llenarían otras mazmorras, y en los que ascendían ya los peldaños del sacrificio. Gritó de nuevo sofocadamente, casi no podía abrir la boca, tenía las mandíbulas agarrotadas° y a la vez como si fueran de goma y se abrieran lentamente, con un esfuerzo interminable. El chirriar de los cerrojos° lo sacudió como un látigo. Convulso, retorciéndose, luchó por zafarse de° las cuerdas que se le hundían en la carne. Su brazo derecho, el más fuerte, tiraba hasta que el dolor se hizo intolerable y hubo que ceder. Vio abrirse la doble puerta, y el olor de las antorchas le llegó antes que la luz. Apenas ceñidos con el taparrabos° de la ceremonia, los acólitos° de los sacerdotes se le acercaron mirándolo con desprecio. Las luces se reflejaban en los torsos sudados, en el pelo negro lleno de plumas. Cedieron las sogas, y en su lugar lo aferraron manos calientes, duras como el bronce; se sintió alzado, siempre boca arriba, tironeado por los cuatro acólitos que lo llevaban por el pasadizo. Los portadores de antorchas iban adelante, alumbrando vagamente el corredor de paredes mojadas y techo tan bajo que los acólitos debían agachar la cabeza. Ahora lo llevaban, lo llevaban, era el final. Boca arriba, a un metro del techo de roca viva que por momentos se iluminaba con un reflejo de antorcha. Cuando en vez del techo nacieran las estrellas y se alzara ante él° la escalinata incendiada de gritos y danzas, sería el fin. El pasadizo no acababa nunca, pero ya iba a acabar, de repente olería el aire libre lleno de estrellas, pero todavía no, andaban llevándolo sin fin en la penumbra roja, tironeándolo brutalmente, y él no quería, pero cómo impedirlo si le habían arrancado el amuleto que era su verdadero corazón, el centro de su vida.

Salió de un brinco a la noche del hospital, al alto cielo raso° dulce, a la sombra blanda que lo rodeaba. Pensó que debía haber gritado, pero sus vecinos dormían callados. En la mesa de noche, la botella de agua tenía algo de burbuja, de imagen traslúcida contra la sombra azulada de los ventanales. Jadeó buscando el alivio de los pulmones, el olvido de esas imágenes que seguían pegadas a sus párpados. Cada vez que cerraba los ojos las veía formarse instantáneamente, y se enderezaba aterrado pero gozando a la vez del saber que ahora estaba despierto, que la vigilia lo protegía, que pronto iba a amanecer, con el buen sueño profundo que se tiene a esa hora, sin imágenes, sin nada... Le costaba mantener los ojos abiertos, la modorra° era más fuerte que él. Hizo un último esfuerzo, con la mano sana esbozó un gesto hacia la botella de agua; no llegó a tomarla, sus dedos se cerraron en un vacío otra vez negro, y el pasadizo seguía interminable, roca tras roca, con súbitas fulguraciones° rojizas, y él boca arriba gimió apagadamente porque el techo iba a acabarse, subía, abriéndose como una boca de sombra, y los acólitos se enderezaban y de la altura una luna menguante° le cayó en la

¿De qué está aterrado el motociclista y qué lo hace sentirse protegido?

stiff
bolts
zafarse de *get rid of*
loincloth / altar boys
se alzara ante él *rose high above him*
cielo raso *ceiling*
drowsiness
flashes of light
waning

cara donde los ojos no querían verla, desesperadamente se cerraban y abrían buscando pasar al otro lado, descubrir de nuevo el cielo raso protector de la sala. Y cada vez que se abrían era la noche y la luna mientras lo subían por la escalinata, ahora con la cabeza colgando hacia abajo, y en lo alto estaban las hogueras, las rojas columnas de rojo perfumado, y de golpe vio la piedra roja, brillante de sangre que chorreaba, y el vaivén° de los pies del sacrificado, que arrastraban para tirarlo rodando por las escalinatas del norte. Con una última esperanza apretó los párpados, gimiendo por despertar. Durante un segundo creyó que lo lograría, porque estaba otra vez inmóvil en la cama, a salvo del balanceo cabeza abajo. Pero olía a muerte y cuando abrió los ojos vio la figura ensangrentada del sacrificador que venía hacia él con el cuchillo de piedra en la mano. Alcanzó a cerrar otra vez los párpados, aunque ahora sabía que no iba a despertarse, que estaba despierto, que el sueño maravilloso había sido el otro, absurdo como todos los sueños; un sueño en el que había andado por extrañas avenidas de una ciudad asombrosa, con luces verdes y rojas que ardían sin llama ni humo, con un enorme insecto de metal que zumbaba bajo sus piernas. En la mentira infinita de ese sueño también lo habían alzado del suelo, también alguien se le había acercado con un cuchillo en la mano, a él tendido boca arriba, a él boca arriba con los ojos cerrados entre las hogueras. ■

vaivén: swinging

... sabía que no iba a despertarse, que estaba despierto, que el sueño maravilloso había sido el otro, absurdo como todos los sueños...

1. Cierto o falso **Indica si cada afirmación es cierta o falsa. Corrige las falsas.**

1. Al principio del cuento, el protagonista sale caminando.
2. Mientras circula por la ciudad, disfruta mucho del paseo.
3. Un grupo de hombres lo rescata de debajo de la moto.
4. En el hospital lo llevan a la sala de operaciones.
5. Mientras está anestesiado, no siente ni piensa nada.
6. Le llama la atención el hecho de soñar olores.
7. En la "otra historia" lo persigue un grupo de conquistadores.
8. Es peligroso salir de la calzada durante la persecución.
9. Lo llevan a un teocalli para declararlo rey de los aztecas.
10. Al final, el hombre sólo quiere quedarse dormido.

2. Comprensión **Contesta las siguientes preguntas con oraciones completas.**

1. ¿Por qué el protagonista perdió la visión y el conocimiento en el accidente?
2. ¿Cómo lo tratan el policía y las enfermeras?
3. ¿Por qué lo persiguen en el sueño?
4. ¿Está solo en la habitación del hospital?
5. ¿Qué es la guerra florida?
6. ¿Con qué se defiende cuando lo alcanzan sus perseguidores?
7. ¿Cuánto tiempo *siente* que pasó entre el choque y el rescate?
8. ¿Cómo lo llevan hacia el sacrificio?
9. Al final del cuento, ¿cuál siente que es el verdadero sueño?

3. "Dos" personajes **Con un(a) compañero/a, identifica las características de los "dos" personajes principales del cuento y contesta las siguientes preguntas.**

A. El hombre moderno

1. ¿Dónde vive?
2. ¿Cómo se siente mientras circula por la ciudad?
3. ¿Qué temperamento tiene? ¿Es violento, tranquilo, nervioso, etc.?
4. ¿Qué opina de la comida en el hospital?
5. ¿Por qué se desespera al final del cuento?

B. El indígena moteca

1. ¿Dónde vive?
2. ¿Cómo es el lugar por el que huye?
3. ¿Es religioso o supersticioso? ¿Cómo lo manifiesta?
4. ¿Es un buen guerrero? ¿Por qué?
5. ¿Cómo enfrenta su final?

4. Técnica literaria El cuento nos presenta dos historias que parecen ocurrir simultáneamente. Con un(a) compañero/a, analiza los "paréntesis" entre las historias, es decir, los lugares donde una y otra se comunican.

1. ¿Cuántos son los hombres que alzan al motociclista? ¿Quiénes son? ¿Adónde lo llevan?
2. ¿Y en la historia del indígena moteca? ¿Adónde lo llevan?
3. ¿Qué acababa de suceder con el indígena moteca cuando el enfermo de la cama de al lado del motociclista dice "¡Se va a caer de la cama!"?
4. ¿Qué es en la otra realidad el "enorme insecto de metal que zumbaba"?
5. La historia comienza con un zaguán. ¿Hay otro túnel al final de la historia? ¿Qué puede representar el túnel?
6. ¿Qué sucede al final de una historia? ¿Y de la otra?
7. ¿Por qué "La noche boca arriba" es un buen título para ambas historias?

5. Doble vida En *La noche boca arriba* quedarse dormido hace que el personaje pase a otra realidad. Con dos compañeros/as, elige uno de estos cinco personajes que tienen dos vidas y compáralo con el personaje del cuento para contestar esta pregunta: ¿cómo se complementan o contradicen ambas vidas?

- Superman y Clark Kent
- El vampiro Drácula y el conde Drácula de Transilvania
- Dr. Jekyll y Mr. Hyde
- Batman y Bruce Wayne
- El increíble Hulk y Bruce Banner

TALLER DE ESCRITURA

1. Una noche complicada En un relato de una página, cuenta la historia de lo que sucede en el hospital desde el punto de vista de una enfermera o del enfermo que está en la cama de al lado del protagonista.

2. El sacrificio A partir de los datos que leíste en el cuento, explica en un ensayo de una página cómo era el procedimiento de los sacrificios humanos en la cultura azteca. Sigue estas preguntas como guía.

1. *¿A quién se dedicaban los sacrificios?*
2. *¿Cuándo se hacían?*
3. *¿Quién debía buscar personas para sacrificar?*
4. *¿Quiénes y cuántos eran los sacrificados?*
5. *¿Dónde se hacían los sacrificios?*
6. *¿Cómo era el edificio donde se hacían?*
7. *¿Cómo se llevaba a la víctima? ¿Quién la ejecutaba? ¿Cómo lo hacía?*

SOBRE EL AUTOR

Horacio Quiroga (1878–1937) fue un pionero de la escritura profesional. Consultado sobre cómo escribía sus cuentos, dijo: "Sospecho que los construyo como aquel que fabrica los cañones haciendo ante todo un largo agujero que, luego, rodea de bronces". Como se percibe en *El hijo,* este escritor uruguayo, que vivió principalmente en Argentina, tuvo una vida marcada por la tragedia. Su padre murió en un accidente de caza; su padrastro° y su primera esposa se suicidaron, y el propio Quiroga mató accidentalmente de un disparo a uno de sus amigos. Quiroga siempre se sintió atraído por la vida en la selva°, cuyo clima era favorable para sus problemas digestivos y de asma. Por eso la eligió para instalarse durante largos períodos y así aprendió en persona sobre el lado más cruel de la naturaleza. Allí también crió estrictamente a sus dos hijos, acostumbrándolos a defenderse de los peligros de la vida. Además de escribir, Quiroga también ejerció la docencia°, se desempeñó como funcionario público y se embarcó en proyectos delirantes que resultaron fracasos económicos. Publicó varios libros que le dieron fama y reconocimiento, como *Los arrecifes de coral* (1901), *Cuentos de amor, de locura y de muerte* (1917), la colección de relatos para niños *Cuentos de la selva* (1918) y *Los desterrados* (1926). Su último libro de cuentos, *Más allá,* se conoció en 1935. A los cincuenta y ocho años, mientras estaba hospitalizado en Buenos Aires, Quiroga se quitó la vida ingiriendo cianuro tras enterarse de que padecía de cáncer.

padrastro *step-father* **selva** *jungle* **docencia** *teaching*

TÉCNICA LITERARIA

La caracterización

Cada personaje de ficción tiene una biografía o una historia previa, compuesta por las experiencias que moldearon° su carácter y lo llevaron a ser como es. Para construir un personaje creíble, el narrador debe ahondar° en la psicología del personaje y en las razones de su comportamiento. No necesita narrarnos toda su historia; si logra crearlo exitosamente, los efectos de ese pasado se percibirán en la forma de actuar del personaje.

- Aunque en la vida de Quiroga no haya ocurrido exactamente el mismo hecho que se narra en *El hijo,* ¿crees que el protagonista de un relato puede tener un trasfondo° autobiográfico? ¿Por qué?
- Escribe una lista de personajes ficticios, como Don Juan o Ebenezer Scrooge, cuyos nombres se usan para describir un tipo de personalidad.

moldearon *shaped* **ahondar** *delve* **trasfondo** *undertone*

CONTEXTO CULTURAL

La naturaleza y el hombre

"Sé tú mismo; esa es la regla" había dicho Rubén Darío. Los escritores latinoamericanos de comienzos del siglo XX escucharon ese consejo y volvieron la mirada a su tierra. Así surgió un movimiento literario conocido como criollismo o regionalismo. La literatura se centró en la descripción de la geografía salvaje y grandiosa del continente. La selva, la montaña, los ríos caudalosos° delimitaban el espacio. Se dejó de lado lo pintoresco para recrear personajes y situaciones de la realidad. Predominaron los diálogos fieles al habla de cada región y el conocimiento de la psicología de los individuos. Los protagonistas solían ser víctimas de la naturaleza, contra la que luchaban sin poder triunfar. Algunos escritores de este movimiento fueron José Eustasio Rivera, Ricardo Güiraldes, Benito Lynch y Horacio Quiroga.

Aunque sus comienzos fueron modernistas, Quiroga prefirió después los temas autóctonos y evolucionó hacia el realismo. Admirador de Kipling, Poe y Maupassant, el escritor se concentró en lo americano, pero dándole una proyección universal. En *El hijo,* el ambiente natural de la provincia argentina de Misiones —su paisaje, sus animales y sus plantas— es el escenario de una historia de locura y muerte. El lenguaje conciso y directo refleja las tensiones de la vida en la selva.

La provincia de Misiones en Argentina

 Practice more at **vhlcentral.com.**

caudalosos *plentiful*

ANTESALA

Antes de iniciar la lectura, completa estas actividades para lograr una mejor comprensión.

1. Aprende y practica el vocabulario del cuento en vhlcentral.com.
2. Observa con atención la imagen en la próxima página doble. ¿Qué ves en las imágenes? ¿Cuál es el ambiente? ¿Qué sensación te produce? ¿Qué clase de historia te parece que cuenta?
3. En grupos, conversen sobre estos temas.

- ¿Qué tipo de contacto tienes con la naturaleza? ¿Alguna vez has pasado un tiempo alejado de la civilización (en un campamento o excursión)? ¿Qué sentimientos te produce la idea del aislamiento en un lugar salvaje (una isla desierta, un bosque o montaña, etc.)? ¿Piensas que la naturaleza es amigable con el ser humano o, por el contrario, que hay que dominarla?
- ¿Te parece que es preciso proteger a los niños de todo mientras se pueda o es mejor exponerlos cuanto antes a los peligros de la vida para que sepan protegerse más tarde? ¿Cuál es tu opinión sobre el uso de las armas de fuego?

Adelardo Corvasí Yustas, *Cazadores de perdiz,* 1941 ►

EL HIJO

Horacio Quiroga

ES UN PODEROSO DÍA DE VERANO EN MISIONES, CON TODO EL sol, el calor y la calma que puede deparar° la estación. La naturaleza plenamente abierta, se siente satisfecha de sí.

deparar°: offer

Como el sol, el calor y la calma ambiente, el padre abre también su corazón a la naturaleza.

—Ten cuidado, chiquito —dice a su hijo; abreviando en esa frase todas las observaciones del caso y que su hijo comprende perfectamente.

—Sí, papá —responde la criatura mientras coge la escopeta° y carga de cartuchos° los bolsillos de su camisa, que cierra con cuidado.

escopeta°: shotgun

cartuchos°: cartridges

—Vuelve a la hora de almorzar —observa aún el padre.

—Sí, papá —repite el chico.

Equilibra la escopeta en la mano, sonríe a su padre, lo besa en la cabeza y parte.

Su padre lo sigue un rato con los ojos y vuelve a su quehacer de ese día, feliz con la alegría de su pequeño.

II ¿Cómo es la relación entre padre e hijo?

Sabe que su hijo es educado desde su más tierna infancia en el hábito y la precaución del peligro, puede manejar un fusil y cazar no importa qué. Aunque es muy alto para su edad, no tiene sino trece años. Y parecía

Él fue lo mismo. A los trece años hubiera dado la vida por poseer una escopeta. Su hijo, de aquella edad, la posee ahora y el padre sonríe...

tener menos, a juzgar por la pureza de sus ojos azules, frescos aún de sorpresa infantil.

No necesita el padre levantar los ojos de su quehacer para seguir con la mente la marcha de su hijo.

Ha cruzado la picada° roja y se encamina rectamente al monte° a través del abra° de espartillo°.

Para cazar en el monte —caza de pelo°— se requiere más paciencia de la que su cachorro puede rendir. Después de atravesar esa isla de monte, su hijo costeará la linde° de cactus hasta el bañado°, en procura de palomas, tucanes o tal cual casal de garzas°, como las que su amigo Juan ha descubierto días anteriores.

Sólo ahora, el padre esboza una sonrisa° al recuerdo de la pasión cinegética° de las dos criaturas.

Cazan sólo a veces un yacútoro, un surucuá° —menos aún— y regresan triunfales, Juan a su rancho con el fusil de nueve milímetros que él le ha regalado, y su hijo a la meseta° con la gran escopeta Saint-Étienne, calibre 16, cuádruple cierre y pólvora blanca.

Él fue lo mismo. A los trece años hubiera dado la vida por poseer una escopeta. Su hijo, de aquella edad, la posee ahora y el padre sonríe...

No es fácil, sin embargo, para un padre viudo, sin otra fe ni esperanza que la vida de su hijo, educarlo como lo ha hecho él, libre en su corto radio de acción°, seguro de sus pequeños pies y manos desde que tenía cuatro años, consciente de la inmensidad de ciertos peligros y de la escasez° de sus propias fuerzas.

¿El padre expone a su hijo a los peligros de la selva por inconciencia o por otra razón?

Ese padre ha debido luchar fuertemente contra lo que él considera su egoísmo. ¡Tan fácilmente una criatura calcula mal, sienta un pie en el vacío y se pierde un hijo!

El peligro subsiste siempre para el hombre en cualquier edad; pero su amenaza amengua° si desde pequeño se acostumbra a no contar sino con sus propias fuerzas.

De este modo ha educado el padre a su hijo. Y para conseguirlo ha debido resistir no sólo a su corazón, sino a sus tormentos morales; porque ese padre, de estómago y vista débiles, sufre desde hace un tiempo de alucinaciones.

Ha visto, concretados en dolorosísima ilusión, recuerdos de una felicidad que no debía surgir más de la nada en que se recluyó. La imagen de su propio hijo no ha escapado a este tormento. Lo ha visto una vez rodar envuelto en sangre cuando el chico percutía° en la morsa° del taller una bala de parabellum, siendo así que lo que hacía era limar° la hebilla° de su cinturón de caza.

trail
scrubland
clearing / esparto grass
caza de pelo *rabbit hunting*
limit / marshland
herons
esboza una sonrisa *gives a hint of a smile*
hunting
yacútoro... surucuá *species of birds*
plateau
radio de acción *field of action*
lack
diminishes
hit / bench vise
file down / buckle

Horrible caso... Pero hoy, con el ardiente y vital día de verano, cuyo amor a su hijo parece haber heredado, el padre se siente feliz, tranquilo, y seguro del porvenir°.

En ese instante, no muy lejos suena un estampido°.

—La Saint-Étienne... —piensa el padre al reconocer la detonación. Dos palomas de menos en el monte...

Sin prestar más atención al nimio° acontecimiento, el hombre se abstrae de nuevo en su tarea.

El sol, ya muy alto, continúa ascendiendo. Adonde quiera que se mire —piedras, tierra, árboles—, el aire enrarecido como en un horno, vibra con el calor. Un profundo zumbido que llena el ser entero e impregna el ámbito hasta donde la vista alcanza, concentra a esa hora toda la vida tropical.

El padre echa una ojeada a su muñeca: las doce. Y levanta los ojos al monte.

Su hijo debía estar ya de vuelta. En la mutua confianza que depositan el uno en el otro —el padre de sienes° plateadas y la criatura de trece años—, no se engañan jamás. Cuando su hijo responde: "Sí, papá", hará lo que dice. Dijo que volvería antes de las doce, y el padre ha sonreído al verlo partir.

Y no ha vuelto.

El hombre torna a su quehacer, esforzándose en concentrar la atención en su tarea. ¿Es tan fácil, tan fácil perder la noción de la hora dentro del monte, y sentarse un rato en el suelo mientras se descansa inmóvil...?

El tiempo ha pasado; son las doce y media. El padre sale de su taller, y al apoyar la mano en el banco de mecánica° sube del fondo de su memoria el estallido de una bala de parabellum, e instantáneamente, por primera vez en las tres transcurridas, piensa que tras el estampido de la Saint-Étienne no ha oído nada más. No ha oído rodar el pedregullo° bajo un paso conocido. Su hijo no ha vuelto y la naturaleza se halla detenida a la vera del° bosque, esperándolo.

Un tiro, un solo tiro ha sonado, y hace mucho. Tras él, el padre no ha oído un ruido, no ha visto un pájaro...

¡Oh! no son suficientes un carácter templado y una ciega confianza en la educación de un hijo para ahuyentar° el espectro de la fatalidad que un padre de vista enferma ve alzarse desde la línea del monte. Distracción, olvido, demora fortuita: ninguno de estos nimios motivos que pueden retardar la llegada de su hijo halla cabida° en aquel corazón.

Un tiro, un solo tiro ha sonado, y hace mucho. Tras él, el padre no ha oído un ruido, no ha visto un pájaro, no ha cruzado el abra una sola persona a anunciarle que al cruzar un alambrado°, una gran desgracia...

La cabeza al aire y sin machete, el padre va. Corta el abra de espartillo, entra en el monte, costea la línea de cactus sin hallar el menor rastro de su hijo.

Pero la naturaleza prosigue detenida. Y cuando el padre ha recorrido las sendas de caza conocidas y ha explorado el bañado en vano, adquiere

future · *bang* · *trivial* · *temples* · banco de mecánica *work bench* · *gravel* · a la vera del *by the side of* · *banish* · halla cabida *finds room* · *wire fence*

II ¿Cuál es el "espectro de la fatalidad" que cree ver el padre cuando su hijo no regresa?

la seguridad de que cada paso que da en adelante lo lleva, fatal e inexorablemente, al cadáver de su hijo.

Ni un reproche que hacerse, es lamentable. Sólo la realidad fría terrible y consumada: ha muerto su hijo al cruzar un...

¡Pero dónde, en qué parte! ¡Hay tantos alambrados allí, y es tan, tan sucio el monte! ¡Oh, muy sucio! Por poco que no se tenga cuidado al cruzar los hilos con la escopeta en la mano...

El padre sofoca un grito. Ha visto levantarse en el aire... ¡Oh, no es su hijo, no! Y vuelve a otro lado, y a otro y a otro...

Nada se ganaría con ver el color de su tez° y la angustia de sus ojos. Ese hombre aún no ha llamado a su hijo. Aunque su corazón clama por él a gritos, su boca continúa muda. Sabe bien que el solo acto de pronunciar su nombre, de llamarlo en voz alta, será la confesión de su muerte.

tez: complexion

¿A quién le pide el narrador que se tape los oídos y por qué?

—¡Chiquito! —se le escapa de pronto. Y si la voz de un hombre de carácter es capaz de llorar, tapémonos de misericordia° los oídos ante la angustia que clama en aquella voz.

misericordia: compassion

Nadie ni nada ha respondido. Por las picadas rojas de sol, envejecido en diez años, va el padre buscando a su hijo que acaba de morir.

—¡Hijito mío…! ¡Chiquito mío…! —clama en un diminutivo que se alza del fondo de sus entrañas.

Ya antes, en plena dicha y paz, ese padre ha sufrido la alucinación de su hijo rodando con la frente abierta por una bala al cromo níquel. Ahora, en cada rincón sombrío del bosque ve centelleos° de alambre; y al pie de un poste, con la escopeta descargada al lado, ve a su...

A nadie ha encontrado, y su brazo se apoya en el vacío.

sparks

—¡Chiquito...! ¡Mi hijo!

Las fuerzas que permiten entregar un pobre padre alucinado a la más atroz pesadilla tienen también un límite. Y el nuestro siente que las suyas se le escapan, cuando ve bruscamente desembocar de un pique° lateral a su hijo.

narrow trail

A un chico de trece años bástale ver desde cincuenta metros la expresión de su padre sin machete dentro del monte para apresurar el paso con los ojos húmedos.

—Chiquito... —murmura el hombre. Y, exhausto se deja caer sentado en la arena albeante°, rodeando con los brazos las piernas de su hijo.

reflecting a bright white color

La criatura, así ceñida, queda de pie; y como comprende el dolor de su padre, le acaricia despacio la cabeza:

—Pobre papá...

En fin, el tiempo ha pasado. Ya van a ser las tres...

Juntos ahora, padre e hijo emprenden el regreso a la casa.

—¿Cómo no te fijaste en el sol para saber la hora...? —murmura aún el primero.

—Me fijé, papá... Pero cuando iba a volver vi las garzas de Juan y las seguí...

—¡Lo que me has hecho pasar, chiquito!

—Piapiá... —murmura también el chico.

Después de un largo silencio:

—Y las garzas, ¿las mataste? —pregunta el padre.

—No.

Nimio detalle, después de todo. Bajo el cielo y el aire candentes°, a la descubierta por el abra de espartillo, el hombre devuelve a casa con su hijo, sobre cuyos hombros, casi del alto de los suyos, lleva pasado su feliz brazo de padre. Regresa empapado de sudor, y aunque quebrantado de cuerpo y alma, sonríe de felicidad.

burning

¿En qué estado se encuentra el padre hacia las tres de la tarde?

***

Sonríe de alucinada felicidad... Pues ese padre va solo.

A nadie ha encontrado, y su brazo se apoya en el vacío. Porque tras él, al pie de un poste y con las piernas en alto, enredadas en el alambre de púa, su hijo bienamado yace al sol, muerto desde las diez de la mañana. ■

1. Cierto o falso Indica si cada afirmación es cierta o falsa. Corrige las falsas.

1. El protagonista del cuento es un hombre viudo.
2. Aunque es muy alto para su edad, el hijo tiene sólo ocho años.
3. El muchacho aprendió a manejar un fusil cuando era pequeño.
4. El padre no quiere que ese día su hijo vaya a cazar al monte.
5. De joven, el padre odiaba las armas de fuego.
6. Su hijo le promete que volverá a casa al mediodía.
7. Durante la mañana, se oye un solo disparo proveniente del monte.
8. El padre no se acuerda de su hijo hasta la noche.
9. Cuando sale a buscarlo, el padre cree que encontrará su cadáver.
10. El hijo desaparece sin dejar ningún rastro.

2. Comprensión Contesta las siguientes preguntas con oraciones completas.

1. ¿Quiénes son los personajes de este cuento?
2. ¿Cómo está el tiempo el día del relato? ¿Es un clima habitual o extraño?
3. Además de su hijo, ¿hay otras cosas de la vida que el padre valore (*values*)?
4. ¿Cómo educó este padre a su hijo? ¿Le resultó fácil hacerlo de esa manera?
5. ¿Qué hace el padre mientras espera que el muchacho regrese?
6. ¿A qué hora decide ir a buscarlo? ¿Por qué?
7. ¿Qué sucedió realmente con el hijo?

3. Interpretación Con un(a) compañero/a, analiza el cuento con atención y luego contesta estas preguntas.

1. ¿Qué imágenes de la naturaleza predominan al comienzo del cuento? ¿En qué momento cambian esas imágenes?
2. ¿Qué clase de hombre te parece que es el padre? ¿Por qué crees que tiene esa personalidad?
3. ¿Qué piensas que alucinó el padre cuando vio "recuerdos de una felicidad que no debía surgir más de la nada en que se recluyó"?
4. ¿Piensas que sus temores con respecto a su hijo son una locura o están justificados?
5. ¿Por qué va con "la cabeza al aire y sin machete" cuando sale a buscar a su hijo?
6. La alucinación que el padre tiene al final, ¿es igual a las anteriores? ¿A qué emoción o sentimiento responde esta vez?
7. ¿Qué piensas que aportan al relato los datos precisos sobre la hora, las distancias, las armas, los animales, etc.?
8. ¿A qué crees que atribuye la causa de la muerte de su hijo este padre que piensa: "Ni un reproche que hacerse, es lamentable"?

4. **Técnica literaria** A pesar de la brevedad del relato, el autor proporciona detalles reveladores sobre los dos personajes. Con un(a) compañero/a, escribe qué información nos transmiten las siguientes oraciones sobre el carácter de los personajes.

- "Como el sol, el calor y la calma ambiente, el padre abre también su corazón a la naturaleza."
- "[El hijo] Equilibra la escopeta en la mano, sonríe a su padre, lo besa en la cabeza y parte."
- "En la mutua confianza que depositan el uno en el otro —el padre de sienes plateadas y la criatura de trece años—, no se engañan jamás."
- "¡Oh! no son suficientes un carácter templado y una ciega confianza en la educación de un hijo para ahuyentar el espectro de la fatalidad que un padre de vista enferma ve alzarse desde la línea del monte."

5. **Temas principales** En la narrativa de Horacio Quiroga se repiten determinados temas que, además, no están muy alejados de su propia historia de vida. Busca estos temas en el cuento y señala los pasajes que los ejemplifican. Luego, basándote en la biografía de Quiroga y otros datos que encuentres en Internet, comenta con dos compañeros/as de qué manera estos temas marcaron la vida y obra del autor.

- La selva
- La locura
- La muerte
- El amor
- El absurdo
- La violencia

TALLER DE ESCRITURA

1. **El relato de los hechos** A partir de la narración de los hechos que suceden en el cuento *El hijo*, escribe una crónica para la sección policial de un periódico de ese día en la que relates lo que ocurrió, cómo pasó y cuál fue el desenlace.

2. **La educación emocional** El personaje del padre está caracterizado en el relato a partir de una convicción profunda sobre cómo debe criar a su hijo, incluso oponiéndose a sus propios deseos. Escribe un ensayo breve en el que expreses tu opinión sobre cuál es la mejor forma de educar a los niños para la sociedad del futuro, en qué estás de acuerdo y en desacuerdo con la educación convencional, etc. Incluye tus criterios con respecto a:

   1. *Métodos de enseñanza (severidad o flexibilidad)*
   2. *Acento en lo intelectual o en lo emocional*

   Por último, escribe una conclusión para alertar sobre los peligros de un tipo de educación que se aparte de la que propones.

UNA RESEÑA CRÍTICA

Vas a escribir una reseña crítica sobre una de las obras de esta lección. En una reseña crítica se resume y se valora una obra.

Plan de escritura

Comienza completando una tabla con las características de cada obra. Esta tabla te ayudará a preparar tu reseña crítica.

	personajes principales	ambiente	temas centrales
Tercero B	Irene, madre, hombre de la playa		
El revólver			
La Tísica			
La noche boca arriba		la ciudad siglo XX, el hospital, la selva	
El hijo			la naturaleza, la muerte, la locura, el amor padre-hijo

Planificar y preparar la escritura

1. **Estrategia: Pensar en la intención del/de la autor(a)** Selecciona un texto de esta lección y vuelve a leerlo atentamente. Determina el propósito del/de la autor(a). ¿Cuál fue su intención al escribir el texto? Piensa en la reacción del lector o espectador a esta obra. Haz una lista de citas importantes que crees que tienen un impacto sobre el lector/espectador.

2. **Estrategia: Evaluar la obra**
    - Piensa en la obra que has seleccionado. Considera la relación que hay entre el tema central de su argumento y la intención del/de la autor(a). Esto te ayudará a evaluar la obra.
    - Toma notas sobre los elementos positivos y negativos de la obra, explicando por qué crees que lo son. Recuerda anotar ejemplos y detalles que apoyen tu evaluación positiva o negativa. Puedes utilizar un diagrama como éste.

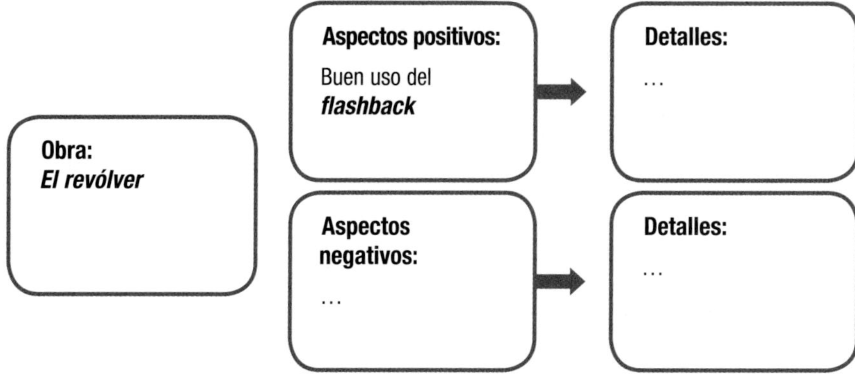

Escribir

3. **Tu reseña crítica** Ahora puedes escribir tu reseña crítica. Utiliza la información que has reunido. Sigue estos pasos para escribir.

- **Introducción:** Escribe unas líneas sobre el/la autor(a), el título de la obra y el tema. Explica cuál es el propósito de tu reseña.
- **Análisis del texto:** Escribe un breve resumen de los puntos principales con algunos ejemplos. Puedes describir también la intención del/de la autor(a) y cómo se organiza el texto.
- **Crítica:** Presenta una discusión equilibrada de los aspectos positivos y negativos de la obra. Debes basar tus comentarios en opiniones específicas, y apoyarlas con detalles y ejemplos de la obra. Puedes incluir recomendaciones para mejorar el texto según tu valoración.
- **Conclusión:** Describe brevemente tu valoración general de la obra y cita cualquier fuente de referencia que hayas utilizado en tu reseña.

Revisar y leer

4. **Revisión** Pídele a un(a) compañero/a que lea tu reseña crítica y sugiera cómo mejorarla. Revísala incorporando sus sugerencias y prestando atención a los siguientes elementos.

- ¿Presentas la información y tu propósito correctamente?
- ¿Tu resumen es breve y expone los puntos principales? ¿Incluiste ejemplos?
- ¿Presentas los aspectos positivos y negativos de la obra de manera equilibrada? ¿Basas tus comentarios en opiniones específicas? ¿Las apoyas con detalles y ejemplos? ¿Incluyes alguna recomendación para mejorar el texto?
- ¿Son correctas la gramática y la ortografía?

5. **Lectura** Lee tu reseña crítica a varios/as compañeros/as. Tomen turnos. Cuando termines de leer tu reseña, tus compañeros/as deben hacerte preguntas. Comenten juntos un punto interesante de tu reseña que les haya llamado la atención. Cuando hayan acabado de leer sus reseñas críticas en grupo, anota en una tabla los puntos más interesantes de las obras de esta lección.

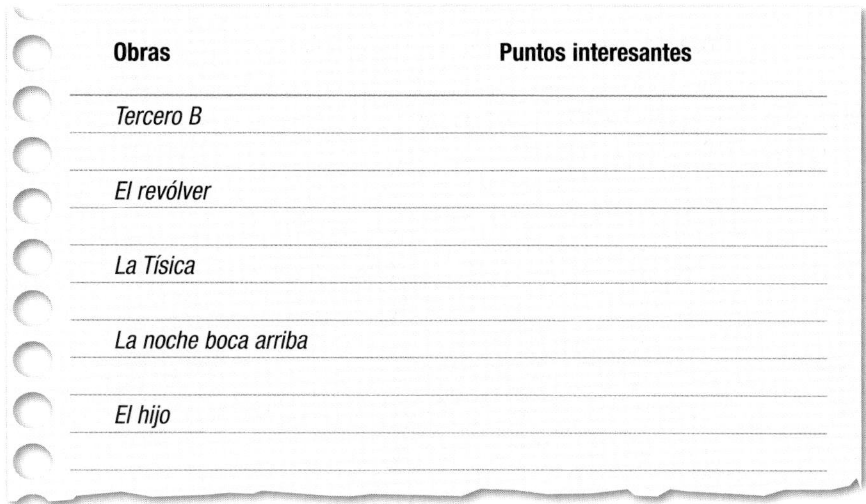

Obras	Puntos interesantes
Tercero B	
El revólver	
La Tísica	
La noche boca arriba	
El hijo	

LECCIÓN

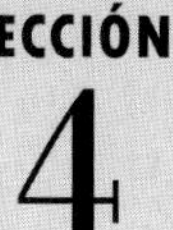

Lazos DE SANGRE

CONTENIDO

SOBRE EL DIRECTOR

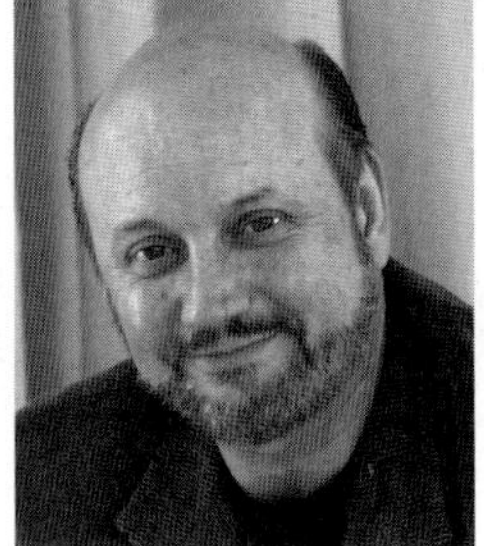

Juan José Campanella (1959) es un reconocido director de cine y televisión argentino para quien "lo fundamental es mantener siempre la verdad emocional de la escena". *El hijo de la novia* no es la excepción. En todas sus películas (de las que también es coguionista) los personajes sufren profundas crisis existenciales y necesitan restablecer sus lazos° afectivos. En 1979, después de ver *It's a Wonderful Life* de Frank Capra, Campanella abandonó la carrera de Ingeniería para volcarse de lleno al cine, a tal punto que viajó a los Estados Unidos en 1983 para perfeccionarse en la Universidad de Nueva York. En ese país tuvo una exitosa carrera en televisión: dirigió algunos capítulos de *Law & Order* y *House M.D.*, entre otras series, y obtuvo el premio Emmy al mejor director dos veces.

Después de casi 20 años, regresó a Argentina para filmar *El mismo amor, la misma lluvia* (1999), protagonizada por Ricardo Darín, su actor favorito. El anuncio de su padre de 85 años de que quería casarse por la iglesia con su esposa enferma de Alzheimer le dio la idea para el guión de *El hijo de la novia* (2001). Esta película le valió su primera nominación al premio Oscar a la mejor película extranjera, premio que finalmente obtuvo en 2010 con *El secreto de sus ojos* (2009). Campanella es también el director de *Metegol,* la primera película de animación en 3D de la Argentina.

lazos *bonds*

PERSONAJES

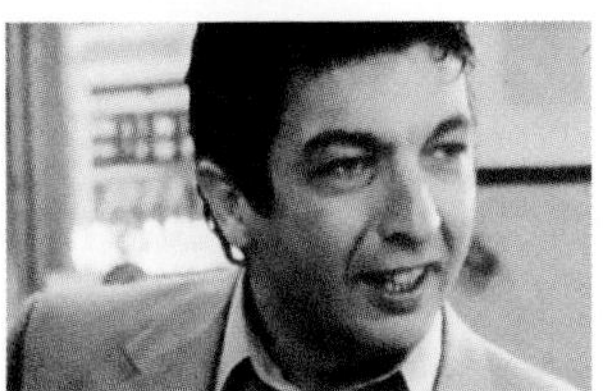

Rafael *Propietario de un restaurante*

Nino *Padre de Rafael, muy enamorado de su esposa*

Norma *Madre de Rafael, enferma de Alzheimer*

Naty *Novia de Rafael*

El hijo de la novia

Fecha de estreno: 2001
País: Argentina
Género: largometraje
Guión: Fernando Castets, Juan José Campanella
Actores: Ricardo Darín, Hector Alterio, Norma Aleandro, Eduardo Blanco
Duración: 123 minutos

CONTEXTO HISTÓRICO

La inmigración italiana en Argentina

Durante la ola inmigratoria que comenzó en la segunda mitad del siglo XIX, Latinoamérica recibió un gran número de inmigrantes europeos. Al igual que Nino Belvedere en *El hijo de la novia,* la mayoría de los inmigrantes que llegaron a Argentina provenían de Italia. Hoy día, alrededor del 40% de los argentinos tienen un abuelo, un tío o algún pariente cercano nacido en ese país. No es de extrañar, entonces, que la cultura porteña° esté ligada a la cultura italiana. Por ejemplo, el habla de los porteños está salpicada de° italianismos que enriquecieron el vocabulario lunfardo°, como la palabra **laburo,** que viene del italiano *lavoro* y significa "trabajo". Muchos compositores de tango, la música típica de Buenos Aires, tienen apellidos italianos. Fueron italianos los propietarios de las mejores confiterías y restaurantes de Buenos Aires, como el Café Tortoni y la Confitería del Molino. Y a la hora de la mesa, la pizza y las pastas son las comidas favoritas de las familias argentinas.

El Hotel de Inmigrantes de Buenos Aires, c. 1912

 Practice more at **vhlcentral.com.**

porteña *of the city of Buenos Aires* **salpicada de** *sprinkled with* **lunfardo** *Buenos Aires slang*

ANTESALA

Antes de mirar la película, conversa con un(a) compañero/a sobre los siguientes temas.

1. Aprende y practica el vocabulario de la película en **vhlcentral.com.**
2. Observa el cartel de promoción de la película en la página anterior. ¿Qué clase de persona te imaginas que es el protagonista? ¿Podrías encontrarlo en cualquier país y época? ¿Qué idea te sugiere el título sobre la historia que vas a ver?
3. ¿Cómo asumía la gente los compromisos a principios del siglo XX? ¿Las personas establecían más lazos entonces que ahora? ¿En qué han cambiado las costumbres? ¿Estás de acuerdo con el dicho: "Todo tiempo pasado fue mejor"?
4. ¿Te parece que una persona puede alcanzar sus metas sin la ayuda de nadie? ¿Qué ventajas y desventajas puede encontrar un individuo en una comunidad (familiar, religiosa, de país de origen, etc.)?
5. En los carteles de promoción de la película se incluye esta pregunta: "Si la vida te pasó de largo, ¿qué esperás para alcanzarla?". ¿Te parece que es posible vivir sin disfrutar de la vida? ¿Cómo puede suceder eso y de qué manera se podría solucionar?

Mira la película

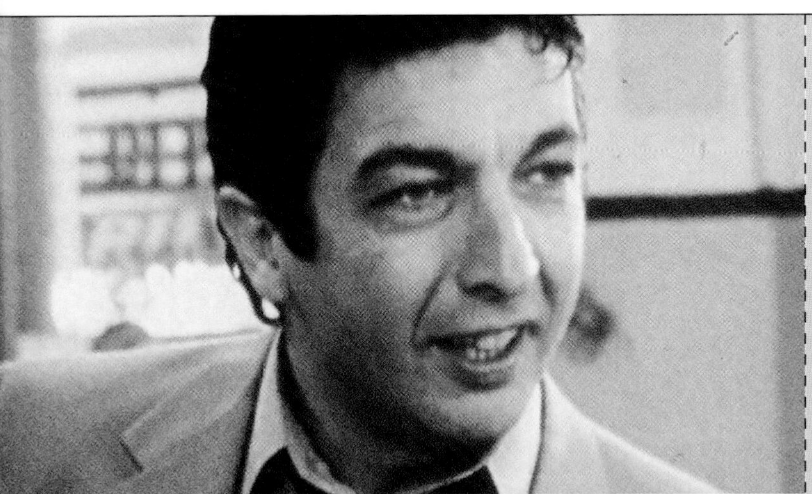

Parte 1

00:00
32:27

Parte 2

32:28
55:56

Parte 3

55:57
1:26:41

TÉCNICA CINEMATOGRÁFICA

La caracterización Para que un personaje nos parezca creíble, debe estar bien caracterizado (*portrayed*). Un personaje

Rafael vive estresado

Guía para la comprensión
En esta primera parte, la película nos presenta a Rafael, el dueño de un restaurante que vive agobiado (*overwhelmed*) por sus obligaciones. Mientras miras este fragmento, anota todos los problemas familiares, económicos y emocionales a los que se enfrenta. Por ejemplo:

- Es responsable de muchas tareas en el restaurante.
- No le dedica suficiente tiempo a su hija.

Preguntas

1. ¿De qué serie de televisión es fanático Rafael?
2. ¿Por qué no es bueno el postre tiramisú en el restaurante?
3. ¿Cuál es la primera reacción de Rafael a la oferta de Marchiolli Internazionale?
4. ¿Por qué está enojada con Rafael su ex esposa?
5. ¿A qué se dedica Juan Carlos?
6. ¿Qué planea hacer el padre de Rafael? ¿Qué opina Rafael de su idea?

Era necesario un susto

Guía para la comprensión
En la segunda parte, Rafael decide cambiar algunas cosas de su vida. Mientras la miras, anota qué cosas se propone cambiar, cuáles logra y cuáles no. Por ejemplo:

Quiere cambiar su estilo de vida. Lo logra.

1. ¿Qué le dice Rafael a Naty sobre lo que planea hacer con su vida después del infarto?
2. ¿Cómo se siente Rafael cuando le anuncia a su padre que quiere vender el restaurante?
3. ¿Por qué tenía éxito el restaurante en los primeros años?
4. Según Naty, ¿a qué le tiene miedo Rafael?
5. ¿Cómo fue la vida de Juan Carlos?
6. ¿Por qué dice Rafael que no cumplió las expectativas de su madre?

¿Feliz con el cambio de vida?

Guía para la comprensión
En la tercera parte, Rafael ayuda a su padre, pero aún sigue desorientado. Escribe qué cosas ha resuelto Rafael y cuáles lo angustian.

1. ¿Cómo reacciona Norma ante la propuesta de matrimonio?
2. ¿Qué pasa cuando Nino llama a sus amigos para invitarlos a la boda?
3. ¿Cómo trata Rafael a Daniel, el novio de Sandra?
4. ¿Qué opina Sandra de los planes de Rafael?
5. ¿Por qué se enfurece Rafael con Juan Carlos?
6. ¿Qué va a hacer Naty para cambiar de aire? ¿Por qué?
7. ¿Cómo se siente Rafael mientras firma el contrato de venta del restaurante? ¿Por qué?

El personaje de una película, con su sola aparición en la pantalla, proyecta una imagen dada por sus características físicas: es gordo o flaco, alto o bajo, etc. A su vez, el maquillaje, el vestuario y otros elementos permiten adaptar la fisonomía del actor a las características de su personaje. Así, posiblemente use sombrero y camine con bastón si interpreta a una persona mayor.

La caracterización de un personaje también se logra a través de sus diálogos. Las palabras que usa el personaje revelan su nivel de educación, su clase social e incluso su profesión. El acento, el volumen y otros aspectos del habla muestran su estado de ánimo y su personalidad (enojado, tímido, etc.). ►

Mira la película

Parte 4

1:26:42
1:43:34

Parte 5

1:43:35
FIN

Por último, las acciones caracterizan a un personaje de forma determinante. La película *El hijo de la novia* sigue al protagonista en un proceso de transformación. Para construir una idea más completa del personaje, la película comienza mostrando escenas retrospectivas (*flashbacks*) de su pasado. Después de conocer un poco de su pasado, vemos la crisis que atraviesa y las cosas que hace para cambiar.

Cuando mires esta película, presta atención a cómo está caracterizado Rafael. ¿Cómo se viste? ¿Qué elementos acompañan su vida cotidiana? ¿Cómo es la casa donde vive? ¿Cómo habla?

Rafael se reconcilia con su vida

Guía para la comprensión
En la cuarta parte, Rafael sigue buscando respuestas. Anota con quiénes habla y qué aprende de cada uno.

Habla con...	Aprende...

Preguntas

1. ¿Cómo tratan Nacho y Francesco a Rafael después de la venta del restaurante?
2. ¿Por qué Rafael decide ir a hablar con Juan Carlos?
3. ¿Cómo se siente Rafael al leer el poema de Vicky?
4. ¿Permite la Iglesia el casamiento de Nino y Norma? ¿Por qué?
5. ¿Por qué Rafael le pide perdón a Norma?
6. ¿Cómo reacciona ella?

¡Vivan los novios!

Guía para la comprensión
En el desenlace, Rafael finalmente logra resolver sus diferentes problemas. Anota cómo ha cambiado la vida del protagonista en su papel de...

- novio.
- hijo.
- padre.
- amigo.
- empresario.

1. Rafael le dice a Naty que quiere tener problemas. ¿Qué tipo de problemas está dispuesto a tener?
2. ¿Se reconcilian Naty y Rafael?
3. ¿Por qué se emociona el "cura" durante la ceremonia?
4. ¿Qué piensa hacer Rafael ahora?
5. ¿Por qué Rafael envía a Juan Carlos a hablar con su ex esposa en el restaurante?
6. Según Rafael, ¿en qué se parecen Fred Astaire y Nino?

¿Conoces alguna otra película que tenga escenas retrospectivas? ¿Cuál es el objetivo de esas escenas?

¿Qué otra "historia de formación" conoces? ¿Qué pasa con el

1. Cierto o Falso **Indica si cada afirmación es cierta o falsa. Corrige las falsas.**

1. El representante de la compañía que quiere comprar el restaurante le dice a Rafael que su vida parece un maratón.
2. Antes de que Norma se enfermara, ya tenía problemas con su hijo Rafael.
3. Rafael nunca discute con Sandra, su ex esposa, frente a su hija Vicky.
4. Juan Carlos es agente de policía.
5. Al salir del hospital, Rafael quiere irse a vivir a México.
6. En su juventud, Nino era el cocinero del restaurante y Norma atendía a los clientes.
7. Juan Carlos se enamora de Naty, la novia de Rafael.
8. Nino no le permite a Rafael vender el restaurante familiar.
9. Nino y Norma se casan en un asilo para ancianos (*retirement home*).
10. El nombre del nuevo restaurante será "Norma Belvedere".

2. Comprensión **Contesta las siguientes preguntas con oraciones completas.**

1. ¿Quién fundó el restaurante Belvedere? ¿Quién lo atendía y quién lo atiende ahora?
2. ¿Qué hábitos poco saludables tiene Rafael?
3. ¿Qué relación tiene con su padre, Nino?
4. ¿Por qué su madre está en un asilo para ancianos?
5. ¿Qué decide hacer Nino para empezar un ciclo nuevo?
6. ¿Cuánto tiempo hacía que Rafael no veía a su madre? ¿Y a Juan Carlos?
7. ¿Cuál es el punto de inflexión (*turning point*) que cambia la forma de vivir de Rafael?
8. ¿Qué opina Nino de que Rafael venda el restaurante? ¿Qué le aconseja?
9. ¿Por qué no pueden casarse por la iglesia Nino y Norma?
10. ¿Qué hace Rafael con el dinero que recibe por la venta del restaurante Belvedere?

3. Una crisis **Rafael tiene 42 años y está lleno de dudas sobre su presente y su futuro. Está atravesando una "crisis de la mediana edad". Contesta las siguientes preguntas sobre diferentes aspectos de su crisis.**

1. ¿Qué dudas tiene Rafael sobre su trabajo?
2. ¿Qué problemas tiene en su relación de pareja? ¿Por qué los tiene?
3. ¿Cómo se llevan Rafael y su hija? ¿Cómo deberían llevarse?
4. ¿Cómo afecta a Rafael la vejez de sus padres? ¿Y su propia edad?
5. ¿Cómo reacciona su cuerpo a la crisis que está viviendo?
6. ¿Crees que Rafael encontró su verdadera vocación? ¿Por qué?
7. ¿Te parece Rafael una persona madura? ¿Por qué?
8. ¿Qué cosas aprende de la crisis?

4. **Técnica cinematográfica** Con un(a) compañero/a, analiza la caracterización de algunos personajes secundarios de la película, indicando detalles importantes.

Ejemplo:
Juan Carlos: Está siempre sonriente. Vive en una casa humilde. Su ropa no es muy elegante. Tiene cabello largo para dar la imagen de un soñador. Es cómico: hace ruidos extraños para relajarse antes de actuar.

- Nino Belvedere
- Norma Belvedere
- Naty
- Vicky
- Francesco, el cocinero
- Daniel, el novio de la ex esposa de Rafael

5. **Otros temas** *El hijo de la novia* es una película sobre las relaciones familiares, pero también trata otros temas. Con dos compañeros/as, comenta las siguientes afirmaciones a partir de escenas de la película.

- Las enfermedades que sufrimos o que vemos sufrir nos enseñan cómo deberíamos vivir.
- Los programas de televisión que vemos de niños nos marcan para toda la vida.
- Las empresas familiares tarde o temprano fracasan por ser ineficientes.
- No sabemos que amamos a una persona hasta que corremos el riesgo de perderla.

TALLER DE ESCRITURA

1. **La madre de Rafael** En una página, narra la historia de Norma Belvedere hasta el día de su matrimonio. Escribe sobre su vida con Nino, la relación con su hijo, sus sueños incumplidos, sus pasiones, sus talentos y su enfermedad. Aunque debes usar tu imaginación, recuerda basar lo que escribas en los acontecimientos que se narran en la película.

2. **El hijo** Rafael cambia a lo largo de la historia. En una página, describe su evolución siguiendo estos pasos.

   1. *Describe su situación al principio de la película.*
   2. *Comenta cómo su enfermedad hizo que intentara cambiar.*
   3. *Analiza cómo le ayuda la presencia de su amigo Juan Carlos.*
   4. *Describe cómo su conversación con su madre le hizo cambiar definitivamente.*
   5. *Escribe una conclusión explicando cómo es su situación al final de la película.*
   6. *Imagina cómo actuará en el futuro.*

SOBRE EL AUTOR

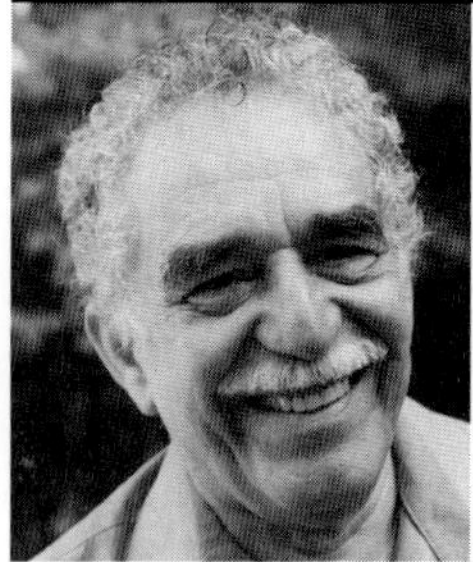

Gabriel García Márquez (1927) es un escritor y periodista colombiano, Premio Nobel de Literatura en 1982 y figura clave del realismo mágico. Proveniente de una familia de once hijos, sus abuelos maternos lo criaron hasta los ocho años. Su abuelo fue el modelo de los "coroneles" que aparecen en su obra y su abuela influyó en su manera de relatar historias fantásticas como si fueran una verdad innegable. De esos años, García Márquez dijo: "Después todo me resultó bastante plano: crecer, estudiar, viajar... nada de eso me llamó la atención".

En 1950 abandonó la carrera de Derecho y se dedicó al periodismo, trabajando para *El Universal, El Heraldo* y *El Espectador*. En 1955 García Márquez viajó a Europa como enviado especial, pero la dictadura cerró su periódico y el escritor decidió quedarse en París. En medio de penurias económicas°, allí escribió *El coronel no tiene quien le escriba* (1961). Durante las décadas de 1960 y 1970, vivió un exilio voluntario en España y México.

En 1962, publicó *Los funerales de la Mamá Grande,* colección de cuentos de donde proviene *La prodigiosa tarde de Baltazar.* Con *Cien años de soledad* (1967), la novela más exitosa de la literatura de la segunda mitad del siglo XX, debió empeñar° objetos personales para enviar el manuscrito a la editorial. En 1985 obtuvo otro gran éxito con *El amor en los tiempos del cólera,* obra que fue llevada al cine en 2007 con el actor español Javier Bardem.

empeñar *pawn* **penurias económicas** *financial straits*

La prodigiosa tarde de Baltazar

Fecha de publicación: 1962
Género: cuento
Colección: Los funerales de la Mamá Grande
Personajes: Baltazar, Montiel, Úrsula, el doctor Giraldo, Pepe

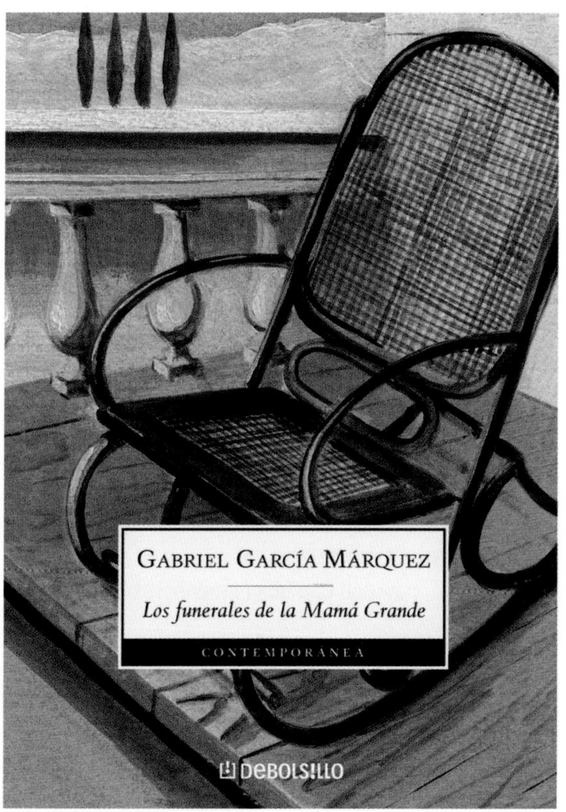

TÉCNICA LITERARIA

La alegoría

Mediante la alegoría es posible representar una idea a través de personajes, objetos o acciones que cobran un significado simbólico. Como ocurre con la metáfora, con la alegoría se dice una cosa pero, en un nivel más profundo, se expresa otra. De esta manera, la historia presenta un significado literal y otro figurado. Una alegoría conocida es la imagen de la Justicia como una mujer con los ojos vendados° que representa la imparcialidad.

Las historias de García Márquez pueden leerse como alegorías del poder, del tiempo, de la religión. Muchos aspectos de *La prodigiosa tarde de Baltazar* son análogos a la historia bíblica de los Reyes Magos, quienes le hacen ofrendas al Niño Jesús.

- ¿Qué imágenes alegóricas conoces?
- ¿Cómo representarías tú la libertad, la ignorancia o la muerte con una imagen alegórica?

vendados *blindfolded*

CONTEXTO HISTÓRICO

Tensión entre las clases sociales

La prodigiosa tarde de Baltazar transcurre en el pueblo mítico de Macondo. Macondo está basado en Aracataca, un pueblo costero del norte de Colombia, donde García Márquez vivió hasta los ocho años. Las condiciones sociales y económicas retratadas en el cuento son típicas de muchos pueblos colombianos de la primera mitad del siglo XX. Con una economía centrada en la agricultura y la cría de animales, la sociedad estaba dividida entre ricos y pobres, terratenientes y peones, cabecillas políticos y desposeídos. En el cuento, la arrogancia de don Chepe Montiel es un fiel reflejo de cómo muchos ricos trataban a los pobres que les servían. Éstos, por su parte, se comportaban con mucha deferencia ante sus amos, a veces sufriendo indignidades y abusos. En 1928, la lucha entre clases explotó con violencia en Ciénaga, una población cercana a Aracataca. Los trabajadores de las fincas bananeras se habían declarado en huelga en busca de mejores sueldos y condiciones de trabajo. El ejército colombiano abrió fuego ante una multitud que estaba manifestándose. Nunca se supo cuántas personas murieron, pero se estima que fueron más de mil. Este incidente aparece narrado en *Cien años de soledad,* la novela más importante de García Márquez.

Bananeros colombianos a principios del siglo XX

ANTESALA

Antes de iniciar la lectura, completa estas actividades para lograr una mejor comprensión.

1. Aprende y practica el vocabulario del cuento en vhlcentral.com.
2. ¿Qué armas crees que utilizaban los ricos y poderosos para dominar a las clases humildes? ¿Por qué crees que funcionaban estos métodos? ¿Quiénes se ven más beneficiados en la actualidad con la pobreza? ¿Qué recursos se utilizan hoy día para controlar a los más desfavorecidos?
3. Gabriel García Márquez es un escritor comprometido con la realidad y la situación sociopolítica de su país. En grupos, conversen sobre estos temas.
   - ¿Qué tipo de compromiso social puede tener un intelectual con la sociedad en la que vive? ¿Cómo puede influir en la mejora de su país?
   - ¿Conoces a algún intelectual o escritor que esté relacionado con el mundo de la política? ¿Qué papel desempeña en la política nacional? ¿A quién favorece más: a los ricos o a los pobres? ¿Por qué?
   - ¿Qué es más efectivo: una novela que describe detalladamente la realidad auténtica de un país o la manifestación de un pueblo en las calles como protesta por la política injusta? ¿Por qué?

Beg Mont, *En-jaulado*, 2007 ►

La prodigiosa tarde de Baltazar

Gabriel García Márquez

LA JAULA° ESTABA TERMINADA. BALTAZAR LA COLGÓ EN EL alero°, por la fuerza de la costumbre, y cuando acabó de almorzar ya se decía por todos lados que era la jaula más bella del mundo. Tanta gente vino a verla, que se formó un tumulto frente a la casa, y Baltazar tuvo que descolgarla y cerrar la carpintería.

—Tienes que afeitarte —le dijo Úrsula, su mujer—. Pareces un capuchino°.

—Es malo afeitarse después del almuerzo —dijo Baltazar.

Tenía una barba de dos semanas, un cabello corto, duro y parado como las crines° de un mulo, y una expresión general de muchacho. Pero era una expresión falsa. En febrero había cumplido 30 años, vivía con Úrsula desde hacía cuatro, sin casarse y sin tener hijos, y la vida le había dado muchos motivos para estar alerta, pero ninguno para estar asustado. Ni siquiera sabía que para algunas personas, la jaula que acababa de hacer era la más bella del mundo. Para él, acostumbrado a hacer jaulas desde niño, aquél

jaula: cage
alero: eaves
capuchino: Capuchin monk
crines: mane

II ¿Cuál es la diferencia entre un artesano y un artista?

... su marido había descuidado el trabajo de la carpintería para dedicarse por entero a la jaula...

había sido apenas un trabajo más arduo° que los otros.

—Entonces repósate° un rato —dijo la mujer—. Con esa barba no puedes presentarte en ninguna parte.

hard / rest

Mientras reposaba tuvo que abandonar la hamaca varias veces para mostrar la jaula a los vecinos. Úrsula no le había prestado atención hasta entonces. Estaba disgustada porque su marido había descuidado el trabajo de la carpintería para dedicarse por entero a la jaula, y durante dos semanas había dormido mal, dando tumbos° y hablando disparates°, y no había vuelto a pensar en afeitarse. Pero el disgusto se disipó° ante la jaula terminada. Cuando Baltazar despertó de la siesta, ella le había planchado los pantalones y una camisa, los había puesto en un asiento junto a la hamaca, y había llevado la jaula a la mesa del comedor. La contemplaba en silencio.

dando tumbos *tossing and turning / nonsense*

disappeared

—¿Cuánto vas a cobrar? —preguntó.

—No sé —contestó Baltazar—. Voy a pedir treinta pesos para ver si me dan veinte.

—Pide cincuenta —dijo Úrsula—. Te has trasnochado mucho en estos quince días. Además, es bien grande. Creo que es la jaula más grande que he visto en mi vida.

Baltazar empezó a afeitarse.

—¿Crees que me darán los cincuenta pesos?

—Eso no es nada para don Chepe Montiel, y la jaula los vale —dijo Úrsula—. Debías pedir sesenta.

¿Cómo demuestra Úrsula que es mejor negociante que su esposo?

La casa yacía° en una penumbra sofocante. Era la primera semana de abril y el calor parecía menos soportable por el pito° de las chicharras°. Cuando acabó de vestirse, Baltazar abrió la puerta del patio para refrescar la casa, y un grupo de niños entró en el comedor.

lay

buzzing sound / cicadas

La noticia se había extendido. El doctor Octavio Giraldo, un médico viejo, contento de la vida pero cansado de la profesión, pensaba en la jaula de Baltazar mientras almorzaba con su esposa inválida. En la terraza interior donde ponían la mesa en los días de calor, había muchas macetas con flores y dos jaulas con canarios. A su esposa le gustaban los pájaros, y le gustaban tanto que odiaba a los gatos porque eran capaces de comérselos. Pensando en ella, el doctor Giraldo fue esa tarde a visitar a un enfermo, y al regreso pasó por la casa de Baltazar a conocer la jaula.

Había mucha gente en el comedor. Puesta en exhibición sobre la mesa, la enorme cúpula° de alambre° con tres pisos interiores, con pasadizos° y compartimientos especiales para comer y dormir, y trapecios en el espacio reservado al recreo de los pájaros, parecía el modelo reducido de una gigantesca fábrica de hielo. El médico la examinó cuidadosamente, sin tocarla, pensando que en efecto aquella jaula era superior a su propio prestigio, y mucho más bella de lo que había soñado jamás para su mujer.

dome / wire / passages

—Esto es una aventura de la imaginación —dijo. Buscó a Baltazar en el grupo, y agregó, fijos en él sus ojos maternales—: Hubieras sido un extraordinario arquitecto.

blushed

Baltazar se ruborizó°.

—Gracias —dijo.

—Es verdad —dijo el médico. Tenía una gordura lisa y tierna como la de una mujer que fue hermosa en su juventud, y unas manos delicadas. Su voz parecía la de un cura° hablando en latín—. Ni siquiera será necesario ponerle pájaros —dijo, haciendo girar la jaula frente a los ojos del público, como si la estuviera vendiendo—. Bastará con colgarla entre los árboles para que cante sola. —Volvió a ponerla en la mesa, pensó un momento, mirando la jaula, y dijo:— Bueno, pues me la llevo.

priest

—Está vendida —dijo Úrsula.

—Es del hijo de don Chepe Montiel —dijo Baltazar—. La mandó a hacer° expresamente.

la mandó a hacer *commissioned*

Baltazar no quiere venderle la jaula al doctor. ¿Qué nos indica este hecho sobre el carácter de Baltazar?

El médico asumió una actitud respetable.

—¿Te dio el modelo?

—No —dijo Baltazar—. Dijo que quería una jaula grande, como ésa, para una pareja de turpiales°.

troupials

El médico miró la jaula.

—Pero ésta no es para turpiales.

Esto es una aventura de la imaginación... Hubieras sido un extraordinario arquitecto.

—Claro que sí, doctor —dijo Baltazar, acercándose a la mesa. Los niños lo rodearon—. Las medidas están bien calculadas —dijo, señalando con el índice los diferentes compartimientos. Luego golpeó la cúpula con los nudillos, y la jaula se llenó de acordes profundos—. Es el alambre más resistente que se puede encontrar, y cada juntura° está soldada° por dentro y por fuera —dijo.

joint

welded

—Sirve hasta para un loro —intervino uno de los niños.

—Así es —dijo Baltazar.

El médico movió la cabeza.

—Bueno, pero no te dio el modelo —dijo—. No te hizo ningún encargo preciso, aparte de que fuera una jaula grande para turpiales. ¿No es así?

—Así es —dijo Baltazar.

—Entonces no hay problema —dijo el médico—. Una cosa es una jaula grande para turpiales y otra cosa es esta jaula. No hay pruebas de que sea ésta la que te mandaron hacer.

—Es esta misma —dijo Baltazar, ofuscado—. Por eso la hice.

¿Le gusta la jaula al doctor? ¿Para qué quiere comprarla y por qué se niega Baltazar a vendérsela?

El médico hizo un gesto de impaciencia.

—Podrías hacer otra —dijo Úrsula, mirando a su marido. Y después, hacia el médico—: Usted no tiene apuro.

—Se la prometí a mi mujer para esta tarde —dijo el médico.

—Lo siento mucho, doctor —dijo Baltazar—, pero no se puede vender una cosa que ya está vendida.

... vestido de blanco y acabado de afeitar, con esa expresión de decoroso candor con que los pobres llegan a la casa de los ricos.

El médico se encogió de hombros°. Secándose el sudor del cuello con un pañuelo, contempló la jaula en silencio, sin mover la mirada de un mismo punto indefinido, como se mira un barco que se va.

—¿Cuánto te dieron por ella?

Baltazar buscó a Úrsula sin responder.

—Sesenta pesos —dijo ella.

El médico siguió mirando la jaula.

—Es muy bonita —suspiró—. Sumamente bonita. —Luego, moviéndose hacia la puerta, empezó a abanicarse° con energía, sonriente, y el recuerdo de aquel episodio desapareció para siempre de su memoria.

—Montiel es muy rico —dijo.

En verdad, José Montiel no era tan rico como parecía, pero había sido capaz de todo por llegar a serlo. A pocas cuadras de allí, en una casa atiborrada° de arneses° donde nunca se había sentido un olor que no se pudiera vender, permanecía indiferente a la novedad de la jaula. Su esposa, torturada por la obsesión de la muerte, cerró puertas y ventanas después del almuerzo y yació dos horas con los ojos abiertos en la penumbra del cuarto, mientras José Montiel hacía la siesta. Así la sorprendió un alboroto° de muchas voces. Entonces abrió la puerta de la sala y vio un tumulto frente a la casa, y a Baltazar con la jaula en medio del tumulto, vestido de blanco y acabado de afeitar, con esa expresión de decoroso candor con que los pobres llegan a la casa de los ricos.

—Qué cosa tan maravillosa —exclamó la esposa de José Montiel, con una expresión radiante, conduciendo a Baltazar hacia el interior—. No había visto nada igual en mi vida —dijo, y agregó, indignada con la multitud que se agolpaba° en la puerta—: Pero llévesela para adentro que nos van a convertir la sala en una gallera°.

Baltazar no era un extraño en la casa de José Montiel. En distintas ocasiones, por su eficacia y buen cumplimiento, había sido llamado para hacer trabajos de carpintería menor. Pero nunca se sintió bien entre los ricos. Solía pensar en ellos, en sus mujeres feas y conflictivas, en sus tremendas operaciones quirúrgicas, y experimentaba siempre un sentimiento de piedad. Cuando entraba en sus casas no podía moverse sin arrastrar° los pies.

II ¿Qué siente Baltazar con respecto a los ricos y por qué?

—¿Está Pepe? —preguntó.

Había puesto la jaula en la mesa del comedor.

—Está en la escuela —dijo la mujer de José Montiel—. Pero ya no debe demorar. —Y agregó:— Montiel se está bañando.

En realidad José Montiel no había tenido tiempo de bañarse. Se estaba dando una urgente fricción de alcohol alcanforado° para salir a ver lo que pasaba. Era un hombre tan prevenido°, que dormía sin ventilador eléctrico para vigilar durante el sueño los rumores de la casa.

—Adelaida —gritó—. ¿Qué es lo que pasa?

se encogió de hombros *shrugged*

fan himself

crammed / harnesses

racket

crowded

cockfight pit

dragging

camphorated

cautious

—Ven a ver qué cosa maravillosa —gritó su mujer.

José Montiel —corpulento y peludo, la toalla colgada en la nuca°— se asomó por la ventana del dormitorio.

back of the neck

—¿Qué es eso?

—La jaula de Pepe —dijo Baltazar.

La mujer lo miró perpleja.

—¿De quién?

—De Pepe —confirmó Baltazar. Y después dirigiéndose a José Montiel—: Pepe me la mandó a hacer.

Nada ocurrió en aquel instante, pero Baltazar se sintió como si le hubieran abierto la puerta del baño. José Montiel salió en calzoncillos del dormitorio.

—Pepe —gritó.

—No ha llegado —murmuró su esposa, inmóvil.

Pepe apareció en el vano de la puerta°. Tenía unos doce años y las mismas pestañas rizadas y el quieto patetismo de su madre.

vano de la puerta *doorway*

¿Te parece normal que un adulto negocie con un niño? ¿Por qué?

—Ven acá —le dijo José Montiel—. ¿Tú mandaste a hacer esto?

El niño bajó la cabeza. Agarrándolo por el cabello, José Montiel lo obligó a mirarlo a los ojos.

—Contesta.

El niño se mordió los labios sin responder.

—Montiel —susurró la esposa.

Entonces emitió un sonido gutural, como el ronquido de un perro, y se lanzó al suelo dando gritos.

José Montiel soltó al niño y se volvió hacia Baltazar con una expresión exaltada.

—Lo siento mucho, Baltazar —dijo—. Pero has debido consultarlo conmigo antes de proceder. Sólo a ti se te ocurre contratar con un menor. —A medida que hablaba, su rostro fue recobrando la serenidad. Levantó la jaula sin mirarla y se la dio a Baltazar—. Llévatela en seguida y trata de vendérsela a quien puedas —dijo—. Sobre todo, te ruego que no me discutas. —Le dio una palmadita° en la espalda, y explicó:— El médico me ha prohibido coger rabia°. El niño había permanecido inmóvil, sin parpadear°, hasta que Baltazar lo miró perplejo con la jaula en la mano. Entonces emitió un sonido gutural, como el ronquido de un perro, y se lanzó al suelo dando gritos.

¿Montiel también admira la jaula como todo el pueblo? ¿Cómo lo sabes?

pat

coger rabia *get angry*

blinking

José Montiel lo miraba impasible, mientras la madre trataba de apaciguarlo°.

calm him down

—No lo levantes —dijo—. Déjalo que se rompa la cabeza contra el suelo y después le echas sal y limón para que rabie con gusto.

El niño chillaba° sin lágrimas, mientras su madre lo sostenía por las muñecas.

screamed

—Déjalo —insistió José Montiel.

Baltazar observó al niño como hubiera observado la agonía de un animal contagioso. Eran casi las cuatro. A esa hora, en su casa, Úrsula cantaba una canción muy antigua, mientras cortaba rebanadas de cebolla.

—Pepe —dijo Baltazar.

Se acercó al niño, sonriendo, y le tendió° la jaula. El niño se incorporó de un salto, abrazó la jaula, que era casi tan grande como él, y se quedó mirando a Baltazar a través del tejido metálico, sin saber qué decir. No había derramado una lágrima.

handed

—Baltazar —dijo Montiel, suavemente—. Ya te dije que te la lleves.

—Devuélvela —ordenó la mujer al niño.

—Quédate con ella —dijo Baltazar. Y luego, a José Montiel—: Al fin y al cabo, para eso la hice.

José Montiel lo persiguió hasta la sala.

—No seas tonto, Baltazar —decía, cerrándole el paso—. Llévate tu trasto° para la casa y no hagas más tonterías. No pienso pagarte ni un centavo.

piece of junk

—No importa —dijo Baltazar—. La hice expresamente para regalársela a Pepe. No pensaba cobrar nada.

Cuando Baltazar se abrió paso a través de los curiosos que bloqueaban la puerta, José Montiel daba gritos en el centro de la sala. Estaba muy pálido y sus ojos empezaban a enrojecer.

piece of junk

—Estúpido —gritaba—. Llévate tu cacharro°. Lo último que faltaba es que un cualquiera venga a dar órdenes en mi casa. ¡Carajo!

En el salón de billar recibieron a Baltazar con una ovación. Hasta ese momento, pensaba que había hecho una jaula mejor que las otras, que había tenido que regalársela al hijo de José Montiel para que no siguiera llorando, y que ninguna de esas cosas tenía nada de particular. Pero luego se dio cuenta de que todo eso tenía una cierta importancia para muchas personas, y se sintió un poco excitado.

—De manera que te dieron cincuenta pesos por la jaula.

—Sesenta —dijo Baltazar.

Hay... cielo *This is cause for celebration*

—Hay que hacer una raya en el cielo° —dijo alguien—. Eres el único que ha logrado sacarle ese montón de plata a don Chepe Montiel. Esto hay que celebrarlo.

¿Qué quiere celebrar el pueblo con Baltazar?

round

Le ofrecieron una cerveza, y Baltazar correspondió con una tanda° para todos. Como era la primera vez que bebía, al anochecer estaba completamente borracho, y hablaba de un fabuloso proyecto de mil jaulas de a sesenta pesos, y después de un millón de jaulas hasta completar sesenta millones de pesos.

—Hay que hacer muchas cosas para vendérselas a los ricos antes que se mueran —decía, ciego de la borrachera—. Todos están enfermos y se van a morir. Cómo estarán de jodidos que ya ni siquiera pueden coger bien.

... al anochecer estaba completamente borracho, y hablaba de un fabuloso proyecto de mil jaulas de a sesenta pesos...

Durante dos horas el tocadiscos automático estuvo por su cuenta tocando sin parar. Todos brindaron por la salud de Baltazar, por su suerte y su fortuna, y por la muerte de los ricos, pero a la hora de la comida lo dejaron solo en el salón.

species of bird / smeared / rouge

Úrsula lo había esperado hasta las ocho, con un plato de carne frita cubierto de rebanadas de cebolla. Alguien le dijo que su marido estaba en el salón de billar, loco de felicidad, brindando cerveza a todo el mundo, pero no lo creyó porque Baltazar no se había emborrachado jamás. Cuando se acostó, casi a la medianoche, Baltazar estaba en un salón iluminado, donde había mesitas de cuatro puestos con sillas alrededor, y una pista de baile al aire libre, por donde se paseaban los alcaravanes°. Tenía la cara embadurnada° de colorete°, y como no podía dar un paso más, pensaba que quería acostarse con dos mujeres en la misma cama. Había gastado tanto, que tuvo que dejar el reloj como garantía, con el compromiso de pagar al día siguiente. Un momento después, despatarrado° por la calle, se dio cuenta de que le estaban quitando los zapatos, pero no quiso abandonar el sueño más feliz de su vida. Las mujeres que pasaron para la misa de cinco no se atrevieron a mirarlo, creyendo que estaba muerto. ■

sprawled

1. Elegir Indica la opción correcta.

1. Baltazar es...
   a. carpintero. b. cazador de aves. c. pintor.
2. Úrsula valora la jaula de Baltazar porque...
   a. es hermosa. b. vale mucho dinero. c. la hizo él.
3. Baltazar no quiere venderle la jaula al doctor Giraldo porque...
   a. es antipático. b. es para otro cliente. c. no puede pagarla.
4. Al llegar a casa de José Montiel, el protagonista se siente...
   a. incómodo. b. cansado. c. como en su casa.
5. Los padres de Pepe no le permiten que se quede con la jaula porque...
   a. ya tiene varias. b. la encargó sin permiso. c. es muy grande.
6. Baltazar le regala la jaula al niño porque...
   a. no quiere verla. b. es su cumpleaños. c. la había construido para él.

2. Comprensión Contesta las siguientes preguntas con oraciones completas.

1. ¿Quién está más preocupado por las apariencias: Baltazar o su esposa?
2. ¿Qué opina Úrsula de que su marido dedique tanto tiempo a la construcción de la jaula? ¿En algún momento cambia de opinión?
3. ¿El médico cambia de actitud cuando Baltazar se niega a venderle la jaula? ¿Por qué?
4. ¿Qué es lo que más le molesta a Baltazar de la gente rica? ¿Cómo lo tratan dentro de la casa de Montiel?
5. ¿Qué quiere celebrar Baltazar cuando invita a todos a una ronda en el bar?

3. Interpretación Analiza los sucesos del cuento para contestar estas preguntas. Luego compara tus respuestas con las de un(a) compañero/a.

1. ¿Por qué el autor habrá elegido el nombre "Baltazar" para su protagonista?
2. ¿Qué quiere decir el autor con esta descripción del carácter del carpintero: "… la vida le había dado muchos motivos para estar alerta, pero ninguno para estar asustado"?
3. ¿Por qué crees que Baltazar no quiere considerar lo que el doctor le ofrece por su creación?
4. ¿Qué quiere dar a entender Montiel cuando le pide a Baltazar que no le discuta? ¿Por qué se enoja tanto cuando el carpintero le regala la jaula al niño?
5. ¿Cómo se comporta la esposa de Montiel frente a su marido? ¿Por qué?
6. ¿Es el gesto del carpintero propio de una persona de clase humilde? ¿Por qué?
7. ¿Qué representan las jaulas que hace Baltazar?
8. ¿Por qué miente Baltazar? ¿Qué sienten sus vecinos pobres hacia los ricos?
9. ¿Por qué se emborracha el protagonista?
10. ¿Por qué crees que Baltazar al final siente que está viviendo "el sueño más feliz de su vida"? ¿Piensas que para él todo ha valido la pena?

4. **Técnica literaria** Con dos compañeros/as, lee las siguientes citas y contesta las preguntas reflexionando sobre las posibilidades de interpretación alegórica.

"Se acercó al niño, sonriendo, y le entregó la jaula."

1. ¿Qué alegoría se puede encontrar en la figura de Baltazar (a partir de su nombre, su profesión de carpintero, su edad de treinta años, su actitud al regalarle la jaula a Pepe Montiel, etc.)?

"Cuando acabó de almorzar, ya se decía por todos lados que era la jaula más bella del mundo."

2. ¿Qué elementos de la historia pueden leerse como una alegoría del compromiso del artista con su obra?

"Lo único que faltaba es que un cualquiera venga a darme órdenes a mi casa."

3. ¿Qué clase de estructura de poder existe en el pueblo y se retrata en el relato mediante la actitud de Montiel? ¿Qué sentido figurado se puede encontrar en la "desobediencia" de Baltazar?

"Eres el único que ha logrado sacarle ese montón de plata a don Chepe Montiel."

4. ¿Qué comprende finalmente Baltazar del poder de su obra (y de toda obra de arte) al ver la reacción del pueblo ante la supuesta venta de la jaula a Montiel? ¿Cómo propone extenderla a todo el mundo?

5. **Riqueza espiritual o material** Con dos compañeros/as, analiza los siguientes temas. Justifiquen sus respuestas.

- ¿Qué es más enriquecedor para el ser humano: cultivar su mundo interior o disfrutar de los placeres materiales? ¿Es posible encontrar un punto medio?
- ¿Por qué motivos piensas que un individuo puede llegar a sentirse superior a los demás? ¿Cómo influye el dinero y el poder en la conducta de los hombres?

TALLER DE ESCRITURA

1. **Cambio de vida** En un ensayo breve, describe lo que es realmente importante para ti y las cosas que te hacen más feliz. Además, menciona qué cambiarías en tu vida para sentirte más realizado/a como persona y de qué manera llevarías a cabo esos cambios.

2. **Nuevo status social** En un ensayo de una página, describe las ventajas y las virtudes de formar parte de una clase social determinada. Explica por qué esa clase social es la más apropiada para cualquier individuo que busque su propio bienestar. Usa alguno de estos puntos de vista.

   1. *La visión de un burgués que goza de una gran fortuna, poder e influencias.*
   2. *La perspectiva de un humilde campesino con mucha iniciativa y valores humanos que se siente orgulloso de sus orígenes modestos.*

SOBRE EL AUTOR

Juan Rulfo (1917–1986) nació bajo el nombre de Juan Nepomuceno Carlos Pérez Vizcaíno en la ciudad mexicana de Sayula, estado de Jalisco. Pertenecía a una familia acomodada° que había perdido casi todos sus bienes durante la Revolución Mexicana. Sus padres, al igual que muchos de sus tíos, murieron cuando Juan era aún niño y por eso debió pasar parte de su infancia en un orfanato de Guadalajara. Probablemente ese temprano contacto con la muerte y la soledad influyó en su estilo literario.

En 1934 se radicó° en la ciudad de México, donde tuvo diferentes trabajos que le permitieron recorrer todo el país y empaparse° de los más diversos dialectos y costumbres.

En 1953 publicó *El llano en llamas,* una colección de cuentos que incluye *No oyes ladrar los perros* y, dos años más tarde, *Pedro Páramo,* que muchos expertos cuentan entre las mejores novelas de la literatura universal.

En todos sus relatos, Rulfo combinaba la realidad y la fantasía para analizar, con un tono fatalista y oscuro, los problemas socioculturales que sufrían las áreas rurales del México posrevolucionario. A pesar de que su producción literaria no fue demasiado extensa, le bastó para convertirse en uno de los escritores más prestigiosos del siglo XX.

Rulfo dedicó las dos últimas décadas de su vida al Instituto Nacional Indigenista, donde se encargó de la edición de una de las colecciones más importantes de antropología contemporánea y antigua de México.

acomodada *wealthy* **se radicó** *settled* **empaparse** *learn*

No oyes ladrar los perros

Fecha de publicación: 1953
País: México
Género: cuento
Colección: El llano en llamas
Personajes: Ignacio, su padre

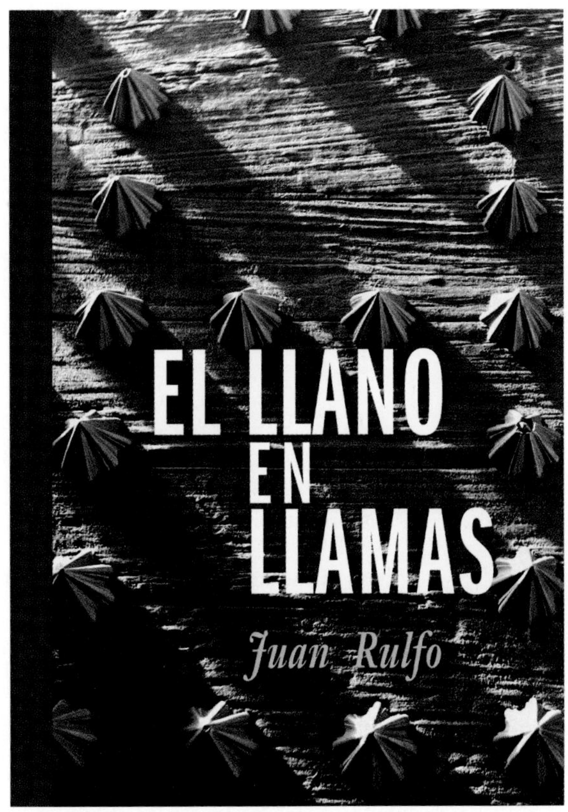

TÉCNICA LITERARIA

In medias res

La técnica literaria de empezar una historia *in medias res* (del latín "en medio de las cosas") es muy utilizada en los cuentos. Consiste en comenzar una narración por la mitad en vez de hacerlo desde el comienzo. De este modo, se logra acelerar el ritmo del relato y captar inmediatamente la atención del lector, que debe esforzarse para comprender lo que sucede.

Aunque parezca una técnica moderna, podemos encontrar ejemplos de un comienzo *in medias res* en *La Odisea* de Homero y en *El Cantar del Mío Cid,* el primer poema épico de la literatura española.

Basándote en lo que acabas de leer, contesta las siguientes preguntas.

- ¿Conoces alguna obra literaria en la que se haya utilizado esta técnica?
- ¿Qué ventajas y desventajas tiene el uso de esta técnica? Justifica tu respuesta.

CONTEXTO HISTÓRICO

La Revolución Mexicana

La Revolución Mexicana fue, sin dudas, el acontecimiento más relevante de la historia reciente de México. Diferentes grupos sociales se unieron para derrotar al dictador Porfirio Díaz y para mejorar la situación sociopolítica y económica de la población. Querían establecer una nueva constitución y llevar a cabo una importante reforma agraria. Sin embargo, por disputas internas de los sectores revolucionarios, el alzamiento° inicial se transformó en una prolongada guerra civil que duró desde 1910 hasta 1920 y dejó al país sumido° en una profunda crisis.

En ese momento histórico tan conflictivo surgió una generación de escritores comprometidos con la realidad social y política. Juan Rulfo, Rosario Castellanos y Octavio Paz, por ejemplo, denunciaron la difícil situación que atravesaban los campesinos tras la revolución. Describieron con sumo detalle la dicotomía que imperaba en la sociedad mexicana: mientras que unos luchaban con mayor o menor violencia por el cambio, otros mostraban una actitud de resignación y apatía. Esta dicotomía puede percibirse claramente a través de los personajes de *No oyes ladrar los perros:* el padre se resigna a su suerte mientras que el hijo intenta hacer algo al respecto.

Mujeres y niñas practicando el tiro durante la Revolución Mexicana, 1911

 Practice more at **vhlcentral.com.**

alzamiento *uprising* **sumido** *plunged*

ANTESALA

Antes de iniciar la lectura, completa estas actividades para lograr una mejor comprensión.

1. Aprende y practica el vocabulario del cuento en vhlcentral.com.
2. Según tu opinión, ¿cuál es la importancia de la familia en el desarrollo de los jóvenes? ¿Crees que la relación con los familiares puede ser determinante para el futuro de una persona?
3. En la lengua española abundan los refranes y dichos populares que se aplican a la vida diaria. "Quien a buen árbol se arrima, buena sombra le cobija" y "Dime con quién andas y te diré quién eres" son refranes que se relacionan con este cuento. ¿Cuál crees que es su significado? Justifica tu respuesta.
4. ¿Alguna vez has tenido un amigo al que se le considerara una mala influencia? ¿Crees que realmente existen las buenas o malas influencias? ¿Por qué?

José Clemente Orozco, *Zapata*, 1930 ►

NO OYES LADRAR LOS PERROS

Juan Rulfo

—TÚ QUE VAS ALLÁ ARRIBA, IGNACIO, DIME SI NO OYES ALGUNA señal de algo o si ves alguna luz en alguna parte.

—No se ve nada.

—Ya debemos estar cerca.

—Sí, pero no se oye nada.

—Mira bien.

—No se ve nada.

—Pobre de ti, Ignacio.

La sombra larga y negra de los hombres siguió moviéndose de arriba abajo, trepándose a las piedras, disminuyendo y creciendo según avanzaba por la orilla del arroyo. Era una sola sombra, tambaleante°.

La luna venía saliendo de la tierra, como una llamarada redonda.

—Ya debemos estar llegando a ese pueblo, Ignacio. Tú que llevas las orejas de fuera, fíjate a ver si no oyes ladrar los perros. Acuérdate que nos dijeron que Tonaya estaba detrasito° del monte. Y desde qué horas que hemos dejado el monte. Acuérdate, Ignacio.

—Sí, pero no veo rastro° de nada.

—Me estoy cansando.

—Bájame.

El viejo se fue reculando° hasta encontrarse con el paredón y se recargó allí, sin soltar la carga de sus hombros. Aunque se le doblaban las piernas, no quería sentarse, porque después no hubiera podido levantar el cuerpo de su hijo, al que allá atrás, horas antes, le habían ayudado a echárselo a la espalda. Y así lo había traído desde entonces.

—¿Cómo te sientes?

—Mal.

Hablaba poco. Cada vez menos. En ratos parecía dormir. En ratos parecía tener frío. Temblaba. Sabía cuándo le agarraba a su hijo el temblor por las sacudidas que le daba, y porque los pies se le encajaban en los ijares° como espuelas°. Luego las manos del hijo, que traía trabadas en su pescuezo°,

II ¿Para qué el viejo quiere ver luces y escuchar el ladrido de los perros?

staggering

(fam.) right behind

trace

se fue reculando *stepped back*

sides

spurs / neck

le zarandeaban° la cabeza como si fuera una sonaja. Él apretaba los dientes para no morderse la lengua y cuando acababa aquello le preguntaba:

shook

—¿Te duele mucho?

—Algo —contestaba él.

Primero le había dicho: "Apéame° aquí... Déjame aquí... Vete tú solo. Yo te alcanzaré mañana o en cuanto me reponga un poco." Se lo había dicho como cincuenta veces. Ahora ni siquiera eso decía. Allí estaba la luna. Enfrente de ellos. Una luna grande y colorada que les llenaba de luz los ojos y que estiraba y oscurecía más su sombra sobre la tierra.

get me off

¿Qué prefiere Ignacio que haga su padre con él? ¿Le hace caso el padre?

—No veo ya por dónde voy —decía él.

Pero nadie le contestaba.

El otro iba allá arriba, todo iluminado por la luna, con su cara descolorida, sin sangre, reflejando una luz opaca. Y él acá abajo.

—¿Me oíste, Ignacio? Te digo que no veo bien.

Y el otro se quedaba callado.

Siguió caminando, a tropezones°. Encogía el cuerpo y luego se enderezaba para volver a tropezar de nuevo.

a tropezones *stumbling*

—Éste no es ningún camino. Nos dijeron que detrás del cerro estaba Tonaya. Ya hemos pasado el cerro. Y Tonaya no se ve, ni se oye ningún ruido que nos diga que está cerca. ¿Por qué no quieres decirme qué ves, tú que vas allá arriba, Ignacio?

—Bájame, padre.

—¿Te sientes mal?

—Sí.

—Te llevaré a Tonaya a como dé lugar. Allí encontraré quien te cuide. Dicen que allí hay un doctor. Yo te llevaré con él. Te he traído cargando desde hace horas y no te dejaré tirado aquí para que acaben contigo quienes sean.

Se tambaleó un poco. Dio dos o tres pasos de lado y volvió a enderezarse.

—Te llevaré a Tonaya.

—Bájame.

Su voz se hizo quedita°, apenas murmurada:

soft

—Quiero acostarme un rato.

—Duérmete allí arriba. Al cabo te llevo bien agarrado.

La luna iba subiendo, casi azul, sobre un cielo claro. La cara del viejo, mojada en sudor, se llenó de luz. Escondió los ojos para no mirar de frente, ya que no podía agachar la cabeza agarrotada entre las manos de su hijo.

—Todo esto que hago, no lo hago por usted. Lo hago por su difunta° madre. Porque usted fue su hijo. Por eso lo hago. Ella me reconvendría° si yo lo hubiera dejado tirado allí, donde lo encontré, y no lo hubiera recogido para llevarlo a que lo curen, como estoy haciéndolo. Es ella la que me da ánimos, no usted. Comenzando porque a usted no le debo más que puras dificultades, puras mortificaciones, puras vergüenzas.

late

would scold

Sudaba al hablar. Pero el viento de la noche le secaba el sudor. Y sobre el sudor seco, volvía a sudar.

—Me derrengaré°, pero llegaré con usted a Tonaya, para que le alivien esas heridas que le han hecho. Y estoy seguro de que, en cuanto se sienta usted bien, volverá a sus malos pasos. Eso ya no me importa. Con tal que se vaya lejos, donde yo no vuelva a saber de usted. Con tal de eso... Porque para mí usted ya no es mi hijo. He maldecido la sangre que usted tiene de

collapse

mí. La parte que a mí me tocaba la he maldecido. He dicho: "¡Que se le pudra en los riñones la sangre que yo le di!" Lo dije desde que supe que usted andaba trajinando por los caminos, viviendo del robo y matando gente... Y gente buena. Y si no, allí está mi compadre Tranquilino. El que lo bautizó a usted. El que le dio su nombre. A él también le tocó la mala suerte de encontrarse con usted. Desde entonces dije: "Ése no puede ser mi hijo".

Pero al menos debías de oír si ladran los perros. Haz por oír.

"Mira a ver si ya ves algo. O si oyes algo. Tú que puedes hacerlo desde allá arriba, porque yo me siento sordo°."

deaf

—No veo nada.

—Peor para ti, Ignacio.

—Tengo sed.

—¡Aguántate! Ya debemos estar cerca. Lo que pasa es que ya es muy noche y han de haber apagado la luz en el pueblo. Pero al menos debías de oír si ladran los perros. Haz por oír.

—Dame agua.

—Aquí no hay agua. No hay más que piedras. Aguántate. Y aunque la hubiera, no te bajaría a tomar agua. Nadie me ayudaría a subirte otra vez y yo solo no puedo.

—Tengo mucha sed y mucho sueño.

—Me acuerdo cuando naciste. Así eras entonces. Despertabas con hambre y comías para volver a dormirte. Y tu madre te daba agua, porque ya te habías acabado la leche de ella. No tenías llenadero. Y eras muy rabioso. Nunca pensé que con el tiempo se te fuera a subir aquella rabia a la cabeza... Pero así fue. Tu madre, que descanse en paz, quería que te criaras fuerte. Creía que cuando tú crecieras irías a ser su sostén. No te tuvo más que a ti. El otro hijo que iba a tener la mató. Y tú la hubieras matado otra vez si ella estuviera viva a estas alturas.

Sintió que el hombre aquel que llevaba sobre sus hombros dejó de apretar las rodillas y comenzó a soltar los pies, balanceándolos de un lado para otro. Y le pareció que la cabeza, allá arriba, se sacudía como si sollozara.

Sobre su cabello sintió que caían gruesas gotas, como de lágrimas.

—¿Lloras, Ignacio? Lo hace llorar a usted el recuerdo de su madre, ¿verdad? Pero nunca hizo usted nada por ella. Nos pagó siempre mal. Parece que, en lugar de cariño, le hubiéramos retacado el cuerpo de maldad. ¿Y ya ve? Ahora lo han herido. ¿Qué pasó con sus amigos? Los mataron a todos. Pero ellos no tenían a nadie. Ellos bien hubieran podido decir: "No tenemos a quién darle nuestra lástima." ¿Pero usted, Ignacio?

II Según el padre, ¿qué habría ocasionado la muerte de la madre si estuviera viva?

Allí estaba ya el pueblo. Vio brillar los tejados bajo la luz de la luna. Tuvo la impresión de que lo aplastaba el peso de su hijo al sentir que las corvas° se le doblaban en el último esfuerzo. Al llegar al primer tejaván° se recostó sobre el pretil° de la acera y soltó el cuerpo, flojo, como si lo hubieran descoyuntado.

backs of the knees
shed
parapet

Destrabó difícilmente los dedos con que su hijo había venido sosteniéndose de su cuello y, al quedar libre, oyó cómo por todas partes ladraban los perros.

—¿Y tú no los oías, Ignacio? —dijo—. No me ayudaste ni siquiera con esta esperanza. ■

Piénsalo

1. Cierto o falso Indica si cada afirmación es cierta o falsa. Corrige las falsas.

1. Los personajes no tienen ninguna relación entre sí.
2. El objetivo de los personajes es llegar a Tonaya.
3. La ciudad de Tonaya está a orillas del mar.
4. El padre de Ignacio se llama Tranquilino.
5. La madre de Ignacio lo quería mucho cuando era pequeño.
6. Los personajes van a Tonaya porque el padre está herido.
7. Los amigos de Ignacio han muerto.
8. Los dos protagonistas nunca consiguen llegar al pueblo.
9. La madre de Ignacio los espera en Tonaya.

2. Comprensión Contesta las siguientes preguntas con oraciones completas.

1. ¿Por qué los personajes tardan tanto en llegar a su destino?
2. ¿Cómo sube Ignacio a la espalda de su padre?
3. ¿Por qué está herido Ignacio?
4. ¿Qué le pasó a Tranquilino?
5. ¿Qué le pasó a la madre de Ignacio?
6. ¿Por qué el padre no puede oír nada?
7. ¿A qué se dedicaba Ignacio? ¿Tuvo eso algo que ver con su estado actual? ¿Por qué?

3. Interpretación Analiza los sucesos del cuento para contestar estas preguntas. Después compara tus respuestas con las de un(a) compañero/a.

1. El diálogo, o la ausencia del mismo, ¿de qué modo ilustra la relación entre padre e hijo?
2. El cuento está repleto de simbolismo. ¿Qué crees que significa la presencia de una luna roja al principio del relato?
3. ¿Por qué es tan importante para el padre el ladrido de los perros?
4. Ignacio habla menos a medida que avanza el relato. ¿Cuáles crees que son las razones?
5. ¿Cómo se relacionan el conflicto entre los personajes y el contexto histórico del cuento?
6. ¿Crees que el recuerdo de su madre afecta a Ignacio en su lucha por sobrevivir?
7. ¿Qué crees que pudo llevar a Ignacio a elegir ese tipo de vida?
8. ¿Por qué crees que Ignacio le pide a su padre repetidamente que lo abandone en el camino? Justifica tu respuesta.
9. ¿Qué sintió el padre caer sobre su cabello?
10. ¿Qué sucede al final del cuento? ¿Por qué piensas que el autor no especifica si Ignacio ha muerto?
11. ¿A qué esperanza se refiere el padre al final del cuento? Justifica tu respuesta.

4. Técnica literaria Con un(a) compañero/a, contesta las siguientes preguntas sobre el cuento.

1. ¿Por qué crees que el autor eligió esta escena en particular para comenzar el relato? ¿Tiene algún significado especial? ¿Por qué?
2. ¿Aumenta el dramatismo de la historia al comenzarla *in medias res*?
3. ¿Cómo cambiaría la historia si se narraran los hechos desde el principio?
4. ¿Crees que entenderíamos la historia de la misma manera si no se mencionara el pasado de los personajes?
5. ¿Qué papel juega el diálogo en un relato como éste, construido *in medias res*? ¿Cómo cambiaría el efecto del relato si la información fuera transmitida por el narrador, en vez de por el diálogo?

5. Opiniones Con dos compañeros/as, analiza las siguientes preguntas justificando cada respuesta.

1. Si estuvieras en el lugar del padre, ¿habrías actuado del mismo modo? ¿Qué actitud habrías tenido con Ignacio? ¿Le habrías reprochado todo lo ocurrido o lo habrías perdonado?
2. ¿Crees que es posible olvidarlo todo y empezar de nuevo? ¿Qué pasaría si Ignacio se recuperase? ¿Comenzaría una nueva vida o volvería a sus costumbres de antes?
3. ¿Crees que el comportamiento de Ignacio se debía a la situación social o a su propia naturaleza?
4. ¿Cómo influye el contexto histórico en el desarrollo de la obra?
5. Si este cuento se hubiera escrito en la actualidad, ¿crees que el final hubiera sido el mismo? ¿Los personajes se relacionarían de la misma manera? ¿Tendrían las mismas reacciones?

TALLER DE ESCRITURA

1. **In medias res** La técnica de iniciar una historia *in medias res* se utiliza mucho en el cine y en la literatura. Escribe un relato comenzando por la mitad. Recuerda utilizar herramientas como el diálogo, las escenas retrospectivas y las descripciones para que tu narración sea lo más completa posible.

2. **Diálogo** Después de pasar dos semanas en el hospital, Ignacio se da cuenta de todo el mal que ha hecho. Por eso, decide cambiar de vida y convertirse en una persona mejor. Piensa que el primer paso debe ser pedirle perdón a su padre y tratar de convencerlo de que ha cambiado. Escribe un posible diálogo entre Ignacio y su padre teniendo en cuenta que este último no cree que Ignacio pueda cambiar. Relee *No oyes ladrar los perros* en busca de información adicional.

SOBRE EL AUTOR

Rubén Darío, el fundador del modernismo latinoamericano, nació en San Pedro de Metapa, Nicaragua, el 18 de enero de 1867. Desde niño, Félix Rubén García Sarmiento —nombre con el que fue bautizado— tuvo una vida intensa e inestable, caracterizada por los viajes, los apremios económicos, los problemas de alcoholismo y los enredos amorosos. Vivió en diferentes países de Centroamérica y en Chile, Argentina, España y Francia.

Si bien se ganó la vida como representante diplomático y como periodista, su verdadera vocación siempre fue la literatura. Gracias a su poesía, conoció el éxito y la fama, aunque también tuvo varios detractores. De hecho, muchas veces lo acusaron de estar demasiado influido por la literatura francesa, especialmente la de Víctor Hugo. A pesar de esas críticas, "Canción de otoño en primavera" es uno de los mayores hitos° del modernismo. El movimiento modernista buscaba separarse de la pomposidad del romanticismo y del estilo despojado del realismo. Como el mismo Rubén Darió lo definió: "El modernismo no es otra cosa que el verso y la prosa castellanos pasados por el fino tamiz° del buen verso y de la buena prosa franceses".

Con sus hermosos versos, Rubén Darío logró una renovación del lenguaje poético y defendió la belleza como el bien supremo. Con el tiempo, se convirtió en referente para una nueva generación de poetas jóvenes de España y de Latinoamérica. Murió en León, Nicaragua, el 6 de febrero de 1916.

hitos *landmarks* **tamiz** *sieve*

Canción de otoño en primavera

Fecha de publicación: 1905
País: Nicaragua
Género: poema
Colección: Cantos de vida y esperanza, los cisnes y otros poemas

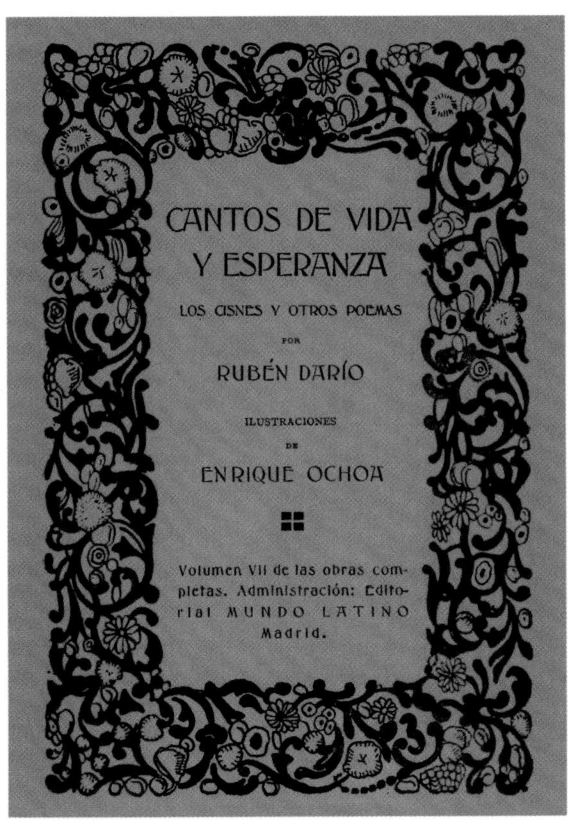

TÉCNICA LITERARIA

El estilo poético: las sensaciones

Los modernistas consideran que el mundo real es vulgar, materialista y desagradable. Por eso, usan su imaginación para refugiarse en un mundo fantástico y onírico° donde predominan los símbolos, como "el otoño", "el jardín", etc. Los ambientes y paisajes descritos en sus poemas reflejan el mundo interior y el estado de ánimo del poeta. El poeta modernista busca evocar más que nombrar. Por eso, recurre a la sinestesia, una figura retórica que le permite crear imágenes mezclando los cinco sentidos, especialmente el oído y la vista.

Lee "Canción de otoño en primavera" y contesta las siguientes preguntas.

- ¿Notas algún paralelismo entre los ambientes y los sentimientos del poeta?
- ¿Qué símbolos encuentras en este poema?

onírico *dreamlike*

CONTEXTO HISTÓRICO

El modernismo

El poema "Canción de otoño en primavera" se centra en el paso del tiempo desde la mirada melancólica típica de la poesía modernista. Rubén Darío fue quien sentó las bases de esta poesía, que tiene entre sus temas favoritos el hastío° por la vida cotidiana y la evasión de la realidad. El poeta modernista busca escapar del tiempo y del espacio en el que vive. Evoca paisajes exóticos y un pasado mejor, en el que abundan las princesas, los héroes y los seres de las mitologías clásica y medieval. Probablemente esta perspectiva de la existencia se deba a la profunda crisis espiritual de fines del siglo XIX que encuentra a Hispanoamérica en plena ebullición. España pierde sus últimas colonias en el Caribe, las ciudades se vuelven cosmopolitas y Latinoamérica toma París como referente cultural. En ese momento, surge el movimiento modernista como reacción contra los valores burgueses. Esa corriente no sólo influye en la literatura, sino también en otras disciplinas como la música, la pintura, la escultura y la arquitectura. Frente a una realidad que se percibe inarmónica, se busca refugio en las raíces americanas, en la idealización del amor o en la intimidad de los sentimientos. El poeta Juan Ramón Jiménez lo explica así: "El modernismo era el encuentro de nuevo con la belleza, sepultada durante el siglo XIX por un tono general de poesía burguesa".

La Casa Batlló, del arquitecto Antonio Gaudí, en Barcelona

 Practice more at **vhlcentral.com.**

hastío *weariness*

ANTESALA

Antes de iniciar la lectura, completa estas actividades para lograr una mejor comprensión.

1. Aprende y practica el vocabulario del poema en vhlcentral.com.
2. ¿Conoces los edificios diseñados por Antonio Gaudí, el máximo exponente español de la arquitectura modernista? ¿Qué diseños adornan las fachadas? ¿Predomina la simplicidad o la búsqueda de la belleza? ¿Qué te hacen sentir?
3. ¿Crees que la juventud se puede transformar en una obsesión? ¿Es posible prolongar la juventud gracias a los adelantos de la medicina y la cosmetología? ¿Qué se pierde cuando se envejece y qué se gana?
4. En grupos, conversen sobre estos temas.
   - ¿Es legítimo para un artista intentar escapar de la realidad o te parece que debe comprometerse con el mundo que lo rodea? ¿Qué te parece más valioso: retratar lo que sucede o resaltar la belleza de la vida?
   - ¿Piensas que expresar los sentimientos es cursi (*corny*) o demuestra valentía? ¿Los hombres pueden expresar sus emociones libremente? ¿Por qué? ¿En qué contexto?

Frida Kahlo, *Retrato de Luther Burbank* (detalle), 1931 ►

CANCIÓN DE Otoño EN PRIMAVERA

Rubén Darío

¿Qué palabras nos demuestran el temperamento del poeta frente al paso del tiempo?

Juventud, divino tesoro,
¡ya te vas para no volver!
Cuando quiero llorar, no lloro...
y a veces lloro sin querer.

Plural ha sido la celeste
historia de mi corazón.
Era una dulce niña, en este
mundo de duelo° y aflicción.

Miraba como el alba pura;
sonreía como una flor.
Era su cabellera obscura
hecha de noche y de dolor.

Yo era tímido como un niño.
Ella, naturalmente, fue,
para mi amor hecho de armiño°,
Herodías y Salomé...

° duelo: *mourning*

° armiño: *ermine (white fur trim with black spots associated with heraldry)*

Juventud, divino tesoro
¡ya te vas para no volver...!
Cuando quiero llorar, no lloro,
y a veces lloro sin querer...

La otra fue más sensitiva,
y más consoladora y más
halagadora° y expresiva,
cual no pensé encontrar jamás.

flattering

Pues a su continua ternura
una pasión violenta unía.
En un peplo° de gasa pura
una bacante se envolvía...

peplos (garment worn by women in Ancient Greece)

En sus brazos tomó mi ensueño
y lo arrulló° como a un bebé...
Y le mató, triste y pequeño
falto de luz, falto de fe...

lo arrulló *lulled it asleep*

Juventud, divino tesoro,
¡te fuiste para no volver!
Cuando quiero llorar, no lloro,
y a veces lloro sin querer...

Otra juzgó que era mi boca
el estuche de su pasión
y que me roería, loca,
con sus dientes el corazón

poniendo en un amor de exceso
la mira de su voluntad,
mientras eran abrazo y beso
síntesis de la eternidad:

¿Qué cosas de su pasado se le aparecen con intensidad al pensar en su juventud?

y de nuestra carne ligera
imaginar siempre un Edén,
sin pensar que la Primavera
y la carne acaban también...

Juventud, divino tesoro,
¡ya te vas para no volver!...
Cuando quiero llorar, no lloro,
¡y a veces lloro sin querer!

¡Y las demás!, en tantos climas,
en tantas tierras, siempre son,
si no pretexto de mis rimas,
fantasmas de mi corazón.

En vano busqué a la princesa
que estaba triste de esperar.
La vida es dura. Amarga y pesa.
¡Ya no hay princesa que cantar!

stubborn

Mas a pesar del tiempo terco°,
mi sed de amor no tiene fin;
con el cabello gris me acerco
a los rosales del jardín...

¿El poeta ha renunciado ya a todas las cosas de la vida o todavía se interesa por algo? ¿Cómo lo sabes?

Juventud, divino tesoro,
¡ya te vas para no volver! ...
Cuando quiero llorar, no lloro,
y a veces lloro sin querer...

¡Mas es mía el Alba de oro! ■

Piénsalo

1. Elegir Indica la opción correcta.

1. El poema es sobre la juventud que el poeta...
   a. está viviendo. b. recuerda. c. ve en quienes lo rodean.
2. La vida, según el poeta, es...
   a. dulce. b. dura y pesada. c. pura.
3. El poeta se ha enamorado...
   a. una sola vez. b. dos o tres veces. c. muchas veces.
4. El poeta conoció al primer amor que recuerda...
   a. hace poco. b. cuando estaba casado. c. cuando era muy joven.
5. El poeta considera a otros amores que tuvo como...
   a. lágrimas. b. tesoros. c. fantasmas.
6. Cuando se enamoró por primera vez, el poeta...
   a. era muy tímido. b. era muy extrovertido. c. se sentía triste.
7. El poeta...
   a. ya no cree en el amor. b. cree en el amor. c. regresó con su primera novia.
8. El tono del poema es...
   a. melancólico. b. violento. c. feliz.

2. Comprensión Contesta las siguientes preguntas con oraciones completas.

1. ¿En qué etapa de la vida estaba el poeta cuando escribió este poema?
2. ¿Cómo ha sido la vida amorosa del poeta?
3. ¿Qué dice el estribillo (*refrain*) sobre la juventud?
4. ¿Qué tienen en común, según el poeta, la primavera y la carne?
5. ¿Cómo describe el poeta a cada mujer que amó en su vida?

3. Interpretación Con un(a) compañero/a, analiza el poema a partir de las siguientes preguntas.

1. ¿Cuál es el tema universal que aparece en este poema?
2. ¿Por qué la juventud es un "divino tesoro" para el poeta?
3. ¿Qué emociones despertaron en él los distintos amores de su vida?
4. ¿Por qué no llama por su nombre a ninguna de las mujeres que amó?
5. ¿Quién es la princesa que buscó en vano? ¿Todavía tiene tiempo de encontrarla o ya ha renunciado a su búsqueda? ¿Por qué?
6. ¿Por qué se acerca el poeta "a los rosales del jardín"? ¿Qué crees que simbolizan?
7. En tu opinión, ¿qué es el "Alba de oro"? ¿Por qué dice que es suya?
8. ¿Ha quedado huella de sus amores en el arte del poeta? Explica.
9. ¿Cómo interpretas el título del poema? ¿Te parece apropiado o le pondrías otro?

4. Técnica literaria "Canción de otoño en primavera" es un claro ejemplo de poesía modernista. Con un(a) compañero/a, usa tus conocimientos sobre ese movimiento literario para analizar los siguientes temas.

1. El poeta usa palabras que remiten a distintos sentidos para lograr descripciones más vivas, con musicalidad y color. Busca en el poema todas las imágenes sensoriales y clasifícalas en columnas según el sentido al que correspondan (vista, tacto, oído, olfato o gusto). ¿Encuentras algunas imágenes donde los sentidos se mezclan?
2. En la poesía modernista suelen aparecer personajes y lugares míticos o históricos que remiten a épocas pasadas y enriquecen las descripciones. Analiza la intención del poeta al nombrar:

- a Herodías y Salomé.
- a una bacante.
- el Edén.

5. Otoño en primavera ¿Qué te sugieren las estaciones del año? Asocia las estaciones con las palabras del recuadro. Luego comenta tus elecciones con otros/as dos compañeros/as y contesten juntos estas preguntas: ¿Se puede encontrar belleza en todo tipo de lugares y situaciones? ¿Son convencionales las asociaciones que realizamos o pueden variar de un individuo a otro?

- Primavera
- Verano
- Otoño
- Invierno

abundancia	fuerza	oscuridad	tristeza
comienzo	luz	plenitud	vida
espera	melancolía	quietud	
final	muerte	silencio	

TALLER DE ESCRITURA

1. Yo era En el poema "Canción de otoño en primavera", el poeta no sólo menciona a las mujeres que pasaron por su vida, sino que también describe su mundo interior, su percepción de la vida y su idealización del amor. Escribe un ensayo breve de una página sobre la personalidad del poeta y su decepción frente al paso de los años.

2. Te vas para no volver El poeta mira hacia atrás y recuerda momentos de su vida en los que se sentía más pleno y feliz. Elige alguna situación, época o suceso de tu vida que consideres particularmente fascinante y descríbelo en un ensayo breve.

- *Utiliza imágenes sensoriales y detalles precisos.*
- *Señala de qué forma ves ese mismo suceso tras el paso del tiempo.*
- *Elige un título que revele tu perspectiva actual sobre lo que relataste.*

SOBRE EL AUTOR

Rodolfo Aldasoro (1937–2002) fue un talentoso actor, dramaturgo y director teatral argentino. Nació en la pequeña localidad de Carmen, en la provincia de Santa Fe, pero unos años más tarde debió mudarse con su familia a Venado Tuerto. En esa ciudad tomó contacto, antes de terminar la escuela secundaria, con las personas que lo iniciarían en su pasión por el teatro.

Tras un temprano éxito como actor en la obra *Las manos de Eurídice,* Aldasoro se trasladó a Rosario. Allí consolidó su carrera actoral, pero sentía que eso no era suficiente. Entonces, decidió adaptar, escribir y dirigir sus propias obras.

En esos años, su país atravesaba una etapa turbulenta. Entre 1976 y 1983, una violenta dictadura militar subyugó a los argentinos, en especial a aquéllos con intereses sociales y culturales. Sin embargo, en 1981 comenzaron a organizarse en Buenos Aires los Ciclos de Teatro Abierto, que denunciaban la compleja situación política. Aldasoro se entusiasmó mucho con esas jornadas, ya que pensaba que constituían "la primera protesta a nivel estético contra la dictadura". Por eso, decidió regresar a Venado Tuerto y coordinar "un grupo de trabajo teatral": El Galpón del Arte. Ese proyecto lo absorbió hasta su muerte, el 12 de julio de 2002.

A pesar de su enorme talento, el legado de Aldasoro no se limita a las numerosas obras teatrales en las que participó. Siempre será recordado por su lucha contra el conformismo y la apatía, y por su compromiso con la sociedad de su tiempo.

GRUPO DE TEATRO APERTURA
PRESENTA
"EL JOROBADITO"
DE ROBERTO ARLT

Versión RODOLFO ALDASORO

Cine Teatro Verdi — Miércoles 25 de abril, 22 horas

En conmemoración de los 100 años de Venado Tuerto.
Auspicia Dirección de Cultura de la Municipalidad

El jorobadito

Fecha de estreno: 1977
País: Argentina
Género: teatro
Personajes: Elsa, Hombre

TÉCNICA LITERARIA

La parodia

Las parodias son imitaciones de personas, hechos, obras de arte o temáticas. A menudo son humorísticas y se burlan de ideas o valores tradicionales. *El Quijote*, por ejemplo, es una divertida parodia de los libros de caballería, que eran muy populares en el siglo XVI. Los enfrentamientos con gigantes, las fantásticas escenas heroicas y la conquista de la doncella amada resultan cómicas en la versión de Cervantes. Así, el humor se convierte en una herramienta muy potente, ya que muchas veces el lector o espectador se descubre riéndose de sí mismo.

El jorobadito es una parodia de ciertas convenciones sobre el amor. Busca reflejar el diálogo amoroso de manera sincera y libre de estereotipos.

- ¿Conoces alguna obra que parodie a otra?
- ¿Cuáles son los temas que se suelen tratar en las parodias? Intenta nombrar al menos tres ejemplos.

CONTEXTO CULTURAL

El Teatro Independiente

La obra de teatro *El jorobadito* es una adaptación libre del cuento homónimo de Roberto Arlt (1900–1942). Este novelista, cuentista y dramaturgo argentino fue uno de los primeros escritores que se sumaron a una corriente cultural de enorme trascendencia en la década de 1930: el Teatro Independiente.

El movimiento comenzó cuando Leónidas Barletta fundó el Teatro del Pueblo en la ciudad de Buenos Aires. Su objetivo era enfrentarse al circuito de teatro comercial. Como hacían falta obras nacionales, Arlt adaptó una de sus novelas y así inició su breve pero fructífera carrera como dramaturgo. La iniciativa de Barletta se extendió rápidamente a todas las grandes ciudades argentinas. Se formaron agrupaciones teatrales que funcionaban en forma cooperativa y daban a conocer obras de teatro de autores nacionales e internacionales. De esa manera, se creó un público calificado y surgieron varias generaciones de grandes actores.

Con el tiempo, el movimiento se subdividió en tres ramas: el teatro de vanguardia y experimentación, el realismo social y el nuevo grotesco. Ese enorme impulso cultural se sostuvo hasta mediados de la década de 1960, cuando nuevas experiencias artísticas ocuparon el centro de la escena.

Rodolfo Aldasoro se consideraba a sí mismo un hijo de esa trascendente experiencia colectiva. Al hacer la adaptación teatral de un cuento de Arlt, el dramaturgo no sólo rindió tributo a uno de los mejores escritores argentinos del siglo XX; también homenajeó a un movimiento teatral que revolucionó la vida cultural de su país.

El Teatro Colón de Buenos Aires, uno de los teatros comerciales más importantes de Argentina

 Practice more at **vhlcentral.com.**

ANTESALA

Antes de iniciar la lectura, completa estas actividades para lograr una mejor comprensión.

1. Aprende y practica el vocabulario de la obra en vhlcentral.com.
2. ¿Piensas que los ideales son importantes? ¿Estarías dispuesto/a a renunciar a todo por un ideal? ¿Te parece malo *no* tener ideales? ¿Por qué?
3. En grupos, conversen sobre estos temas.
   - ¿Cómo imaginas que debe ser una declaración de amor? ¿Existen “fórmulas” para proponerle matrimonio a alguien? ¿Quién suele ser el que propone? ¿Por qué crees que es así?
   - ¿Cuáles son los estereotipos más conocidos sobre el amor? Piensa en las parejas que has visto en el cine. ¿Consideras que alguna es ideal? ¿Por qué?

Rufino Tamayo, *Hombre y mujer* (detalle), 1981 ►

EL Jorobadito

Rodolfo Aldasoro

Adaptación al teatro de *El jorobadito*, cuento de Roberto Arlt

PERSONAJES
Elsa
Hombre

(Escena entre el narrador y su prometida en casa de esta última.)

ELSA ... ¡Y un montón de chiquilines que corran por la casa!

HOMBRE El casamiento, Elsa, es una cosa muy seria. Yo comprendo su entusiasmo y lo comparto, pero no negará que antes de decidirnos debemos estar muy seguros de muchas cosas.

ELSA ¿Es que acaso no nos queremos?

HOMBRE Yo estoy seguro de mi amor.

ELSA Yo también del mío... ¿Acaso no estoy todo el día entero pensando en usted y esperando con ansiedad que lleguen los martes, los jueves y los domingos?... ¿Cómo puede dudar de mi amor?... ¿Qué es lo que quiere de mí?... ¿Cómo debo demostrarle el cariño que siento por usted?... Dígame... Dígame...

HOMBRE No, no se trata de eso. Yo tengo temores que van más allá. Soy un hombre solo. Acostumbrado a una forma de vida. No sé si me adaptaré. Si podré cumplir cabalmente° como esposo. Yo...

° cabalmente: *fully*

¿Qué estado de ánimo demuestra Elsa en la conversación? ¿Y su prometido?

ELSA ¡Pero qué tonto, qué tontito! Todos los hombres creen lo mismo y todos al fin se adaptan y son buenos maridos y mejores padres.

HOMBRE Sí, pero yo soy distinto... me cuesta ver claras las cosas. O tal vez...

ELSA Lo que ocurre es que usted es demasiado honesto. De ahí el miedo al fracaso. Pero yo no lo dejaré fracasar. Lo cuidaré, lo mimaré°, hasta transformarlo en...

will spoil

HOMBRE ¿Hasta transformarme?

ELSA Sí... en un marido feliz y un padre orgulloso.

HOMBRE ¡Ahí está la cosa!

ELSA ¿Cómo?

HOMBRE Nada.

ELSA Todos los hombres cambian cuando se casan. Regularizan sus vidas. Tienen otras obligaciones que los apartan de° las fantasías. ¡Si hasta cambian físicamente! Y siempre para mejor. Siempre para mejor.

apartan de *drive away from*

HOMBRE Elsa... yo quiero a mis fantasías, no quiero perderlas.

ELSA ¿Y quién dice que va a perderlas? Yo le daré plena libertad. Mientras cumpla con sus obligaciones matrimoniales, no lo privaré de° salidas, amistades, en fin...

privaré de *deprive you of*

¿Quién es decidido en sus argumentos y quién duda? ¿Cuál es el objetivo principal en la vida de cada uno?

HOMBRE ¿Y del pensamiento?

ELSA Mientras eso no lo perturbe, no.

HOMBRE ¿Y tendré tiempo para pensar?

ELSA Al tiempo se lo busca.

HOMBRE Se lo busca... ¿y puede uno encontrarlo cuando entra en el torbellino° de las obligaciones matrimoniales, de los hijos?

whirl

ELSA Es que cuando llegan los hijos, todas las demás cosas pasan a un segundo plano. Todo lo que no sean los hijos, se transforma en insignificante y pequeño. Por algo sólo progresan los que forman un hogar.

HOMBRE Claro. Pero ¿por qué?

ELSA Porque es normal. Porque el hombre solitario acaba por transformarse en un bohemio, en un ser a la deriva°.

a la deriva *rudderless*

HOMBRE No, Elsa. Me refería a lo de las cosas pequeñas.

ELSA ¿Qué cosas pequeñas?

HOMBRE A las demás cosas. ¿Por qué los hijos empequeñecen a las otras cosas?

ELSA ¡Ah! Porque es normal. ¿Qué puede preocupar a un hombre más que sus hijos?

HOMBRE Y... la vida... la gente...

ELSA La gente piensa solamente en su familia.

HOMBRE Los que tienen familia.

ELSA ¡Claro! Nadie que deba mantener un hogar como se debe, va a preocuparse porque a usted le falte algo o le duela algo.

HOMBRE Sí. ¿Y está bien eso?

ELSA Es normal.

HOMBRE ¿Aunque a uno le duela?

ELSA Seguramente.

HOMBRE ¿Aunque a uno le falte?

ELSA Sí.

HOMBRE Sí-No.

ELSA ¿No qué?

HOMBRE No-Nada.

ELSA ¿Yo soy su ideal?

HOMBRE ¿Cómo?

ELSA Si soy su ideal.

HOMBRE Sí.

ELSA Eso es lo principal.

HOMBRE ¿De qué?

ELSA Tendríamos que hacer planes.

HOMBRE Sí.

ELSA Planes concretos. Dejarnos de interrogantes.

HOMBRE ¿Usted no siente miedo?

ELSA Cuando era chiquita, de la oscuridad.

HOMBRE Yo siento miedo ahora.

ELSA ¿De la oscuridad?

HOMBRE No precisamente. Tal vez del vacío.

ELSA ¿Del vacío vacío? ¿Del espacio, digamos?

HOMBRE Del vacío no lleno.

ELSA Ese se llena con amor, con una familia.

HOMBRE Debo reconocer que soy débil.

ELSA Eso también fortalece.

HOMBRE Y vacía.

ELSA ¿Cómo vacía?

HOMBRE Usted lo dijo antes, de otras cosas.

ELSA ¡Qué manera de complicarse! ■

¿Alguno de los dos logra convencer al otro? ¿Qué piensa Elsa de lo que el hombre propone?

1. Elegir Indica la opción correcta.

1. A Elsa le gustaría...
   a. tener un hijo. b. no tener hijos. c. tener muchos hijos.
2. El hombre...
   a. no está seguro de su amor. b. no tiene miedo. c. no sabe si se adaptará.
3. Elsa tiene una actitud...
   a. escéptica. b. optimista. c. nerviosa.
4. Para Elsa, cuando los hombres se casan...
   a. guardan sus fantasías. b. empeoran. c. se mantienen físicamente igual.
5. Al hombre le preocupa que debido al matrimonio...
   a. pierda sus ideales. b. deje de lado las pequeñas cosas. c. no duerma bien.
6. Según Elsa, los hombres solitarios...
   a. son seres a la deriva. b. saben lo que quieren. c. odian a las personas con familia.
7. El hombre asegura que es...
   a. débil. b. bohemio. c. idealista.
8. Elsa le propone al hombre...
   a. imaginar una vida juntos. b. vivir juntos sin casarse. c. pensarlo un tiempo.

2. Comprensión Contesta las siguientes preguntas con oraciones completas.

1. ¿Qué actitud tiene el hombre hacia la idea del matrimonio?
2. ¿Qué días de la semana son los mejores para Elsa? ¿Por qué?
3. ¿Por qué cree el hombre que no tendrá tiempo para pensar?
4. Elsa opina que la familia es buena para el hombre. ¿Por qué?
5. ¿Por qué piensa Elsa que el hombre es complicado?

3. Interpretación Elsa está convencida de lo que quiere y el hombre, de lo que no quiere. Con un(a) compañero/a, contesta las siguientes preguntas sobre la compatibilidad de sus convicciones.

1. ¿De qué cosas no está seguro el hombre? ¿Y Elsa?
2. ¿Cree Elsa que los hombres pueden cambiar? ¿Qué cree el hombre?
3. ¿Qué opina Elsa de los hombres solitarios? ¿Y el hombre?
4. ¿Por qué la familia es tan importante para Elsa? ¿Qué opina el hombre de los hijos?
5. Según Elsa, ¿quiénes progresan? ¿Comparte el hombre esa opinión?
6. ¿Qué libertades cree el hombre que puede perder al casarse? ¿Y Elsa?
7. ¿Es cierto que ella es el ideal para él? ¿Por qué?
8. ¿Por qué Elsa es tan valiente y el hombre se siente tan débil?
9. ¿Qué opinas que deberían hacer Elsa y el hombre?

4. **Técnica literaria** El diálogo de esta pareja de novios es atípico. Con dos compañeros/as, contesta las siguientes preguntas sobre cómo sería una escena de amor convencional. A medida que contesten, comenten cómo está planteada la misma escena en *El jorobadito.*

	Amor convencional	*El jorobadito*
1. Habitualmente, ¿quién toma la iniciativa de declararse?		
2. ¿Qué actitud suele tener el hombre? ¿Y la mujer?		
3. ¿Cuáles son las dificultades típicas que encuentran dos personas enamoradas para casarse?		
4. ¿Qué experiencia de vida suelen tener los enamorados?		
5. ¿Cuál es la opinión habitual sobre la idea de tener hijos?		
6. ¿La novia suele tener una actitud maternal hacia su novio?		

5. **El matrimonio** El hombre de esta escena tiene el dilema de si casarse o no. Con tres compañeros/as, argumenten a favor o en contra de las siguientes frases hechas sobre el matrimonio.

1. *El amor abre el paréntesis, el matrimonio lo cierra.*
2. *El amor es ciego, pero el matrimonio le restaura la vista.*
3. *Antes del matrimonio se considera el amor teóricamente; en el matrimonio se pasa a la práctica. Ahora bien, todos saben que las teorías no siempre concuerdan con la práctica.*
4. *El enamoramiento es el peor consejero del matrimonio.*

TALLER DE ESCRITURA

1. **¿Por qué es como es?** En una página, describe cómo imaginas la vida de Elsa. Piensa en los siguientes aspectos.
   - *Su edad*
   - *Cómo fue su vida hasta ahora*
   - *De qué trabaja*
   - *Cómo es su familia*
2. **¿Qué piensa?** El hombre parece poco dispuesto a comprometerse, pero sus motivos no son claros. En una página, escribe un monólogo en que el hombre le cuente a su mejor amigo detalles de su situación. Sigue estos pasos.

   El hombre...
   - *le cuenta a su amigo qué cosas le gustan de Elsa y cuáles no.*
   - *explica la propuesta de Elsa.*
   - *dice qué cosas estaría o no estaría dispuesto a cambiar por ella.*
   - *comunica la decisión que ha tomado.*
3. **¿Qué deberían hacer?** En una página, explica qué deberían hacer Elsa y el hombre después de este diálogo. Basa tu argumento en lo que conoces de cada personaje: sus personalidades, sus emociones, sus opiniones sobre el matrimonio, etc.

UN INFORME LITERARIO

Vas a escribir un informe literario basado en uno de los textos de esta lección. Un informe literario muestra la información objetiva de una obra y describe lo que el lector siente y piensa cuando la lee, así como cuáles son las intenciones del/de la autor(a) al escribirla.

Plan de escritura

Comienza completando una tabla con las características de cada obra. Esta tabla te ayudará a preparar tu informe literario.

	personajes principales	ambiente	temas centrales
El hijo de la novia	Rafael, Nino, Norma, Juan Carlos, Naty		
La prodigiosa tarde de Baltazar			Tensión entre clases sociales
No oyes ladrar los perros		México rural principios siglo XX	
"Canción de otoño en primavera"			
El jorobadito			

Planificar y preparar la escritura

1. Estrategia: Investigar la obra

- Ahora puedes seleccionar una de las obras que aparecen en el cuadro anterior.
- Reúne información sobre el autor y el contexto histórico de la obra. Considera también las circunstancias (sociales, personales, etc.) en las que se desarrolla la acción de la historia.
- ¿Quién es el personaje principal de la obra? ¿Cómo lo describirías?
- ¿Qué le sucede al personaje principal? Piensa en los eventos más importantes.

2. Estrategia: Clasificar la información

- Utiliza un diagrama como éste para organizar los detalles más importantes que encontraste en tu investigación sobre la obra.

Ambiente/contexto
la Revolución Mexicana
posrevolución
...

Temas
cambio social
sociedad posrevolucionaria
relación padre-hijo
...

Personajes y argumento
Ignacio
padre de Ignacio
...

Escribir

3. **Tu informe** Ahora puedes escribir el informe, siguiendo estos pasos:

- **Datos de la obra:** Incluye primero el nombre del autor, el título y el año y lugar de publicación de la obra.
- **Breve resumen:** Resume el argumento de la obra de manera breve, incluyendo sólo los eventos más importantes. Aquí también debes escribir sobre el ambiente, el contexto histórico, los personajes y cómo influyen estos elementos en el desarrollo de la obra.
- **Conclusión:** Explica la impresión que te causó la obra. ¿Cuál crees que fue la intención del autor? ¿Cuál es la idea principal que ilustra esta historia? ¿Cómo lo hace? (Presta atención al estilo de escritura, el ambiente y el tono de la obra.)

Revisar y leer

4. **Revisión** Pídele a un(a) compañero/a que lea el informe y sugiera cómo mejorarlo. Revísalo incorporando sus sugerencias y prestando atención a los siguientes elementos.

- ¿Incluiste todos los datos necesarios de la obra?
- ¿Tu resumen es breve y se centra en los eventos más importantes de la historia? ¿Utilizas la información que reuniste en tu investigación para hablar del argumento de la obra?
- ¿La conclusión expresa tu impresión de la obra? ¿Explica la intención del autor? ¿Y la idea principal de la historia?
- ¿Son correctas la gramática y la ortografía?

5. **Lectura** Lee tu informe a varios/as compañeros/as. Tomen turnos. Cuando termines de leer tu informe, tus compañeros/as deben hacerte preguntas. Comenten juntos un punto interesante de tu informe que les haya llamado la atención.

- Cuando hayan acabado de leer sus informes en grupo, anota en una tabla los puntos más interesantes de las obras de esta lección.

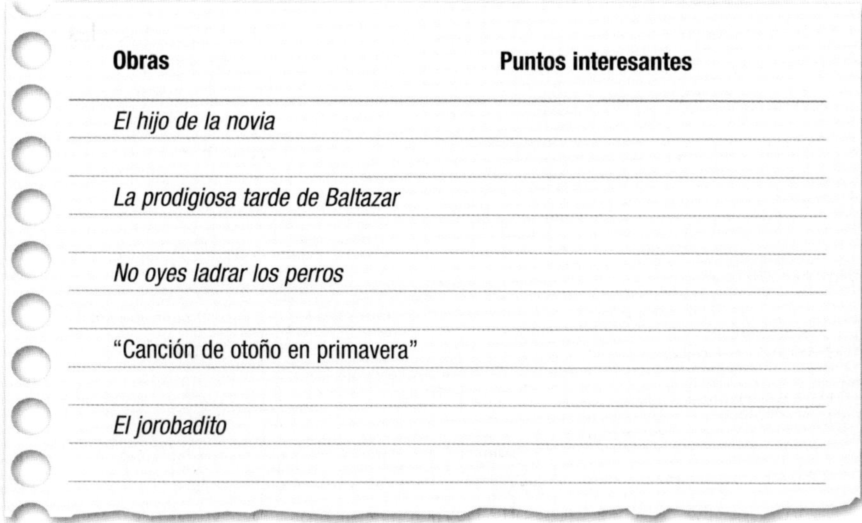

Obras	Puntos interesantes
El hijo de la novia	
La prodigiosa tarde de Baltazar	
No oyes ladrar los perros	
"Canción de otoño en primavera"	
El jorobadito	

LECCIÓN 5

UNA *cuestión* DE GÉNERO

CONTENIDO

SOBRE EL DIRECTOR

Pedro Almodóvar nació en 1949 en Calzada de Calatrava, un pequeño pueblo español. Desde muy joven supo que quería dedicar su vida al séptimo arte. Por eso, a los dieciséis años, se marchó a Madrid, solo y sin dinero, para hacer realidad su sueño. El hecho de que el dictador Francisco Franco hubiera cerrado la Escuela Oficial de Cine no lo desalentó ni lo distrajo de su objetivo. Buscó un empleo que le permitiera pagar sus gastos y se zambulló° en la Movida madrileña de los años 70. En esa época formó un grupo de música punk, hizo teatro, colaboró en diversas revistas y filmó algunos cortometrajes con su cámara súper 8. Además, conoció a muchas de las personas que más adelante participarían en sus proyectos, como la actriz Carmen Maura.

En 1980, Almodóvar finalmente logró hacerse un lugar en el cine comercial con el largometraje *Pepi, Luci, Bom y otras chicas del montón.* En ese proyecto, que atrajo mucho interés, dejó entrever su fascinación por el universo femenino y por las grandes ciudades, en especial Madrid. En 1988, *Mujeres al borde de un ataque de nervios* le dio prestigio internacional y una nominación a los premios Oscar, que finalmente ganó en 1999 por *Todo sobre mi madre.*

Muchos actores, como Antonio Banderas y Penélope Cruz, se consagraron° de la mano de este gran director y productor. En la actualidad, Pedro Almodóvar es considerado uno de los hombres más influyentes y talentosos de la industria cinematográfica.

zambulló *immersed* **consagraron** *triumphed*

PERSONAJES

Pepa *Actriz que acaba de ser abandonada por su amante*

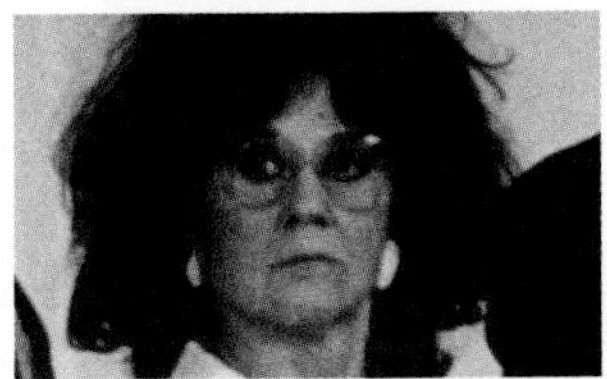

Lucía *Ex esposa de Iván, con problemas psicológicos*

Candela *Amiga de Pepa que huye de la policía*

Iván *Amante de Pepa, un verdadero donjuán*

Carlos *Hijo de Iván*

Marisa *Novia de Carlos*

Mujeres al borde de un ataque de nervios

Fecha de estreno: 1988
País: España **Género:** largometraje
Guión: Pedro Almodóvar
Actores: Carmen Maura, Antonio Banderas, Fernando Guillén, Julieta Serrano, María Barranco, Rossy de Palma
Duración: 90 minutos

CONTEXTO CULTURAL

La Transición y la Movida

El 20 de noviembre de 1975, y tras casi 40 años en el gobierno, el dictador Francisco Franco murió. Su sucesor, el rey Juan Carlos I, decidió dar los primeros pasos hacia la instauración° de la democracia. Los años después de la dictadura se conocieron como la *Transición*. Las nuevas generaciones, hartas° de la represión franquista, comenzaron a expresarse abiertamente. Rechazaron los valores tradicionales y reivindicaron los valores individuales y privados. Ya no buscaban certezas, sino placer y éxito. La población de España dejó de ser mayoritariamente rural y católica para convertirse en una sociedad más urbana y laica.

Décadas más tarde, Almodóvar describiría esos cambios sociales a través de su propia experiencia: "Crecí, gocé, sufrí, engordé° y me desarrollé en Madrid. Y muchas de esas cosas las realicé al mismo ritmo que la ciudad". Gracias a su participación en la *Movida madrileña* — un movimiento contracultural que influyó en todas las ramas del arte — el cineasta presenció la transformación de la capital española en un centro cosmopolita y moderno. Posiblemente esa sea una de las razones por las que eligió retratar la cultura urbana en *Mujeres al borde de un ataque de nervios*. Almodóvar está convencido de que es el ingrediente que hace universales a sus películas. Después de todo, hay elementos comunes en las realidades de todas las metrópolis del mundo.

La Gran Vía en Madrid

 Practice more at **vhlcentral.com.**

instauración *establishment* **hartas** *fed up* **engordé** *put on weight*

ANTESALA

Antes de mirar la película, conversa con un(a) compañero/a sobre los siguientes temas.

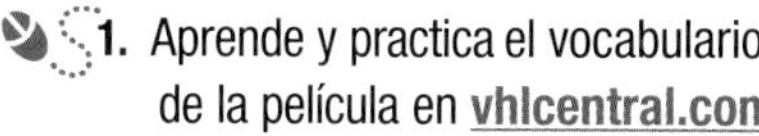

1. Aprende y practica el vocabulario de la película en vhlcentral.com.
2. ¿Qué impresión te causa el título *Mujeres al borde de un ataque de nervios?* ¿Quiénes crees que protagonizarán la película? ¿En qué clase de situaciones se encontrarán?
3. En algunas películas, los personajes femeninos dominan la acción; en otras, lo hacen los personajes masculinos. ¿Recuerdas ejemplos de unas y otras? Anota qué protagonistas esperarías ver en películas sobre los siguientes temas:
   - guerra
   - recuerdos de amores pasados
   - *westerns*
   - club de lectura de Jane Austen
   - viajes intergalácticos
   - el mundo de la alta costura
4. Un refrán dice: "Mujeres juntas, ¡ni difuntas (*deceased*)!". ¿Estás de acuerdo? ¿Crees que las amistades entre mujeres son más fuertes que las amistades entre hombres? ¿Cómo son diferentes? ¿Te parece que las mujeres hablan mucho más que los hombres?
5. ¿Piensas que las mujeres son más propensas (*prone*) a sufrir "ataques de nervios"? ¿Por qué? Lee la siguiente lista y subraya los temas que, en tu opinión, podrían aparecer en la película que vas a ver:
   - la violencia
   - las emociones profundas
   - el éxito profesional
   - el amor romántico
   - el triunfo sobre un enemigo poderoso
   - las bromas pesadas y de mal gusto

Mira la película

Parte 1

00:00
32:36

Parte 2

32:37
52:08

Parte 3

52:09
FIN

TÉCNICA CINEMATOGRÁFICA

El melodrama Decimos que una escena es melodramática cuando vemos una demostración abierta y enfática, casi exagerada, de las emociones. En el cine y la televisión, los melodramas suelen mostrar tragedias familiares o amores imposibles. Muchas veces, se describen los melodramas como exagerados o predecibles. Sin embargo, a veces pueden

Pepa busca a Iván

Guía para la comprensión
La primera parte de la película es una montaña rusa (*roller coaster*) de emociones para la protagonista. Mientras la miras, anota cómo te parece que se siente Pepa y por qué. Por ejemplo:

- Mientras duerme, Pepa parece estar preocupada.
- Cuando despierta, Pepa se desespera por atender el teléfono.
- Cuando habla con German, el director, Pepa...

Preguntas

1. ¿Qué está soñando Pepa al comienzo?
2. ¿Qué le pide Iván a Pepa en su mensaje telefónico?
3. ¿Adónde va Pepa antes de dirigirse al estudio?
4. ¿A qué se dedican Pepa e Iván?
5. ¿Cómo reacciona Lucía cuando Pepa la llama?
6. ¿Qué pone Pepa en su gazpacho?
7. ¿Qué hace Candela cuando ve en televisión la noticia de los terroristas chiitas? ¿Por qué?
8. ¿De qué se da cuenta Pepa cuando ve la foto de Iván y de Carlos?

Pepa escucha a su amiga

Guía para la comprensión
En la segunda parte, vemos que Pepa no es la única mujer al borde de un ataque de nervios. A medida que vayas conociendo las historias de Lucía, Candela y Marisa, anota descripciones breves de sus historias y preocupaciones.

- Candela: Conoció a un terrorista y se enamoró.
- Marisa: Está enamorada de Carlos...

1. ¿Por qué van Carlos y Marisa al edificio de Pepa?
2. ¿Qué descubre Carlos en la habitación de Pepa?
3. ¿Sabe Carlos dónde está Iván?
4. ¿Qué le dijo Iván a Pepa hace una semana?
5. ¿Por qué intenta suicidarse Candela?
6. ¿Qué abogada le recomienda Carlos a Pepa? ¿Por qué?
7. ¿Por qué Marisa se queda profundamente dormida?
8. ¿Por qué llama Carlos a la policía?

Pepa enfrenta a otra mujer

Guía para la comprensión
La tercera y última parte se desarrolla en tres lugares: en la calle donde se ubica el edificio de Pepa, en el apartamento y en el aeropuerto. Haz una lista de lo que sucede en cada lugar. Por ejemplo:

Calle: Iván viene a buscar la maleta; Pepa tira la maleta a la basura; Paulina Morales espera en el coche; ...

1. ¿Por qué Pepa le dice a Candela que se van de viaje?
2. ¿Por qué la ex esposa de Iván va a la casa de Pepa?
3. ¿Quiénes criaron a Carlos? ¿Por qué?
4. ¿Iván le dice la verdad a Pepa en su mensaje de despedida?
5. ¿Adónde quiere ir Iván?
6. ¿Por qué fue Pepa al aeropuerto?
7. Al final, ¿qué le cuenta Pepa a Marisa sobre sí misma?

ser sofisticadamente irónicos, porque sus características permiten parodiar las ambigüedades morales de una sociedad. En sus primeros largometrajes, Almodóvar cultivó la estética melodramática: en sus películas abundan las canciones de amor, las coincidencias inverosímiles, los llantos, las tragedias personales. Mediante el exagerado melodrama logra que hasta la crítica social más aguda se vuelva algo cómico y entretenido.

¿Cuál fue la última película o serie de televisión melodramática que viste? ¿Cuáles suelen ser los papeles de los hombres y las mujeres en los melodramas?

Piénsalo

1. Cierto o falso **Indica si cada afirmación es cierta o falsa. Corrige las falsas.**

1. Iván quiere recuperar su maleta porque abandonó a Pepa.
2. Pepa va a la farmacia a comprar vitaminas porque está enferma.
3. Marisa y Carlos van a ver a Pepa porque descubrieron que es amante de Iván.
4. Pepa le da una bofetada a Paulina Morales.
5. Iván nunca le dijo a Pepa que tenía un hijo.
6. A Carlos lo criaron Iván y Lucía.
7. Iván está en el aeropuerto para supervisar un atentado terrorista.
8. Lucía salió del hospital porque estaba curada.

2. Comprensión **Contesta las siguientes preguntas con oraciones completas.**

1. ¿A quién(es) llama Iván desde el estudio?
2. ¿De qué "está harta" Pepa?
3. ¿Cuál es el problema de Candela?
4. ¿Quién es Paulina Morales y por qué la conoce Carlos?
5. ¿Qué delito cometió Candela, según Pepa?
6. ¿Por qué Pepa se da cuenta de que Iván le miente en su mensaje telefónico?
7. ¿Qué le sucedió a Lucía cuando Iván la abandonó?
8. ¿Por qué va la policía a la casa de Pepa?
9. ¿Qué le hizo recobrar la memoria a Lucía?
10. ¿Se va finalmente de viaje Iván? ¿Con quién?

3. Interpretación **En la película no sólo vemos la historia de desamor entre Pepa e Iván, sino también las vidas de otros personajes. Con un(a) compañero/a, contesta las siguientes preguntas sobre las diferentes relaciones de Pepa.**

Pepa y Candela

1. ¿Quién es mayor? ¿Quién ayuda a quién y de qué manera?
2. ¿Es siempre comprensiva Pepa con Candela?

Pepa y Carlos

1. ¿Qué siente Pepa por Carlos? ¿Le tiene cariño u odio?
2. ¿Está contenta de haberlo conocido? ¿Por qué?

Pepa y Marisa

1. ¿Por qué sufre Marisa? ¿Pepa comprende su sufrimiento?
2. ¿Se vuelven amigas en algún momento de la película?

Pepa y Lucía

1. ¿Tiene motivos Lucía para odiar a Pepa?
2. ¿Qué opina Pepa de Lucía?

4. Técnica cinematográfica En *Mujeres al borde de un ataque de nervios,* Almodóvar incluyó elementos típicos de los melodramas: al principio y al final se escuchan boleros, y casi todos los personajes sufren por amor. Con dos compañeros/as, contesta las siguientes preguntas sobre el largometraje.

Escenas

¿Qué críticas se hacen a las relaciones entre hombres y mujeres en estas escenas?

Escena 1: Pepa en el estudio de grabación (10:30–10:56)
Escena 2: Marisa en la cocina de Pepa (40:30–40:38)
Escena 3: Candela en la terraza (41:24–42:08)
Escena 4: Lucía en el apartamento de Pepa (1:14:10–1:15:30)

Boleros

¿Qué historias narran estas canciones? ¿Cómo se relacionan con la película?

Bolero 1: "Soy infeliz" (créditos iniciales) *Bolero 2:* "Puro teatro" (créditos finales)

5. Al borde Algunos personajes de la película parecen estar dispuestos a todo por amor. Con tres compañeros/as, comenta las siguientes afirmaciones sobre el amor. Ilustren sus conclusiones con ejemplos de la película.

- Amar es entregarse a otro sin pedir nada a cambio.
- Cuando una persona se enamora, no puede ver los defectos de su pareja.
- La consecuencia del amor no correspondido es la falta de amor por uno mismo.

TALLER DE ESCRITURA

1. Iván el terrible Sabemos que Iván es un hombre mujeriego y seductor. Sin embargo, como dice muchas mentiras, desconocemos sus verdaderos sentimientos. Escribe una autobiografía de una página donde Iván describa detalladamente lo que piensa sobre su vida amorosa. Sigue estos pasos.

1. *Describe por qué se separó de Lucía.*
2. *Comenta cómo fue su relación con Pepa y por qué se separaron.*
3. *Indica qué planes hizo con Paulina Morales y por qué.*
4. *Describe cómo se sintió en el aeropuerto.*
5. *Explica por qué es (o ha sido) mujeriego.*
6. *Escribe, como conclusión, qué piensa hacer en el futuro.*

2. Moraleja ¿Qué pasará después? En un ensayo de una página, escribe cómo imaginas el futuro de Pepa, Candela o Marisa. Básate en sus personalidades y en sus experiencias pasadas. ¿Ha aprendido algo el personaje? ¿Cambia su actitud ante el amor? ¿Valora más la amistad? ¿Es más independiente? ¿Confía más o menos en los hombres? ¿Controla mejor sus propias emociones?

SOBRE LA AUTORA

Rosario Castellanos nació en la ciudad de México en 1925, pero pasó toda su infancia y parte de su adolescencia en Chiapas. A los 16 años, regresó a la capital de su país para cursar estudios superiores de Filosofía en la Universidad Autónoma de México (UNAM). Fue narradora, poetisa, ensayista, dramaturga, diplomática y profesora universitaria. A su vez, fue una ferviente defensora de los derechos de dos grupos relegados por la sociedad mexicana del siglo XX: los indígenas y las mujeres.

Era tal la preocupación de Castellanos por la causa indigenista que el escritor portugués José Saramago la bautizó como "la embajadora de Chiapas". Ese compromiso quedó reflejado en relatos y novelas como *Balún Canán* (1957), *Ciudad Real* (1960) y *Oficio de tinieblas* (1962), que componen la trilogía más importante de la narrativa mexicana sobre la vida indígena.

Castellanos llegó a convertirse en una figura representativa del feminismo más activo de su época. En sus escritos planteó la problemática de la sumisión femenina en un entorno sexista. También exigió la igualdad social e intelectual entre hombres y mujeres. Obras como *Mujer que sabe latín* (1973) y *El eterno femenino* (1974) muestran un análisis irónico –y a la vez melancólico– del rol de la mujer en la sociedad.

En 1971, Castellanos fue nombrada embajadora de México en Israel. Tres años más tarde, murió a causa de un accidente doméstico. Sin embargo, las observaciones de esta brillante intelectual siguen vigentes en la actualidad.

El eterno femenino

Fecha de publicación: 1975
País: México
Género: teatro
Personajes: Lupita, Lupita (hija), Juanito

TÉCNICA LITERARIA

El monólogo

El monólogo es un recurso estilístico muy usado por los escritores, especialmente en las obras de teatro. Esta técnica permite describir detalladamente el mundo interior de los protagonistas. El personaje habla a solas consigo mismo, mostrando su personalidad y sus sentimientos. De esta forma, el espectador puede apreciar la psicología del protagonista mientras éste reflexiona libremente. En *El eterno femenino*, por ejemplo, Castellanos nos permite acceder a los pensamientos de Lupita para que después comprendamos mejor sus acciones.

- ¿Conoces otras obras literarias en las que se utilice el monólogo? Intenta nombrar tres ejemplos.
- ¿Cómo crees que influye el monólogo del personaje en el espectador? ¿Piensas que afecta a los sentimientos que le inspira el personaje? ¿Por qué?

CONTEXTO CULTURAL

El teatro mexicano

El teatro occidental llegó a México durante la época de la Colonia. En ese entonces, cumplía una misión evangelizadora: las obras teatrales mostraban la vida y la muerte de Jesucristo o determinados episodios de la Biblia. Más tarde, en el siglo XVII, grandes escritores como Juan Ruiz de Alarcón y Sor Juana Inés de la Cruz reflejaron en sus obras las influencias del Siglo de Oro español. Tras esa etapa, en los siglos XVIII y XIX, el teatro se volcó hacia el romanticismo, con autores como Fernando Calderón.

Con el tiempo, las obras teatrales fueron adecuándose a los intereses nacionales. De hecho, tras la independencia y revolución mexicanas, los dramaturgos llevaron la problemática social del país a los escenarios. En el siglo XX, comenzaron a convivir los nuevos modelos vanguardistas de representación escénica con géneros clásicos contemporáneos, como la zarzuela° o la comedia.

Pero el teatro genuinamente nacional surgió aproximadamente a mediados del siglo XX. El realismo influyó en las técnicas experimentales de Xavier Villaurrutia, Salvador Novo y Rodolfo Usigli. De ese modo, se generó un teatro mexicano con personalidad propia que tomaba en cuenta la realidad que vivían sus espectadores.

La obra de Rosario Castellanos se ubica dentro de esa nueva concepción del teatro. En su breve pero significativa incursión en el género —sólo escribió *El eterno femenino*—, la escritora describió desde un punto de vista cómico y feminista el rol de la mujer en la historia de la sociedad mexicana.

Representación de la obra *El gesticulador* (1947) de Rodolfo Usigli

 Practice more at **vhlcentral.com.**

zarzuela *traditional Spanish operetta*

ANTESALA	**Antes de iniciar la lectura,** completa estas actividades para lograr una mejor comprensión.

 **1.** Aprende y practica el vocabulario de la obra en vhlcentral.com.

2. ¿Qué opinas del rol del ama de casa? ¿Piensas que es una elección o una imposición social? ¿Por qué? Describe al menos cinco ventajas y cinco desventajas de dedicarse a cuidar de la casa y de la familia en vez de seguir una carrera profesional.

3. Un conocido refrán afirma: "Mujer que sabe latín no tiene marido ni tiene buen fin" (Rosario Castellanos lo usó como título de uno de sus ensayos). ¿Cuál crees que es el significado de ese refrán? ¿Estás de acuerdo o en desacuerdo? Justifica tus respuestas.

4. Uno de los temas tratados en *El eterno femenino* es la infidelidad. ¿Qué opinión tienes sobre ese tema? ¿Piensas que se puede perdonar bajo determinadas circunstancias? ¿Cuáles? ¿Qué consejo le darías a un(a) amigo/a que sospecha que su pareja lo/la engaña?

Francisco José de Goya y Lucientes, *La maja vestida,* c. 1803 ►

EL eterno femenino

La cruda realidad

Rosario Castellanos

PERSONAJES

Lupita I (madre), mujer de mediana edad

Lupita II (hija), niña pequeña

Juanito (hijo), niño pequeño

Sala de recibir de un matrimonio de la clase media. Los muebles comienzan a deteriorarse por la agresividad constante de los niños y la infructuosa lucha del ama de casa por mantenerlos "presentables". El ama de casa, Lupita, acaba de perder un round más en esta pelea desigual y se recupera sentándose en el sillón más cómodo. Su aspecto físico hace juego con el de los muebles. Tubos en la cabeza, cara embarrada de crema rejuvenecedora, bata que conoció mejores días. Para hacerse la ilusión de que descansa se pone a leer una revista para mujeres y come chocolates que no van a contribuir a mejorar su aspecto. En el cuarto contiguo se oye el ruido de dos niños —varón y hembrecita, como se dice— que pelean. Mechudos° y sucios, se asoman alternativa y fugazmente.

unkempt

LUPITA II ¡Mamá! ¡Juanito me pellizcó!

LUPITA I *(Sin interrumpir su lectura ni dejar de satisfacer su gula°.)* Rasgúñalo° tú para que queden parejos.

gluttony / Scratch (him)

Se oye de inmediato un alarido, y aparece Juanito.

¿Qué sentimientos o emociones parecen despertar en Lupita sus hijos? ¿Qué piensa de ellos?

JUANITO ¡Mamá! ¡Lupita me rasguñó!

LUPITA I Pellízcala. ¿Qué no se te ocurre nada? *(Juanito se marcha y cumple la orden. Sobreviene el alarido correspondiente.)* Si no tuvieran a quién salir no podría yo creer que mis hijos fueran un par de tarados°. Todo hay que decírselo. Que si come, que si no te asomes a la ventana que te vas a caer,

morons

nanny

brizna de polvo *speck of dust*

que si báñate, que si... Como si yo no tuviera cosas más importantes que hacer que atenderlos. *(Leyendo en voz alta la revista.)* "La educación de los hijos es un asunto muy delicado que no puede dejarse en manos de cualquiera." *(Sin transición Lupita continúa su monólogo entrecortado de chocolate.)* ¡Dios me libre de la nana° que los malcría o del kinder que los vuelve desamorados! La que tiene que sacrificarse es la madre. La madre, que aceptó la responsabilidad completa. De los hijos. Y también de la casa. Gracias a Dios, la mía es una tacita de plata. *(Como iluminados por un relámpago, se ven fantasmas de amigas que husmean, que pasan el dedo sobre las superficies y que todo lo encuentran infecto. Hacen un gesto de repugnancia y se desvanecen.)* Ni una brizna de polvo°. Y en cuanto a mi persona, no he descuidado jamás mi apariencia. ¿Qué retiene al marido sino una mujer siempre bien arreglada, siempre esbelta, lucidora? Por eso es que mi pobre Juan está cada día más enamorado de mí. Todas las semanas, es infalible como el Papa, me regala un ramo de flores. Cuando no es un ramo de flores, es una alhajita. Dicen que según el sapo, así es la pedrada. *(Timbre de la puerta. Es un mensajero que deposita un paquete minúsculo en la mano del ama de casa. Lupita firma el recibo, no da propina, cierra la puerta en las narices del mensajero y busca la tarjeta. Lee.)* "Para mi gatita de su Micifuz." ¡Qué chistoso! Juan nunca me había llamado su gatita. ¡Ay, los hombres son tan caprichosos! *(Desenvuelve el paquete y saca un bikini, inverosímil por su tamaño. Lo contempla estupefacta.)* Bueno, aquí ha habido una equivocación, porque lo que es yo *(midiéndose el bikini sobre la ropa)* ni en sueños. Hablaré con la secretaria de mi Juan, que es la encargada de mandarme los regalos. *(Lupita va al teléfono, marca un número.)* ¿Bueno? Sí, señorita. Aquí la señora Pérez. Sí, para llamarle la atención sobre un envío que acabo de recibir. No, no, no, no. Lo del bikini me parece muy buena idea. Pero la talla... Es demasiado grande para mí. Enorme. ¿Podría usted arreglar el cambio en la tienda? Yo sé que con la ropa es muy difícil, pero cuando se trata de una equivocación tan palpable... ¿Qué le pasa? ¿De dónde me sale usted llamándome también Gatita? Yo soy la señora de Pérez. La legítima, ¿comprende? ¿Quiere usted hacerme el favor de explicarme lo que me dijo? ¿Bueno? ¿Bueno? *(Cuelga, furiosa.)* Se cortó la comunicación. ■

¿De qué manera Lupita logra estar satisfecha con su vida?

1. Elegir Indica la opción correcta.

1. A Lupita sólo le preocupan ____
   a. sus hijos. b. las apariencias. c. las necesidades de su marido.
2. El comportamiento de sus hijos es ____
   a. tranquilo. b. violento. c. respetuoso.
3. El aspecto de los niños es ____
   a. igual al de su madre. b. inmejorable. c. limpio.
4. Lupita es una madre ____
   a. sacrificada. b. torpe e indiferente. c. cariñosa.
5. Una nana se encarga de ____
   a. cuidar a los niños. b. remodelar la casa. c. pagar las cuentas.
6. Juan compró un regalo para ____
   a. su esposa. b. su secretaria. c. su amante.
7. Juan tiene una amante ____
   a. más delgada que Lupita. b. poco atractiva. c. igual a Lupita.
8. Gatita es el apodo de ____
   a. Lupita. b. la amante de Juan. c. la nana.

2. Comprensión Contesta las siguientes preguntas con oraciones completas.

1. ¿Cuáles son los quehaceres de Lupita?
2. ¿Cuánto tiempo ocupa en la educación de sus hijos?
3. ¿De qué manera cuida Lupita de su aspecto físico?
4. ¿Por qué se pone a leer una revista?
5. ¿Por qué gritan los niños?
6. Según Lupita, ¿qué cosas hace Juan para ocuparse de ella y de sus hijos?
7. ¿Por qué recibe Lupita un bikini de parte de su marido?

3. Interpretación Analiza las siguientes preguntas y contesta con oraciones completas.

1. ¿Por qué Lupita quiere que sus hijos estén "presentables"?
2. ¿Por qué quiere cuidar tanto de su aspecto físico?
3. ¿De qué cosas debe encargarse un ama de casa de su clase social?
4. ¿Está satisfecha Lupita con su desempeño como madre y esposa?
5. ¿Por qué suele Juan regalarle flores o joyas a su esposa?
6. ¿Por qué se sorprende Lupita al leer la tarjeta que vino con el regalo?
7. ¿Qué dice Lupita para sugerirnos que sabe que su marido tiene una amante?
8. ¿Qué molesta más a Lupita: que Juan tenga una amante o que haya habido una equivocación con su regalo?

4. Técnica literaria Basándote en el uso del monólogo en *El eterno femenino,* contesta las siguientes preguntas.

1. ¿Qué estaba haciendo Lupita antes de comenzar su monólogo?
2. ¿Qué pistas hay en la obra acerca del carácter de Lupita?
3. ¿A quiénes van dirigidas las críticas sobre la educación de los hijos?
4. ¿Qué opina Lupita sobre la limpieza de su casa y qué hace pensar al espectador que está equivocada?
5. ¿Cómo se siente respecto a su aspecto físico? ¿Qué hace para mantenerlo?
6. ¿Qué piensa Lupita sobre su marido?

5. Conversación Con dos compañeros/as, contesten las siguientes preguntas. Justifiquen sus respuestas.

- ¿Qué tipo de gente está obsesionada con las apariencias?
- ¿Por qué crees que hay personas que juzgan a los demás por el aspecto físico?
- ¿Cómo piensas que se sienten esas personas respecto a su propio aspecto?
- ¿Qué motivos pueden hacer que las personas se mientan a sí mismas?
- ¿Qué beneficios crees que obtienen con ello?
- ¿Qué consejos le darías a una persona que se preocupa demasiado por la opinión de los demás?

TALLER DE ESCRITURA

1. El mundo al revés En la obra de Rosario Castellanos, Juan es el encargado de mantener a su familia y engaña a su mujer. Imagina que los papeles se invierten: Lupita es quien sale a trabajar y engaña a su marido con su profesor de yoga, por ejemplo. Reescribe la historia con este nuevo argumento. Puedes añadir los detalles que creas convenientes.

2. La dura realidad En *El eterno femenino,* Lupita se engaña a sí misma sobre sus hijos, su marido, etc. para sentirse mejor. Pero ¿qué ocurriría si un día abandonara su casa y a su familia? Redacta una carta en la que Lupita, desde la distancia, justifique su huida del hogar y la decisión de abandonar a los suyos ante la imposibilidad de seguir viviendo una mentira.

SOBRE EL AUTOR

Jorge Luis Borges nació en Buenos Aires en 1899. Por influencia de su abuela inglesa, creció hablando inglés y español. En 1914, se trasladó con sus padres a Europa, con la esperanza de encontrar un tratamiento adecuado para su ceguera progresiva. Cuando regresó a la Argentina, en 1921, Borges fundó una importante revista literaria y comenzó a publicar cuentos, ensayos y poemas. No sólo fue un escritor talentoso, sino también un lector ávido y erudito. Estudió muchos idiomas y se familiarizó con las más diversas tradiciones. Escribió cuentos inspirados en doctrinas filosóficas, paradojas matemáticas y religiones esotéricas que adaptaba para sus propios fines haciendo atribuciones falsas o aludiendo a autores o textos imaginarios. Entre sus figuras favoritas estaban los laberintos, los sueños, los espejos, los gauchos y, por supuesto, las bibliotecas. A mediados de la década de 1950 quedó ciego, pero siguió viajando incansablemente y se convirtió en una figura pública. Su obra se hizo conocida en todo el mundo, sobre todo sus colecciones de cuentos *Ficciones* (1949) y *El Aleph* (1952), que incluye el cuento *Emma Zunz.* Murió en Ginebra, Suiza, en 1986. Actualmente se le considera uno de los autores más importantes de la literatura universal, por la calidad de sus escritos, sus descripciones de diferentes tradiciones culturales y la universalidad de los temas que trató. *Emma Zunz* permite apreciar la riqueza de matices de los escritos de Borges. Aparentemente se trata de un cuento policial, pero si se hace un análisis más profundo, se perciben referencias a los complejos de Edipo y Electra descritos por Freud.

Emma Zunz

Fecha de publicación: 1949
País: Argentina
Género: cuento
Colección: *El Aleph*
Personajes: Emma, Loewenthal

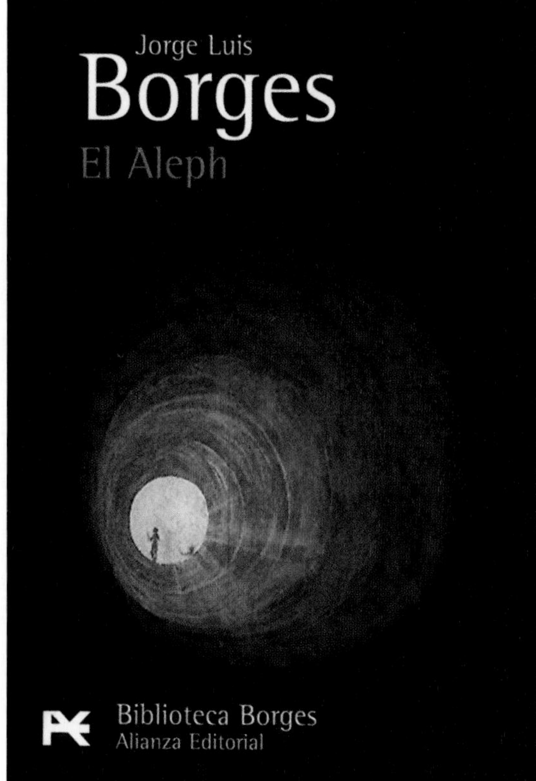

TÉCNICA LITERARIA

La intertextualidad

Muchas veces, los textos hacen referencia a obras creadas con anterioridad. Esa relación entre uno o varios relatos se llama *intertextualidad.*

Referencias a las mitologías griega y romana suelen ser comunes en la literatura occidental. Al escribir el cuento *Emma Zunz,* por ejemplo, Borges se inspiró en una obra que el poeta griego Sófocles escribió en el siglo V a.C.: *Electra.* En esa tragedia, la protagonista descubre que su madre ha participado en el asesinato de su amado padre y decide vengarse a cualquier precio.

Cuando leas *Emma Zunz,* piensa en la relación intertextual entre el relato de Borges y la tragedia de Sófocles.

- ¿Piensas que conocer los intertextos influye en la lectura que se hace de un relato? ¿Cómo?
- ¿Has leído recientemente un relato que tenga un intertexto claro? ¿Cuál?

CONTEXTO CULTURAL

La comunidad judía en la Argentina

En la ciudad de Buenos Aires reside una de las comunidades de origen judío más grandes del mundo. La inmigración provino principalmente de Rusia y Europa oriental a fines del siglo XIX y principios del siglo XX. Aunque algunos "gauchos judíos" vivían en el campo, casi toda la colectividad se instaló en la capital argentina. Estos inmigrantes pronto ocuparon cargos de importancia en la política, el comercio, las humanidades y las ciencias. También se destacaron en el ámbito industrial: gran parte de los propietarios de las pequeñas y medianas fábricas que surgieron en la primera mitad del siglo XX era de origen judío. A pesar de imponer ciertas limitaciones, Argentina fue el país latinoamericano que recibió más refugiados judíos entre las dos guerras mundiales. La oleada inmigratoria terminó a fines de la década de 1940, cuando se creó el Estado de Israel. Pero la presencia judía es notable incluso en nuestros días. Una curiosidad: el único McDonald's *kosher* que existe fuera de Israel está en el centro de Buenos Aires.

McDonald's *kosher* en el centro de Buenos Aires

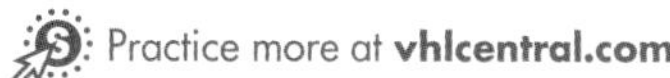
Practice more at **vhlcentral.com.**

ANTESALA

Antes de iniciar la lectura, completa estas actividades para lograr una mejor comprensión.

1. Aprende y practica el vocabulario del cuento en vhlcentral.com.
2. Según un dicho inglés, la venganza es un plato que se sirve frío. ¿Crees que hay algo de verdad en esa afirmación? ¿Por qué? ¿Existen diferentes tipos de venganza? ¿Cuáles te parece que son las principales razones por las que las personas buscan venganza?
3. En grupos, contesten estas preguntas.
   - ¿Por qué los trabajadores organizan huelgas? ¿Qué tipo de situación crees que se produce cuando algunos empleados hacen una huelga y otros deciden mantenerse al margen?
   - Los marineros solían tener mala fama. ¿Por qué se dice que tienen "un amor en cada puerto" y que son infieles? ¿Qué tipo de ambiente te imaginas que se forma en un puerto? ¿Por qué?

EMMA ZUNZ

Jorge Luis Borges

EL CATORCE DE ENERO DE 1922, EMMA ZUNZ, AL VOLVER DE LA fábrica de tejidos Tarbuch y Loewenthal, halló en el fondo del zaguán° una carta, fechada en el Brasil, por la que supo que su padre había muerto. La engañaron, a primera vista, el sello y el sobre; luego, la inquietó la letra desconocida. Nueve o diez líneas borroneadas querían colmar la hoja; Emma leyó que el señor Maier había ingerido por error una fuerte dosis de veronal y había fallecido° el tres del corriente en el hospital de Bagé. Un compañero de pensión° de su padre firmaba la noticia, un tal Fein o Fain, de Río Grande, que no podía saber que se dirigía a la hija del muerto.

zaguán: hallway; fallecido: died; pensión: guesthouse

Emma dejó caer el papel. Su primera impresión fue de malestar en el vientre y en las rodillas; luego de ciega culpa, de irrealidad, de frío, de temor; luego, quiso ya estar en el día siguiente. Acto continuo comprendió que esa voluntad era inútil porque la muerte de su padre era lo único que había sucedido en el mundo, y seguiría sucediendo sin fin. Recogió el papel y se fue a su cuarto. Furtivamente lo guardó en un cajón, como si de algún modo ya conociera los hechos ulteriores. Ya había empezado a vislumbrarlos, tal vez; ya era la que sería.

II ¿Cómo se siente Emma ante la noticia que recibe en la carta?

... y cuando la primera luz definió el rectángulo de la ventana, ya estaba perfecto su plan.

En la creciente oscuridad, Emma lloró hasta el fin de aquel día del suicidio de Manuel Maier, que en los antiguos días felices fue Emanuel Zunz. Recordó veraneos en una chacra, cerca de Gualeguay, recordó (trató de recordar) a su madre, recordó la casita de Lanús que les remataron°, recordó los amarillos losanges de una ventana, recordó el auto de prisión°, el oprobio, recordó los anónimos con el suelto sobre «el desfalco° del cajero», recordó (pero eso jamás lo olvidaba) que su padre, la última noche, le había jurado que el ladrón era Loewenthal. Loewenthal, Aarón Loewenthal, antes gerente de la fábrica y ahora uno de los dueños. Emma, desde 1916, guardaba el secreto. A nadie se lo había revelado, ni siquiera a su mejor amiga, Elsa Urstein. Quizá rehuía la profana incredulidad; quizá creía que el secreto era un vínculo entre ella y el ausente. Loewenthal no sabía que ella sabía; Emma Zunz derivaba de ese hecho ínfimo un sentimiento de poder.

remataron: was auctioned
auto de prisión: committal order
desfalco: embezzlement

II ¿Cuál es el recuerdo de su padre que Emma tiene fijado en la mente? ¿Qué significa para ella?

No durmió aquella noche, y cuando la primera luz definió el rectángulo de la ventana, ya estaba perfecto su plan. Procuró que ese día, que le pareció interminable, fuera como los otros. Había en la fábrica rumores de huelga; Emma se declaró, como siempre, contra toda violencia. A las seis, concluido el trabajo, fue con Elsa a un club de mujeres, que tiene gimnasio y pileta. Se inscribieron; tuvo que repetir y deletrear su nombre y su apellido, tuvo que festejar las bromas vulgares que comentan la revisación. Con Elsa y con la menor de las Kronfuss discutió a qué cinematógrafo irían el domingo a la tarde. Luego, se habló de novios y nadie esperó que Emma hablara. En abril cumpliría diecinueve años, pero los hombres le inspiraban, aún, un temor casi patológico... De vuelta, preparó una sopa de tapioca y unas legumbres, comió temprano, se acostó y se obligó a dormir. Así, laborioso y trivial, pasó el viernes quince, la víspera.

El sábado, la impaciencia la despertó. La impaciencia, no la inquietud, y el singular alivio de estar en aquel día, por fin. Ya no tenía que tramar y que imaginar; dentro de algunas horas alcanzaría la simplicidad de los hechos. Leyó en La Prensa que el Nordstjärnan, de Malmö, zarparía° esa noche del dique 3; llamó por teléfono a Loewenthal, insinuó que deseaba comunicar, sin que lo supieran las otras, algo sobre la huelga y prometió pasar por el escritorio, al oscurecer. Le temblaba la voz; el temblor convenía a una delatora. Ningún otro hecho memorable ocurrió esa mañana. Emma trabajó hasta las doce y fijó con Elsa y con Perla Kronfuss los pormenores° del paseo del domingo. Se acostó después de almorzar y recapituló, cerrados los ojos, el plan que había tramado. Pensó que la etapa final sería menos horrible que la primera y que le depararía, sin duda, el sabor de la victoria y de la justicia. De pronto, alarmada, se levantó y corrió al cajón de la cómoda. Lo abrió; debajo del retrato de Milton Sills, donde la había dejado la antenoche, estaba la carta de Fain. Nadie podía haberla visto; la empezó a leer y la rompió.

zarparía: would set sail
pormenores: details

Referir con alguna realidad los hechos de esa tarde sería difícil y quizá improcedente°. Un atributo de lo infernal es la irrealidad, un atributo que parece mitigar sus terrores y que los agrava tal vez. ¿Cómo hacer verosímil una acción en la que casi no creyó quien la ejecutaba, cómo recuperar ese breve caos que hoy la memoria de Emma Zunz repudia y confunde? Emma vivía por Almagro, en la calle Liniers; nos consta que esa tarde fue al puerto. Acaso en el infame Paseo de Julio se vio multiplicada en espejos, publicada por luces y desnudada por los ojos hambrientos, pero más razonable es conjeturar que al principio erró°, inadvertida, por la indiferente recova... Entró en dos o tres bares, vio la rutina o los manejos de otras mujeres. Dio al fin con hombres del Nordstjärnan. De uno, muy joven, temió que le inspirara alguna ternura y optó por otro, quizá más bajo que ella y grosero, para que la pureza del horror no fuera mitigada. El hombre la condujo a una puerta y después a un turbio zaguán y después a una escalera tortuosa y después a un vestíbulo (en el que había una vidriera con losanges idénticos a los de la casa en Lanús) y después a un pasillo y después a una puerta que se cerró. Los hechos graves están fuera del tiempo, ya porque en ellos el pasado inmediato queda como tronchado° del porvenir, ya porque no parecen consecutivas las partes que los forman.

improcedente: inadmissible; erró: wandered; tronchado: cut

Qué actitud es mejor ante un mal paso necesario? ¿Por qué?

¿En aquel tiempo fuera del tiempo, en aquel desorden perplejo de sensaciones inconexas y atroces, pensó Emma Zunz una sola vez en el muerto que motivaba el sacrificio? Yo tengo para mí que pensó una vez y que en ese momento peligró su desesperado propósito. Pensó (no pudo no pensar) que su padre le había hecho a su madre la cosa horrible que a ella ahora le hacían. Lo pensó con débil asombro y se refugió, en seguida, en el vértigo. El hombre, sueco o finlandés, no hablaba español; fue una herramienta para Emma como ésta lo fue para él, pero ella sirvió para el goce y él para la justicia. Cuando se quedó sola, Emma no abrió en seguida los ojos. En la mesa de luz estaba el dinero que había dejado el hombre: Emma se incorporó y lo rompió como antes había roto la carta. Romper dinero es una impiedad, como tirar el pan; Emma se arrepintió, apenas lo hizo. Un acto de soberbia y en aquel día... El temor se perdió en la tristeza de su cuerpo, en el asco. El asco y la tristeza la encadenaban, pero Emma lentamente se levantó y procedió a vestirse. En el cuarto no quedaban colores vivos; el último crepúsculo se agravaba. Emma pudo salir sin que lo advirtieran; en la esquina subió a un Lacroze, que iba al oeste. Eligió, conforme a su plan, el asiento más delantero, para que no le vieran la cara. Quizá le confortó verificar, en el insípido trajín° de las calles, que lo acaecido° no había contaminado las cosas. Viajó por barrios decrecientes y opacos, viéndolos y olvidándolos en el acto, y se apeó° en una de las bocacalles de Warnes. Paradójicamente su fatiga venía a ser una fuerza, pues la obligaba a concentrarse en los pormenores de la aventura y le ocultaba el fondo y el fin.

Un atributo de lo infernal es la irrealidad, un atributo que parece mitigar sus terrores y que los agrava tal vez.

trajín: hustle and bustle / lo acaecido: what had happened; se apeó: got off

Aarón Loewenthal era, para todos, un hombre serio; para sus pocos íntimos, un avaro°. Vivía en los altos de la fábrica, solo. Establecido en el desmantelado arrabal°, temía a los ladrones; en el patio de la fábrica había un gran perro y en el cajón de su escritorio, nadie lo ignoraba, un revólver. Había llorado con decoro, el año anterior, la inesperada muerte de su mujer —¡una Gauss, que le trajo una buena dote°!—, pero el dinero era su verdadera pasión. Con íntimo bochorno° se sabía menos apto para ganarlo que para conservarlo. Era muy religioso; creía tener con el Señor un pacto secreto, que lo eximía de obrar bien, a trueque de° oraciones y devociones. Calvo, corpulento, enlutado, de quevedos° ahumados y barba rubia, esperaba de pie, junto a la ventana, el informe confidencial de la obrera Zunz.

La vio empujar la verja° (que él había entornado a propósito) y cruzar el patio sombrío. La vio hacer un pequeño rodeo cuando el perro atado ladró. Los labios de Emma se atareaban como los de quien reza en voz baja; cansados, repetían la sentencia que el señor Loewenthal oiría antes de morir.

¿Para qué ensaya Emma las palabras que va a decirle a Loewenthal?

miser

suburb

dowry

embarrassment

a trueque de *in exchange for*

pince-nez (spectacles)

wrought-iron gate

Las cosas no ocurrieron como había previsto Emma Zunz. Desde la madrugada anterior, ella se había soñado muchas veces, dirigiendo el firme revólver, forzando al miserable a confesar la miserable culpa y exponiendo la intrépida estratagema que permitiría a la Justicia de Dios triunfar de la justicia humana. (No por temor, sino por ser un instrumento de la Justicia, ella no quería ser castigada.) Luego, un solo balazo en mitad del pecho rubricaría° la suerte de Loewenthal. Pero las cosas no ocurrieron así.

Verdadero también era el ultraje que había padecido; sólo eran falsas las circunstancias, la hora y uno o dos nombres propios.

Ante Aarón Loewenthal, más que la urgencia de vengar a su padre, Emma sintió la de castigar el ultraje° padecido por ello. No podía no matarlo, después de esa minuciosa deshonra°. Tampoco tenía tiempo que perder en teatralerías. Sentada, tímida, pidió excusas a Loewenthal, invocó (a fuer de° delatora) las obligaciones de la lealtad, pronunció algunos nombres, dio a entender otros y se cortó como si la venciera el temor. Logró que Loewenthal saliera a buscar una copa de agua. Cuando éste, incrédulo de tales aspavientos°, pero indulgente, volvió del comedor, Emma ya había sacado del cajón el pesado revólver. Apretó el gatillo dos veces. El considerable cuerpo se desplomó como si los estampidos y el humo lo hubieran roto, el vaso de agua se rompió, la cara la miró con asombro y cólera, la boca de la cara la injurió en español y en ídisch. Las malas palabras° no cejaban°; Emma tuvo que hacer fuego otra vez. En el patio, el perro encadenado rompió a ladrar, y una efusión de brusca sangre manó de los labios obscenos y manchó la barba y la ropa. Emma inició la acusación que había preparado («He vengado a mi padre y no me podrán castigar...»), pero no la acabó, porque el señor Loewenthal ya había muerto. No supo nunca si alcanzó a comprender.

¿Cuál es el sentimiento inesperado que surge en Emma al cumplir la parte final de su venganza?

Los ladridos tirantes° le recordaron que no podía, aún, descansar. Desordenó el diván, desabrochó el saco del cadáver, le quitó los quevedos salpicados y los dejó sobre el fichero. Luego tomó el teléfono y repitió lo que tantas veces repetiría, con esas y con otras palabras: «Ha ocurrido una cosa que es increíble... El señor Loewenthal me hizo venir con el pretexto de la huelga... Abusó de mí, lo maté...»

La historia era increíble, en efecto, pero se impuso a todos, porque sustancialmente era cierta. Verdadero era el tono de Emma Zunz, verdadero el pudor°, verdadero el odio. Verdadero también era el ultraje que había padecido; sólo eran falsas las circunstancias, la hora y uno o dos nombres propios. ■

rubricaría *would seal*
ultraje *indignity*
deshonra *dishonor*
a fuer de *as a*
aspavientos *fuss*
malas palabras *dirty words* / no cejaban *did not cease*
tirantes *mounting*
pudor *decency*

1. Elegir Indica la opción correcta.

1. Emma recibe una carta...
   a. a fines de 1922.
   b. de un compañero de pensión de su padre.
   c. de su padre.
2. El señor Maier...
   a. murió junto con el padre de Emma.
   b. era en realidad Emmanuel Zunz.
   c. era un alcohólico conocido por el padre de Emma.
3. Su padre le dijo a Emma que...
   a. el culpable del robo era Loewenthal.
   b. él había robado el dinero de la fábrica.
   c. debía vengarse.
4. A Emma los hombres le ocasionaban...
   a. temor.
   b. una secreta pasión.
   c. confusión.
5. Emma rompió la carta...
   a. porque estaba enfurecida.
   b. porque no quería que nadie más la leyera.
   c. porque no entendía la letra.
6. Emma dijo que mató a Loewenthal porque...
   a. abusó de ella.
   b. había provocado la muerte de su padre.
   c. quería que ella hablara de la huelga.

2. Comprensión Contesta las siguientes preguntas con oraciones completas.

1. ¿Quién era Manuel Maier? ¿Qué secreto le contó a Emma?
2. ¿Quién había sido acusado por "el desfalco del cajero"?
3. ¿Qué hizo Emma cuando salió del trabajo el viernes?
4. ¿Qué le dijo a Loewenthal cuando lo llamó el sábado por la mañana?
5. ¿Cómo era el marinero que eligió Emma? ¿Por qué lo eligió?
6. ¿Cómo se sintió Emma después de vender su cuerpo al marinero?
7. ¿Qué pensaba Loewenthal de la religión?
8. ¿Por qué Emma desordenó el diván y le quitó los anteojos y le desabrochó el saco a Loewenthal?

3. Interpretación Con dos compañeros/as, debate si Emma realmente hace un acto de justicia al final del cuento. Evalúa las siguientes declaraciones y usa tus opiniones como base para tu argumento.

1. No sabemos si el padre de Emma se suicidó.
2. Es extraño que se haya suicidado seis años después de huir a Brasil.
3. No sabemos si Emmanuel Zunz era inocente.
4. Emma no busca hacer justicia por la muerte de su padre sino por la honra de su padre, acusado de ser ladrón.
5. Si ella quería justicia, debería haberse dejado castigar por el crimen que cometió.
6. Emma dice que hace justicia divina, pero la justicia divina no la hacen las personas.

4. **Técnica literaria** Al igual que Electra en la mitología griega, Emma se venga de la muerte de su padre. En psicología se llama "complejo de Electra" al afecto excesivo que una hija siente por su padre. ¿Cuál es la psicología de Emma? Con un(a) compañero/a, contesta las siguientes preguntas sobre su vida.

1. ¿Cómo fue la infancia de Emma? ¿Qué sucedió con su padre por entonces?
2. ¿Qué relación tuvo Emma con su madre?
3. ¿Por qué Emma no tiene novio?
4. ¿Con quién vive? ¿Qué tipo de vida tiene?
5. ¿Por qué dice el narrador que, una vez enfrentada a Loewenthal, "más que la urgencia de vengar a su padre, Emma sintió la de castigar el ultraje padecido por ello"?

5. **¿Venganza o justicia?** Para Emma, ¿matar a Loewenthal es hacer justicia o es vengarse? Con tres compañeros/as, analiza si los siguientes ejemplos son casos de justicia o de venganza.

- El país A comienza a exigir a los ciudadanos del país B que presenten una visa especial para entrar en el país A. El gobierno del país B decide también exigirles una visa especial de ingreso a los ciudadanos del país A.
- Después de sufrir una intoxicación en el restaurante "La chalupa veloz", Susana inicia una campaña en Internet para que nadie vaya a comer allí.
- Durante cinco años, Karina le declara su amor a Roberto. Roberto no le presta atención, pero finalmente le dice que también está enamorado de ella. Karina entonces lo abandona.

TALLER DE ESCRITURA

1. **Elsa, narradora** Elsa Urstein es la mejor amiga de Emma. En una página, escribe lo que sucede en el cuento desde el punto de vista de Elsa, considerando qué cosas sabe ella y qué cosas no. Sigue estos pasos como guía.

   1. *¿Qué relación tiene con Emma?*
   2. *¿Qué hizo con Emma el viernes?*
   3. *¿Cómo fue la conversación entre Emma, Perla Kronfuss y Elsa?*
   4. *¿Cuándo supo lo que le sucedió a Emma?*
   5. *¿Cómo reaccionó?*
   6. *¿Cómo cree que se siente Emma?*
   7. *¿Qué piensa que le sucederá a Emma en el futuro?*

2. **Escenografías** En el cuento se mencionan varios lugares de la ciudad y, sin describirlos en detalle, el narrador nos da una idea de cómo son. En una página, describe cómo son dos de las escenografías a partir de los datos del cuento. Deja volar tu imaginación para hacer una descripción más completa.

   - *La casa de Lanús donde creció Emma Zunz*
   - *El puerto y el Paseo de Julio*
   - *La fábrica de tejidos Tarbuch y Loewenthal*
   - *La casa donde vive Emma Zunz cuando recibe la carta de Brasil*

SOBRE LA AUTORA

Mercè Sarrias es una de las representantes del nuevo teatro español del siglo XXI. Nacida en Barcelona en 1966, desde muy joven mostró un gran interés por la escritura. Se matriculó en Ciencias de la Información en la Universidad Autónoma de Barcelona, de donde se licenció en periodismo. A partir de entonces, completó su formación en prestigiosos talleres de escritura, como el de la *Sala Beckett* en Barcelona y el del *Royal Court Theatre* en Londres.

A mediados de los 90, comenzó a presentar su obra teatral en castellano al gran público. Luego de escribir *Al tren* (1995), publicó *África 30* (1997, 2001), *La mujer y el detective* (2002), *Un aire ausente* (2004) y su pieza corta, *Una lucha muy personal* (2006). Sin embargo, la creatividad de Sarrias no se limita sólo al teatro. Ha sido guionista de televisión, autora de cuentos con el grupo Hermanas Miranda y periodista en los diarios AVUI (catalán) y *El observador.*

Sarrias explora todos los medios que le permitan mostrar su creatividad. De hecho, si algo ha caracterizado su obra es el multilingüismo, ya que ha publicado en español, catalán, francés y hasta inglés.

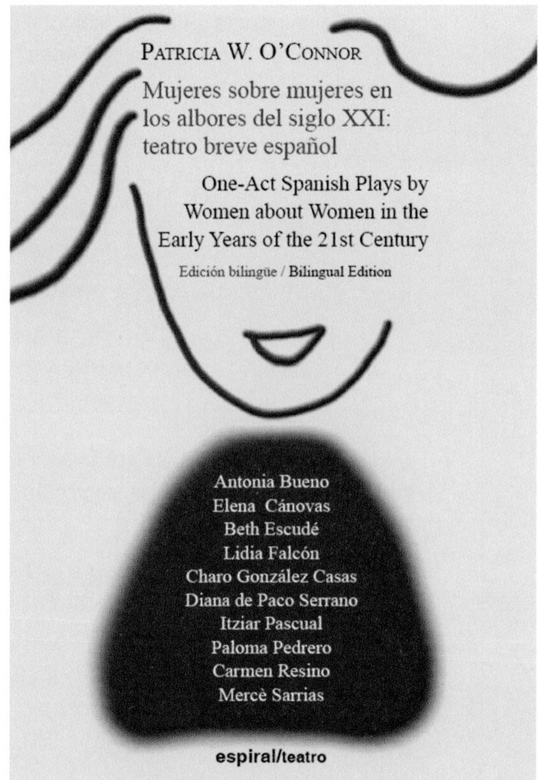

TÉCNICA LITERARIA

El humor

El humor no es sólo una actitud; es todo lo que nos hace reír. Existe el humor verbal, basado en el absurdo y las metáforas del lenguaje (como los comentarios irónicos), y el humor de situaciones o caracteres (como las desventuras del Quijote). Pero el humor también permite tratar temas serios. Un toque de humor ayuda a revelar verdades, creencias y pensamientos que dichos de otra forma causarían tensión, rechazo, frustración, etc. En *Una lucha muy personal*, Marta enfrenta a la empleada del depósito de la grúa con un zapato en la mano tras haberse caído en un pozo en la calle. Bajo la lupa del humor, la obra nos hace reflexionar sobre el estrés que domina su vida.

- La transgresión y el doble sentido aportan humor a un texto. ¿Qué otros recursos humorísticos conoces?
- Busca ejemplos de películas en las que se trate un tema serio con humor. Justifica tu respuesta.

Una lucha muy personal

Fecha de publicación: 2006
País: España
Género: teatro
Colección: Mujeres sobre mujeres en los albores del siglo XXI: teatro breve español
Personajes: Marta, Sonia, hombre

CONTEXTO HISTÓRICO

Las mujeres en el teatro español contemporáneo

Es un hecho que las mujeres en la España contemporánea escriben tan libremente como los hombres. Sin embargo, hubo que esperar para que incursionaran como dramaturgas en las mismas condiciones que ellos.

Durante la época franquista, las dramaturgas españolas imitaron los modelos masculinos e incluso algunas usaron seudónimos masculinos (Caterina Albert firmaba como Víctor Català). En las obras de Dora Sedano, Julia Maura y Ana Diosdado, por ejemplo, los personajes femeninos aceptaban sumisamente° su papel en la sociedad. Tras la muerte de Franco en 1975, autoras como Paloma Pedrero, Concha Romero y Pilar Pombo ya no presentaban un estereotipo de mujer desde la mirada masculina.

Durante las últimas décadas del siglo XX surgió una nueva generación de autoras españolas que ejercen su talento como periodistas, universitarias o guionistas. A ese grupo pertenecen Mercè Sarrias, Itziar Pascual y Yolanda Pallín, entre otras. Esas autoras trabajan en diversos géneros (poesía, narrativa, telenovela) y en diversos medios (televisión, radio, prensa). Como sus homólogos° masculinos, reciben premios por sus obras y se agrupan para participar en proyectos colectivos, como Hermanas Miranda y Proyecto Vaca.

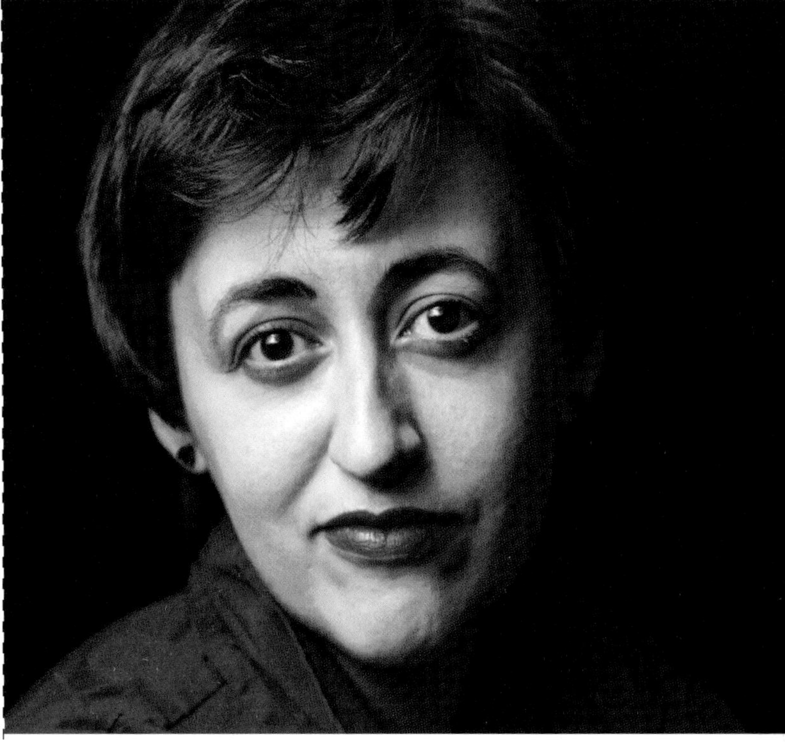

La dramaturga Itziar Pascual

Abordan una temática urbana y de relaciones personales que se acerca más a su realidad. Así, en *Una lucha muy personal*, Marta, separada y con una hija adolescente a la que no entiende, se enfrenta a la burocracia y la autoridad.

 Practice more at **vhlcentral.com.**

sumisamente *obediently* **homólogos** *counterparts*

ANTESALA

Antes de iniciar la lectura, completa estas actividades para lograr una mejor comprensión.

 **1.** Aprende y practica el vocabulario de la obra en **vhlcentral.com.**

2. Con dos compañeros/as, conversa sobre estos temas.

- ¿Has vivido alguna situación en la que te has tenido que enfrentar a la burocracia? ¿Cómo te sentiste? ¿Cómo se solucionó el problema?
- Imagina un universo alternativo en el que no existiera la burocracia. ¿Cómo crees que afectaría a la vida diaria de la gente?
- Muchas veces centramos demasiado nuestra atención en solucionar un problema que, a simple vista, no es tan importante para evitar enfrentarnos a situaciones de mayor gravedad. ¿Crees que ésta es la mejor manera de abordar un problema? ¿Alguna vez has vivido una situación parecida? ¿Te ayudó centrarte en la situación menos importante primero? ¿Cómo?
- En ocasiones, algunas normas (*rules*) parecen algo contradictorias o no están planteadas de forma muy clara. ¿Has vivido alguna situación en la que una norma te afectara de forma negativa? ¿Cómo lo solucionaste?

Una lucha *muy* personal

Mercè Sarrias

PERSONAJES

Marta, 40 años

Sonia, 40 años

Hombre

- -

Depósito de la grúa°. Es un garaje inmenso. Hay una valla° que impide la salida de los coches y un mostrador grande, con un cristal grueso donde hay algunos anuncios y un cartel donde se indica que no se puede fumar. Una persiana, que en estos momentos está arriba, permite abrir y cerrar el servicio de mostrador. Es donde los "damnificados°" rellenan los papeles y pagan para recuperar su vehículo. Es domingo. Tras el mostrador, Sonia, una mujer rubia, teñida, alrededor de los cuarenta, mira impasible hacia delante. Está ausente. Entra ***Marta,*** *también de cuarenta años, vestida elegantemente. Camina poco a poco con un zapato manchado de barro en la mano.* ***Marta*** *atraviesa todo el espacio y se dirige al mostrador. Coloca el zapato ante* ***Sonia.*** *Está furiosa.* ***Sonia*** *no se inmuta°. Se miran.*

tow truck / gate

victims

no se inmuta *does not flinch*

MARTA Vengo a buscar el coche.

SONIA ¿Quiere hacer el favor de dejar el zapato en el suelo?

Marta *no lo hace.*

MARTA Me he caído. En las obras. Hay un agujero de más de un metro. Hace dos meses que hay un agujero de más de un metro. He retrocedido para ver mejor el vacío° que había dejado el coche y he caído. *(Levanta el zapato lleno de barro.)* Ciento veinticinco euros.

empty space

SONIA No debería comprar zapatos tan caros. *(Le da unos papeles.)* Son ciento cincuenta euros.

¿Cómo se presenta Marta ante Sonia? ¿Intenta generar su simpatía o provocarla?

__Marta__ firma los papeles y se queda mirando a __Sonia__.

MARTA No tengo el dinero.

__Sonia__ recoge los papeles.

MARTA No lo tendré hasta final de mes.

SONIA Si deja el coche aquí hasta final de mes, le costará un ojo de la cara°. Tendrá que vender todos sus zapatos.

un ojo de la cara *an arm and a leg*

MARTA ¿Por qué es tan idiota?

Suena un timbre. __Sonia__ baja la persiana del mostrador.

MARTA ¿Pero qué hace?

SONIA (*Tras la persiana.*) He acabado el turno°. Ahora vendrá mi compañero y discute con él.

shift

MARTA ¿Pero dónde está?

SONIA No lo sé. Siempre llega tarde. (*Pausa.*) ¿Se puede saber por qué siempre aparca el coche en el mismo sitio si sabe que está prohibido?

MARTA Se equivoca. No está prohibido. Es la señal la que está mal puesta. Está desplazada hacia un lado porque hay un árbol que impide que esté en el sitio correcto, pero donde realmente no se puede aparcar es más a la derecha. ¿Lo entiende?

SONIA Lo que no entiendo es cómo se ha dejado llevar el coche seis veces en un mes.

MARTA Es cuestión de principios.

SONIA Póngase el zapato, cogerá frío.

__Marta__ se emociona, casi llora. __Sonia__ la oye.

SONIA ¿Pero qué hace?

MARTA Nada. Nada. No hago nada.

__Marta__ coge el zapato del mostrador y se lo pone. __Sonia__ sale de detrás del mostrador. Lleva el bolso, una bolsa y una mesa de camping con dos sillas plegables°. La abre, coloca las sillas y de dentro de la bolsa saca una botella de vino y dos copas. __Marta__ la mira sorprendida. __Sonia__ se sienta en una silla y le hace una señal con la cabeza para que se siente en la otra. __Marta__ lo hace. __Sonia__ abre la botella sin prisas y sirve el vino. Saca un paquete de cigarrillos y le ofrece tabaco a __Marta__, que lo rechaza. Se enciende un cigarrillo, que fuma lentamente, mientras bebe. Es un momento de relax después del trabajo. __Marta__ también bebe. Silencio.

folding

¿Qué reacción tiene Sonia ante las palabras y la actitud de Marta? ¿Por qué reacciona de esa manera?

SONIA ¿Mejor?

__Marta__ mueve afirmativamente la cabeza.

MARTA ¿Dejará que me lleve el coche?

rules

SONIA No puedo. No está permitido. Las normas° son las normas.

MARTA Pero…

SONIA No hay nada que hacer.

Silencio.

SONIA Podemos tratar de conseguir el dinero.

MARTA ¿Nosotras?

SONIA Vamos a ver. ¿Tiene familia?

MARTA (*Incómoda.*) Tengo una hija. Tiene quince años.

SONIA ¿Tendrá un padre?

MARTA No, en este sentido, no lo tiene.

SONIA ¿Y ella, unos ahorros?

MARTA ¿Pretende que le coja el dinero a mi hija?

SONIA Oh, alguna solución tendremos que encontrar.

coveralls

Entra el substituto de ***Sonia.*** *Es un hombre largo y delgado que lleva un mono° de trabajo y el periódico bajo el brazo. Saluda con la cabeza.*

SONIA Tarde.

HOMBRE Hoy prácticamente no hay servicio.

MARTA Entonces, ¿por qué han cogido mi coche?

HOMBRE Porque estaba provocando.

El hombre *desaparece tras el mostrador, abre un poco la persiana y coge el periódico y se pone a leer.*

MARTA Cabrones.

remorse

SONIA Debería mostrar signos de arrepentimiento°.

MARTA Hablaré con mi hija.

SONIA Así me gusta.

MARTA Quiere que le compre una moto.

SONIA Vamos mal.

MARTA ¿Lo ve?

SONIA Sí, lo veo. ¿Más vino?

MARTA Y su padre le ha dicho que le compraba.

SONIA Cabrón.

MARTA ¿Lo ve?

Marta *se bebe el vino de golpe. Las dos se quedan en silencio. Se hace oscuro lentamente.* ***Sonia*** *se duerme.* ***Marta,*** *quieta, despierta. Se va.*

Sobre el oscuro total, se oye de golpe un coche que arranca a toda velocidad y una valla que se rompe. Y una risa.

shouting

SONIA (*Chillando°.*) ¡Eh! ■

¿Se hace cargo Marta de lo que sucede para solucionar las cosas? ¿Qué demuestran sus acciones?

Piénsalo

1. Cierto o falso Indica si cada afirmación es cierta o falsa. Corrige las falsas.

1. Marta va al depósito de la grúa para recoger su motocicleta.
2. A Marta le parece injusto que la grúa se haya llevado su vehículo.
3. Es la primera vez que la grúa se lleva el vehículo de Marta.
4. Marta no tenía el dinero para pagar la multa y recoger su coche.
5. El compañero de Sonia siempre llega tarde.
6. Sonia le devuelve a Marta su coche sin exigirle el pago de la multa.
7. Sonia le ofrece a Marta una cerveza.
8. Marta tiene una hija de quince años.
9. La hija de Marta quiere que su madre le compre una motocicleta.
10. Sonia le recomienda a Marta que no le pida el dinero a su hija.

2. Comprensión Contesta las siguientes preguntas con oraciones completas.

1. ¿Por qué va Marta al depósito de la grúa?
2. ¿Por qué lleva Marta un zapato en la mano?
3. ¿Dónde se cayó Marta? ¿Por qué se cayó?
4. ¿Cuánto tiene que pagar Marta por la multa?
5. ¿Por qué no puede dejar Marta el coche en el depósito de la grúa hasta final de mes?
6. ¿Qué le propone Sonia a Marta para conseguir el dinero necesario para pagar la multa?
7. ¿Por qué aparcaba Marta el coche siempre en el mismo lugar?
8. ¿Qué hace Marta cuando Sonia se duerme?

3. Interpretación Con un(a) compañero/a, analiza las siguientes preguntas y contesta con oraciones completas.

1. ¿Por qué Marta casi se pone a llorar cuando Sonia le pide que se ponga el zapato? Justifica tu respuesta.
2. ¿Qué piensa Marta de la burocracia? ¿Cómo lo sabes?
3. ¿Qué aspecto de la burocracia personifica el compañero de Sonia?
4. ¿Crees que Sonia comprende a Marta? ¿Y Marta a Sonia? ¿Por qué?
5. Según tu opinión, ¿Sonia quiere ayudar a Marta? ¿De qué manera? Justifica tu respuesta.
6. ¿Te parece que Marta y el padre de su hija se llevan bien? Justifica tu respuesta.
7. ¿Crees que Marta de verdad estaba "provocando", como dice el compañero de Sonia?
8. ¿Qué crees que intenta comunicar Marta cuando justifica su reincidencia diciendo "es cuestión de principios"?
9. ¿Qué intenta conseguir Marta cuando escapa del depósito de la grúa al final de la obra? Justifica tu respuesta.

4. **Técnica literaria** Con un(a) compañero/a, contesta las siguientes preguntas sobre el uso del humor en *Una lucha muy personal.*

1. ¿De qué manera Mercè Sarrias utiliza el humor en esta obra? Cita algunos ejemplos concretos.
2. ¿Cuáles son los temas serios que la autora trata en la obra a través del humor?
3. ¿Qué reacción busca provocar en el lector al utilizar esta técnica? ¿Crees que lo consigue?
4. "El humor quita gravedad, pero no importancia". Explica el significado de esta oración en el contexto de *Una lucha muy personal.*

5. **Opiniones** Con tres compañeros/as, contesta las siguientes preguntas justificando cada respuesta.

1. Si estuvieras en el lugar de Marta, ¿habrías actuado del mismo modo? ¿Crees que la forma en la que Sonia y su compañero tratan a Marta tiene alguna relación con el desenlace de la historia? ¿Por qué?
2. Sonia y su compañero de trabajo toman diferentes posturas ante la situación de Marta. Analiza qué tipo de actitud presenta cada uno. Luego, escribe un diálogo que refleje la conversación que ambos tendrían al día siguiente de la visita de Marta al depósito de la grúa.
3. ¿Cuál habría sido la mejor manera de mejorar la situación a la que se enfrentaba Marta? Comenta posibles alternativas (violencia, diálogo, etc.) para solucionar el conflicto.
4. ¿Es normal la posición que toma Sonia ante los problemas de Marta? ¿Por qué? ¿Qué habrías hecho tú en la misma situación? ¿Compartes su reacción o habrías actuado de otra manera?

TALLER DE ESCRITURA

1. **Puntos de vista** Debido a su huida, Marta es llevada a juicio para resolver lo ocurrido en el depósito de la grúa. Una vez en el juzgado, el juez llama a declarar a Sonia, la trabajadora del depósito. Imagina que eres la persona que está a cargo de transcribir las declaraciones en el juzgado. Describe en tercera persona, la declaración de Sonia. Antes de escribir, piensa si Sonia declararía desde su punto de vista como burócrata o como persona que entiende y se identifica con la situación de la acusada.

2. **Reflexiones** Hacia la mitad de la obra, Sonia le dice a Marta que ella no puede ayudarla porque "las normas son las normas". ¿Cuál es tu opinión acerca de esta afirmación? ¿Compartes la actitud de Sonia o piensas que la ley, como dice Marta, no siempre es justa y se pueden hacer excepciones? Escribe un ensayo breve en el que justifiques tus ideas con ejemplos.

SOBRE EL AUTOR

Mario Vargas Llosa obtuvo el Premio Nobel de Literatura en 2010 "por su cartografía de las estructuras del poder y sus imágenes mordaces de la resistencia del individuo, su rebelión y su derrota". Se colocó así en el centro de atención de la literatura mundial, aunque desde la aparición de su primera novela, *La ciudad y los perros* (1963), ni la crítica ni el público apartaron nunca su mirada de este talentoso escritor peruano nacido en Arequipa en 1936.

Según confesó en su autobiografía *El pez en el agua* (1993), Vargas Llosa comenzó a escribir para rebelarse contra la autoridad de su padre. Trabajó como aprendiz de periodista en un diario de Lima y, al terminar el colegio, estudió Derecho y Literatura. A pesar de la oposición familiar, se casó a los diecinueve años con su tía política Julia Urquidi, diez años mayor que él. El matrimonio terminaría en 1964, pero serviría de inspiración para la novela autobiográfica *La tía Julia y el escribidor* (1977). En 1958, Vargas Llosa viajó a Europa, donde permaneció varios años y comenzó a construir su brillante carrera con novelas como *La casa verde* (1966) y *Conversación en la Catedral* (1969). A través de su carrera, ha explorado diversos géneros y temáticas, entre ellos, la novela erótica con *Elogio de la madrastra* (1988) y su continuación *Los cuadernos de don Rigoberto* (1997). En 1990 se postuló para° la presidencia de Perú, pero perdió las elecciones. Vargas Llosa está casado con su prima Patricia Llosa, es padre de tres hijos y actualmente vive en Londres.

se postuló para *run for*

Elogio de la madrastra

Fecha de publicación: 1988
País: Perú
Género: novela
Personajes: Fonchito, Justiniana

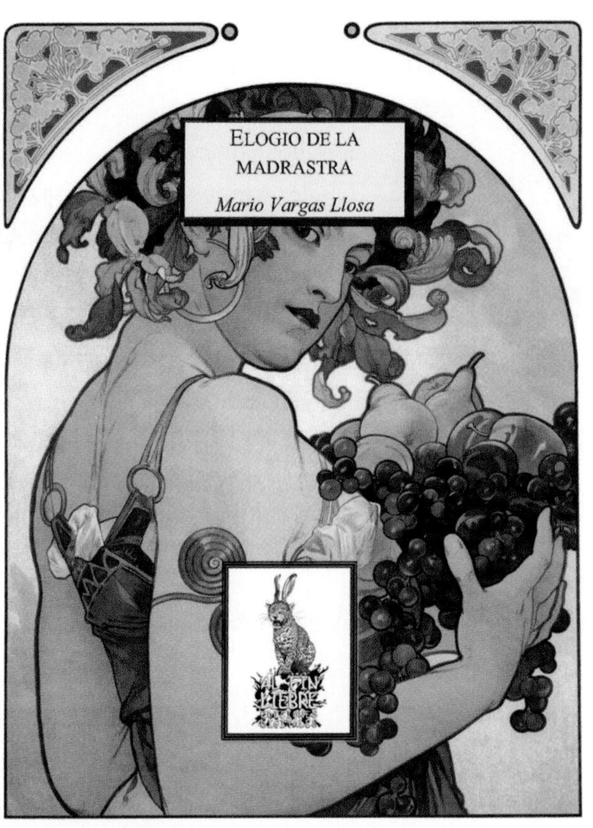

TÉCNICA LITERARIA

La caracterización

La caracterización de un personaje se logra a través de detalles que retratan su apariencia física y personalidad. Pero un autor también puede caracterizar a un personaje a través de sus interacciones con otros personajes. En particular, podemos conocer a los personajes principales según la opinión que los personajes secundarios tienen sobre ellos. El personaje secundario actúa así como un filtro de la información, y el lector debe deducir el carácter del personaje principal. En *Elogio de la madrastra*, las preguntas y los comentarios de Justiniana nos revelan gradualmente la personalidad de Fonchito.

- Lee la pregunta inicial de *Elogio de la madrastra*. ¿Qué dudas instala Justiniana en la mente del lector acerca de Fonchito?
- ¿Qué libro o película recuerdas en que el personaje principal estuviera caracterizado de esta manera?

CONTEXTO CULTURAL

El posmodernismo

¿Moda, momento histórico o variedad de movimientos artísticos, filosóficos y culturales del siglo XX? El rasgo esencial del posmodernismo es paradójicamente la dificultad de definirlo, porque en él conviven muchas formas diferentes de ver el mundo y de vivir en él. El relativismo cultural, el vacío de ideales y la moral autónoma son algunos de sus temas sobresalientes.

En literatura, los posmodernistas reniegan° del optimismo modernista con respecto a la capacidad del lenguaje para retratar la realidad y a la capacidad de la razón para explicarlo todo. Abandonan las técnicas clásicas y buscan la libertad en estilo, forma y fondo; experimentan con el abandono de la narración lineal y el uso de varios puntos de vista, y rechazan la objetividad en beneficio de la subjetividad. Los críticos han señalado que, a partir de *Pantaleón y las visitadoras* y especialmente de *La tía Julia y el escribidor,* Vargas Llosa deja atrás el modernismo de sus primeras obras, construidas con mucha seriedad y gran complejidad técnica, para internarse en el posmodernismo con novelas como *Elogio de la madrastra,* donde crea ciertos paralelos entre la sexualidad y la estética en un tono más ligero y con humor satírico.

Juan Muñoz, *Towards the Corner* (detalle), 1998

 Practice more at **vhlcentral.com.**

reniegan *deny*

ANTESALA

Antes de iniciar la lectura, completa estas actividades para lograr una mejor comprensión.

1. Aprende y practica el vocabulario de la novela en **vhlcentral.com.**
2. Observa con atención el cuadro que ilustra la novela. ¿Qué ves en la imagen? ¿Qué te hace sentir? ¿Qué clase de historia te parece que cuenta?
3. En grupos, contesten estas preguntas.

- ¿Piensas que los niños son naturalmente inocentes o, por el contrario, malvados? ¿Por qué? ¿Todos los seres humanos nacen buenos y luego se corrompen, o es al revés? ¿Qué importancia crees que tiene el entorno y la educación en ese proceso?
- ¿Recuerdas alguna mentira que hayas dicho cuando eras niño? ¿Crees que algunas mentiras pueden ser aceptables? ¿Por qué? ¿Qué efectos (positivos y negativos) crees que causan las mentiras a largo plazo? ¿Mentir, engañar y hacer trampa es lo mismo?

Fernando Botero, *Pedro,* 1974 ►

Elogio DE LA madrastra

Mario Vargas Llosa

—¿NUNCA TIENES REMORDIMIENTOS, FONCHITO? —PREGUNTÓ Justiniana, de pronto. Iba recogiendo y doblando sobre una silla la ropa que el niño se quitaba de cualquier manera, lanzándosela luego con pases de basquet.

—¿Remordimientos? —se asombró la cristalina voz—. ¿Y de qué, Justita?

Ella, agachada para coger un par de medias de rombos verdes y granates°, lo espió a través del espejo de la cómoda°: Alfonso acababa de sentarse al filo de la cama y se ponía el pantalón del pijama, encogiendo y estirando las piernas. Justiniana vio asomar sus pies blancos y esbeltos, de talones rosados, los vio mover los diez dedos como haciendo ejercicios. Por fin, su mirada encontró la del niño, quien al instante le sonrió.

—No me pongas esa cara de mosquita muerta°, Foncho —dijo, incorporándose. Se sobó° las caderas y suspiró, observando al niño perpleja. Sentía que, una vez más, iba a vencerla la rabia—. Yo no soy ella. A mí, con esa carita de niño santo no me compras ni me engañas. Dime la verdad, por una vez. ¿No tienes remordimientos? ¿Ni uno solo?

Alfonso lanzó una carcajada, abriendo los brazos, y se dejó caer de espaldas en la cama. Pataleó, con las piernas levantadas, disparando y recibiendo la imaginaria pelota. Su risa era fuerte y elocuente y Justiniana no descubrió en ella ni una sombra de burla o de mala intención. "Miéchica°", pensó, "quién entiende a este mocoso°".

maroon / chest of drawers

No me pongas esa cara de mosquita muerta *Don't look at me so innocently*

rubbed

Damn

brat

¿Qué piensa Justiniana de Foncho y qué siente al hablar con él?

Se volvió hacia el niño, asustada, pensando que había dicho más de lo prudente. Desde lo ocurrido, ya no se fiaba de nada...

—Te juro por Dios que no sé de qué me estás hablando —exclamó el niño, sentándose. Besó con convicción sus dedos cruzados—. ¿O me estás haciendo una adivinanza, Justita?

—Métete en la cama de una vez que te puedes resfriar. No tengo ninguna gana de cuidarte.

Alfonso la obedeció en el acto. Saltó, levantó las sábanas, se deslizó entre ellas ágilmente y se acomodó la almohada bajo la espalda. Luego, se quedó mirando a la muchacha de una manera mimosa y consentida, como si fuera a recibir un premio. Los cabellos le cubrían la frente y sus grandes ojos azules fosforecían en la semipenumbra en que se hallaban, pues la luz de la lamparilla se detenía en sus mejillas. Tenía la boca sin labios entreabierta luciendo la blanquísima hilera de dientes que se acababa de cepillar.

—Te estoy hablando de doña Lucrecia, diablito, y lo sabes muy bien, así que no te hagas° —dijo ella—. ¿No te da pena lo que hiciste?

no te hagas *don't pretend you don't understand*

—Ah, era de ella —exclamó el niño, decepcionado, como si el tema resultara demasiado obvio y aburrido para él. Se encogió de hombros y no vaciló lo más mínimo al añadir—: ¿Por qué me daría pena? Si hubiera sido mi mamá, me habría dado. ¿Acaso lo era?

No había rencor° ni cólera cuando hablaba de ella en su tono ni en su expresión: pero esa indiferencia era lo que, precisamente, irritaba a Justiniana.

resentment

II ¿La pregunta de Justiniana hace reflexionar a Foncho? ¿Cómo se muestra él con respecto al tema?

—Hiciste que tu papá la botara de esta casa como un perro —susurró, apagada, tristona, sin volver la cabeza hacia él, los ojos fijos en el entarimado° lustroso—. Le mentiste primero a ella y después a él. Hiciste que se separaran, cuando eran tan felices. Por tu culpa, ella debe ser ahora la mujer más desgraciada del mundo. Y don Rigoberto también, desde que se separó de tu madrastra° parece un alma en pena. ¿No te das cuenta cómo le han caído encima los años en unos pocos días? ¿Tampoco eso te da remordimientos? Y se ha vuelto un beato° y un cucufato° como no he visto. Los hombres se vuelven así cuando sienten que van a morirse. ¡Y todo por tu culpa, bandido!

floorboards

stepmother

pious person / self-righteous person

Se volvió hacia el niño, asustada, pensando que había dicho más de lo prudente. Desde lo ocurrido, ya no se fiaba de nada ni de nadie en esta casa. La cabeza de Fonchito se había adelantado hacia ella y el cono dorado de la lamparilla la circundaba igual que una corona. Su sorpresa parecía ilimitada.

—Pero, si yo no hice nada, Justita —tartamudeó°, pestañeando, y ella vio que la manzana de Adán subía y bajaba por su cuello como un animalito nervioso—. Yo nunca he mentido a nadie y menos a mi papá.

stuttered

Justiniana sintió que le ardía la cara.

—¡Le mentiste a todo el mundo, Foncho! —alzó la voz. Pero se calló, tapándose la boca, pues en ese instante se oyó, arriba, correr el agua del lavador. Don Rigoberto había empezado sus abluciones nocturnas, las que, desde la partida de doña Lucrecia, eran mucho más breves. Ahora se acostaba siempre temprano y ya no se le oía tarareando zarzuelas mientras se aseaba. Cuando Justiniana volvió a hablar lo hizo bajito, sermoneando° al niño con su dedo índice—. Y me mentiste a mí también, por supuesto. Cuando pienso que me tragué el cuento de que te ibas a matar porque doña Lucrecia no te quería.

lecturing

¿Por qué Justiniana baja el tono de voz cuando escucha a don Rigoberto?

Ahora sí, bruscamente, la cara del niño se indignó.

—No era mentira —dijo, cogiéndola de un brazo y sacudiéndola—. Era cierto, era tal cual. Si mi madrastra me seguía tratando como en esos días, me hubiera matado. ¡Te lo juro que me hubiera, Justita!

La muchacha le retiró el brazo de mal modo y se apartó de la cama.

—No jures en vano que Dios te puede castigar —murmuró.

Fue a la ventana y, al correr las cortinas, advirtió que en el cielo destellaban unas cuantas estrellas. Se quedó mirándolas, sorprendida. Qué raro ver esas lucecitas titilantes en vez de la neblina acostumbrada. Cuando se dio vuelta, el niño había cogido el libro que tenía en el velador° y, acomodándose la almohada, se disponía a leer. De nuevo se lo notaba tranquilo y contento, en paz con su conciencia y con el mundo.

bedside table

—Por lo menos dime una cosa, Fonchito.

Arriba, el agua del lavador corría con un murmullo constante e idéntico, y en el techo dos gatos maullaban, peleando o fornicando.

—¿Qué, Justita?

—¿Lo planeaste todo desde el principio? La pantomima de que la querías tanto, eso de subirte al techo a espiarla cuando se bañaba, la carta amenazando con matarte. ¿Hiciste todo eso de a mentiras? ¿Sólo para que ella te quisiera y después poder ir a acusarle a tu papá que te estaba corrompiendo°?

corrupting

De nuevo se lo notaba tranquilo y contento, en paz con su conciencia y con el mundo.

El niño colocó el libro en el velador, señalando la página con un lápiz. Una mueca° ofendida desarmó su cara.

grimace

—¡Yo nunca dije que ella me estaba corrompiendo, Justita! —exclamó, escandalizado, azotando° el aire con una de sus manos—. Eso te lo estás inventando tú, no me hagas trampas. Fue mi papá el que dijo que me estaba corrompiendo. Yo sólo escribí esa composición, contando lo que hacíamos. La verdad, pues. No mentí en nada. Yo no tengo la culpa de que él la botara. A lo mejor lo que él dijo era cierto. A lo mejor ella me estaba corrompiendo. Si mi papá lo dijo, así será. ¿Por qué te preocupas tanto por eso? ¿Preferirías haberte ido con ella que quedarte en esta casa?

beating

¿De dónde le surge a Justiniana la idea de que debe marcharse de la casa?

Justiniana apoyó la espalda en el estante donde Alfonso tenía sus libros de aventuras, los gallardetes° y diplomas y las fotos de colegio. Entrecerró los ojos y pensó: "Tendría que haberme ido hace rato, es verdad". Desde la partida de doña Lucrecia tenía el presentimiento de que también a ella la acechaba un peligro aquí y vivía sobre ascuas°, con la permanente sensación de que si se descuidaba un instante caería también en una emboscada° de la que saldría peor que la madrastra. Había sido una imprudencia encarar° al niño de ese modo. No lo haría nunca más porque Fonchito, aunque lo fuera en edad, no era un niño, sino alguien con más mañas° y retorcimientos que todos los viejos que ella conocía. Y, sin embargo, sin embargo, mirando esa carita dulce, esas facciones° de muñequito, quién se lo hubiera creído.

—¿Estás enojada conmigo por algo? —lo oyó decir, compungido°.

Mejor no provocarlo más; mejor, hacer las paces°.

—No, no lo estoy —respondió, avanzando hacia la puerta—. No leas mucho que mañana tienes colegio. Buenas noches.

—Justita.

Se volvió a mirarlo ya con una mano en la perilla.

—¿Qué quieres?

—No te enojes conmigo, por favor. —Le imploraba con los ojos y con las largas pestañas batientes; le rogaba con la boquita fruncida en un semipuchero° y con los hoyuelos de las mejillas latiendo—. Yo a ti te quiero mucho. Pero tú, en cambio, me odias ¿no, Justita?

Hablaba como si fuera a romper en llanto.

—No te odio, zonzo°, cómo te voy a odiar.

Arriba, el agua seguía corriendo, con un sonido uniforme, interrumpido por breves espasmos, y se oía también, de cuando en cuando, los pasos de don Rigoberto yendo de un lado a otro del cuarto de baño.

Y, sin embargo, sin embargo, mirando esa carita dulce, esas facciones de muñequito, quién se lo hubiera creído.

—Si es verdad que no me odias, dame siquiera un beso de despedida. Como antes, pues, ¿te has olvidado?

Ella dudó un momento, pero luego asintió. Fue hasta la cama, se inclinó y lo besó rápidamente en los cabellos. Pero el niño la retuvo, echándole los brazos al cuello, y haciéndole gracias y monerías°, hasta que Justiniana, a pesar de sí misma, le sonrió. Viéndolo así, sacando la lengua, revolviendo los ojos, meciendo la cabeza, alzando y bajando los hombros, no parecía el diablillo cruel y frío que llevaba dentro, sino el niñito lindo que era por fuera.

—Ya, ya, déjate de payasadas y a dormir, Foncho.

Volvió a besarlo en los cabellos y suspiró. Y a pesar de que acababa de prometerse que no volvería a hablarle de aquello, de pronto se oyó decir,

pennants
sobre ascuas *on tenterhooks*
ambush
to stand up to
bad habits
features
sorrowful
hacer las paces *to bury the hatchet*
semi-pout
silly
haciéndole gracias y monerías *clowning around*

strands

apresurada, contemplando esas hebras° doradas que le rozaban la nariz:

—¿Hiciste todo eso por doña Eloísa? ¿Porque no querías que nadie reemplazara a tu mamá? ¿Porque no podías aguantar que doña Lucrecia ocupara el lugar de ella en esta casa?

Con auténtica alegría, como festejándose una gracia. Fresca, rotunda, sana, infantil, su risa borraba el sonido del agua del lavador...

Sintió que el niño se quedaba rígido y en silencio, como meditando lo que debía responder. Después, los bracitos enlazados en su cuello presionaron para obligarla a bajar la cabeza, de modo que la boquita sin labios pudiera acercarse a su oído. Pero en vez de oírlo musitar el secreto que esperaba sintió que la mordisqueaba y besaba, en el borde de la oreja y el comienzo del cuello, hasta estremecerla de cosquillas.

—Lo hice por ti, Justita —lo oyó susurrar, con aterciopelada ternura—, no por mi mamá. Para que se fuera de esta casa y nos quedáramos solitos mi papá, yo y tú. Porque yo a ti...

La muchacha sintió que, sorpresivamente, la boca del niño se aplastaba contra la suya.

A tropezones *in fits and starts*

crossing herself

—Dios mío, Dios mío —se desprendió de sus brazos, empujándolo, sacudiéndolo. A tropezones° salió del cuarto, frotándose la boca, persignándose°. Le parecía que si no tomaba aire su corazón estallaría de rabia—. Dios mío, Dios mío.

Ya afuera, en el pasillo, oyó que Fonchito reía otra vez. No con sarcasmo, no burlándose del rubor y la indignación que la colmaban. Con auténtica alegría, como festejándose una gracia. Fresca, rotunda, sana, infantil, su risa borraba el sonido del agua del lavador, parecía llenar toda la noche y subir hasta esas estrellas que, por una vez, habían asomado en el cielo barroso de Lima. ■

II ¿Por qué el niño ríe de esa manera al ver la reacción de Justiniana?

1. Elegir Indica la opción correcta.

1. Justiniana cuida a Fonchito porque es la...
   a. abuela. b. madrastra. c. empleada.
2. Fonchito nunca tiene...
   a. remordimientos. b. malos pensamientos. c. ganas de ir a dormir.
3. Cuando Justiniana le reprocha lo que hizo, él le dice que..
   a. no entiende. b. no le importa. c. no se meta.
4. Según Justiniana, Fonchito hizo que su papá echara a su esposa con...
   a. un secreto. b. una broma. c. una mentira.
5. Desde que se separó, don Rigoberto está...
   a. feliz. b. triste. c. lleno de energía.
6. Fonchito había dicho que, como Lucrecia no lo quería, se iba a...
   a. matar. b. escapar. c. deprimir.
7. Justiniana tiene la sensación de que la acecha (*awaits*) una...
   a. bendición. b. imprudencia. c. trampa.
8. Por fuera, Fonchito es un niño lindo, pero por dentro es...
   a. un niño asustado. b. un diablillo cruel y frío. c. una criatura confundida.

2. Comprensión Contesta las siguientes preguntas con oraciones completas.

1. ¿Cómo es Fonchito físicamente? ¿Y de carácter?
2. ¿Qué sentimientos tiene Justiniana hacia él?
3. ¿Qué le pasó a Lucrecia? ¿Por qué Fonchito no siente pena por ella?
4. ¿De qué lo acusa Justiniana?
5. ¿Cómo se comporta don Rigoberto desde que su esposa no está?
6. ¿Por qué, tras la partida de doña Lucrecia, Justiniana piensa que ella debería irse también?
7. ¿Con qué argumentos Fonchito convence a Justiniana para que le dé un beso?

3. Interpretación Con un(a) compañero/a, contesta las siguientes preguntas.

1. ¿Por qué Fonchito le produce confusión a Justiniana? ¿Qué tiene de raro su comportamiento?
2. ¿Cómo imaginas a don Rigoberto? ¿Qué clase de hombre te parece que es?
3. ¿Cuál crees que es el peligro que presiente Justiniana? ¿Por qué?
4. ¿Por qué le dice Fonchito que todo lo hizo por ella? ¿Es cierto o tiene otros motivos?
5. Justiniana le dice a Fonchito: "No me pongas esa cara de mosquita muerta. Yo no soy ella". ¿Qué sentido cobran sus dichos al final del relato?
6. ¿Qué crees que quiere Fonchito? ¿Cuál es su estrategia?
7. ¿Al final se descubre la verdad de lo que pasó? ¿Qué crees que sucedió realmente?
8. ¿Piensas que la situación entre don Rigoberto y Lucrecia podría solucionarse o eso sería imposible? ¿Por qué?

4. Técnica literaria Con dos compañeros/as, repasa la técnica de la caracterización y desarrolla los siguientes temas.

1. La pregunta de Justiniana a Fonchito sobre "lo que hiciste" funciona como una alerta para el lector. Luego, ella la repite varias veces en el relato.

   Pregunta 1: ¿Nunca tienes remordimientos?
   Pregunta 2: ¿Lo planeaste todo desde el principio?
   Pregunta 3: ¿Hiciste todo eso por doña Eloísa?

   ¿Qué es lo que realmente quiere saber Justiniana? ¿Por qué va cambiando la pregunta? ¿Qué idea te transmiten esas preguntas acerca de la personalidad de Fonchito?
2. Justiniana se dirige al niño utilizando varios diminutivos: "Fonchito" (por Alfonso), "carita de niño santo", "diablito", etc. Marca todos los diminutivos que encuentres. ¿Qué rasgo de la personalidad de Fonchito intentan subrayar? ¿Qué versión de la verdad parecen apoyar?
3. ¿En qué momento encuentra respuesta la pregunta inicial de Justiniana? Cita la oración o el párrafo donde aparece y explica qué sentido tiene.

5. Tabú Lo que es tabú en una cultura no tiene por qué serlo en otra. Con tres compañeros/as, contesta las siguientes preguntas.

- ¿Cuáles son actitudes completamente tabúes para nuestra cultura occidental?
- ¿Opinas que está bien respetar los tabúes sociales o no? ¿Por qué?
- ¿Qué tabúes conoces que hayan cambiado con el tiempo o para ciertos grupos de la civilización occidental?
- ¿Hay algunos tabúes que te parece necesario desterrar de la sociedad?
- ¿Crees que existen valores absolutos que todo ser humano debe respetar? ¿Cuáles?

TALLER DE ESCRITURA

1. **La amenaza de Fonchito** Según el relato, Fonchito escribió una carta en la que amenazaba con suicidarse. Imagina cómo puede haber sido esa carta y escríbela, aprovechando al máximo los recursos del lenguaje emotivo. Ten en cuenta la personalidad de Fonchito y el efecto que realmente buscaba provocar con la carta.
2. **Las tres verdades** Se suele decir que siempre hay tres versiones de las cosas: la tuya, la mía y la verdad. Elige uno de los personajes del relato y narra lo que sucedió en la casa de don Rigoberto a partir de su punto de vista en un ensayo breve de una o dos páginas. Sigue los pasos indicados en la siguiente columna.

1. Relee los sucesos que tuvieron lugar y la información que aparece sobre la personalidad de cada uno de los protagonistas. Haz una lista de cómo se dieron los acontecimientos para seguir el orden cronológico.

2. Recrea los cambios que se dieron en la vida de la casa a partir de la llegada de Lucrecia, la madrastra, imaginando cómo se sintió el personaje que elegiste.

3. Explica el desenlace de los hechos y qué le ocurrió a tu personaje.

4. Concluye con un comentario sobre los proyectos o la visión que tiene para su futuro, tras la partida de Lucrecia y con la nueva situación que se da en la vida de la casa.

ANÁLISIS DE UN PERSONAJE

Vas a escribir un análisis de uno de los personajes que aparecen en una de las obras de esta lección. En el análisis de un personaje se describen y se comentan las características del personaje en referencia a lo que sucede en la obra.

Plan de escritura

Comienza completando una tabla con las características de cada obra. Esta tabla te ayudará a preparar tu análisis del personaje.

	personajes principales	ambiente	temas centrales
Mujeres al borde de un ataque de nervios		Madrid, años 80	
El eterno femenino			
Emma Zunz			venganza
Una lucha muy personal	Marta, Sonia		
Elogio de la madrastra			

Planificar y preparar la escritura

1. Estrategia: Analizar la obra y uno de sus personajes

- Con la información de la tabla de arriba, elige una de las obras y haz una lista de todos sus personajes. ¿Quiénes son los protagonistas? ¿Quiénes son los personajes secundarios?
- Fíjate en los detalles sobre la apariencia y la personalidad de cada personaje. ¿Cómo lo describe el/la autor(a)? ¿Tiene características físicas o psíquicas peculiares?
- Piensa en lo que sucede en la historia. ¿Qué problema trata de resolver el personaje?
- Analiza la actuación del personaje en la obra. ¿Qué decisiones tiene que tomar para resolver sus problemas? ¿Qué te dice su manera de actuar sobre su personalidad? Toma notas. Utiliza esta información en tu descripción del personaje.
- Reúne ejemplos de la obra que prueben las características del personaje. Puedes utilizar citas o describir con tus propias palabras alguna escena en particular.

2. Estrategia: Mapa de ideas

- Organiza la información sobre tu personaje en un mapa de ideas como éste.

MAPA DE IDEAS

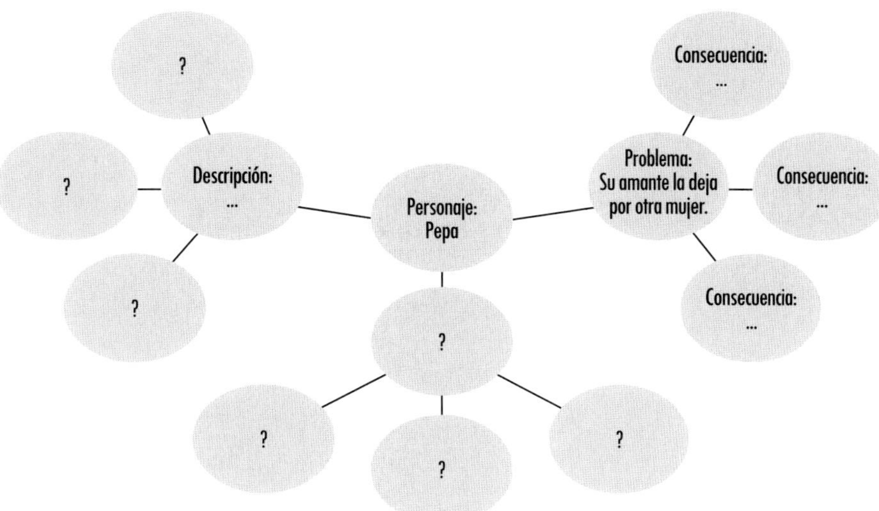

Escribir

3. Tu análisis de un personaje Ahora puedes escribir tu análisis del personaje. Utiliza la información que has reunido. Sigue estos pasos para escribir.

- **Introducción:** Presenta al personaje que vas a analizar. Describe brevemente la conclusión a la que has llegado sobre cada uno.
- **Análisis:** Escribe el análisis del personaje. Descríbelo: identifica el tipo de personaje y su personalidad. Comenta el problema al que se enfrenta y cómo reacciona. Presenta tus conclusiones con la ayuda de ejemplos concretos de la obra que apoyen tu análisis.
- **Conclusión:** Resume tus conclusiones sobre el personaje que analizaste.

Revisar y leer

4. Revisión Pídele a un(a) compañero/a que lea tu análisis y sugiera cómo mejorarlo. Revísalo incorporando sus sugerencias y prestando atención a los siguientes elementos.

- ¿Presentaste al personaje y tu conclusión correctamente?
- ¿Describes al personaje teniendo en cuenta sus características y el problema al que se enfrenta en la historia? ¿Incluyes ejemplos de la obra que apoyen tu análisis?
- ¿Expresas claramente tus conclusiones sobre el personaje que analizaste?
- ¿Son correctas la gramática y la ortografía?

5. Lectura Lee tu análisis de un personaje a varios/as compañeros/as. Tomen turnos. Cuando termines de leer tu análisis, tus compañeros/as deben hacerte preguntas. Comenten juntos un punto interesante de tu análisis que les haya llamado la atención.

LECCIÓN

LA *moral* A PRUEBA

CONTENIDO

SOBRE EL DIRECTOR

Carlos Carrera nació en la Ciudad de México en 1962. Cuando tenía sólo 12 años, comenzó a realizar cortometrajes animados: moldeaba sus personajes con plastilina y los filmaba con una cámara súper 8 prestada°. Al referirse a su temprana vocación, este talentoso director y guionista declaró: "Siempre quise hacer cine. Como no podía buscar a unos amigos para hacer ficción, empecé trabajando en animación".

Estudió Ciencias de la Comunicación y luego ingresó en el Centro de Capacitación Cinematográfica. Al terminar sus estudios, ya tenía filmados varios cortometrajes y su primera película, *La mujer de Benjamín.* Recibió numerosos premios nacionales e internacionales por sus siguientes obras, como *La vida conyugal* (1993) y *El héroe* (1994), pero conoció la fama internacional con *El crimen del padre Amaro* (2002).

Esa película se convirtió en una de las producciones más taquilleras° de la historia del cine mexicano. A pesar de su enorme éxito, recibió duras críticas por parte de la Iglesia Católica y de los grupos más conservadores de la sociedad. Hubo varios intentos de boicot e incluso amenazas directas a los realizadores. A pesar de la polémica, el largometraje ganó nueve premios Ariel de la industria cinematográfica mexicana y fue nominado al Oscar como mejor película extranjera.

En los últimos años, Carlos Carrera ha filmado simultáneamente ficción y animación. Sus trabajos más recientes son el policial *El traspatio* (2009) y el largometraje animado en 3D *Ana* (2012).

prestada *borrowed* **taquilleras** *box office success*

PERSONAJES

Padre Amaro *Sacerdote recién ordenado*

Padre Natalio *Sacerdote luchador y comprometido*

Amelia *Hija de la Sanjuanera, joven devota*

Padre Benito *Cura párroco de Los Reyes*

El obispo *Religioso poderoso y pragmático*

Agustina Sanjuanera *Dueña de la posada del pueblo*

El crimen del padre Amaro

Fecha de estreno: 2002
País: México **Género:** largometraje
Guión: Vicente Leñero sobre una novela de José María Eça de Queiroz
Actores: Gael García Bernal, Ana Claudia Talancón, Sancho Gracia, Angélica Aragón
Duración: 118 minutos

CONTEXTO HISTÓRICO

Estructuras de poder

Carlos Carrera afirma que cuando filmó *El crimen del padre Amaro* su intención era "ver cómo se maneja el poder y cómo un personaje sacrifica lo que piensa y lo que quiere por seguir ese camino del poder".

La estrecha° relación entre la Iglesia y las estructuras políticas y económicas tiene muchos siglos de historia. En la Edad Media, la influencia de los mandatarios religiosos solía superar a la de los propios reyes. Durante la Conquista española, la Iglesia envió misioneros para evangelizar a la población nativa. De este modo, la institución religiosa funcionó como una herramienta legitimadora de la imposición política y cultural de España. Aún así, algunos sacerdotes, como los padres Antonio Montesinos y Bartolomé de las Casas, protestaron contra la explotación y el maltrato° a los indígenas.

En el siglo XX, surgió un movimiento religioso de origen iberoamericano conocido como la *Teología de la Liberación*. Esta corriente insiste en que la salvación cristiana no es posible sin libertad económica, política y social. Por eso, cuestiona abiertamente el papel de la Iglesia en Latinoamérica y su relación con los grupos más poderosos.

Anónimo, *La conquista de México por los españoles* (detalle), c. 1860

 Practice more at **vhlcentral.com.**

estrecha *close* **maltrato** *mistreatment*

ANTESALA

Antes de mirar la película, conversa con un(a) compañero/a sobre los siguientes temas.

1. Aprende y practica el vocabulario de la película en vhlcentral.com.
2. Mira el cartel de promoción de la película y piensa en el nombre. ¿Qué temas te parece que pueden tratarse en el largometraje? ¿Cuál puede ser "el crimen" que se menciona?
3. ¿Piensas que la religión es un aspecto secundario de las comunidades o que puede ejercer una influencia determinante? ¿Qué efectos positivos y negativos tiene en la vida de las personas?
4. ¿Qué opinas de las instituciones que exigen obediencia absoluta, como el ejército y la Iglesia? ¿Te parece que es posible obedecer sin que en algún punto surjan conflictos personales?
5. ¿Estás de acuerdo con la expresión "El fin justifica los medios"? ¿Crees que a veces hay que sacrificar ideas o cosas para cumplir con objetivos?

Mira la película

Parte 1

00:00
21:30

Parte 2

21:31
44:35

Parte 3

44:36
1:05:09

TÉCNICA CINEMATOGRÁFICA

En el momento de la filmación, el director manipula cuidadosamente la posición de la cámara para cada toma. Esa técnica, llamada *angulación,* permite guiar al espectador, influir en sus emociones, sugerirle cómo es la relación que une a dos o más personajes, etc.

Existen tres tipos de angulación: normal, en picado y en contrapicado. Si la angulación es *normal,* la cámara se encuentra a la altura

Un joven sacerdote llega al pueblo

Guía para la comprensión
En la primera parte comenzarás a conocer al padre Amaro. Mientras la miras, identifica cómo se comporta frente a diferentes personajes. Por ejemplo:

Ante el hombre del autobús: Es generoso, le da su dinero.
Ante el padre Benito…

Preguntas

1. ¿Qué le da el padre Amaro al anciano antes de bajarse del autobús? ¿Por qué lo hace?
2. ¿A qué se dedica Amelita en la iglesia?
3. ¿Hace mucho que se ordenó el padre Amaro?
4. Según el padre Benito, ¿por qué el obispo envió a Amaro a Los Reyes?
5. ¿Por qué el padre de Rubén opina que Amelita no es una buena novia para su hijo?
6. ¿Cumple el padre Benito con su voto de castidad?
7. ¿Qué lugar van a visitar Amelita y el padre Amaro?
8. ¿Qué pecado confiesa Amelita?

Relaciones peligrosas

Guía para la comprensión
En la segunda parte conocerás mejor el pueblo y a los personajes secundarios. Mientras la miras, describe las personalidades y las actitudes de esos personajes en notas muy breves.

La Sanjuanera:	El Chato Aguilar:
Dionisia, la bruja:	El obispo:
El padre Natalio:	El presidente municipal:

1. ¿De qué se lo acusa al padre Natalio?
2. Según el padre Natalio, ¿cuál es el verdadero problema de su comunidad?
3. ¿Qué le pide la Sanjuanera al padre Amaro?
4. ¿Qué quiso hacer Dionisia con Getsemaní, la hija de Martín?
5. ¿Qué va a hacer el padre Benito al rancho del Chato Aguilar?
6. ¿Qué descubre Rubén en su investigación?

El triunfo de la tentación

Guía para la comprensión
En la tercera parte se profundizan las diferencias entre el padre Amaro, el padre Natalio y Rubén. Describe la personalidad y el comportamiento de cada uno. Por ejemplo:

El padre Amaro: Es tranquilo, diplomático, …
El padre Natalio: Es…
Rubén: Es…

1. ¿Qué le promete el obispo al padre Amaro?
2. ¿Cómo convence el padre Amaro al director para que publiquen la retractación?
3. ¿Por qué el padre Amaro va a ver al padre Natalio?
4. ¿Qué reacción provocan las palabras del padre Amaro en la población de Los Reyes?
5. ¿Por qué se enferma el padre Benito?
6. ¿Cómo reacciona Rubén cuando ve al padre Amaro en la calle? ¿Por qué?

del objeto o de la mirada del personaje filmado. Esa angulación es la más frecuente y se considera neutra, ya que no tiene valor expresivo y no determina ninguna relación especial entre los objetos o los personajes.

En cambio, si la angulación es *en picado,* la cámara se ubica por encima de la escena y apunta hacia abajo. En ese caso, se añade valor expresivo, ya que la perspectiva hace que el personaje u objeto enfocado parezca más pequeño que su entorno. Cuando el director elige esta angulación, quiere mostrar inferioridad, fatalidad, impotencia o incluso humillación.

Por último, se dice que la angulación es *en contrapicado* cuando la cámara realiza la toma desde abajo. De esa manera, se logra

Mira la película

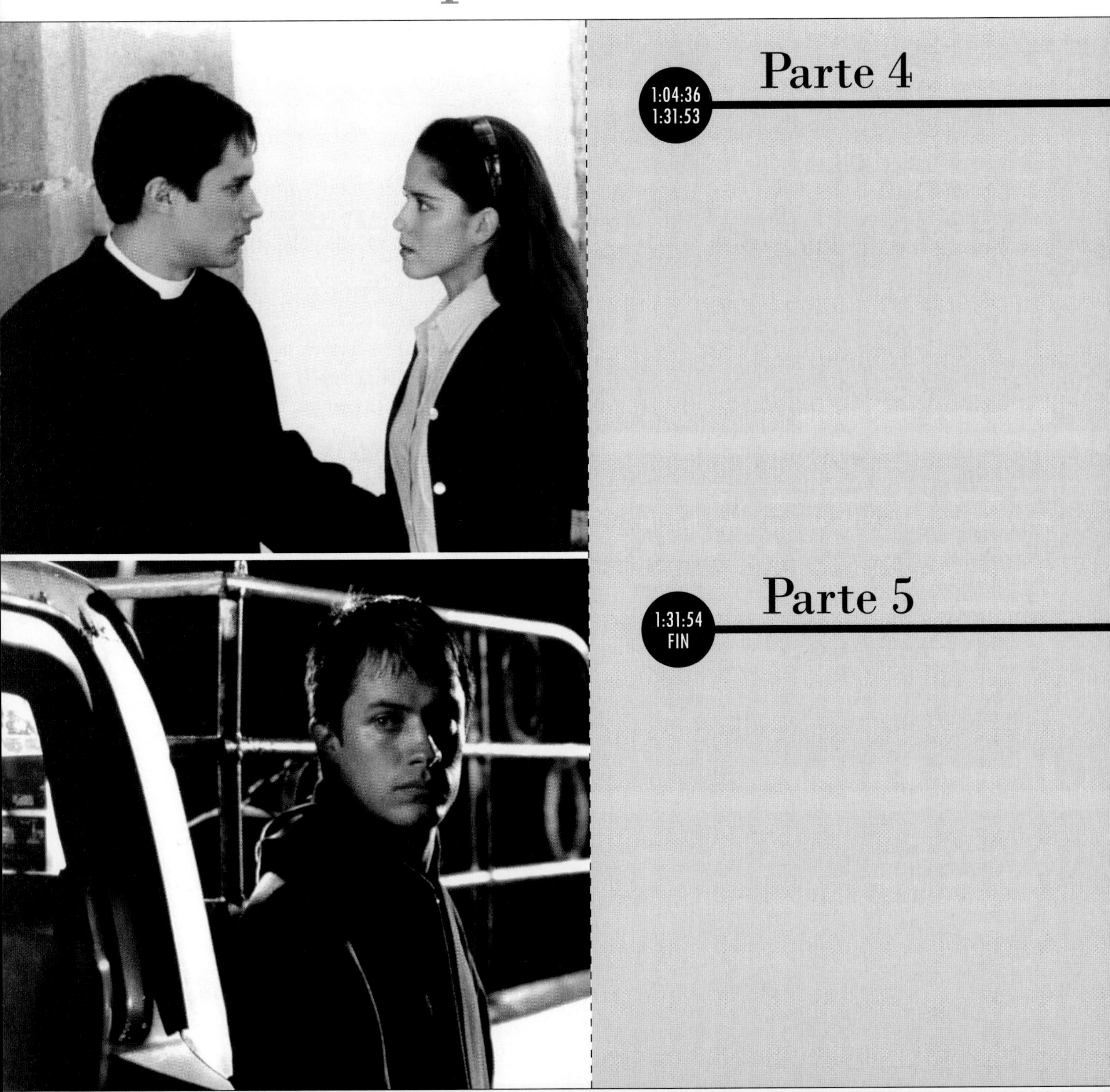

Parte 4

1:04:36
1:31:53

Parte 5

1:31:54
FIN

representar a un determinado objeto o personaje como superior, poderoso, triunfal o heroico.

En su largometraje *El crimen del padre Amaro,* Carlos Carrera ubicó la cámara en diferentes posiciones para exponer las relaciones de poder entre los personajes. Cuando mires la película, presta atención al tipo de angulación que el director mexicano eligió para filmar las diferentes escenas.

El verdadero padre Amaro

Guía para la comprensión
En la cuarta parte Amelita comienza a conocer las verdaderas cualidades y prioridades del padre Amaro. Mientras la miras, anota los descubrimientos de Amelita. Por ejemplo:

Amelita descubre que el padre Amaro sabe mentir ante los demás, que sabe fingir, …

Preguntas

1. ¿Para qué le dice el padre Amaro a Martín que necesita un cuarto?
2. Según el padre Benito, ¿vale la pena que Amelita intente enseñarle religión a Getsemaní?
3. ¿En qué piensa el padre Amaro mientras seduce a Amelita en el cuarto?
4. Cuando Amelita le propone que deje el sacerdocio (*priesthood*), ¿cómo reacciona el padre Amaro?
5. ¿Qué hace el padre Benito cuando descubre la relación entre Amaro y Amelita?
6. ¿Por qué el padre Benito se siente extorsionado por el padre Amaro?
7. ¿Quién ayuda a llevar al padre Benito a la ciudad de México?
8. ¿Está dispuesto el padre Amaro a abandonar su carrera por Amelita y el bebé?
9. ¿Por qué Amelita decide hablar con Rubén?

Un final inesperado

Guía para la comprensión
En la última parte de la película, se resuelven las historias de varios personajes principales y secundarios. Anota qué sucede con cada uno de ellos.

- Amelita
- El padre Amaro
- Martín
- El padre Benito
- El padre Natalio

1. ¿Qué le propone el padre Amaro a Amelita?
2. ¿Quién los ayuda con su plan?
3. ¿Qué noticia le da el padre Amaro al padre Natalio?
4. ¿Qué va a hacer el padre Natalio?
5. ¿Qué le pide Amelita a la Virgen? ¿Y Amaro?
6. ¿Qué le sucede a Amelita durante la operación?
7. Según los comentarios del pueblo, ¿quién dejó embarazada a Amelita?
8. ¿Qué hace el padre Benito cuando el padre Amaro comienza la ceremonia?

Piénsalo

1. Emparejar Relaciona lo que sucede en *El crimen del padre Amaro* con los personajes correspondientes (algunos sucesos pueden relacionarse con más de un personaje).

_____ 1. Desobedece al obispo.
_____ 2. Hace la limpieza en la casa de los sacerdotes.
_____ 3. Acepta dinero del narcotráfico.
_____ 4. Acaba de llegar al pueblo.
_____ 5. Vive en una casa llena de gatos.
_____ 6. Se queda a vivir con los campesinos.
_____ 7. Miente.
_____ 8. Se encuentra a escondidas con el padre Benito.
_____ 9. Está enamorado de Amelia.
_____ 10. Escribe en un periódico.
_____ 11. Enseña catequesis en la parroquia.
_____ 12. Es excomulgado.

a. padre Amaro
b. Dionisia
c. padre Natalio
d. Rubén
e. Amelia
f. padre Benito
g. La Sanjuanera

2. Comprensión Contesta las siguientes preguntas con oraciones completas.

1. ¿Dónde y cómo se conocen el padre Amaro y Amelia?
2. ¿De qué se acusa al padre Natalio?
3. ¿Quién le da al padre Benito el dinero necesario para construir el dispensario?
4. ¿A quién o quiénes considera el padre Natalio que debe su obediencia?
5. ¿Qué es el infierno para el padre Benito?
6. ¿Por qué Rubén se pelea con Amaro?
7. ¿En qué lugar se encuentran Amaro y Amelia? ¿Con qué excusa lo hacen?
8. ¿Qué provoca el ataque cardíaco del padre Benito?
9. ¿Cuáles son las propuestas que Amaro le hace a Amelia para solucionar el problema de su embarazo?
10. ¿Qué se comenta en el pueblo sobre lo que le sucedió a Amelia?

3. Interpretación En *El crimen del padre Amaro*, varias esferas de poder se relacionan entre sí. Contesta las siguientes preguntas sobre esas relaciones.

1. ¿Cómo es el vínculo entre la Iglesia y los narcotraficantes?
2. ¿Hay disidentes en la Iglesia?
3. ¿El periodismo es independiente de los otros poderes?
4. ¿Qué relación hay entre el gobierno (el presidente municipal) y la Iglesia?
5. ¿Existen vínculos entre el gobierno y los narcotraficantes?
6. ¿Cómo tratan los narcotraficantes a los habitantes del pueblo? ¿Y a los de las montañas?

4. Técnica cinematográfica El director de *El crimen del padre Amaro* quiso mostrarnos diferentes relaciones de poder por medio de la angulación. Con un(a) compañero/a, analiza la ubicación de la cámara a lo largo de la película. ¿Qué angulación se eligió para filmar a los personajes? ¿Qué emociones se evocan en cada caso? Completa la siguiente tabla.

	el padre Amaro	Amelia	el padre Benito	la Sanjuanera	el padre Natalio
Descripción de la escena					
Angulación					
Emoción evocada					

5. La relatividad de las cosas En *El crimen del padre Amaro* se plantean varias preguntas sobre la moralidad de ciertas conductas. En grupos, analicen las opiniones de algunos de los personajes. Comenten sus conclusiones a la clase.

- El dinero de los narcotraficantes no es malo si permite construir hospitales.
- El celibato debería ser una alternativa para los sacerdotes, no una obligación.
- En algunos casos es mejor guardar las apariencias que provocar un escándalo en la comunidad.
- Los medios de comunicación no siempre deberían divulgar sus investigaciones.

TALLER DE ESCRITURA

1. La bruja A pesar de ser un personaje secundario, Dionisia aparece en muchas escenas de la película. Vuelve a mirar la película y escribe un ensayo de no menos de una página sobre Dionisia. Describe su personalidad, sus acciones y las consecuencias de esas acciones.

2. Caminos alternativos El padre Amaro decide ignorar los pedidos de varios personajes. En un ensayo de una página, analiza sus decisiones. Sigue estos pasos.

1. *La Sanjuanera le pide que convenza a Amelita de reconciliarse con Rubén.*
2. *El padre Natalio le pide que vaya con él a vivir a las montañas.*
3. *El padre Benito le pide que deje de relacionarse con Amelita.*
4. *Amelita le pide que deje el sacerdocio y huyan juntos.*

SOBRE LA AUTORA

Ana María Matute, una de las escritoras españolas más relevantes del siglo XX, nació en Barcelona el 26 de julio de 1925. Su interés por la literatura surgió cuando era muy joven: escribió e ilustró su primer cuento a los cinco años, y a los diecisiete terminó su primera novela, *Pequeño teatro,* que se publicó casi una década más tarde.

En 1948, se dio a conocer en los círculos literarios con la novela *Los Abel,* en la que describió la posguerra española desde un punto de vista infantil. Muchas de sus obras están protagonizadas por niños o adolescentes. Algunos temas recurrentes en sus escritos son la soledad, la incomunicación y la necesidad de escapar de la vida cotidiana.

Si bien Matute no parece adscribirse° a ninguna ideología política, sus obras se caracterizan por mostrar un gran compromiso social. Como muchos escritores de su época, tiene una fuerte influencia realista, pero ha forjado un estilo propio al complementar el realismo con algo de fantasía.

A lo largo de su prolífica carrera, Matute ha recibido múltiples galardones nacionales e internacionales, y hasta ha sido nominada al Premio Nobel de Literatura. Desde 1997 forma parte de la Real Academia Española (fue la tercera mujer en ingresar en más de 300 años). Sus obras han sido traducidas a 23 idiomas. Recientemente, en noviembre de 2010, recibió el Premio Cervantes en honor a sus contribuciones literarias.

adscribirse *to follow*

La conciencia

Fecha de publicación: 1962
País: España
Género: cuento
Colección: Historias de la Artámila
Personajes: Mariana, Antonio, el viejo vagabundo, Marcelina, Salomé, Constantino

TÉCNICA LITERARIA

El aforismo

Los aforismos son oraciones concisas que provienen de la experiencia y se consideran verdades por convención social. A pesar de su brevedad, casi siempre tienen un carácter poético debido a que encierran juegos de palabras. Los escritores a veces incluyen aforismos en sus obras para propiciar un cambio argumental o transmitir una moraleja.

En *La conciencia*, el vagabundo a veces se expresa a través de aforismos. De esa manera, su personaje resulta más pintoresco e interesante. Cuando leas el cuento, intenta ubicar los aforismos y analizar su significado.

- ¿Crees que es posible resumir verdades universales en una oración? Justifica tu respuesta.
- ¿Conoces otros tipos de enunciados breves que tengan una estructura parecida a la de los aforismos? ¿Cuáles?

CONTEXTO HISTÓRICO

El campo en la obra de Ana María Matute

Ana María Matute forma parte de la generación de autores que surgió después de la Guerra Civil Española. Estos escritores sentían la necesidad de retratar la realidad que los rodeaba. Dado que hasta ese entonces la sociedad española había sido principalmente rural, muchas de sus historias estaban enmarcadas en el campo. En el caso de Matute, su conexión con el ámbito rural era aún más significativa, ya que la escritora pasó gran parte de su infancia en Mansilla de la Sierra, un pequeño pueblo de La Rioja, en el norte de España.

En *La conciencia,* al igual que en muchas otras de sus obras, Matute refleja la pobreza y la decadencia del campo español. La historia se desarrolla en un minúsculo pueblo rural donde la mayoría de los habitantes son pobres y deben trabajar duramente para poder salir adelante. El relato sugiere que la industria empezaba a reemplazar la explotación rural que hasta entonces había sido la base fundamental de la economía española. Si bien en la década de 1960, cuando se publicó *Historias de la Artámila,* la industrialización ya era una realidad, la escritora catalana aún pensaba que la esencia del pueblo estaba en el campo.

El pueblo de Fitero en La Rioja, España

 Practice more at **vhlcentral.com.**

ANTESALA

Antes de iniciar la lectura, completa estas actividades para lograr una mejor comprensión.

1. Aprende y practica el vocabulario del cuento en **vhlcentral.com.**

2. Con dos compañeros/as, conversa sobre estos temas.

- Los chismes y los secretos pueden ser armas de doble filo. ¿Cuál te parece que es la mejor manera de enfrentar un chantaje? ¿Se te ocurre alguna situación en la que un chantaje sea moralmente justificable?
- ¿Has hecho alguna vez algo de lo que luego te arrepintieras? ¿Has tenido que guardar alguna vez un secreto propio o de otra persona?
- ¿Piensas que existe *la voz de la conciencia*? ¿Cómo la definirías: como un mandato social o como un sentimiento innato? ¿Por qué?
- Un proverbio dice que "Sabe más el diablo por viejo que por diablo". ¿Crees que esa afirmación es correcta? ¿Por qué? ¿Conoces algún otro proverbio que exprese una idea similar?

LA conciencia

Ana María Matute

YA NO PODÍA MÁS. ESTABA CONVENCIDA DE QUE NO PODRÍA resistir más tiempo la presencia de aquel odioso vagabundo. Estaba decidida a terminar. Acabar de una vez, por malo que fuera, antes que soportar su tiranía.

Llevaba cerca de quince días en aquella lucha. Lo que no comprendía era la tolerancia de Antonio para con aquel hombre. No: verdaderamente, era extraño.

El vagabundo pidió hospitalidad por una noche: la noche del Miércoles de ceniza, exactamente, cuando se batía el viento arrastrando un polvo negruzco°, arremolinado, que azotaba los vidrios de las ventanas con un crujido reseco. Luego, el viento cesó. Llegó una calma extraña a la tierra, y ella pensó, mientras cerraba y ajustaba los postigos°:

—No me gusta esta calma.

Efectivamente, no había echado aún el pasador° de la puerta cuando llegó aquel hombre. Oyó su llamada sonando atrás, en la puertecilla de la cocina:

—Posadera°...

Mariana tuvo un sobresalto°. El hombre, viejo y andrajoso°, estaba allí, con el sombrero en la mano, en actitud de mendigar.

blackish · *shutters* · *bolt* · *Innkeeper* · *fright / ragged*

¿Qué función tiene la descripción del clima en la noche del Miércoles de ceniza?

—Dios le ampare... empezó a decir. Pero los ojillos del vagabundo le miraban de un modo extraño. De un modo que le cortó las palabras.

Muchos hombres como él pedían la gracia del techo, en las noches de invierno. Pero algo había en aquel hombre que la atemorizó sin motivo.

El vagabundo empezó a recitar su cantinela°: «Por una noche, que le dejaran dormir en la cuadra°; un pedazo de pan y la cuadra: no pedía más. Se anunciaba la tormenta...»

story
stable

En efecto, allá afuera, Mariana oyó el redoble° de la lluvia contra los maderos° de la puerta. Una lluvia sorda, gruesa, anuncio de la tormenta próxima.

drumroll
timbers

—Estoy sola —dijo Mariana secamente—. Quiero decir... cuando mi marido está por los caminos no quiero gente desconocida en casa. Vete, y que Dios te ampare.

Pero el vagabundo se estaba quieto, mirándola. Lentamente, se puso su sombrero, y dijo:

—Soy un pobre viejo, posadera. Nunca hice mal a nadie. Pido bien poco: un pedazo de pan...

En aquel momento las dos criadas, Marcelina y Salomé, entraron corriendo. Venían de la huerta, con los delantales sobre la cabeza, gritando y riendo. Mariana sintió un raro alivio al verlas.

—Bueno —dijo—. Está bien... Pero sólo por esta noche. Que mañana cuando me levante no te encuentre aquí...

El viejo se inclinó, sonriendo, y dijo un extraño romance de gracias.

Mariana subió la escalera y fue a acostarse. Durante la noche la tormenta azotó las ventanas de la alcoba° y tuvo un mal dormir.

bedroom

A la mañana siguiente, al bajar a la cocina, daban las ocho en el reloj de sobre la cómoda. Al entrar se quedó sorprendida e irritada. Sentado a la mesa, tranquilo y reposado, el vagabundo desayunaba opíparamente°: huevos fritos, un gran trozo de pan tierno, vino... Mariana sintió un coletazo de ira, tal vez entremezclado de temor, y se encaró con Salomé, que, tranquilamente se afanaba° en el hogar:

sumptuously
worked

Sus palabras se cortaban, se enredaban, por la rabia que la iba dominando.

—¡Salomé! —dijo, y su voz le sonó áspera, dura—. ¿Quién te ordenó dar a este hombre... y cómo no se ha marchado al alba?

Sus palabras se cortaban, se enredaban, por la rabia que la iba dominando. Salomé se quedó boquiabierta°, con la espumadera° en alto, que goteaba contra el suelo.

astonished / skimmer

¿Cómo se siente Mariana cuando baja a la cocina y encuentra al vagabundo allí?

—Pero yo... —dijo—. El me dijo...

El vagabundo se había levantado y con lentitud se limpiaba los labios contra la manga.

—Señora —dijo—, señora, usted no recuerda... usted dijo anoche: «Que le den al pobre viejo una cama en el altillo°, y que le den de comer cuanto pida.» ¿No lo dijo anoche la señora posadera? Yo lo oía bien claro... ¿O está arrepentida ahora?

attic

Mariana quiso decir algo, pero de pronto se le había helado la voz. El viejo la miraba intensamente, con sus ojillos negros y penetrantes. Dio media vuelta, y desasosegada° salió por la puerta de la cocina, hacia el huerto.

on edge

Oyó detrás de ella la voz del viejo, y sin querer, apretó las manos una contra otra.

El día amaneció gris, pero la lluvia había cesado. Mariana se estremeció de frío. La hierba estaba empapada, y allá lejos la carretera se borraba en una neblina sutil. Oyó detrás de ella la voz del viejo, y sin querer, apretó las manos una contra otra.

—Quisiera hablarle algo, señora posadera... Algo sin importancia.

Mariana siguió inmóvil, mirando hacia la carretera.

—Yo soy un viejo vagabundo... pero a veces, los viejos vagabundos se enteran de las cosas. Sí: yo estaba *allí. Yo lo vi,* señora posadera. *Lo vi, con estos ojos...*

Mariana abrió la boca. Pero no pudo decir nada.

—¿Qué estás hablando ahí, perro? —dijo—. ¡Te advierto que mi marido llegará con el carro a las diez, y no aguanta bromas de nadie!

—¡Ya lo sé, ya lo sé que no aguanta bromas de nadie! —dijo el vagabundo—. Por eso, no querrá que sepa nada... nada de lo que yo vi aquel día. ¿No es verdad?

¿Con qué argumento Mariana intenta asustar al viejo? ¿Funciona?

Mariana se volvió rápidamente. La ira había desaparecido. Su corazón latía, confuso. «¿Qué dice? ¿Qué es lo que sabe... ? ¿Qué es lo que vio?» Pero ató su lengua. Se limitó a mirarle, llena de odio y de miedo. El viejo sonreía con sus encías sucias y peladas.

—Me quedaré aquí un tiempo, buena posadera: sí, un tiempo, para reponer fuerzas, hasta que vuelva el sol. Porque ya soy viejo y tengo las piernas muy cansadas. Muy cansadas...

Mariana echó a correr. El viento, fino, le daba en la cara. Cuando llegó al borde del pozo° se paró. El corazón parecía salírsele del pecho.

well

Aquél fue el primer día. Luego, llegó Antonio con el carro. Antonio subía mercancías de Palomar, cada semana. Además de posaderos, tenían el único comercio de la aldea. Su casa, ancha y grande, rodeada por el huerto, estaba a la entrada del pueblo. Vivían con desahogo°, y en el pueblo Antonio tenía fama de rico. «Fama de rico», pensaba Mariana, desazonada°. Desde la llegada del odioso vagabundo, estaba pálida, desganada°. «Y si no lo fuera, ¿me habría casado con él, acaso?» No. No era difícil comprender por qué se había casado con aquel hombre brutal, que tenía catorce años más que ella. Un hombre hosco° y temido, solitario. Ella era guapa. Sí: todo el pueblo lo sabía y decía que era guapa. También Constantino, que estaba enamorado de ella. Pero Constantino era un simple aparcero°, como ella. Y ella estaba harta de pasar hambre, y trabajos, y tristezas. Sí; estaba harta. Por eso se casó con Antonio.

comfortably
uneasy
lethargic
surly
sharecropper

Mariana sentía un temblor extraño. Hacía cerca de quince días que el viejo entró en la posada. Dormía, comía y se despiojaba° descaradamente

deloused

Ya no podía verlo. La sola idea le hacía castañetear los dientes. Sabía que Antonio la mataría.

al sol, en los ratos en que éste lucía, junto a la puerta del huerto. El primer día Antonio preguntó:

—¿Y ése, qué pinta ahí?

—Me dio lástima —dijo ella, apretando entre los dedos los flecos° de su chal—. Es tan viejo... y hace tan mal tiempo...

Antonio no dijo nada. Le pareció que se iba hacia el viejo como para echarle de allí. Y ella corrió escaleras arriba. Tenía miedo. Sí. Tenía mucho miedo... «Si el viejo vio a Constantino subir al castaño°, bajo la ventana. Si le vio saltar a la habitación, las noches que iba Antonio con el carro, de camino...» ¿Qué podía querer decir, si no, con aquello de lo vi todo, sí, lo vi con estos ojos?

Ya no podía más. No: ya no podía más. El viejo no se limitaba a vivir en la casa. Pedía dinero, ya. Había empezado a pedir dinero, también. Y lo extraño es que Antonio no volvió a hablar de él. Se limitaba a ignorarle. Sólo que, de cuando en cuando, la miraba a ella. Mariana sentía la fijeza de sus ojos grandes, negros y lucientes, y temblaba.

Aquella tarde Antonio se marchaba a Palomar. Estaba terminando de uncir° los mulos al carro, y oía las voces del mozo mezcladas a las de Salomé, que le ayudaba. Mariana sentía frío. «No puedo más. Ya no puedo más. Vivir así es imposible. Le diré que se marche, que se vaya. La vida no es vida con esta amenaza.» Se sentía enferma. Enferma de miedo. Lo de Constantino, por su miedo, había cesado. Ya no podía verlo. La sola idea le hacía castañetear° los dientes. Sabía que Antonio la mataría. Estaba segura de que la mataría. Le conocía bien.

Cuando vio el carro perdiéndose por la carretera bajó a la cocina. El viejo dormitaba° junto al fuego. Le contempló, y se dijo: «Si tuviera valor le mataría.» Allí estaban las tenazas° de hierro, a su alcance. Pero no lo haría. Sabía que no podía hacerlo. «Soy cobarde. Soy una gran cobarde y tengo amor a la vida.» Esto la perdía: «Este amor a la vida...»

¿Qué lleva a Mariana a pensar en matar al vagabundo? ¿Por qué no lo hace?

—Viejo —exclamó. Aunque habló en voz queda°, el vagabundo abrió uno de sus ojillos maliciosos. «No dormía», se dijo Mariana. «No dormía. Es un viejo zorro.»

—Ven conmigo —le dijo—. Te he de hablar.

El viejo la siguió hasta el pozo. Allí Mariana se volvió a mirarle.

—Puedes hacer lo que quieras, perro. Puedes decirlo todo a mi marido, si quieres. Pero tú te marchas. Te vas de esta casa, en seguida...

El viejo calló unos segundos. Luego, sonrió.

—¿Cuándo vuelve el señor posadero?

Mariana estaba blanca. El viejo observó su rostro hermoso, sus ojeras°. Había adelgazado.

—Vete —dijo Mariana—. Vete en seguida.

Estaba decidida. Sí: en sus ojos lo leía el vagabundo. Estaba decidida y desesperada. Él tenía experiencia y conocía esos ojos. «Ya no hay nada que

fringes
chestnut tree
yoke
chatter
dozed
tongs
en voz queda *softly*
bags under the eyes

hacer», se dijo, con filosofía. «Ha terminado el buen tiempo. Acabaron las comidas sustanciosas, el colchón, el abrigo. Adelante, viejo perro, adelante. Hay que seguir.»

—Está bien —dijo—. Me iré. Pero él lo sabrá todo...

Mariana seguía en silencio. Quizás estaba aún más pálida. De pronto, el viejo tuvo un ligero° temor: «Esta es capaz de hacer algo gordo. Sí: es de esa clase de gente que se cuelga de un árbol o cosa así.» Sintió piedad°. Era joven, aún, y hermosa.

slight / *mercy*

¿Qué posibilidad asusta al viejo y por qué se apiada de Mariana?

—Bueno —dijo—. Ha ganado la señora posadera. Me voy... ¿qué le vamos a hacer? La verdad, nunca me hice demasiadas ilusiones... Claro que pasé muy buen tiempo aquí. No olvidaré los guisos° de Salomé ni el vinito del señor posadero... No lo olvidaré. Me voy.

casseroles

—Ahora mismo —dijo ella, de prisa—. Ahora mismo, vete... ¡Y ya puedes correr, si quieres alcanzarle a él! Ya puedes correr, con tus cuentos sucios, viejo perro...

El vagabundo sonrió con dulzura. Recogió su cayado° y su zurrón°. Iba a salir, pero, ya en la empalizada, se volvió:

crook / haversack

—Naturalmente, señora posadera, *yo no vi nada.* Vamos: ni siquiera sé si había algo que ver. Pero llevo muchos años de camino, ¡tantos años de camino! Nadie hay en el mundo con la conciencia pura, ni siquiera los niños. No: ni los niños siquiera, hermosa posadera. Mira a un niño a los ojos, y dile «¡Lo sé todo! Anda con cuidado...» Y el niño temblará. Temblará como tú, hermosa posadera.

Mariana sintió algo extraño, como un crujido, en el corazón. No sabía si era amargo, o lleno de una violenta alegría. No lo sabía. Movió los labios y fue a decir algo. Pero el viejo vagabundo cerró la puerta de la empalizada tras él, y se volvió a mirarla. Su risa era maligna, al decir:

Mariana seguía en silencio. Quizás estaba aún más pálida. De pronto, el viejo tuvo un ligero temor...

—Un consejo, posadera: vigila a tu Antonio. Sí: el señor posadero también tiene motivos para permitir la holganza° en su casa a los viejos pordioseros°. ¡Motivos muy buenos, juraría yo, por el modo como me miró!

idleness / *beggars*

La niebla, por el camino, se espesaba, se hacía baja. Mariana le vio partir, hasta perderse en la lejanía°. ■

distance

Piénsalo

1. Cierto o falso **Indica si cada afirmación es cierta o falsa. Corrige las falsas.**

1. La posadera invita al vagabundo a pasar la noche en su posada.
2. El vagabundo se quiere quedar en la posada el mayor tiempo posible.
3. Mariana está muy enamorada de Antonio.
4. Mariana se casó con Antonio por dinero.
5. El vagabundo era un buen huésped y se conformaba con muy poco.
6. Antonio se enfada y echa al vagabundo de la posada.
7. En realidad, el vagabundo no vio nada.
8. Antonio no le oculta nada a Mariana.

2. Comprensión **Contesta las siguientes preguntas con oraciones completas.**

1. ¿Por qué el vagabundo se detiene en la posada?
2. ¿Por qué Mariana deja pasar al vagabundo?
3. ¿Cómo consigue el vagabundo quedarse en la posada tanto tiempo?
4. ¿Cuál es el secreto de Mariana?
5. ¿Por qué le preocupa tanto a Mariana que Antonio descubra su secreto?
6. ¿Cuál es el motivo que hace que el vagabundo abandone finalmente la posada?
7. ¿Por qué el vagabundo pensaba que su plan funcionaría?

3. Interpretación **Analiza los sucesos del cuento para contestar estas preguntas. Luego compara tus respuestas con las de un(a) compañero/a.**

1. ¿Sabía el vagabundo realmente lo que Mariana había hecho? ¿Por qué le dice que *no ha visto nada*? ¿Qué quiere evitar?
2. ¿Crees que el vagabundo ya había utilizado esta técnica antes?
3. ¿Piensas que Mariana es feliz en su matrimonio?
4. Al comienzo del cuento, el vagabundo le dice a Salomé que la posadera había ordenado que lo trataran bien. ¿Por qué lo hizo?
5. Si Antonio era una persona malhumorada y poco amigable, ¿por qué no expulsó al vagabundo de la posada?
6. ¿Por qué Mariana no le pide ayuda a Constantino para echar al vagabundo?
7. Si el vagabundo no se hubiera ido, ¿qué crees que habría hecho Mariana? Justifica tu respuesta.

4. Técnica literaria Con un(a) compañero/a, contesta las siguientes preguntas relacionadas con el uso de aforismos en el cuento.

1. ¿Qué aforismo o aforismos aparecen en *La conciencia*?
2. Según tu opinión, ¿por qué la autora usa esta técnica en la obra? ¿Qué reacción consigue provocar en los personajes? ¿Y en el lector?
3. ¿Qué quiere decir el aforismo "La buena conciencia es la mejor almohada para dormir"? ¿Cómo se relaciona con el texto?
4. Los aforismos surgen a partir de la experiencia. ¿Cómo se relaciona esa característica con la figura del vagabundo?
5. Por lo general, los aforismos expresan verdades, reglas o moralejas. ¿Crees que las palabras finales del vagabundo influirán en la visión que Mariana tiene de la realidad?

5. Opiniones Con dos compañeros/as, analiza las siguientes preguntas. No olviden justificar sus respuestas.

- Según el vagabundo, Antonio también tiene un secreto. ¿Crees que es cierto, o piensas que el vagabundo sólo quiere confundir a Mariana? ¿Cuál podría ser el secreto de Antonio?
- Si estuvieras en el lugar de Mariana, ¿habrías actuado del mismo modo? Analiza diferentes maneras de afrontar su situación.
- Si estuvieras en el lugar del vagabundo, ¿le habrías dicho la verdad a Mariana antes o habrías actuado de la misma manera que él? ¿Piensas que el vagabundo es una persona malvada o solamente intenta sobrevivir?

TALLER DE ESCRITURA

1. Confesiones Antonio se siente tan atormentado por su secreto que decide escribirle una carta a Mariana para contárselo. Imagina cómo puede ser esa carta y escríbela. Acuérdate de utilizar el formato de una carta, indicando la fecha, y las fórmulas de saludo y de despedida. Vuelve a leer el cuento para buscar datos que te ayuden a escribir la carta.

2. Con la conciencia limpia Hacia el final del relato, el vagabundo justifica sus acciones diciendo que "Nadie hay en el mundo con la conciencia pura, ni siquiera los niños". ¿Estás de acuerdo con esa afirmación? ¿Por qué? En un ensayo de una página, explica tu punto de vista. Incluye ejemplos para justificar tus ideas. Intenta utilizar aforismos o refranes que refuercen tu argumentación.

SOBRE EL AUTOR

Ricardo Palma (1833–1919) nació en el seno de una familia humilde de Lima, Perú. Siempre dispuesto a dar a conocer sus opiniones, ya a los 15 años era director de un periódico satírico llamado *El Diablo.* Allí analizaba las épocas turbulentas de la sociedad en que vivía. Años más tarde estudió abogacía, fue voluntario de la Marina y se dedicó a la política. Su interés por los asuntos públicos le trajo algunos problemas (debió exiliarse en Chile desde 1860 hasta 1863), pero también le permitió acceder a cargos importantes: fue nombrado cónsul, senador y funcionario del Ministerio de Guerra y Marina. También hizo numerosos aportes a la cultura de su país: fue miembro de la Academia de la Historia e integrante de la Academia Peruana de la Lengua. Además, se encargó de la reconstrucción de la Biblioteca Nacional, que tras los saqueos sufridos durante la Guerra del Pacífico (1879–1883) había quedado destruida.

A pesar de ser un hombre de acción, nunca dejó de lado la literatura. Durante toda su vida leyó incansablemente, coleccionó libros y recopiló historias. Su biblioteca personal era considerada la más importante de Perú. Aunque Palma incursionó en la poesía romántica y el teatro, se destacó por su prosa incisiva y divertida. De todas sus obras, quizás las más recordadas sean sus *Tradiciones,* que publicó en varias etapas entre 1872 y 1910. La picardía y el ingenio con los que narró hechos y anécdotas populares de su tierra causaron una verdadera revolución en la prosa hispanoamericana.

PERÚ.

TRADICIONES

POR

Ricardo Palma.

TERCERA SERIE.

LIMA.
BENITO GIL, EDITOR.
LIBRERIA UNIVERSAL, BODEGONES 42.
1875.

TÉCNICA LITERARIA

Los *exempla*

Durante la Edad Media, eran muy comunes los cuentos, fábulas y leyendas que buscaban instruir de una manera entretenida. Estos textos, llamados *exempla* (ejemplos, en latín), se transmitían oralmente y se difundían de pueblo en pueblo. Los personajes eran siempre arquetípicos: más que tener una personalidad individual y única, ilustraban patrones de conducta y actitudes. En nuestros días, los cuentos infantiles y las fábulas cumplen la función de *exempla.*

Cuando leas *El alacrán de fray Gómez,* intenta contestar estas preguntas:

- ¿Qué comportamientos ilustran los tres milagros? ¿Podrían considerarse ejemplos de conducta? ¿Por qué?
- ¿Cuáles son las moralejas que se desprenden del relato? ¿Conoces algún cuento o fábula que deje una enseñanza similar?

El alacrán de fray Gómez

Fecha de publicación: 1889
País: Perú
Género: tradición
Colección: Tradiciones peruanas, Séptima Serie
Personajes: Fray Gómez, San Francisco Solano, el buhonero, el usurero

CONTEXTO CULTURAL

La creación de las *tradiciones peruanas*

A mediados del siglo XIX, los países hispanoamericanos estaban aún en formación tras haberse independizado políticamente de España. Entonces, los intelectuales latinoamericanos se plantearon la necesidad de que sus países lograran también una independencia artística y cultural. La tarea no era sencilla: las jóvenes naciones debían desarrollar una identidad, una historia y una tradición propias.

Ese desafío inspiró a Ricardo Palma a reunir y documentar las anécdotas, los episodios cotidianos y las costumbres de su Perú natal. Entonces, creó un género al que llamó *tradiciones peruanas.* Se calcula que escribió más de 500 relatos, que inicialmente aparecieron publicados en periódicos y que más tarde se compilaron en varios libros. En algunas de esas obras, además de retratar las costumbres de la época, recordó con una extraña mezcla de burla y nostalgia los años de la colonia. La principal característica de sus textos es el uso de un estilo cercano a la oralidad, y de un humor ágil y vivaz. Dado que Palma buscaba capturar el espíritu de su nación, usó un lenguaje coloquial e incluyó numerosos peruanismos. En las oportunidades en las que utilizó palabras solemnes, lo hizo con ironía, y cuando mencionó grandes hechos históricos o políticos, fue solamente para dar un contexto adecuado a los relatos.

La Plaza Mayor y la catedral de Lima, Perú, durante los años 1920

 Practice more at **vhlcentral.com.**

ANTESALA

Antes de iniciar la lectura, completa estas actividades para lograr una mejor comprensión.

1. Aprende y practica el vocabulario del cuento en **vhlcentral.com**.
2. ¿Alguna vez has oído la expresión "la fe mueve montañas"? ¿Conoces algún caso en que la fe de una persona le haya permitido lograr algo que parecía imposible? ¿Qué factores crees que pueden influir en la fe de las personas? ¿Por qué?
3. Con tres compañeros/as, conversa sobre estos temas.
   - Durante la Edad Media la gente creía mucho en los milagros. ¿Cuáles podrían ser los motivos de esa fe? ¿Cambió nuestra actitud ante lo "milagroso" o cambió nuestra definición de "milagro"? Menciona dos aspectos positivos y dos aspectos negativos de creer en los milagros.
4. Investiga cómo funcionan los empeños (*pawning*). ¿En qué casos las personas deben recurrir al empeño? ¿Por qué a veces el prestamista (*pawnbroker*) abusa de la situación? ¿Qué diferencia hay entre dar un préstamo por interés y ser usurero/a?

El Greco (Domenikos Theotokopulos), *Santo Domingo en oración*, c. 1593 ►

EL alacrán DE fray Gómez

Ricardo Palma

A Casimiro Prieto Valdés

Principio principiando;
principiar quiero,
por ver si principiando
principiar puedo.

In diebus illis, digo, cuando yo era muchacho, oía con frecuencia a las viejas exclamar, ponderando° el mérito y precio de una alhaja:

praising

—¡Esto vale tanto como el alacrán° de fray Gómez! Tengo una chica, remate de lo bueno, flor de la gracia y espumita de la sal, con unos ojos más pícaros y trapisondistas° que un par de escribanos:

scorpion / conniving

¿Cómo conoce el narrador el dicho sobre el alacrán de fray Gómez?

chica que se parece
al lucero del alba
cuando amanece,

al cual pimpollo° he bautizado, en mi paternal chochera, con el mote° de *alacrancito de fray Gómez.* Y explicar el dicho de las viejas y el sentido del piropo con que agasajo a mi Angélica, es lo que me propongo, amigo y camarada Prieto, con esta tradición.

bud / nickname

El sastre paga deudas con puntadas, y yo no tengo otra manera de satisfacer la literaria que con usted he contraído que dedicándole estos cuatro palotes°.

lines

I

Este era un lego° contemporáneo de don Juan de la Pipirindica, el de la valiente pica, y de San Francisco Solano; el cual lego desempeñaba en Lima, en el convento de los padres seráficos, las funciones de refitolero° en la enfermería u hospital de los devotos frailes. El pueblo lo llamaba fray Gómez, y fray Gómez lo llamaban las crónicas conventuales, y la tradición lo conoce por fray Gómez. Creo que hasta en el expediente que para su beatificación y canonización existe en Roma no se le da otro nombre.

lay brother

person in charge of refectory

Fray Gómez hizo en mi tierra milagros a mantas°, sin darse cuenta de ellos y como quién no quiere la cosa. Era de suyo milagrero, como aquel que hablaba en verso sin sospecharlo.

milagros a mantas *hundreds of miracles*

Sucedió que un día iba el lego por el puente, cuando un caballo desbocado° arrojó sobre las losas al jinete. El infeliz quedó patitieso, con la cabeza hecha una criba y arrojando sangre por la boca y narices.

caballo desbocado *runaway horse*

—¡Se descalabró, se descalabró! —gritaba la gente—. ¡Que vayan a San Lázaro, por el santo óleo!

Y todo era bullicio y alharaca°.

fuss

Fray Gómez acercóse pausadamente al que yacía en tierra, púsole sobre la boca el cordón de su hábito, echóle tres bendiciones, y sin más médico ni más botica el descalabrado se levantó tan fresco, como si golpe no hubiera recibido.

¿De qué manera cura fray Gómez al jinete herido?

—¡Milagro! ¡Milagro! ¡Viva fray Gómez! —exclamaron los espectadores.

Y en su entusiasmo intentaron llevar en triunfo al lego. Éste, para substraerse° a la popular ovación, echó a correr camino de su convento y se encerró en su celda. La crónica franciscana cuenta esto último de manera distinta. Dice que fray Gómez, para escapar de sus aplaudidores, se elevó en los aires y voló desde el puente hasta la torre de su convento. Yo ni lo niego ni lo afirmo. Puede que sí y puede que no. Tratándose de maravillas, no gasto tinta en defenderlas ni en refutarlas.

to avoid

Fray Gómez hizo en mi tierra milagros a mantas, sin darse cuenta de ellos y como quién no quiere la cosa.

Aquel día estaba fray Gómez en vena° de hacer milagros, pues cuando salió de su celda se encaminó a la enfermería, donde encontró a San Francisco Solano acostado sobre una tarima°, víctima de una furiosa jaqueca°. Pulsólo el lego y le dijo:

estar en vena *to be in the mood*

dais / headache

—Su paternidad está muy débil, y haría bien en tomar algún alimento.

—Hermano —contestó el santo—, no tengo apetito.

—Haga un esfuerzo, reverendo padre, y pase siquiera un bocado.

Y tanto insistió el refitolero, que el enfermo, por librarse de exigencias que picaban ya en majadería°, ideó pedirle lo que hasta para el virrey habría sido imposible conseguir, por no ser la estación propicia para satisfacer el antojo.

stupidity

—Pues mire, hermanito, sólo comería con gusto un par de pejerreyes°.

silversides (type of fish)

Fray Gómez metió la mano derecha dentro de la manga izquierda, y sacó un par de pejerreyes tan fresquitos que parecían acabados de salir del mar.

—Aquí los tiene su paternidad, y que en salud se le conviertan. Voy a guisarlos.

Y ello es que con los benditos pejerreyes quedó San Francisco curado como por ensalmo°.

como por ensalmo as if by magic

Estaba una mañana fray Gómez en su celda, entregado a la meditación, cuando dieron a la puerta unos discretos golpecitos...

Me parece que estos dos milagritos de que incidentalmente me he ocupado no son paja picada. Dejo en mi tintero otros muchos de nuestro lego, porque no me he propuesto relatar su vida y milagros.

Sin embargo, apuntaré, para satisfacer curiosidades exigentes, que sobre la puerta de la primera celda del pequeño claustro°, que hasta hoy sirve de enfermería, hay un lienzo pintado al óleo representando estos dos milagros, con la siguiente inscripción:

claustro cloister

"El Venerable Fray Gómez. —Nació en Extremadura en 1560. Vistió el hábito en Chuquisaca en 1580. Vino a Lima en 1587—. Enfermero fue cuarenta años, ejercitando todas las virtudes, dotado de favores y dones celestiales. Fue su vida un continuo milagro. Falleció en 2 de mayo de 1631, con fama de santidad. En el año siguiente se colocó el cadáver en la capilla de Aranzazú, y en 13 de octubre de 1810 se pasó debajo del altar mayor, a la bóveda° donde son sepultados los padres del convento. Presenció la traslación de los restos el señor doctor don Bartolomé María de las Heras. Se restauró este venerable retrato en 30 de noviembre de 1882, por M. Zamundio."

bóveda vault

II

Estaba una mañana fray Gómez en su celda, entregado a la meditación, cuando dieron a la puerta unos discretos golpecitos, y una voz de quejumbroso° timbre dijo:

quejumbroso plaintive

—*Deo gratias*... ¡Alabado sea el Señor!

—Por siempre jamás, amén. Entre, hermanito —contestó fray Gómez.

Y penetró en la humildísima celda un individuo algo desharrapado°, *vera efigies* del hombre a quien acongojan° pobrezas, pero en cuyo rostro se dejaba adivinar la proverbial honradez del castellano viejo.

desharrapado ragged; *acongojan* distress

Todo el mobiliario de la celda se componía de cuatro sillones de vaqueta, una mesa mugrienta y una tarima sin colchón, sábanas ni abrigo, y con una piedra por cabezal o almohada.

—Tome asiento, hermano, y dígame sin rodeos° lo que por acá le trae —dijo fray Gómez.

sin rodeos without beating around the bush

—Es el caso, padre, que yo soy hombre de bien a carta cabal...

—Se le conoce, y que persevere deseo, que así merecerá en esta vida terrena la paz de la conciencia, y en la otra la bienaventuranza.

—Y es el caso que soy buhonero°, que vivo cargado de familia y que mi comercio no cunde° por falta de medios, que no por holgazanería y escasez de industria en mí.

buhonero peddler; *cunde* gets far

—Me alegro, hermano, que a quien honradamente trabaja Dios le acude.

II ¿Cómo recibe el fraile al hombre que interrumpe su meditación? ¿Qué clase de personalidad demuestra con sus actos?

> **... vete a pedirle el dinero a fray Gómez, que si él lo quiere, mendicante y pobre como es, medio encontrará...**

—Pero es el caso, padre, que hasta ahora Dios se me hace el sordo, y en acorrerme° tarda...

—No desespere, hermano; no desespere.

—Pues es el caso que a muchas puertas he llegado en demanda de habilitación por quinientos duros, y todas las he encontrado con cerrojo y cerrojillo. Y es el caso que anoche, en mis cavilaciones°, yo mismo me dije a mí mismo: "¡Ea!, Jerónimo, buen ánimo y vete a pedirle el dinero a fray Gómez, que si él lo quiere, mendicante y pobre como es, medio encontrará para sacarte del apuro." Y es el caso que aquí estoy porque he venido, y a su paternidad le pido y ruego que me preste esa puchuela° por seis meses, seguro que no será por mí por quien se diga:

En el mundo hay devotos
de ciertos santos;
la gratitud les dura
lo que el milagro;
que un beneficio
da siempre vida a ingratos
desconocidos.

II ¿De dónde saca este hombre la idea de ir a pedirle dinero a fray Gómez?

acorrerme: *help me*
cavilaciones: *deep thought*
puchuela: *small amount*

—¿Cómo ha podido imaginarse, hijo, que en esta triste celda encontraría ese caudal?

—Es el caso, padre, que no acertaría a responderle, pero tengo fe en que no me dejará ir desconsolado.

—La fe lo salvará, hermano. Espere un momento.

Y paseando los ojos por las desnudas y blanqueadas paredes de la celda, vio un alacrán que caminaba tranquilamente sobre el marco de la ventana. Fray Gómez arrancó una página de un libro viejo, dirigióse a la ventana, cogió con delicadeza a la sabandija°, la envolvió en el papel, y tornándose hacia el castellano viejo, le dijo:

—Tome, buen hombre, y empeñe esta alhajita; no olvide, sí, devolvérmela dentro de seis meses.

El buhonero se deshizo en frases de agradecimiento, se despidió de fray Gómez y más que de prisa se encaminó a la tienda.

La joya era espléndida, verdadera alhaja de reina morisca, por decir lo menos. Era un prendedor° figurando un alacrán. El cuerpo lo formaba una magnífica esmeralda engarzada sobre oro, y la cabeza un grueso brillante con dos rubíes por ojos.

El usurero, que era hombre conocedor, vio la alhaja con codicia, y ofreció al necesitado adelantarle dos mil duros por ella; pero nuestro español se empeñó en no aceptar otro préstamo que el de quinientos duros por seis meses, y con un interés judaico, se entiende. Extendiéronse y firmáronse los documentos o papeletas de estilo, acariciando el agiotista° la esperanza de que a la postre el dueño de la prenda acudiría por más dinero, que con el recargo de intereses lo convertiría en propietario de joya tan valiosa por su mérito intrínseco y artístico.

Y con este capitalito fuele tan prósperamente en su comercio, que a la terminación del plazo pudo desempeñar la prenda, y, envuelta en el papel en que la recibiera, se la devolvió a fray Gómez.

Éste tomó el alacrán, lo puso sobre el alféizar° de la ventana, le echó una bendición y dijo:

—Animalito de Dios, sigue tu camino.

Y el alacrán echó a andar libremente por las paredes de la celda.

Y vieja, pelleja,
aquí dio fin la conseja. ■

bug

brooch

usurer

windowsill

II ¿Qué nos indica el hecho de que el hombre acepta solamente quinientos duros por la joya?

Piénsalo

1. Cierto o falso **Indica si cada afirmación es cierta o falsa. Corrige las falsas.**

1. El propósito del relato es explicar un proverbio que el narrador oía cuando era joven.
2. Fray Gómez se esforzaba mucho para producir milagros.
3. Uno de sus milagros fue curar a un hombre que se había caído de un caballo.
4. A fray Gómez le gustaba que la gente lo felicitara por sus milagros.
5. San Francisco Solano sólo quería comer un tipo de pescado.
6. Un día fray Gómez le dio dinero a un hombre que lo necesitaba.
7. Fray Gómez convirtió un alacrán en un prendedor.
8. El buhonero empeñó la alhaja por un año.
9. Cuando se cumplió el plazo del préstamo, el buhonero no pudo recuperar el alacrán.
10. El alacrán quedó convertido en una alhaja maravillosa.

2. Comprensión **Contesta las siguientes preguntas con oraciones completas.**

1. Una joya que vale "tanto como el alacrán de fray Gómez", ¿vale mucho o poco?
2. ¿Por qué el jinete se cayó del caballo?
3. ¿Qué hizo fray Gómez después de hacer el milagro?
4. ¿En qué época vivió fray Gómez? ¿Cuántos años vivió?
5. ¿Qué aspecto tenía la celda de fray Gómez?
6. ¿Por qué Jerónimo le pidió dinero a fray Gómez si sabía que el fraile no tenía?
7. ¿Tiene buenas intenciones el prestamista?
8. ¿Cómo le fue en su comercio a Jerónimo?

3. Interpretación **Con un(a) compañero/a, contesta las siguientes preguntas sobre el narrador de *El alacrán de fray Gómez.***

1. ¿A qué piensas que se debe su interés por la frase de las viejas?
2. ¿Qué le resulta curioso del nombre "fray Gómez"? (Lee detenidamente el segundo párrafo.)
3. ¿Por qué resulta cómica la manera de narrar la recuperación del jinete?
4. ¿Cómo reacciona el narrador ante las dos versiones de la huída de fray Gómez?
5. ¿Qué insinúa con la palabra "milagritos"?
6. ¿Qué opinión parece tener de los procedimientos de canonización?
7. ¿Por qué el narrador describe la habitación de fray Gómez?
8. ¿Cómo se comporta el alacrán al final del relato? ¿Qué efecto tiene esto en el lector?

4. Técnica literaria En *El alacrán de fray Gómez,* Palma utiliza la técnica de los *exempla* para mostrar diferentes patrones de conducta. Con un(a) compañero/a, analiza la manera de comportarse de los personajes y el mensaje que el autor quiso transmitir.

1. En la obra aparecen ejemplos de conducta positivos y negativos. Describe las actitudes y las reacciones de los siguientes personajes:
   - fray Gómez
   - el buhonero
   - el usurero
2. ¿Qué tienen en común los personajes positivos de la obra? ¿Por qué piensas que es así?
3. ¿Qué relación encuentras entre la conducta de los personajes y la recompensa que reciben al final?
4. ¿Cuál podría ser la moraleja de cada uno de los milagros?
5. ¿Qué elementos estilísticos del cuento son propios de la fábula?

5. Una cuestión de fe Con tres compañeros/as, comenta las siguientes opiniones sobre la influencia de la fe y las religiones en la vida pública.

- Los objetores de conciencia sólo quieren evadir la obligación de defender a su país.
- Los gobernantes deben ser religiosos para que su buena moral esté garantizada.
- Las personas que creen en la curación a través de la fe deben ser obligadas a consultar a un médico. La función de la religión es curar almas, no cuerpos.
- Todos los niños deben recibir educación religiosa de algún tipo.

TALLER DE ESCRITURA

1. El expediente de fray Gómez El relato de Palma habla de un expediente que relata la vida y obra de fray Gómez. Escribe una biografía de no menos de una página que describa la vida del fraile desde su nacimiento hasta su muerte. Asegúrate de contestar todas estas preguntas.

1. *¿Dónde nació?*
2. *¿En qué países vivió?*
3. *¿A qué orden religiosa perteneció? ¿Qué tareas cumplía en el convento?*
4. *¿Cómo fue su actitud ante las obligaciones que tenía que cumplir?*
5. *¿Cómo era su personalidad?*
6. *¿Le gustaba que lo admiraran?*
7. *¿Qué milagros hizo?*
8. *¿Dónde murió?*

2. ¿San Gómez? Investiga cuáles son las condiciones que una persona tiene que cumplir para ser canonizada como santo o santa. Luego, escribe un ensayo de una página sobre por qué fray Gómez debería convertirse en "San Gómez" o no.

3. El alacrán Narra la historia desde el punto de vista del alacrán. Imagina cómo era su vida antes de convertirse en una alhaja, cómo se sintió durante su transformación, cómo fueron sus días con el prestamista y qué sucedió cuando volvió a la celda de fray Gómez.

SOBRE EL AUTOR

Juan Bosch (1909-2001) fue presidente de la República Dominicana, fundó dos partidos políticos y se destacó como el más notable escritor de cuentos de su país. Según el propio Bosch, "hay una obra mía [...] que ha sido escrita, forjada al solo estímulo de mi amor por el pueblo dominicano. Me refiero a mis cuentos.". Bosch comenzó a trabajar de muy joven en varias tiendas comerciales y viajó por España, Venezuela y el Caribe.

En 1933, tras regresar a su país, publicó *Camino Real,* su primer libro de cuentos, y la novela *La Mañosa,* aclamada por la crítica nacional. Estuvo en prisión por oponerse al dictador Trujillo, y en 1938 se marchó a un exilio que duraría veintitrés años. Fue entonces que escribió *La nochebuena de Encarnación Mendoza, Luis Pie, Manuel Sicurí* y otros cuentos que luego fueron recopilados en *Cuentos escritos en el exilio* (1962), una colección centrada en la realidad sociocultural de los campos dominicanos, sus conflictos y sus luchas.

Si bien su narrativa trata temas dominicanos, se ocupa esencialmente del hombre y los sistemas que lo oprimen, lo que le da una validez universal. Cuando Trujillo fue asesinado en 1961, Bosch regresó y ganó las primeras elecciones presidenciales democráticas de su país. Aunque fue derrocado por un golpe militar siete meses después, aún hoy se le recuerda como un político honesto. Desde ese momento se dedicó al género ensayístico y a la historia, al tiempo que continuó participando activamente en política.

La nochebuena de Encarnación Mendoza

Fecha de publicación: 1962
País: República Dominicana
Género: cuento
Colección: *Cuentos escritos en el exilio*
Personajes: Encarnación Mendoza, Mundito, sargento Rey, Nemesio Arroyo, Nina

TÉCNICA LITERARIA

El desenlace

Los finales sorpresivos dan un cierre memorable a las historias. Para que un desenlace provoque sorpresa no debe ser violento ni puede estar desconectado del resto del cuento. Por eso, el escritor debe "despistar"° al lector, apartar su atención de algo y convencerlo de otra cosa para finalmente dejarlo atónito frente a una revelación asombrosa. Esta clase de final hace que el lector vuelva atrás y revise toda la narración para descubrir esas pistas° que había pasado por alto.

- Cuando leas *La nochebuena de Encarnación Mendoza* de Juan Bosch, busca las pistas (*clues*) que indican lo que ocurrirá en el final. ¿Qué expectativa se crea desde el comienzo?
- Muchos libros y películas concluyen con un giro inesperado que cambia la percepción de toda la historia. ¿Recuerdas algún ejemplo?

despistar *mislead* **pistas** *clues*

CONTEXTO HISTÓRICO

Raíces de la violencia

La República Dominicana comparte el territorio de la isla La Española con Haití. Allí desembarcó Colón en 1492 y allí se construyeron la primera universidad y la primera catedral del continente. Desde su independencia de España en 1821, el país estuvo convulsionado° por las luchas contra poderes externos, la guerra civil, los golpes militares y la opresión de las libertades. En el siglo XX sufrió la larga dictadura de Trujillo, quien se apoderó del gobierno durante treinta años y aplastó° a la oposición utilizando la tortura, la represión y la cárcel. Uno de los episodios más violentos de esa época fue el asesinato en 1960 de las hermanas Mirabal, quienes se oponían a su régimen. Tras el asesinato de Trujillo en 1961, Juan Bosch llegó al poder como presidente de la mano del Partido Revolucionario Dominicano, partido que él mismo fundó durante su exilio en Cuba. Sus principales propuestas incluían la reforma agraria y la democratización de las estructuras sociales, políticas y culturales, pero su derrocamiento impidió esos cambios profundos. En las últimas décadas, la República Dominicana ha tenido un régimen democrático estable con elecciones cada cuatro años.

Mercado en Ciudad Trujillo, República Dominicana, 1959

 Practice more at **vhlcentral.com.**

convulsionado *thrown into confusion* **aplastó** *crushed*

ANTESALA

Antes de iniciar la lectura, completa estas actividades para lograr una mejor comprensión.

1. Aprende y practica el vocabulario del cuento en **vhlcentral.com**.
2. En Internet, observa con atención estos cuadros del pintor mexicano Diego Rivera que ilustran el cuento: *Mural Río Juchitán, La noche de los pobres, Los explotadores, La molendera* y *Campesinos*. ¿Qué situaciones ves reflejadas en ellos? ¿Qué están haciendo las personas que aparecen allí? ¿Qué clase de vida piensas que tienen?
3. En grupos, conversen sobre estos temas.
   - ¿Crees en el destino? ¿Piensas que es cierto que existe una fuerza que juega con las vidas de las personas y se divierte oponiéndose a sus planes?
   - ¿Te parece que la justicia y la ley no siempre van por el mismo camino? ¿Puedes dar ejemplos? ¿Piensas que la venganza juega un papel importante en el castigo de un crimen? Si te hicieran daño, ¿buscarías venganza?
   - ¿Se celebra la Navidad en tu país? ¿De qué manera se celebra? ¿Qué significado tiene esa fiesta (y otras fiestas tradicionales) para las familias? ¿Imaginas que será igual en otros países, clases sociales, culturas? ¿Por qué?

LA nochebuena DE Encarnación Mendoza

Juan Bosch

¿Qué busca Encarnación Mendoza y por qué?

CON SU SENSIBLE OJO DE PRÓFUGO° ENCARNACIÓN MENDOZA había distinguido el perfil de un árbol a veinte pasos, razón por la cual pensó que la noche iba a decaer. Anduvo acertado en su cálculo; donde empezó a equivocarse fue al sacar conclusiones de esa observación. Pues como el día se acercaba era de rigor° buscar escondite, y él se preguntaba si debía internarse en los cerros que tenía a su derecha o en el cañaveral° que le quedaba a la izquierda. Para su desgracia, escogió el cañaveral. Hora y media más tarde el sol del día 24 alumbraba los campos y calentaba ligeramente a Encarnación Mendoza, que yacía bocarriba tendido sobre hojas de caña.

A las siete de la mañana los hechos parecían estar sucediéndose tal como había pensado el fugitivo; nadie había pasado por las trochas° cercanas. Por otra parte la brisa era fresca y tal vez llovería, como casi todos los años en Nochebuena. Y aunque no lloviera los hombres no saldrían de la bodega, donde estarían desde temprano consumiendo ron, hablando a gritos y tratando de alegrarse como lo mandaba la costumbre. En cambio, de haber tirado hacia los cerros no podría sentirse tan seguro. Él conocía

fugitive

de rigor *indispensable*

sugarcane plantation

paths

bien el lugar; las familias que vivían en las hondonadas producían leña, yuca y algún maíz. Si cualquiera de los hombres que habitaban los bohíos° de por allí bajaba aquel día para vender bastimentos en la bodega del batey° y acertaba a verlo, estaba perdido. En leguas a la redonda no había quién se atreviera a silenciar el encuentro. Jamás sería perdonado el que encubriera a Encarnación Mendoza: y aunque no se hablaba del asunto todos los vecinos de la comarca° sabían que aquel que le viera debía dar cuenta inmediata al puesto de guardia más cercano.

huts
sugar company town
region

Empezaba a sentirse tranquilo Encarnación Mendoza, porque tenía la seguridad de que había escogido el mejor lugar para esconderse durante el día, cuando comenzó el destino a jugar en su contra.

Pues a esa hora la madre de Mundito pensaba igual que el prófugo: nadie pasaría por las trochas en la mañana, y si Mundito apuraba el paso haría el viaje a la bodega antes de que comenzaran a transitar los caminos los habituales borrachos del día de Nochebuena. La madre de Mundito tenía unos cuantos centavos que había ido guardando de lo poco que cobraba lavando ropa y revendiendo gallinas en el cruce de la carretera, que le quedaba al poniente°, a casi medio día de marcha. Con esos centavos podía mandar a Mundito a la bodega para que comprara harina, bacalao° y algo de manteca. Aunque lo hiciera pobremente, quería celebrar la Nochebuena con sus seis pequeños hijos, siquiera° fuera comiendo frituras de bacalao.

II ¿En qué pensamiento coincide la madre de Mundito con Encarnación Mendoza? ¿Los dos tienen razón o se equivocan?

west
codfish
at least

El caserío donde ellos vivían —del lado de los cerros, en el camino que dividía los cañaverales de las tierras incultas— tendría catorce o quince malas viviendas, la mayor parte techadas de yaguas°. Al salir de la suya, con el encargo de ir a la bodega, Mundito se detuvo un momento en medio del barro seco por donde en los días de zafra° transitaban las carretas cargadas de caña. Era largo el trayecto hasta la bodega. El cielo se veía claro, radiante de luz que se esparcía sobre el horizonte de cogollos de caña; era grata la brisa y dulcemente triste el silencio. ¿Por qué ir solo, aburriéndose de caminar por trochas siempre iguales? Durante diez segundos Mundito pensó entrar al bohío vecino, donde seis semanas antes una perra negra había parido seis cachorros. Los dueños del animal habían regalado cinco, pero quedaba uno "para amamantar a madre", y en él había puesto Mundito todo el interés que la falta de ternura había acumulado en su pequeña alma. Con sus nueve años cargados de precoz sabiduría, el niño era consciente de que si llevaba al cachorrillo tendría que cargarlo casi todo el tiempo, porque no podría hacer tanta distancia por sí solo. Mundito sentía que esa idea casi le autorizaba a disponer del perrito. De súbito, sin pensarlo más, corrió hacia la casucha° gritando:

royal palms
sugarcane harvest

Empezaba a sentirse tranquilo Encarnación Mendoza, porque tenía la seguridad de que había escogido el mejor lugar...

—¡Doña Ofelia, emprésteme° a Azabache, que lo voy a llevar allí!

dog kennel
lend me

Oyéranle o no, ya él había pedido autorización, y eso bastaba. Entró como un torbellino, tomó el animalejo en brazos y salió corriendo, a toda marcha, hasta que se perdió a lo lejos. Y así empezó el destino a jugar en los planes de Encarnación Mendoza.

... quedó paralizado: había visto al hombre. Pero para él no era simplemente un hombre sino algo imponente y terrible; era un cadáver.

Porque ocurrió que cuando, poco antes de las nueve, el niño Mundito pasaba frente al tablón° de caña donde estaba escondido el fugitivo, cansado, o simplemente movido por esa especie de indiferencia por lo actual y curiosidad por lo inmediato que es privilegio de los animales pequeños, Azabache se metió en el cañaveral. Encarnación Mendoza oyó la voz del niño ordenando al perrito que se detuviera. Durante un segundo temió que el muchacho fuera la avanzada° de algún grupo. Estaba clara la mañana. Con su agudo ojo de prófugo él podía ver hasta dónde se lo permitía el barullo de tallos y hojas. Allí, al alcance de su mirada, estaba el niño. Encarnación Mendoza no tenía pelo de tonto. Rápidamente calculó que si lo hallaban atisbando era hombre perdido; lo mejor sería hacerse el dormido, dando la espalda al lado por donde sentía el ruido. Para mayor seguridad, se cubrió la cara con el sombrero.

tablón: plot of land
avanzada: advance party

¿Qué decide hacer Encarnación al ver que se acerca un niño?

El negro cachorrillo correteó; jugando con las hojas de caña, pretendiendo saltar, torpe de movimientos, y cuando vio al fugitivo echado empezó a soltar diminutos y graciosos ladridos. Llamándolo a voces y gateando° para avanzar, Mundito iba acercándose cuando de pronto quedó paralizado: había visto al hombre. Pero para él no era simplemente un hombre sino algo imponente y terrible; era un cadáver°. De otra manera no se explicaba su presencia allí y mucho menos su postura. El terror le dejó frío. En el primer momento pensó huir, y hacerlo en silencio para que el cadáver no se diera cuenta. Pero le parecía un crimen dejar a Azabache abandonado, expuesto al peligro de que el muerto se molestara con sus ladridos y lo reventara apretándolo con las manos. Incapaz de irse sin el animalito e incapaz de quedarse allí, el niño sentía que desfallecía°. Sin intervención de su voluntad levantó una mano, fijó la mirada en el difunto, temblando mientras el perrillo reculaba° y lanzaba sus pequeños ladridos. Mundito estaba seguro de que el cadáver iba a levantarse de momento. En su miedo, pretendió adelantarse al muerto: pegó un saltó sobre el cachorrillo, al cual agarró con nerviosa violencia por el pescuezo°, y a seguidas, cabeceando contra las cañas, cortándose el rostro y las manos, impulsado por el terror, ahogándose, echó a correr hacia la bodega. Al llegar allí, a punto de desfallecer por el esfuerzo y el pavor, gritó señalando hacia el lejano lugar de su aventura:

gateando: crawling
cadáver: corpse
desfallecía: fainted
reculaba: moved backwards
pescuezo: neck

—¡En la Colonia Adela hay un hombre muerto!

A lo que un vozarrón áspero respondió gritando:

—¿Qué tá° diciendo ese muchacho?

tá: está

Era un impulso bestial el que le empujaba a ir, una fuerza ciega a la cual no podía resistir.

Y como era la voz del sargento Rey, jefe de puesto del Central, obtuvo el mayor interés de parte de los presentes así como los datos que solicitó del muchacho. El día de Nochebuena no podía contarse con el juez de La Romana para hacer el levantamiento del cadáver, pues debía andar por la Capital disfrutando sus vacaciones de fin de año. Pero el sargento era expeditivo; quince minutos después de haber oído a Mundito el sargento Rey iba con dos números° y diez o doce curiosos hacia el sitio donde yacía el presunto cadáver. Eso no había entrado en los planes de Encarnación Mendoza.

privates

El propósito de Encarnación Mendoza era pasar la Nochebuena con su mujer y sus hijos. Escondiéndose de día y caminando de noche había recorrido leguas y leguas, desde las primeras estribaciones° de la Cordillera, en la provincia del Seybo, rehuyendo todo encuentro y esquivando bohíos, corrales y cortes de árboles o quemas de tierras. En toda la región se sabía que él había dado muerte al cabo° Pomares, y nadie ignoraba que era hombre condenado donde se le encontrara. No debía dejarse ver de persona alguna, excepto de Nina y de sus hijos. Y los vería sólo una hora o dos, durante la Nochebuena. Tenía ya seis meses huyendo, pues fue el día de San Juan cuando ocurrieron los hechos que le costaron la vida al cabo Pomares.

foothills

corporal

II ¿Quiénes son las únicas personas ante las que se dejará ver Encarnación esa Nochebuena? ¿Por qué?

Necesariamente debía ver a su mujer y a sus hijos. Era un impulso bestial el que le empujaba a ir, una fuerza ciega a la cual no podía resistir. Con todo y ser tan limpio de sentimientos, Encarnación Mendoza comprendía que con el deseo de abrazar a su mujer y de contarles un cuento a los niños iba confundida una sombra de celos. Pero además necesitaba ver la casucha, la luz de la lámpara iluminando la habitación donde se reunían cuando él volvía del trabajo y los muchachos le rodeaban para que él los hiciera reír con sus ocurrencias°. El cuerpo le pedía ver hasta el sucio camino, que se hacía lodazal° en los tiempos de lluvia. Tenía que ir o se moriría de una pena tremenda.

witty remarks

quagmire

Encarnación Mendoza estaba acostumbrado a hacer lo que deseaba; nunca deseaba nada malo, y se respetaba a sí mismo. Por respeto a sí mismo sucedió lo del día de San Juan, cuando el cabo Pomares le faltó° pegándole en la cara, a él, que por no ofender no bebía y que no tenía más afán que su familia. Sucediera lo que sucediera, y aunque el mismo Diablo hiciera oposición, Encarnación Mendoza pasaría la Nochebuena en su bohío. Solo imaginar que Nina y los muchachos estarían tristes, sin un peso para celebrar la fiesta, tal vez llorando por él, le partía el alma y le hacía maldecir° de dolor.

faltó al respeto *disrespected him*

curse

Pero el plan se había enredado algo. Era cosa de ponerse a pensar si el muchacho hablaría o se quedaría callado. Se había ido corriendo, a lo que pudo colegir° Encarnación por la rapidez de los pasos, y tal vez pensó que

deduce

se trataba de un peón° dormido. Acaso hubiera sido prudente alejarse de allí, meterse en otro tablón de caña. Sin embargo, valía la pena pensarlo dos veces, porque si tenía la fatalidad de que alguien pasara por la trocha de ida o de vuelta, y le veía cruzando camino y le reconocía, era hombre perdido. No debía precipitarse°; ahí, por de pronto, estaba seguro. A las nueve de la noche podría salir; caminar con cautela orillando los cerros, y estaría en su casa a las once, tal vez a las once y un cuarto. Sabía lo que iba a hacer; llamaría por la ventana de la habitación en voz baja y le diría a Nina que abriera, que era él, su marido. Ya le parecía estar viendo a Nina con su negro pelo caído sobre las mejillas, los ojos oscuros y brillantes, la boca carnosa, la barbilla° saliente. Ese momento de la llegada era la razón de ser de su vida; no podía arriesgarse a ser cogido° antes. Cambiar de tablón en pleno día era correr riesgo. Lo mejor sería descansar, dormir...

laborer · *rush* · *chin* · *caught*

Despertó al tropel de pasos y a la voz del niño que decía:

—Taba° ahí, sargento.

Estaba

—¿Pero en cuál tablón; en ése o en el de allá?

—En ése —aseguró el niño.

¿Cómo llegan los soldados hasta el lugar donde se esconde Encarnación? ¿Qué esperan encontrar allí?

"En ése" podía significar que el muchacho estaba señalando hacia el que ocupaba Encarnación, hacia uno vecino o hacia el de enfrente. Porque a juzgar por las voces el niño y el sargento se hallaban en la trocha, tal vez en un punto intermedio entre varios tablones de caña. Dependía de hacia dónde estaba señalando el niño cuando decía "ése". La situación era realmente grave, porque de lo que no había duda era de que ya había gente localizando al fugitivo. El momento, pues, no era de dudar, sino de actuar. Rápido en la decisión, Encarnación Mendoza comenzó a gatear con suma cautela, cuidándose de que el ruido que pudiera hacer se confundiera con el de las hojas del cañaveral batidas por la brisa. Había que salir de allí pronto, sin perder un minuto. Oyó la áspera voz del sargento:

Sin duda las cosas estaban poniéndose feas. Feas para él y feas para el muchacho, quienquiera que fuese.

—¡Métase por ahí, Nemesio, que yo voy por aquí! ¡Usté, Solito, quédese por aquí!

Se oían murmullos y comentarios. Mientras se alejaba, agachado, con paso felino, Encarnación podía colegir que había varios hombres en el grupo que le buscaba. Sin duda las cosas estaban poniéndose feas.

Feas para él y feas para el muchacho, quienquiera que fuese. Porque cuando el sargento Rey y el número Nemesio Arroyo recorrieron el tablón de caña en que se habían metido, maltratando los tallos más tiernos y cortándose las manos y los brazos, y no vieron cadáver alguno, empezaron a creer que era broma lo del hombre muerto en la Colonia Adela.

—¿Tú ta° seguro que fue aquí, muchacho? —preguntó el sargento.

estás

—Sí, aquí era —afirmó Mundito, bastante asustado ya.

El sargento clavó en el niño una mirada fija, escalofriante, que lo llenó de pavor.

—Son cosa° de muchacho, sargento; ahí no hay nadie —terció° el número Arroyo.

El sargento clavó en el niño una mirada fija, escalofriante°, que lo llenó de pavor.

—Mire, yo venía por aquí con Azabache —empezó a explicar Mundito— y lo diba° corriendo asina° —lo cual dijo al tiempo que ponía el perrito en el suelo—, y él cogió y se metió ahí.

Pero el número Solito Ruiz interrumpió la escenificación° de Mundito preguntando:

—¿Cómo era el muerto?

—Yo no le vide° la cara —dijo el niño, temblando de miedo—; solamente le vide la ropa. Tenía un sombrero en la cara. Taba asina, de lao°...

—¿De qué color era el pantalón? —inquirió el sargento.

—Azul, y la camisa como amarilla, y tenía un sombrero negro encima de la cara...

Pero el pobre Mundito apenas podía hablar; se hallaba aterrorizado, con ganas de llorar. A su infantil idea de las cosas, el muerto se había ido de allí sólo para vengarse de su denuncia y hacerlo quedar como un mentiroso. Seguramente en la noche le saldría en la casa y lo perseguiría toda la vida.

De todas maneras, supiéralo o no Mundito, en ese tablón de cañas no darían con el cadáver. Encarnación Mendoza había cruzado con sorprendente celeridad hacia otro tablón, y después hacia otro más; y ya iba atravesando la trocha para meterse en un tercero cuando el niño, despachado por el sargento, pasaba corriendo con el perrillo bajo el brazo. Su miedo lo paró en seco° al ver el torso y una pierna del difunto que entraban en el cañaveral. No podía ser otro, dado que la ropa era la que había visto por la mañana.

—¡Ta aquí, sargento; ta aquí! —gritó señalando hacia el punto por donde se había perdido el fugitivo—. ¡Dentró° ahí!

Y como tenía mucho miedo siguió su carrera hacia su casa, ahogándose, lleno de lástima consigo mismo por el lío en que se había metido. El sargento, y con él los soldados y curiosos que le acompañaban, se había vuelto al oír la voz del chiquillo.

—Cosa de muchacho —dijo calmosamente Nemesio Arroyo.

Pero el sargento, viejo en su oficio, era suspicaz:

—Vea, algo hay. ¡Rodiemo ese tablón di una ve°! —gritó.

Y así empezó la cacería°, sin que los cazadores supieran qué pieza perseguían.

Era poco más de media mañana. Repartidos en grupos, cada militar iba seguido de tres o cuatro peones, buscando aquí y allá, corriendo por las trochas, todos un poco bebidos y todos excitados. Lentamente, las pequeñas nubes azul oscuro que descansaban al ras del horizonte empezaron a crecer y a ascender cielo arriba. Encarnación Mendoza sabía ya que estaba más o

cosas
intervened
hair-raising
iba / así
dramatization
vi
lado
en seco *suddenly*
Entró
¡Rodeemos ese tablón de una vez!
hunt

¿Quién ve a Encarnación cuando está a punto de huir, y da aviso a los soldados?

menos cercado°. Sólo que a diferencia de sus perseguidores —que ignoraban a quién buscaban—, él pensaba que el registro° del cañaveral obedecía al propósito de echarle mano° y cobrarle lo ocurrido el día de San Juan.

Sin saber a ciencia cierta dónde estaban los soldados, el fugitivo se atenía° a su instinto y a su voluntad de escapar; y se corría de un tablón a otro, esquivando el encuentro con los soldados. Estaba ya a tanta distancia de ellos que si se hubiera quedado tranquilo hubiese podido esperar hasta el oscurecer sin peligro de ser localizado. Pero no se hallaba seguro y seguía pasando de tablón a tablón. Al cruzar una trocha fue visto de lejos, y una voz proclamó a todo pulmón:

—¡Allá va, sargento, allá va; y se parece a Encarnación Mendoza!

¡Encarnación Mendoza! De golpe todo el mundo quedó paralizado. ¡Encarnación Mendoza!

—¡Vengan! —demandó el sargento a gritos; y a seguidas echó a correr, el revólver en la mano, hacia donde señalaba el peón que había visto al prófugo.

Era ya cerca de mediodía, y aunque los crecientes nubarrones convertían en sofocante y caluroso el ambiente, los cazadores del hombre apenas lo notaban; corrían y corrían, pegando voces, zigzagueando, disparando sobre las cañas. Encarnación se dejó ver sobre una trocha distante, sólo un momento, huyendo con la velocidad de una sombra fugaz, y no dio tiempo al número Solito Ruiz para apuntarle su fusil.

—¡Que vaya uno al batey y diga de mi parte que me manden do número°! —ordenó a gritos el sargento.

Nerviosos, excitados, respirando sonoramente y tratando de mirar hacia todos los ángulos a un tiempo, los perseguidores corrían de un lado a otro dándose voces entre sí, recomendándose prudencia cuando alguno amagaba° meterse entre las cañas.

Pasó el mediodía. Llegaron no dos, sino tres números y como nueve o diez peones más; se dispersaron en grupos y la cacería se extendió a varios tablones. A la distancia se veían pasar de pronto un soldado y cuatro o cinco peones, lo cual entorpecía° los movimientos, pues era arriesgado tirar si gente amiga estaba al otro extremo. Del batey iban saliendo hombres y hasta alguna mujer; y en la bodega no quedó sino el dependiente, preguntando a todo hijo de Dios que cruzaba si "ya lo habían cogido".

Encarnación se dejó ver sobre una trocha distante, sólo un momento...

Encarnación Mendoza no era hombre fácil. Pero a eso de las tres, en el camino que dividía el cañaveral de los cerros, esto es, a más de dos horas del batey, un tiro certero° le rompió la columna vertebral al tiempo que cruzaba para internarse en la maleza°. Se revolcaba en la tierra, manando sangre, cuando recibió catorce tiros más, pues los soldados iban disparándole

surrounded
search
echarle mano *laying their hands on him*
se atenía a *abode by*
dos números
seemed to
hindered
accurate
weeds

¿Por qué los cazadores casi no notan el calor que hace?

... él había salido de la Cordillera a pasar la Nochebuena en su casa, no en el batey, vivo o muerto.

a medida que se acercaban. Y justamente entonces empezaban a caer las primeras gotas de la lluvia que había comenzado a insinuarse a media mañana.

Estaba muerto Encarnación Mendoza. Conservaba las líneas del rostro, aunque tenía los dientes destrozados por un balazo de máuser. Era día de Nochebuena y él había salido de la Cordillera a pasar la Nochebuena en su casa, no en el batey, vivo o muerto. Comenzaba a llover, y el sargento estaba pensando algo. Si él sacaba el cadáver a la carretera, que estaba hacia el poniente, podía llevarlo ese mismo día a Macorís y entregarle ese regalo de Pascuas al capitán; si lo llevaba al batey tendría que coger allí un tren del ingenio° para ir a la Romana, y como el tren podría tardar mucho en salir llegaría a la ciudad tarde en la noche, tal vez demasiado tarde para trasladarse a Macorís. En la carretera las cosas son distintas; pasan con frecuencia vehículos, él podría detener un automóvil, hacer bajar la gente y meter el cadáver o subirlo sobre la carga de un camión.

¿Por qué el sargento quiere llegar ese mismo día a Macorís?

—¡Búsquese un caballo ya memo° que vamo° a sacar ese vagabundo a la carretera —dijo dirigiéndose al que tenía más cerca.

No apareció caballo sino burro; y eso, pasadas ya las cuatro, cuando el aguacero° pesado hacía sonar sin descanso los sembrados de caña. El sargento no quería perder tiempo. Varios peones, estorbándose los unos a los otros, colocaron el cadáver atravesado sobre el asno y lo amarraron como pudieron. Seguido por dos soldados y tres curiosos a los que escogió para que arrearan° el burro, el sargento ordenó la marcha bajo la lluvia.

No resultó fácil el camino. Tres veces, antes de llegar al primer caserío, el muerto resbaló y quedó colgado bajo el vientre del asno. Éste resoplaba° y hacía esfuerzos para trotar entre el barro, que ya empezaba a formarse. Cubiertos sólo con sus sombreros de reglamento al principio, los soldados echaron mano a pedazos de yaguas, a hojas grandes arrancadas a los árboles, o se guarecían° en el cañaveral de rato en rato, cuando la lluvia arreciaba° más. La lúgubre comitiva anduvo sin cesar la mayor parte del tiempo; en silencio, la voz de un soldado comentaba:

—Vea ese sinvergüenza.

O simplemente aludía al cabo Pomares, cuya sangre había sido al fin vengada.

Oscureció del todo, sin duda más temprano que de costumbre por efectos de la lluvia; y con la oscuridad el camino se hizo más difícil, razón por la cual la marcha se tornó lenta. Serían más de las siete, y apenas llovía entonces, cuando uno de los peones dijo:

—Allá se ve una lucecita.

—Sí, del caserío —explicó el sargento; y al instante urdió° un plan del que se sintió enormemente satisfecho. Pues al sargento no le bastaba la muerte de

sugar refinery

mismo / vamos

downpour

spur on

puffed

se guarecían *took shelter* / *got worse*

devised

Encarnación Mendoza. El sargento quería algo más. Así, cuando un cuarto de hora después se vio frente a la primera casucha del lugar, ordenó con su áspera voz:

—Desamarren ese muerto y tírenlo ahí adentro, que no podemo° seguir mojándono°.

Decía esto cuando la lluvia era tan escasa que parecía a punto de cesar; y al hablar observaba a los hombres que se afanaban en° la tarea de librar el cadáver de cuerdas. Cuando el cuerpo estuvo suelto llamó a la puerta de la casucha justo a tiempo para que la mujer que salió a abrir recibiera sobre los pies, tirado como el de un perro, el cuerpo de Encarnación Mendoza. El muerto estaba empapado en agua, sangre y lodo, y tenía los dientes destrozados por un tiro, lo que le daba a su rostro antes sereno y bondadoso la apariencia de estar haciendo una mueca horrible.

La mujer miró aquella masa inerte; sus ojos cobraron de golpe la inexpresiva fijeza de la locura; y llevándose una mano a la boca comenzó a retroceder lentamente, hasta que a tres pasos paró y corrió desolada sobre el cadáver al tiempo que gritaba:

—¡Hay m'shijo°, se han quedao güérfano°... han matao° a Encarnación!

Espantados, atropellándose, los niños salieron de la habitación, lanzándose a las faldas de la madre.

Entonces se oyó una voz infantil en la que se confundían llanto y horror:

—¡Mamá, mi mamá!... ¡Ese fue el muerto que yo vide hoy en el cañaveral! ■

podemos

mojándonos

se afanaban en *did their best*

mis hijos / quedado huérfanos / matado

¿Cómo había cambiado el rostro de Encarnación? ¿Quién es la mujer ante quien arrojan su cuerpo?

Piénsalo

1. Cierto o falso Indica si cada afirmación es cierta o falsa. Corrige las falsas.

1. Encarnación Mendoza asesinó a varias personas.
2. La policía ha ordenado que cualquiera que lo vea dé aviso inmediatamente.
3. La madre de Mundito trabaja lavando ropa y vendiendo gallinas.
4. Mundito va a hacer las compras con un perro que toma prestado.
5. Al ver a Encarnación en el cañaveral, Mundito cree que es un borracho.
6. Mundito reconoce a su padre por el sombrero que éste lleva puesto.
7. El niño corre a avisarle a la policía para cobrar una recompensa.
8. El sargento Rey le hace caso enseguida.
9. Cuando se da cuenta de que está rodeado, Encarnación Mendoza se entrega.

2. Comprensión Contesta las siguientes preguntas con oraciones completas.

1. ¿Qué día ocurre lo que se relata en el cuento?
2. ¿Por qué se esconde Encarnación Mendoza?
3. ¿Qué motivos tiene para regresar a su pueblo?
4. ¿Cómo consiguió la madre de Mundito el dinero para la cena de ese día?
5. ¿Quién descubre el escondite de Encarnación en el cañaveral?
6. ¿De qué tiene miedo Mundito cuando vuelve con la policía y no encuentra al hombre?
7. ¿Con qué coincide el momento en que empiezan a caer las primeras gotas de lluvia?
8. ¿Qué se descubre al final de la historia sobre Mundito y Encarnación Mendoza?

3. Interpretación Con dos compañeros/as, vuelve a leer el cuento y contesta las siguientes preguntas.

1. ¿Cuál es el estado de ánimo de Encarnación Mendoza al comienzo del cuento? ¿Tiene esperanzas de lograr su propósito?
2. ¿Cuál es el crimen por el que persiguen a Mendoza? ¿Crees que es un criminal peligroso, o más bien una víctima de las circunstancias?
3. ¿Te parece que se equivocó en sus decisiones o que algo intervino para arruinar su plan?
4. ¿Piensas que la razón para que nadie "se atreviera a silenciar el encuentro" en caso de ver a Mendoza era un gran respeto por la ley? ¿Qué otra razón podría haber para esa conducta?
5. ¿Por qué al sargento no le bastaba la muerte de Mendoza? ¿Qué otra cosa quería?
6. ¿Qué significado le encuentras al título del cuento?
7. ¿Cuál es la razón de la desgracia de Encarnación y su familia? ¿Piensas que su delito y su muerte son producto de la fatalidad de la vida o del sistema social opresivo?

4. **Técnica literaria** "[La primera frase de un cuento] determina el ritmo y la tensión de la pieza. Un cuento que comienza bien, casi siempre termina bien", escribió Bosch en *Apuntes sobre el arte de escribir cuentos.* Con dos compañeros/as, contesta las siguientes preguntas.

El principio

- Desde el comienzo, y en más de una ocasión, se hace referencia a la vista de Mendoza, así como a sus cálculos y previsiones. ¿Logra Mendoza ver todo lo que debería ver y anticiparse a los hechos? ¿Por qué?
- Mendoza es presentado como un prófugo y así lo ven sus perseguidores. ¿Qué otros aspectos de su vida se describen? ¿Cuál surge en el desenlace sorpresivo? ¿Quién es realmente Encarnación Mendoza?

El final

- La suerte de Mendoza cambia de pronto. ¿Podría haberse salvado en distintos momentos de la historia? ¿Cómo y cuándo?
- ¿Qué pistas (*clues*) en el relato, directas e indirectas, anuncian lo que le va a ocurrir a Mendoza?
- El relato no termina con la muerte de Encarnación, sino que continúa un poco más. ¿Qué le agrega esa extensión al relato? ¿Crees que el efecto sería el mismo si terminara antes?

5. **Dicotomías** En este cuento, Juan Bosch plantea los hechos de injusticia social como si se debieran a la intervención de un destino que juega fatalmente con la vida de los personajes. Con dos compañeros/as, analiza esa dicotomía "destino versus voluntad". Luego, debatan una de estas otras dicotomías y comenten su conclusión con el resto de la clase.

a. libertad ↔ orden
b. castigo ↔ venganza
c. propiedad privada ↔ bienestar social
d. dignidad personal ↔ obediencia civil

TALLER DE ESCRITURA

1. **Cambio de suerte** Elige un momento de la trama en que las cosas se complican para Encarnación. Imagina que, por el contrario, la historia cambia para mejor y que el prófugo es ayudado por el destino. Escribe otro final del relato a partir de ese evento afortunado.

2. **Hablando de Encarnación Mendoza** Escribe una carta de lector a un periódico como si fueras un vecino de la región donde ocurrieron los hechos del cuento. Relata cómo ocurrió la muerte de Encarnación Mendoza y toma su caso como argumento para defender una postura contra el sistema judicial.

1. Establece el objetivo de tu carta.

2. Presenta brevemente la historia de Encarnación Mendoza para enfocarte en el tema que te interesa. Explica por qué ese tema es importante para ti.

3. Trata de enumerar argumentos que apoyen tu objetivo. Busca ejemplos en la historia.

4. Mantén un tono objetivo e incluye al final un llamado a cambiar lo que te parece perjudicial de la situación.

SOBRE EL AUTOR

Sergio Vodanovic, de ascendencia croata pero de nacionalidad chilena, nació en 1926 en Split, Croacia. Aunque se desenvolvió en varios campos profesionales, como la abogacía, el periodismo y la televisión, es por su actividad como dramaturgo que se le considera figura clave en el teatro chileno de los años 50 y 60.

Su dedicación plena a los escenarios lo llevó a estudiar técnica teatral en las universidades estadounidenses de Yale y Columbia, así como a impartir clases de técnica dramática y a dirigir talleres de escritura en Chile en la Universidad Católica y en la Universidad de Concepción. Precisamente, fue en ese ambiente universitario donde se dio un significativo cambio de estilo en su producción.

Sus primeras obras, como *Mi mujer necesita marido* (1953) y *La cigüeña también espera* (1955), fueron comedias ligeras representadas por compañías teatrales comerciales. A partir de una segunda etapa, más experimental y comprometida, que se inició con su obra *Deja que los perros ladren* (1959), Vodanovic profundizó en el neorrealismo. De esta manera logra censurar y analizar problemas de carácter socio-político como la corrupción de la clase media chilena o la superioridad de la clases altas. La trilogía *Viña*: *Tres comedias en traje de baño* (1964) es un claro ejemplo de esa intencionalidad crítica. El dramaturgo falleció en 2001.

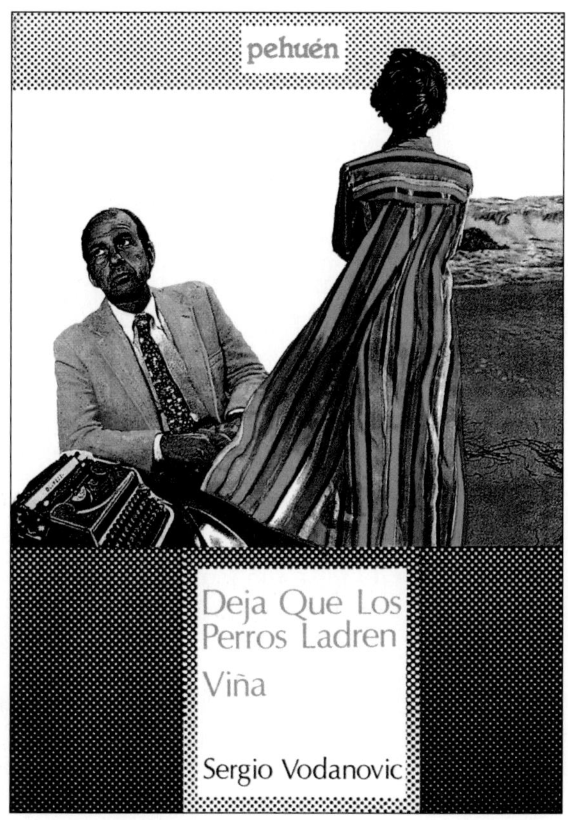

TÉCNICA LITERARIA

El clímax

Las distintas acciones o circunstancias que dan forma al argumento de una obra literaria se acumulan de manera ascendente. La emoción y el misterio aumentan gradualmente, y el momento de la resolución de la trama se vuelve cada vez más apremiante°. Es entonces cuando se llega al clímax, el momento en que el conflicto alcanza su máxima tensión. No debe confundirse con el desenlace, que le sigue inmediatamente después y donde el conflicto se resuelve para los protagonistas.

Cuando leas *El delantal blanco,* intenta identificar el clímax y los elementos que llevaron a él.

- Piensa en un cuento que hayas leído o una película que hayas visto recientemente. ¿Puedes reconocer el clímax? Justifica tu respuesta.
- El anticlímax, o caída del interés narrativo, es el concepto contrario al clímax. Investiga este recurso narrativo en Internet y da ejemplos.

apremiante *pressing*

El delantal blanco

Fecha de publicación: 1956
País: Chile
Género: teatro
Colección: Viña: Tres comedias en traje de baño
Personajes: la señora, la empleada, dos jóvenes, una jovencita, un caballero distinguido

CONTEXTO HISTÓRICO

Inestabilidad política y económica

En la segunda mitad del siglo XX, Chile sufrió una serie de dificultades en todos los sectores de la sociedad: recesión, golpes de estado, reformas obreras y agrarias, etc. Finalizadas las Guerras Mundiales, el país se alineó con las potencias occidentales en la Guerra Fría. Esta adhesión° trajo el conflicto internacional a Chile. Así, en 1948 se aprobó la Ley de Defensa de la Democracia, que proscribió al Partido Comunista y motivó que un número significativo de militantes fuera transferido a campos de detenidos. En lo respectivo a la política interior, ni la Alianza Democrática de Gabriel González Videla ni el populismo derechista de Carlos Ibáñez del Campo consiguió acabar con el tradicionalismo conservador, por lo que las clases privilegiadas continuaron en el poder. A pesar de las huelgas, los estratos sociales más desfavorecidos, en especial los estratos compuestos por agricultores y mineros, no mejoraron su situación.

En *El delantal blanco*, Vodanovic refleja con humor el complejo clima social de la época. De hecho, muestra el desprecio de la clase alta hacia los sectores más pobres y se burla de la idea de que el comunismo era el origen de todos los males.

La policía chilena traslada prisioneros políticos a una cárcel en 1973.

 Practice more at **vhlcentral.com.**

adhesión *support*

ANTESALA

Antes de iniciar la lectura, completa estas actividades para lograr una mejor comprensión.

1. Aprende y practica el vocabulario de la obra en vhlcentral.com.
2. ¿Cómo era la situación de Chile a mediados del siglo XX? ¿Qué estratos sociales poseían el poder del país? ¿Qué les ocurrió a las clases más desfavorecidas? Cuando leas la obra de Vodanovic, relaciona la situación política de Chile de esa época con lo que sucede en la obra. Busca ejemplos en el texto para justificar tu respuesta.
3. En grupos, conversen sobre estos temas.
   - ¿Cuáles son algunos estereotipos acerca de las clases sociales? ¿Es posible saber a qué clase social pertenece una persona con tan sólo mirarla? ¿Es cierto el refrán que dice "Aunque la mona se vista de seda, mona se queda"? ¿Qué factores favorecen la movilidad social?
   - ¿Quién tiene verdaderamente el poder en un país: la clase alta o la clase obrera? ¿Por qué? ¿En qué medida crees que funciona la frase "La unión hace la fuerza" en el contexto político de una nación?
   - En tu infancia, ¿jugabas a disfrazarte (*dress-up*)? ¿Cuál era tu disfraz (*costume*) preferido? ¿Por qué?

EL delantal blanco

Sergio Vodanovic

PERSONAJES

La señora, 30 años.

La empleada, 20 años.

Dos jóvenes

La jovencita

El caballero distinguido

La playa. Al fondo, una carpa°. Frente a ella, sentadas a su sombra, ***la señora*** *y* ***la empleada****.* ***La señora*** *está en traje de baño y, sobre él, usa un blusón° de toalla blanca que le cubre hasta las caderas. Su tez está tostada por un largo veraneo.* ***La empleada*** *viste su uniforme blanco.* ***La señora*** *es una mujer de treinta años, pelo claro, rostro atrayente aunque algo duro.* ***La empleada*** *tiene veinte años, tez blanca, pelo negro, rostro plácido y agradable.*

carpa: beach cabana

blusón: robe

LA SEÑORA (*Gritando hacia su pequeño hijo, a quien no ve y que se supone está a la orilla del mar, justamente, al borde del escenario.*) ¡Alvarito! ¡Alvarito! ¡No le tire arena a la niñita! ¡Métase al agua! Está rica... ¡Alvarito, no! ¡No le deshaga el castillo a la niñita! Juegue con ella... Sí, mi hijito... juegue.

LA EMPLEADA Es tan peleador...

¿A qué atribuye la madre el carácter peleador de su hijo Alvarito?

LA SEÑORA Salió al padre° ... Es inútil corregirlo. Tiene una personalidad dominante que le viene de su padre, de su abuelo, de su abuela... ¡sobre todo de su abuela!

Salió al padre *He is just like his father*

LA EMPLEADA ¿Vendrá el caballero mañana?

LA SEÑORA *(Se encoge de hombros con desgano°.)* ¡No sé! Ya estamos en marzo, todas mis amigas han regresado y Álvaro me tiene todavía aburriéndome en la playa. Él dice que quiere que el niño aproveche las vacaciones, pero para mí que es él quien está aprovechando. *(Se saca el blusón y se tiende a tomar sol.)* ¡Sol! ¡Sol! Tres meses tomando sol. Estoy intoxicada de sol. *(Mirando inspectivamente a **La empleada**)* ¿Qué haces tú para no quemarte°?

con desgano *unenthusiastically*

get sunburned

LA EMPLEADA He salido tan poco de la casa...

LA SEÑORA ¿Y qué querías? Viniste a trabajar, no a veranear. Estás recibiendo sueldo°, ¿no?

salary

LA EMPLEADA Sí, señora. Yo sólo contestaba su pregunta...

***La señora** permanece tendida recibiendo el sol. **La empleada** saca de una bolsa de género° una revista de historietas fotografiadas y principia a leer.*

cloth

LA SEÑORA ¿Qué haces?

LA EMPLEADA Leo esta revista.

LA SEÑORA ¿La compraste tú?

LA EMPLEADA Sí, señora.

LA SEÑORA No se te paga tan mal, entonces, si puedes comprarte tus revistas, ¿eh?

***La empleada** no contesta y vuelve a mirar la revista.*

LA SEÑORA ¡Claro! Tú leyendo y que Alvarito reviente°, que se ahogue...

que Alvarito reviente *to heck with Alvarito*

LA EMPLEADA Pero si está jugando con la niñita...

LA SEÑORA Si te traje a la playa es para que vigilaras a Alvarito y no para que te pusieras a leer.

II ¿Se divierte la señora en la playa? ¿Qué pretende que haga la empleada mientras la acompaña?

***La empleada** deja la revista y se incorpora para ir donde está Alvarito.*

LA SEÑORA ¡No! Lo puedes vigilar desde aquí. Quédate a mi lado, pero observa al niño. ¿Sabes? Me gusta venir contigo a la playa.

LA EMPLEADA ¿Por qué?

LA SEÑORA Bueno... no sé... Será por lo mismo que me gusta venir en el auto, aunque la casa esté a dos cuadras. Me gusta que vean el auto. Todos los días, hay alguien que se para al lado de él y lo mira y comenta. No cualquiera tiene un auto como el de nosotros... Claro, tú no te das cuenta de la diferencia. Estás demasiado acostumbrada a lo bueno... Dime... ¿Cómo es tu casa?

LA EMPLEADA Yo no tengo casa.

LA SEÑORA No habrás nacido empleada, supongo. Tienes que haberte criado en alguna parte, debes haber tenido padres... ¿Eres del campo?

LA EMPLEADA Sí.

LA SEÑORA Y tuviste ganas de conocer la ciudad, ¿ah?

LA EMPLEADA No. Me gustaba allá.

LA SEÑORA ¿Por qué te viniste, entonces?

LA EMPLEADA Tenía que trabajar.

LA SEÑORA No me vengas con ese cuento. Conozco la vida de los inquilinos° en el campo. Lo pasan bien. Les regalan una cuadra para que cultiven. Tienen alimentos gratis y hasta les sobra para vender. Algunos tienen hasta sus vaquitas... ¿Tus padres tenían vacas?

inquilinos tenant farmers

LA EMPLEADA Sí, señora. Una.

LA SEÑORA ¿Ves? ¿Qué más quieren? ¡Alvarito! ¡No se meta tan allá que puede venir una ola! ¿Qué edad tienes?

LA EMPLEADA ¿Yo?

LA SEÑORA A ti te estoy hablando. No estoy loca para hablar sola.

LA EMPLEADA Ando en los veintiuno°...

Ando en los veintiuno *I'm about 21*

LA SEÑORA ¡Veintiuno! A los veintiuno yo me casé. ¿No has pensado en casarte?

La empleada *baja la vista y no contesta.*

LA SEÑORA ¡Las cosas que se me ocurre preguntar! ¿Para qué querrías casarte? En la casa tienes de todo: comida, una buena pieza, delantales limpios... Y si te casaras... ¿Qué es lo que tendrías? Te llenarías de chiquillos, no más.

LA EMPLEADA (*Como para sí.*) Me gustaría casarme...

LA SEÑORA ¡Tonterías! Cosas que se te ocurren por leer historias de amor en las revistas baratas... Acuérdate de esto: los príncipes azules ya no existen. No es el color lo que importa, sino el bolsillo. Cuando mis padres no me aceptaban un pololo° porque no tenía plata, yo me indignaba, pero llegó Álvaro con sus industrias y sus fundos° y no quedaron contentos hasta que lo casaron conmigo. A mí no me gustaba porque era gordo y tenía la costumbre de sorberse los mocos°, pero después en el matrimonio, uno se acostumbra a todo. Y llega a la conclusión que todo da lo mismo, salvo la plata. Sin la plata no somos nada. Yo tengo plata, tú no tienes. Ésa es toda la diferencia entre nosotras. ¿No te parece?

pololo boyfriend

fundos large farms

sorberse los mocos *sniffle*

¿Por qué la señora le desaconseja el matrimonio a la empleada? ¿Cuál es su propia experiencia con el matrimonio?

LA EMPLEADA Sí, pero...

LA SEÑORA ¡Ah! Lo crees ¿eh? Pero es mentira. Hay algo que es más importante que la plata: la clase. Eso no se compra. Se tiene o no se tiene. Álvaro no tiene clase. Yo sí la tengo. Y podría vivir en una pocilga° y todos se darían cuenta de que soy alguien. No una cualquiera. Alguien. Te das cuenta, ¿verdad?

pocilga pigsty

LA EMPLEADA Sí, señora.

LA SEÑORA A ver... Pásame esa revista. (***La empleada*** *lo hace.* ***La señora*** *la hojea. Mira algo y lanza una carcajada.*) ¿Y esto lees tú?

LA EMPLEADA Me entretengo, señora.

LA SEÑORA ¡Qué ridículo! ¡Qué ridículo! Mira a este roto° vestido de smoking. Cualquiera se da cuenta que está tan incómodo en él como un hipopótamo con faja°... (*Vuelve a mirar en la revista.*) ¡Y es el conde de Lamarquina! ¡El conde de Lamarquina! A ver... ¿Qué es lo que dice el conde? (*Leyendo.*) "Hija mía, no permitiré jamás que te cases con Roberto. Él es un plebeyo. Recuerda que por nuestras venas corre sangre azul." ¿Y ésta es la hija del conde?

roto lower-class person

faja girdle

LA EMPLEADA Sí. Se llama María. Es una niña sencilla y buena. Está enamorada de Roberto, que es el jardinero del castillo. El conde no lo permite. Pero... ¿sabe? Yo creo que todo va a terminar bien. Porque en el número anterior Roberto le dijo a María que no había conocido a sus padres y cuando no se conoce a los padres, es seguro que ellos son gente rica y aristócrata que perdieron al niño de chico o lo secuestraron...

LA SEÑORA ¿Y tú crees todo eso?

LA EMPLEADA Es bonito, señora.

LA SEÑORA ¿Qué es tan bonito?

LA EMPLEADA Que lleguen a pasar cosas así. Que un día cualquiera, uno sepa que es otra persona, que en vez de ser pobre, se es rica; que en vez de ser nadie se es alguien, así como dice Ud...

LA SEÑORA Pero no te das cuenta que no puede ser... Mira a la hija... ¿Me has visto a mí alguna vez usando unos aros° así? ¿Has visto a alguna de mis amigas con una cosa tan espantosa? ¿Y el peinado? Es detestable. ¿No te das cuenta que una mujer así no puede ser aristócrata?... ¿A ver? Sale fotografiado aquí el jardinero...

aros: earrings

LA EMPLEADA Sí. En los cuadros° del final. (*Le muestra en la revista.* ***La señora*** *ríe encantada.*)

cuadros: frames

LA SEÑORA ¿Y éste crees tú que puede ser un hijo de aristócrata? ¿Con esa nariz? ¿Con ese pelo? Mira... Imagínate que mañana me rapten° a Alvarito. ¿Crees tú que va a dejar por eso de tener su aire de distinción?

rapten: kidnap

LA EMPLEADA ¡Mire, señora! Alvarito le botó° el castillo de arena a la niñita de una patada.

botó: knocked down

LA SEÑORA ¿Ves? Tiene cuatro años y ya sabe lo que es mandar, lo que es no importarle los demás. Eso no se aprende. Viene en la sangre.

LA EMPLEADA (*Incorporándose.*) Voy a ir a buscarlo.

LA SEÑORA Déjalo. Se está divirtiendo.

La empleada *se desabrocha el primer botón de su delantal y hace un gesto en el que muestra estar acalorada.*

LA SEÑORA ¿Tienes calor?

LA EMPLEADA El sol está picando° fuerte.

picando: scorching

LA SEÑORA ¿No tienes traje de baño?

LA EMPLEADA No.

LA SEÑORA ¿No te has puesto nunca traje de baño?

LA EMPLEADA ¡Ah, sí!

LA SEÑORA ¿Cuándo?

LA EMPLEADA Antes de emplearme. A veces, los domingos, hacíamos excursiones a la playa en el camión del tío de una amiga.

LA SEÑORA ¿Y se bañaban?

LA EMPLEADA En la playa grande de Cartagena. Arrendábamos° trajes de baño y pasábamos todo el día en la playa. Llevábamos de comer y...

Arrendábamos: rented

LA SEÑORA (*Divertida.*) ¿Arrendaban trajes de baño?

LA EMPLEADA Sí. Hay una señora que arrienda en la misma playa.

LA SEÑORA Una vez con Álvaro, nos detuvimos en Cartagena a echar bencina° al auto y miramos a la playa. ¡Era tan gracioso! ¡Y esos trajes de baño arrendados! Unos eran tan grandes que hacían bolsas por todos los

bencina: gasoline

II ¿Para qué mira la señora la revista de fotonovelas? ¿Por qué se divierte con las respuestas de su empleada?

backside

lados y otros quedaban tan chicos que las mujeres andaban con el traste° afuera. ¿De cuáles arrendabas tú? ¿De los grandes o de los chicos?

sulky

La empleada *mira al suelo taimada°.*

panty hose

LA SEÑORA Debe ser curioso... Mirar el mundo desde un traje de baño arrendado o envuelta en un vestido barato... o con uniforme de empleada como el que usas tú... Algo parecido le debe suceder a esta gente que se fotografía para estas historietas: se ponen smoking o un traje de baile y debe ser diferente la forma como miran a los demás, como se sienten ellos mismos... Cuando yo me puse mi primer par de medias°, el mundo entero cambió para mí. Los demás eran diferentes; yo era diferente y el único cambio efectivo era que tenía puesto un par de medias... Dime... ¿Cómo se ve el mundo cuando se está vestida con un delantal blanco?

LA EMPLEADA (*Tímidamente.*) Igual... La arena tiene el mismo color... las nubes son iguales... Supongo.

LA SEÑORA Pero no... Es diferente. Mira. Yo con este traje de baño, con este blusón de toalla, tendida sobre la arena, sé que estoy en "mi lugar", que esto me pertenece... En cambio tú, vestida como empleada sabes que la playa no es tu lugar, que eres diferente... Y eso, eso te debe hacer ver todo distinto.

LA EMPLEADA No sé.

LA SEÑORA Mira. Se me ha ocurrido algo. Préstame tu delantal.

LA EMPLEADA ¿Cómo?

LA SEÑORA Préstame tu delantal.

LA EMPLEADA Pero... ¿Para qué?

LA SEÑORA Quiero ver cómo se ve el mundo, qué apariencia tiene la playa cuando se la ve encerrada en un delantal de empleada.

LA EMPLEADA ¿Ahora?

LA SEÑORA Sí, ahora.

LA EMPLEADA Pero es que... No tengo un vestido debajo.

LA SEÑORA (*Tirándole el blusón.*) Toma... Ponte esto.

LA EMPLEADA Voy a quedar en calzones...

primer plano *foreground*

No sea tan de rulo *Don't be so chicken*

LA SEÑORA Es lo suficientemente largo como para cubrirte. Y en todo caso vas a mostrar menos que lo que mostrabas con los trajes de baño que arrendabas en Cartagena. (*Se levanta y obliga a levantarse a* ***la empleada.***) Ya. Métete en la carpa y cámbiate. (*Prácticamente obliga a* ***la empleada*** *a entrar a la carpa y luego lanza al interior de ella el blusón de toalla. Se dirige al primer plano° y le habla a su hijo.*)

LA SEÑORA Alvarito, métase un poco al agua. Mójese las patitas siquiera... No sea tan de rulo°... ¡Eso es! ¿Ves que es rica el agüita? (*Se vuelve hacia la carpa y habla hacia dentro de ella.*) ¿Estás lista? (*Entra a la carpa.*)

¿Por qué intercambian ropa la empleada y la señora? ¿De quién es la idea y para qué?

de bruces *face down*

Después de un instante sale ***la empleada*** *vestida con el blusón de toalla. Se ha prendido el pelo hacia atrás y su aspecto ya difiere algo de la tímida muchacha que conocemos. Con delicadeza se tiende de bruces° sobre la arena. Sale* ***la señora*** *abotonándose aún su delantal blanco. Se va a sentar delante de* ***la empleada****, pero vuelve un poco más atrás.*

LA SEÑORA No. Adelante no. Una empleada en la playa se sienta siempre un poco más atrás que su patrona°. (*Se sienta sobre sus pantorrillas y mira, divertida, en todas direcciones.*)

boss

***La empleada** cambia de postura con displicencia. **La señora** toma la revista de **la empleada** y principia a leerla. Al principio, hay una sonrisa irónica en sus labios que desaparece luego al interesarse por la lectura. Al leer mueve los labios. **La empleada**, con naturalidad, toma de la bolsa de playa de **la señora** un frasco de aceite bronceador° y principia a extenderlo con lentitud por sus piernas. **La señora** la ve. Intenta una reacción reprobatoria, pero queda desconcertada.*

aceite bronceador *tanning oil*

LA SEÑORA ¿Qué haces?

***La empleada** no contesta. **La señora** opta por seguir la lectura. Vigilando de vez en vez con la vista lo que hace **la empleada**. Ésta ahora se ha sentado y se mira detenidamente las uñas.*

LA SEÑORA ¿Por qué te miras las uñas?

LA EMPLEADA Tengo que arreglármelas°.

arreglármelas *do my nails*

LA SEÑORA Nunca te había visto antes mirarte las uñas.

LA EMPLEADA No se me había ocurrido.

LA SEÑORA Este delantal acalora.

LA EMPLEADA Son los mejores y los más durables.

LA SEÑORA Lo sé. Yo los compré.

LA EMPLEADA Le queda bien.

LA SEÑORA *(Divertida.)* Y tú no te ves nada de mal con esa tenida°... *(Se ríe.)* Cualquiera se equivocaría. Más de un jovencito te podría hacer la corte° ... ¡Sería como para contarlo!

clothes

hacer la corte *woo*

LA EMPLEADA Alvarito se está metiendo muy adentro. Vaya a vigilarlo.

¿Qué hace la señora cuando la empleada le ordena que vigile a Alvarito?

LA SEÑORA (*Se levanta inmediatamente y se adelanta.*) ¡Alvarito! ¡Alvarito! No se vaya tan adentro... Puede venir una ola. *(Recapacita de pronto y se vuelve desconcertada hacia **la empleada**.)* ¿Por qué no fuiste?

LA EMPLEADA ¿Adónde?

LA SEÑORA ¿Por qué me dijiste que yo fuera a vigilar a Alvarito?

LA EMPLEADA (*Con naturalidad.*) Ud. lleva el delantal blanco.

LA SEÑORA Te gusta el juego, ¿ah?

*Una pelota de goma, impulsada por un niño que juega cerca, ha caído a los pies de **la empleada**. Ella la mira y no hace ningún movimiento. Luego mira a **la señora**. Ésta, instintivamente, se dirige a la pelota y la tira en la dirección en que vino. **La empleada** busca en la bolsa de playa de **la señora** y se pone sus anteojos para el sol.*

LA SEÑORA (*Molesta.*) ¿Quién te ha autorizado para que uses mis anteojos?

LA EMPLEADA ¿Cómo se ve la playa vestida con un delantal blanco?

LA SEÑORA Es gracioso. ¿Y tú? ¿Cómo ves la playa ahora?

LA EMPLEADA Es gracioso.

LA SEÑORA (*Molesta.*) ¿Dónde está la gracia?

LA EMPLEADA En que no hay diferencia.

LA SEÑORA ¿Cómo?

LA EMPLEADA Ud. con el delantal blanco es la empleada, yo con este blusón y los anteojos oscuros soy la señora.

LA SEÑORA ¿Cómo?... ¿Cómo te atreves a decir eso?

LA EMPLEADA ¿Se habría molestado en recoger la pelota si no estuviese vestida de empleada?

LA SEÑORA Estamos jugando.

LA EMPLEADA ¿Cuándo?

LA SEÑORA Ahora.

LA EMPLEADA ¿Y antes?

LA SEÑORA ¿Antes?

LA EMPLEADA Sí. Cuando yo estaba vestida de empleada...

LA SEÑORA Eso no es juego. Es la realidad.

LA EMPLEADA ¿Por qué?

LA SEÑORA Porque sí.

LA EMPLEADA Un juego... un juego más largo... como el "paco-ladrón"°. A unos les corresponde ser "pacos", a otros "ladrones".

LA SEÑORA (*Indignada.*) ¡Ud. se está insolentando!

LA EMPLEADA ¡No me grites! ¡La insolente eres tú!

LA SEÑORA ¿Qué significa eso? ¿Ud. me está tuteando?

LA EMPLEADA ¿Y acaso tú no me tratas de tú?

LA SEÑORA ¿Yo?

LA EMPLEADA Sí.

LA SEÑORA ¡Basta ya! ¡Se acabó este juego!

LA EMPLEADA ¡A mí me gusta!

LA SEÑORA ¡Se acabó! (*Se acerca violentamente a* ***la empleada****.*)

LA EMPLEADA (*Firme.*) ¡Retírese!

La señora *se detiene sorprendida.*

LA SEÑORA ¿Te has vuelto loca?

LA EMPLEADA ¡Me he vuelto señora!

LA SEÑORA Te puedo despedir en cualquier momento.

LA EMPLEADA (*Explota en grandes carcajadas, como si lo que hubiera oído fuera el chiste más gracioso que jamás ha escuchado.*)

LA SEÑORA ¿Pero de qué te ríes?

LA EMPLEADA (*Sin dejar de reír.*) ¡Es tan ridículo!

LA SEÑORA ¿Qué? ¿Qué es tan ridículo?

LA EMPLEADA Que me despida... ¡vestida así! ¿Dónde se ha visto a una empleada despedir a su patrona?

LA SEÑORA ¡Sácate esos anteojos! ¡Sácate el blusón! ¡Son míos!

LA EMPLEADA ¡Vaya a ver al niño!

paco-ladrón *cops and robbers*

¿A cuál de las dos mujeres le resulta graciosa ahora la situación? ¿Por qué se enoja la otra?

LA SEÑORA Se acabó el juego, te he dicho. O me devuelves mis cosas o te las saco.

LA EMPLEADA ¡Cuidado! No estamos solas en la playa.

LA SEÑORA ¿Y qué hay con eso? ¿Crees que por estar vestida con un uniforme blanco no van a reconocer quién es la empleada y quién la señora?

LA EMPLEADA *(Serena.)* No me levante la voz.

La señora exasperada se lanza sobre la empleada y trata de sacarle el blusón a viva fuerza.

LA SEÑORA *(Mientras forcejea.)* ¡China°! ¡Ya te voy a enseñar quién soy! ¿Qué te has creído? ¡Te voy a meter presa!

servant

Un grupo de bañistas ha acudido a ver la riña°. Dos ***jóvenes****, una* ***muchacha*** *y un* ***señor*** *de edad madura y de apariencia muy distinguida. Antes que puedan intervenir,* ***la empleada*** *ya ha dominado la situación manteniendo bien sujeta a* ***la señora*** *contra la arena. Ésta sigue gritando ad libitum expresiones como: "rota cochina"... "¿ya te la vas a ver con mi marido"... "te voy a mandar presa"... "esto es el colmo°", etc., etc.*

fight

esto es el colmo *this is the last straw*

UN JOVEN ¿Qué sucede?

EL OTRO JOVEN ¿Es un ataque°?

fit

LA JOVENCITA Se volvió loca.

UN JOVEN Puede que sea efecto de una insolación.

EL OTRO JOVEN ¿Podemos ayudarla?

LA EMPLEADA Sí. Por favor. Llévensela. Hay una posta° por aquí cerca...

emergency aid station

EL OTRO JOVEN Yo soy estudiante de Medicina. Le pondremos una inyección para que se duerma por un buen tiempo.

LA SEÑORA ¡Imbéciles! ¡Yo soy la patrona! Me llamo Patricia Hurtado, mi marido es Álvaro Jiménez, el político...

LA JOVENCITA *(Riéndose.)* Cree ser la señora.

UN JOVEN Está loca.

EL OTRO JOVEN Un ataque de histeria.

UN JOVEN Llevémosla.

LA EMPLEADA Yo no los acompaño... Tengo que cuidar a mi hijito... Está ahí, bañándose...

LA SEÑORA ¡Es una mentirosa! ¡Nos cambiamos de vestido sólo por jugar! ¡Ni siquiera tiene traje de baño! ¡Debajo del blusón está en calzones! ¡Mírenla!

II ¿Por qué la gente cree lo que dice la empleada y no lo que afirma la señora?

EL OTRO JOVEN *(Haciéndole un gesto al* ***joven****.)* ¡Vamos! Tú la tomas por los pies y yo por los brazos.

LA JOVENCITA ¡Qué risa! ¡Dice que está en calzones!

Los dos ***jóvenes*** *toman a* ***la señora*** *y se la llevan, mientras ésta se resiste y sigue gritando.*

LA SEÑORA ¡Suéltenme! ¡Yo no estoy loca! ¡Es ella! ¡Llamen a Alvarito! ¡Él me reconocerá!

*Mutis° de los dos **jóvenes** llevando en peso a **la señora**. **La empleada** se tiende sobre la arena, como si nada hubiera sucedido, aprontándose para un prolongado baño del sol.*

° Exit

EL CABALLERO DISTINGUIDO ¿Está Ud. bien, señora? ¿Puedo serle útil en algo?

LA EMPLEADA *(Mira inspectivamente al **señor distinguido** y sonríe con amabilidad.)* Gracias. Estoy bien.

EL CABALLERO DISTINGUIDO Es el símbolo de nuestro tiempo. Nadie parece darse cuenta, pero a cada rato, en cada momento sucede algo así.

LA EMPLEADA ¿Qué?

EL CABALLERO DISTINGUIDO La subversión del orden establecido. Los viejos quieren ser jóvenes; los jóvenes quieren ser viejos; los pobres quieren ser ricos y los ricos quieren ser pobres. Sí, señora. Asómbrese Ud. También hay ricos que quieren ser pobres. ¿Mi nuera? Va todas las tardes a tejer con mujeres de poblaciones callampas°. ¡Y le gusta hacerlo! *(Transición.)* ¿Hace mucho tiempo que está con Ud.?

° shanty

¿Cuál es la opinión del señor sobre lo que vio entre la señora y su empleada? ¿Qué lo tranquiliza?

LA EMPLEADA ¿Quién?

EL CABALLERO DISTINGUIDO *(Haciendo un gesto hacia la dirección en que se llevaron a **la señora**.)* Su empleada.

LA EMPLEADA *(Dudando. Haciendo memoria.)* Poco más de un año.

EL CABALLERO DISTINGUIDO Y así le paga a usted. ¡Queriéndose hacer pasar por una señora! ¡Como si no se reconociera a primera vista quién es quién! ¿Sabe Ud. por qué suceden estas cosas?

LA EMPLEADA ¿Por qué?

EL CABALLERO DISTINGUIDO (*Con aire misterioso.*) El comunismo...

LA EMPLEADA ¡Ah!

EL CABALLERO DISTINGUIDO (*Tranquilizado.*) Pero no nos inquietemos. El orden está establecido. Al final, siempre el orden se establece... Es un hecho... Sobre eso no hay discusión... (*Transición.*) Ahora, con permiso, señora. Voy a hacer mi footing diario. Es muy conveniente a mi edad. Para la circulación, ¿sabe? Y Ud. quede tranquila. El sol es el mejor sedante. (*Ceremoniosamente.*) A sus órdenes, señora. (*Inicia el mutis. Se vuelve.*) Y no sea muy dura con su empleada, después que se haya tranquilizado... Después de todo... Tal vez tengamos algo de culpa nosotros mismos... ¿Quién puede decirlo? (***El caballero distinguido** hace mutis.*)

***La empleada** cambia de posición. Se tiende de espaldas para recibir el sol en la cara. De pronto se acuerda de Alvarito. Mira hacia donde él está.)*

LA EMPLEADA ¡Alvarito! ¡Cuidado con sentarse en esa roca! Se puede hacer una nana en° el pie... Eso es, corra por la arenita... Eso es, mi hijito... *(Y mientras **la empleada** mira con ternura y delectación maternal cómo Alvarito juega a la orilla del mar se cierra lentamente el Telón.)* ■

° hacer una nana en *hurt*

1. Elegir **Indica la opción correcta.**

1. ¿Cómo es la señora?
   a. vieja b. fea c. atractiva
2. ¿Cómo es la empleada?
   a. joven b. rubia c. seria
3. ¿Qué lee la empleada en la playa?
   a. el periódico b. *El Quijote* c. una revista
4. ¿De qué manera han llegado los tres a la playa?
   a. a pie b. en autobús c. en auto
5. ¿Qué es más importante que el dinero para la señora?
   a. la belleza b. la clase c. el poder
6. ¿Qué se le ocurre hacer a la señora?
   a. jugar con el hijo b. ponerse el delantal de la empleada c. pedir un aperitivo
7. ¿Qué toma la empleada del bolso de la señora?
   a. la crema solar b. el monedero c. las gafas de sol
8. ¿Quiénes se llevan a la señora a la fuerza?
   a. tres ancianos b. dos jóvenes c. dos mujeres
9. ¿Cómo se comporta la empleada con el caballero distinguido?
   a. Le sigue el juego (*plays along*). b. Confiesa que es la empleada. c. Le pide una cita.

2. Comprensión **Contesta las siguientes preguntas con oraciones completas.**

1. ¿Qué lleva puesto la señora para estar en la playa?
2. ¿Quién está más bronceada de las dos? ¿Por qué?
3. ¿Por qué tuvo que abandonar el campo la empleada?
4. ¿Por qué le parece bonita la historia de la fotonovela a la empleada?
5. ¿Cuándo solía ponerse la empleada traje de baño?
6. ¿Cómo reacciona la empleada cuando la señora le dice que podría despedirla?
7. ¿Cómo reacciona la señora al ver que la empleada no quiere terminar el juego?

3. Interpretación **Analiza las siguientes preguntas y responde con oraciones completas.**

1. ¿Qué motivo cree la señora que tiene su marido para enviarla tres meses a la playa?
2. ¿Por qué le gusta a la señora ir con la empleada a la playa?
3. ¿Por qué quiere saber la señora detalles de la vida personal de la empleada?
4. ¿Qué tipo de carácter tiene la señora? ¿Coincide con el de las clases altas? ¿Por qué?
5. ¿Qué lleva a la señora a comportarse como la empleada cuando se pone el delantal?
6. ¿Por qué opina la señora que es más importante tener clase que dinero?
7. ¿Por qué culpa el caballero distinguido al comunismo por todo lo ocurrido?
8. ¿Por qué llama *mi hijito* la empleada a Alvarito?

4. Técnica literaria Con un(a) compañero/a, contesta las siguientes preguntas sobre el uso del clímax en *El delantal blanco.*

1. ¿Qué elementos de tensión existen en la conversación entre las dos mujeres? Cita tres ejemplos.
2. ¿Cuál es el hilo argumental que conduce a los personajes hacia el clímax?
3. ¿Qué actúa como detonante del momento climático?
4. ¿En qué momento tiene lugar el clímax de la historia? ¿Qué ocurre entonces?
5. ¿Cómo crees que se siente el espectador en ese preciso momento?
6. ¿Cuándo concluye el clímax de la historia?

5. Conversación Con dos compañeros/as, analiza las siguientes preguntas justificando cada respuesta.

- ¿Cómo crees que influye la riqueza material en la formación de un individuo? ¿Es un factor indiscutiblemente positivo o puede afectar a la persona de manera negativa? ¿Por qué?
- ¿Qué es más importante para el ser humano: una buena situación económica o una buena formación intelectual? ¿Por qué?
- ¿En qué medida es cierto el dicho "El hambre agudiza el ingenio (*necessity is the mother of invention*)"? ¿Qué otros factores llevan a las personas a ejercitar el ingenio?
- ¿Por qué un alto nivel económico suele infundir una sensación de superioridad a la gente? ¿Cómo crees que se sienten realmente estas personas: vacías o realizadas? ¿Por qué?
- El "arribismo" consiste en progresar socialmente por medios rápidos. ¿Crees que nuestra sociedad valora el arribismo? ¿A qué puede deberse eso?

 TALLER DE ESCRITURA

1. Con mucha clase Escribe un breve ensayo sobre la vida de una persona que pertenece a la misma clase social que la señora protagonista de *El delantal blanco.* Ten en cuenta los siguientes aspectos.

- *su rutina*
- *sus inclinaciones políticas*
- *sus impresiones acerca de otras clases sociales*
- *sus aspiraciones para el futuro*

2. Suplantación rentable Desde la perspectiva interesada de la empleada de la obra, la cual suplanta a su señora en la playa, inventa el posible diálogo que ella podría comenzar con un distinguido pretendiente. Ten en cuenta que el joven desconoce que ella es la empleada y coquetea despreocupadamente con ella para intentar conseguir una cita.

UN ENSAYO DE CAUSA Y EFECTO

En las obras de esta lección hay eventos o acciones (las causas) que llevan a una consecuencia (el efecto). Vas a escribir un ensayo de causa y efecto sobre una de las obras que estudiaste en esta lección.

Plan de escritura

Comienza completando una tabla con información sobre cada obra. Esta tabla te ayudará a preparar tu ensayo de causa y efecto.

	efecto	causa principal	causas secundarias
El crimen del padre Amaro			
La conciencia			
El alacrán de fray Gómez			
La nochebuena de Encarnación Mendoza			
El delantal blanco			

Planificar y preparar la escritura

1. Estrategia: **Diagrama para organizar las ideas** Elige la obra sobre la que deseas escribir y describe el desenlace (el efecto) en esa historia. Anota las razones de lo sucedido (las causas) en un diagrama como el que aparece a continuación, que se basa en *La nochebuena de Encarnación Mendoza.*

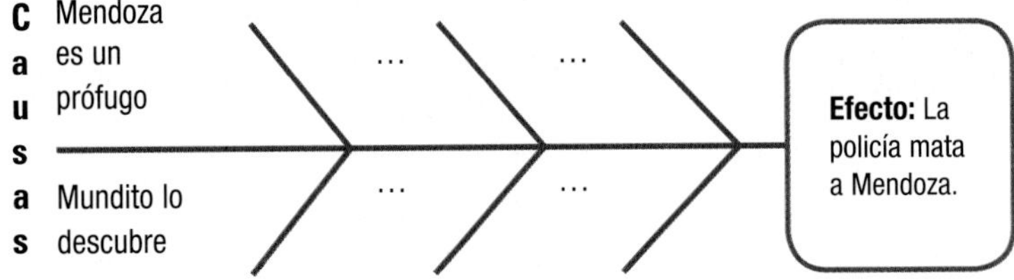

2. Estrategia: Investigar causas y efectos
   - Toma como punto de partida los datos que has anotado en tu diagrama. Piensa en las causas que llevan a un efecto en la historia.
   - Analiza los detalles de las causas que llevan al efecto. Por ejemplo, la Iglesia católica y la religión en *El crimen del padre Amaro* o las diferencias entre las clases sociales en *El delantal blanco.*

Escribir

3. **Tu ensayo** Ahora puedes escribir tu ensayo. Utiliza la información que has reunido. Sigue estos pasos para escribir.

- **Introducción:** Presenta el efecto que deseas analizar en la obra que elegiste. Debes explicar también su contexto e importancia en el desarrollo de los eventos de la historia.
- **Desarrollo:** Explica todas las causas que tuvieron como consecuencia ese efecto. Conéctalas de manera lógica. Relaciona las causas con el efecto; es decir, explica con detalle cómo éstas concluyen en el efecto.
- **Conclusión:** Termina con una explicación de cómo se podría haber evitado o acelerado lo sucedido.

Revisar y leer

4. **Revisión** Pídele a un(a) compañero/a que lea tu ensayo y sugiera cómo mejorarlo. Revísalo incorporando sus sugerencias y prestando atención a los siguientes elementos.

- ¿Presentaste el efecto? ¿Presentaste las causas? ¿Explicaste el contexto de la obra?
- ¿Explicaste la conexión en el efecto y sus causas?
- ¿La conclusión explica tu interpretación de lo sucedido?
- ¿Son correctas la gramática y la ortografía?

5. **Lectura** Lee tu ensayo a varios/as compañeros/as. Tomen turnos. Cuando termines de leer tu ensayo, tus compañeros/as deben hacerte preguntas. Comenten juntos un punto interesante de tu ensayo que les haya llamado la atención.

- Cuando hayan acabado de leer sus ensayos en grupo, anota en una tabla los puntos más interesantes de las obras de esta lección.

Obras	Puntos interesantes
El crimen del padre Amaro	
La conciencia	
El alacrán de fray Gómez	
La nochebuena de Encarnación Mendoza	
El delantal blanco	

Introducción

Este glosario contiene las palabras y expresiones que se glosan en **Intrigas**.
Los números indican la lección en la que se presenta dicha palabra o expresión.

Abreviaturas empleadas en este glosario

adj.	adjetivo	*m.*	masculino
adv.	adverbio	*pl.*	plural
f.	femenino	*sing.*	singular
interj.	interjección	*v.*	verbo
loc.	locución		

A

a fuer de *loc.* as a **5**
a la deriva *loc.* rudderless **4**
a la vera del *loc.* by the side of **3**
a tientas *loc.* feeling one's way around **3**
a tropezones *adv., loc.* stumbling **4;** in fits and starts **5**
a trueque de *loc.* in exchange for **5**
abanicarse *v.* to fan oneself **4**
abarcar *v.* to cover **1**
abnegado/a *adj.* self-sacrificing **2**
abra *f.* clearing **3**
abrojo *m.* burr **1**
acaecer *v.* to happen **5**
aceite (*m.*) **bronceador** tanning oil **6**
acera *f.* sidewalk **3**
acólito *m.* altar boy **3**
acomodado/a *adj.* wealthy **4**
acongojar *v.* to distress **6**
acorralar *v.* to trap **3**
acorrer *v.* to help **6**
acuidad *f.* sharpness **2**
ademán *m.* gesture **1**
adhesión *f.* support **6**
adscribirse *v.* to follow **6**
afanado/a en *adj.* intent on **3**
afanarse *v.* to work **6**
afanarse (*v.*) **en** to do one's best **6**
afín *adj.* related **3**
agiotista *m., f.* usurer **6**
agolparse *v.* to crowd **4**
agravio *m.* offense **1**
aguacero *m.* downpour **3, 6**
aguantarse *v.* to bear it **2**
aguzado/a *adj.* sharp **2**
ahondar *v.* to delve **3**
ahuyentar *v.* to banish **3**
ajado/a *adj.* worn-out **1**
al alba *loc.* at dawn **2**
alacrán *m.* scorpion **6**
alambrado *m.* wire fence **3**
alambre *m.* wire **4**
alba *adj. white* **1**
albeante *adj.* reflecting a bright white color **3**
alboroto *m.* racket **4**
alcanforado/a *adj.* camphorated **4**
alcaraván *m.* species of bird **4**
alcoba *f.* bedroom **6**
aleatoriamente *adv.* at random **1**
alero *m.* eves **4**
alféizar *m.* windowsill **6**
alharaca *f.* fuss **6**
alpargatas *f., pl.* espadrilles **3**
altillo *m.* attic **6**
alzamiento *m.* uprising **4**
alzarse to rise up **3**
amagar *v.* to seem to **6**
amenguar *v.* to diminish **3**
americana *f.* jacket **1**
amigazo *m.* pal **3**
andar (*v.*) **en los (veintiuno)** to be about (21 years of age) **6**
andarse (*v.*) **con melindres** to be picky **2**
andrajoso/a *adj.* ragged **6**
anzuelo *m.* hook **5**
apaciguar *v.* to appease, to calm (someone) down **3, 4**
aparcero/a *m., f.* sharecropper **6**
apartar (*v.*) **de** to drive away from **4**
apearse *v.* to get off **4, 5**
aplastar *v.* to crush **6**
apoyo *m.* flow of milk **3**
apremiante *adj.* pressing **6**
arboleda *f.* grove **2**
ardid *m.* trick **3**
arduo/a *adj.* hard **4**
armazón *m., f.* frames (glasses) **1**
armero *m.* gunsmith **3**
armiño *m.* ermine (white fur trim with black spots associated with heraldry) **4**
arnés *m.* harness **4**
aro *m.* earring **6**
arrabal *m.* suburb **5**
arrastrar *v.* to drag **4**
arrear *v.* to spur on **6**
arreciar *v.* to get worse **6**
arreglarse (*v.*) **(el pelo, las uñas)** to do (one's hair, nails, etc.) **6**
arrendar *v.* to rent **6**
arrepentimiento *m.* remorse **5**
arrullar *v.* to lull asleep **4**
articulista *m., f.* columnist **1**
aspaviento *m.* fuss **5**
atabal *m.* kettle drum **3**
ataque *m.* fit **6**
atavío *m.* attire **1**
atenerse (*v.*) **a** to abide by **6**
atentado *m.* attack **2**
atiborrado/a *adj.* crammed **4**
auto (*m.*) **de prisión** committal order **5**
autodidacta *m., f.* self-taught person **1**
avanzada *f.* advance party **6**
avaro/a *m., f.* miser **5**
azar *m.* chance **1**
azotar *v.* to beat **5**
azucena *f.* white lily **1**

B

babosear *v.* to talk nonsense **2**
bacalao *m.* codfish **6**
balbuciente *adj.* stammering **1**
bañado *m.* marshland **3**
banco (*m.*) **de mecánica** work bench **3**
barbilla *f.* chin **6**
barrunto *m.* suspicion **2**
batey *m.* sugar company town **6**
beato/a *m., f.* pious person **5**
bencina *f.* gasoline **6**
bengala *f.* flare **2**
blusón *m.* robe **6**
bocanada *f.* blast **3**
bochorno *m.* embarrassment **5**
bohío *m.* hut **6**
boquiabierto/a *adj.* astonished **6**
borrador *m.* draft **1**

botar *v.* to knock down **6**
bóveda *f.* vault **6**
brasa *f.* ember **3**
brizna (*f.*) **de polvo** speck of dust **5**
bruma *f.* mist **1**
buche *m.* mouthful **3**
buhonero *m.* peddler **6**
burdo/a *adj.* coarse **3**

C

cábala *f.* superstitious ritual **1**
caballo (*m.*) **desbocado** runaway horse **6**
cabalmente *adv.* fully **4**
cabo *m.* corporal **6**
cacería *f.* hunt **6**
cacharro *m.* piece of junk **4**
cadáver *m.* corpse **6**
callampas *f., pl.* shanty **6**
calzada *f.* road **3**
camilla *f.* stretcher **3**
candente *adj.* burning **3**
cantinela *f.* story **6**
canto *m.* stone **2**
cañaveral *m.* sugarcane plantation **6**
capataz(a) *m.* foreman, forewoman **3**
caprichoso/a *adj.* fanciful **1**
capuchino *m.* Capuchin monk **4**
cárdeno/a *adj.* purple **1**
carpa *f.* beach cabana **6**
cartucho *m.* cartridge **3**
castañetear *v.* to chatter **6**
castaño *m.* chestnut tree **6**
casto/a *adj.* chaste **1**
casucha *f.* dog kennel **6**
caudaloso/a *adj.* plentiful **3**
cavilación *f.* deep thought **6**
cayado *m.* crook **6**
caza (*f.*) **de pelo** rabbit hunting **3**
cegato/a *adj.* near-sighted **1**
cejar *v.* to cease **5**
celo *m.* conscientiousness **2**
centelleo *m.* spark **3**
ceñidor *m.* girdle **3**
cercado/a *adj.* surrounded **6**
cerrojo *m.* bolt. **3**
certero/a adj. accurate **6**
chacra *f.* small farm **5**
chicharra *f.* cicada **4**
chicotear *v.* to whip **3**
chicuelo/a *m., f.* little kid **3**
chillar *v.* to scream **4;** to shout **5**
china *f.* servant **6**
chiquillo/a *m., f.* kid **2**
chirriar *v.* to squeak **3**
chitón *interj.* hush **2**
chocar *v.* to surprise **2**
choclo *m.* corn **3**
cielo (*m.*) **raso** ceiling **3**
ciénaga *f.* swamp **3**
cinegético/a *adj.* hunting **3**
claustro *m.* cloister **6**
coger (*v.*) **rabia** to get angry **4**
cogido/a *adj.* caught **6**
colegir *v.* to guess **3;** to deduce **6**
colorete *m.* rouge **4**
comarca *f.* region **6**
como por ensalmo *loc., adv.* as if by magic **6**
cómoda *f.* chest of drawers **5**
compungido/a *adj.* sorrowful **5**
con desgano *loc., adv.* unenthusiastically **6**
conceder *v.* to grant **2**
conducto *m.* channel **2**
confluir *v.* to merge **2**
conformarse *v.* to resign oneself **2**
congoja *f.* grief **1**
consagrar *v.* to triumph **5**
contundente *adj.* categorical **3**
convulsionado/a *adj.* thrown into confusion **6**
cónyuge *m., f.* spouse **1**
corromper *v.* to corrupt **5**
cortarle el aliento *v.* to take someone's breath away **1**
corva *f.* back of the knee **4**
costarle (*v.*) **un ojo de la cara** to cost an arm and a leg **5**
costillar *m.* side of beef **3**
crines *f., pl.* mane **4**
crispación *f.* tension **3**
cuadra *f.* stable **6**
cuadro *m.* frame **6**
cucufato/a *m., f.* self-righteous person **5**
cundir *v.* to get far **6**
cúpula *f.* dome **4**
cura *m.* priest **4**
cuzco *m.* little dog **3**

D

damnificado/a *m., f.* victim **5**
dar (*v.*) **tumbos** to toss and turn **4**
darse (*v.*) **por sentados** to be taken for granted **1**
darle (*v.*) **rabia (a alguien)** *loc.* to incense (someone) **3**
de bruces *loc., adv.* face down **6**
de cuando en cuando *loc.* from time to time **3**
de golpe *loc., adv.* all of a sudden **3**
de rigor *loc., adj.* indispensable **6**
de veras *loc., adv.* really **3**
decir (*v.*) **sin rodeos** to tell without beating around the bush **6**
delatar *v.* to give away **1**
delicadeza *f.* refinement, frailty **2**
deparar *v.* to offer **3**
depurar *v.* to purge **2**
derrengarse *v.* to collapse **4**
derrocar *v.* to overthrow **2**
derrotar *v.* to defeat **2**
desabrido/a *adj.* dull **1**
desafío *m.* challenge **1**
(con) desahogo *adv.* comfortably **6**
desasosegado/a *adj.* on edge **6**
desazonado/a *adj.* uneasy **6**
desfalco *m.* embezzlement **5**
desfallecer *v.* to faint **6**
desganado/a *adj.* lethargic **6**
desharrapado/a *adj.* ragged **6**
deshonra *f.* dishonor **5**
despatarrado/a *adj.* sprawled **4**
despiojar *v.* to delouse **6**
despistar *v.* to mislead **6**
desvanecido/a *adj.* fainted **1**
detrasito *adv., fam.* right behind **4**
deudos *m., pl.* relatives **1**
difunto/a *adj.* late **4**
disiparse *v.* to disappear **4**
disparate *m.* nonsense **4**
docencia *f.* teaching **3**
donosura *f.* charm **1**
dorado/a *adj.* golden **1**
dormitar *v.* to doze **6**
dote *f.* dowry **5**
duelo *m.* mourning **4**

E

echarle (*v.*) **mano** to lay hands on someone **6**
embadurnar *v.* to smear **4**
emboscada *f.* ambush **5**
empaparse to learn **4**
empeñar *v.* to pawn **4**
empeñarse *v.* to insist **2**
emprestar *v.* to lend **6**
empurpurar *v.* to blush **3**
en cartel *loc.* playing **1**
en cueros *loc.* naked **2**
en la lejanía *loc.* in the distance **6**
en seco *loc.* suddenly **6**
en vilo *loc.* on the edge of one's seat **3**
en voz queda *loc., adv.* softly **6**
enajenarse *v.* to become deranged, unhinged **3**
encajarle (*v.*) **(algo a alguien)** to give someone something **1**
encaje *m.* lace **2**
encarar *v.* to stand up to **5**
encarnar *v.* to play the part of **1**
encogerse (*v.*) **de hombros** to shrug **4**

engordar *v.* to put on weight **5**
engranajes *m., pl.* machinery **2**
enrarecido/a *adj.* tense **2**
ensanchar *v.* to widen **3**
entarimado *m.* floorboards **5**
entornado/a *adj.* half-closed **3**
entorpecer *v.* to hinder **6**
enyesado/a *adj.* in a plaster cast **3**
errar *v.* to wander **5**
esbozar (*v.*) **una sonrisa** *loc.* to give a hint of a smile **3**
escalofriante *adj.* hair-raising **6**
escarcha *f.* frost **1**
escasez *f.* lack **3**
escenificación *f.* dramatization **6**
escopeta *f.* shotgun **3**
esmerilado/a *adj.* like frosted glass **1**
espartillo *m.* esparto grass **3**
espuela *f.* spur **4**
espumadera *f.* skimmer **6**
estampido *m.* bang **3**
estancia *f.* ranch **3**
estaqueado/a *adj.* staked **3**
estar (*v.*) **en su derecho** to have the right of way **3**
estar (*v.*) **en vena** to be in the mood **6**
estrecho/a *adj.* close **1, 6**
estribaciones *f., pl.* foothills **6**
estropeado/a *adj.* damaged **3**
estupor *m.* astonishment **1**

F

facción *f.* feature **5**
faja *f.* girdle **6**
fallecer *v.* to die **5**
fango *m.* mud **2**
fiero/a *adj.* furious **2**
fleco *m.* fringe **6**
formarse *v.* to train **1**
fosa (*f.*) **común** common grave **2**
francotirador(a) *m., f.* sniper **2**
franquear *v.* to get through **2**
frisar (*v.*) **en** to approach **3**
fulguración *f.* flash of light **3**
fundo *m.* large farm **6**
fusil *m.* rifle **2**
fusilar *v.* to execute **2**

G

gallardete *m.* pennant **5**
gallera *f.* cockfight pit **4**
gañán *m.* farmhand **2**
ganarles (*v.*) **de mano** to beat them **2**
gangoso/a *adj.* nasal **1**
garza *f.* heron **3**
gastar (*v.*) **una broma** *loc.* to play a joke **2**
gatear *v.* to crawl **6**
gavilla (*f.*) **de trigo** wheat sheaf **2**
gemelos (*m., pl.*) **de teatro** opera glasses **3**
género *m.* cloth **6**
gentío *m.* crowd **2**
gollete *m.* bottleneck **3**
golondrina *f.* swallow **3**
golosamente *adv.* avidly **3**
golpe (*m.*) **de estado** coup (d'état) **2**
granate *adj.* maroon **5**
grúa *f.* tow truck **5**
guacho/a *adj.* abandoned **3**
guardapolvo *m.* lab coat **3**
guarecerse *v.* to take shelter **6**
guirnalda *f.* garland **1**
guiso *m.* casserole **6**
gula *f.* gluttony **5**
gusto *m.* pleasure **2**

H

hacer (*v.*) **gracias y monerías** to clown around **5**
hacer (*v.*) **la corte** to woo **6**
hacer (*v.*) **las paces** to bury the hatchet **5**
hacerse (*v.*) **una nana** to get hurt **6**
hacinado/a *adj.* overcrowded **2**
halagador(a) *adj.* flattering **4**
hallar (*v.*) **cabida** to find room **3**
hambruna *f.* famine **3**
harto/a *adj.* fed up **5**
hastío *m.* weariness **4**
hay que hacer una raya en el cielo *loc.* this is cause for celebration **4**
hebilla *f.* buckle **3**
hebra *f.* strand **5**
herir *v.* to wound **2**
hinchado/a *adj.* swollen **3**
hito *m.* landmark **4**
hoja *f.* blade **3**
holganza *f.* idleness **6**
homólogo/a *m., f.* counterpart **5**
hosco/a *adj.* surly **6**

I

ijar *m.* side **4**
impensable *adj.* inconceivable **1**
imperante *adj.* prevailing **3**
imperar *v.* to prevail **2**
impregnado/a *adj.* soaked **3**
improcedente *adj.* inadmissible **5**
incuria *f.* neglect **1**
incursionar *v.* to venture **2**
infamante *adj.* defamatory **3**
ingenio *m.* sugar refinery **6**
inmiscuirse *v.* to interfere **2**
inmutarse *v.* flinch **5**
inquilino/a *m., f.* farmer **6**
inquina *f.* ill will **3**
instauración *f.* establishment **5**

J

jadeante *adj.* panting **3**
jaqueca *f.* headache **6**
jaula *f.* cage **4**
joroba *f.* hump **2**
juicio *m.* judgment **1**
juntura *f.* joint **4**

L

laja *f.* slab **3**
lamer *v.* to lick **3**
lápida *f.* headstone **3**
lazarillo *m.* guide for the blind **1**
lazo *m.* bond **4**
lego *m.* lay brother **6**
lejanía *f.* distance **6**
lema *m.* motto **2**
lentejuela *f.* sequin **2**
letras *f., pl.* Humanities **1**
levarse *v.* to rise **1**
liceo *m.* secondary school **1**
ligarse (*v.*) **encima** to land on top of someone **3**
ligero/a *adj.* slight **6**
limar *v.* to file down **3**
linde *f.* limit **3**
llamarada *f.* flare **2**
localidad *f.* ticket **1**
lodazal *m.* quagmire **6**
lunfardo/a *adj.* Buenos Aires slang **4**
lupanar *m.* brothel **2**
luto *m.* mourning **2**

M

madero *m.* timber **6**
madrastra *f.* stepmother **5**
madrugada *f.* dawn **1**
magisterio *m.* teaching **1**
majadería *f.* stupidity **6**
malabarismo *m.* balancing act **1**
malas palabras (*f., pl.*) dirty words **5**
maldecir *v.* to curse **6**
maleza *f.* weeds **6**
maltrato *m.* mistreatment **6**
mancebo *m.* young man **1**
mandar (*v.*) **a hacer** to commission **4**
mandar (*v.*) **la parte** to boast **1**
mano (*f.*) **del almirez** pestle **2**
mantehuelos (*m., pl.*) **de cristianar** baptism clothes **2**
maña *f.* bad habit **5**

marasmo *m.* wasting **3**
marchito/a *adj.* withered **3**
marisma *f.* marsh **3**
marjal *m.* marsh **2**
maroma *f.* rope **2**
marrano/a *adj.* filthy **2**
mazmorra *f.* dungeon **3**
mechudo/a *adj.* unkempt **5**
medias *f., pl.* panty hose **6**
mendigo/a *m., f.* beggar **1**
menguante *adj.* waning **3**
meseta *f.* plateau **3**
miéchica *loc.* damn **5**
milagros (*m., pl.*) **a mantas** hundreds of miracles **6**
mimar *v.* to spoil **4**
miope *adj.* near-sighted **1**
misericordia *f.* compassion **3**
mocoso/a *m., f.* brat **5**
modorra *f.* drowsiness **3**
moldear *v.* to shape **3**
monigote *m.* rugrat **2**
mono *m.* coveralls **5**
monte *m.* scrubland **3**
morsa *f.* bench vise **3**
mote *m.* nickname **6**
mueca *f.* grimace **5**
mulilla (*f.*) **sin desbravar** wild mule **2**
musitar *v.* to whisper **3**
muslo *m.* thigh **3**
mutis *m.* exit **6**

N

nana *f.* lullaby **1;** nanny **5**
necedad *f.* foolishness **1**
necio/a *adj.* stupid **3**
negruzco/a *adj.* blackish **6**
nimio/a *adj.* trivial **3**
níveo/a *adj.* snow-white **1**
norma *f.* rule **5**
novela (*f.*) **por entregas** serial novel **1**
nublo *m.* cloud **2**
nuca *f.* back of the neck **4**
nudillo *m.* knuckle **1**
números *m., pl.* privates **6**

O

ocurrencia *f.* witty remark **6**
ojeras *f., pl.* bags under the eyes **6**
oledor(a) *adj.* nosy **2**
opíparamente *adv.* sumptuously **6**
ordeñar *v.* to milk **3**
otorgar *v.* to bestow **3**

P

pabellón *m.* hospital building **3**
paco-ladrón *m.* cops and robbers game **6**
padrastro *m.* step-father **3**
paisano/a *m., f.* peasant **3**
palmadita *f.* pat **4**
palote *m.* line **6**
pámpano *m.* grapevine **1**
pantano *m.* swamp **3**
parentela *f.* extended family **3**
parpadear *v.* to blink **4**
parto *m.* childbirth **2**
pasadizo *m.* passage **4**
pasador *m.* bolt **6**
patrón/patrona *m., f.* boss **6**
pava *f.* kettle **3**
pedernal *m.* flint **2**
pedregullo *m.* gravel **3**
pedrisco *m.* hail **2**
pejerrey *m.* silverside (type of fish) **6**
pensión *f.* guesthouse **5**
penurias (*f.*) **económicas** financial straits **4**
peón/peona *m., f.* farm worker **3;** laborer **6**
peplo *m.* peplos (garment worn by women in Ancient Greece) **4**
percutir *v.* to hit **3**
persignarse *v.* to cross oneself **5**
pescuezo *m.* neck **4, 6**
picada *f.* trail **3**
picado/a *adj.* interested **2**
picar *v.* to be scorching **6**
piedad *f.* mercy **6**
pillar *v.* to catch **2**
pimpollo *m.* bud **6**
pique *m.* narrow trail **3**
pista *f.* clue **6**
pitanga *f.* Surinam cherry plant **3**
pito *m.* buzzing sound **4**
placa *f.* X-ray **3**
plasmar to express, to give expression to **3**
plegable *adj.* folding **5**
plegaria *f.* prayer **3**
pocilga *f.* pigsty **6**
pololo/a *m., f.* boyfriend/girlfriend **6**
ponderar *v.* to praise **6**
ponerle (*v.*) **la cara de mosquita muerta** to look at someone very innocently **5**
poniente *m.* west **6**
pordiosero/a beggar **6**
pormenor *m.* detail **5**
porrazo *m.* beating **2**
porteño/a *adj.* of the city of Buenos Aires **4**
portero/a *m., f.* superintendent **3**
porvenir *m.* future **3**
posadero/a *m., f.* innkeeper **6**
posta *f.* emergency aid station **6**
postigo *m.* shutter **6**
postrero/a *adj.* final **1**
postularse (*v.*) **para** to run for **5**
pozo *m.* well **6**
precipitarse *v.* to rush **6**
preestreno *m.* preview **1**
prendedor *m.* brooch **6**
prepa *f.* pre-university courses **1**
prestado/a *adj.* borrowed **6**
presumido/a *adj.* vain **1**
pretil *m.* parapet **4**
prevenido/a *adj.* cautious **4**
primer plano *m.* foreground **6**
privar (*v.*) **de** to deprive of **4**
prófugo/a *m., f.* fugitive **6**
propinar *v.* to give **1**
puchuela *f.* small amount **6**
pudor *m.* decency **5**
pueblo (*m.*) **natal** hometown **1**
puñal *m.* dagger **3**
punzada *f.* sharp pain **3**

Q

que ____ reviente *loc.* to heck with ____ **6**
quedito/a *adj.* soft **4**
quejumbroso/a *adj.* plaintive **6**
quemarse *v.* to get sunburned **6**
quevedos *m., pl.* pince-nez (spectacles) **5**

R

radicarse to settle **4**
radio (*m.*) **de acción** field of action **3**
radio *f.* radiology **3**
ralo/a *adj.* sparse **1**
raptar *v.* kidnap **6**
rasguñar *v.* to scratch **5**
rasguño *m.* scratch **3**
rastro *m.* trace **4**
razonado/a *adj.* well-reasoned **3**
recado *m.* message **2**
recatado/a *adj.* coy **1**
recelo *m.* suspicion **3**
recibido/a *adj.* graduated **1**
reconvenir *v.* to scold **4**
recostar *v.* to lean **1**
recular *v.* to step back **4;** to move backwards **6**
redoble *m.* drumroll **6**
refitolero/a *m., f.* person in charge of refectory **6**
refucilar *v.* to flash **3**
registro *m.* search **6**
reivindicar *v.* to vindicate **1**
rematar *v.* to top **1;** to auction **5**

rencor *m.* resentment **5**
renegar *v.* to deny **5**
reñir *v.* to tell (someone) off **1**
repartición *f.* government office **2**
reposar *v.* to rest **4**
rescoldo *m.* lingering feeling **1**
resoplar *v.* to puff **6**
retratar *v.* to portray **2**
retrógrado/a *adj.* reactionary **1**
rezongo *m.* telling-off **3**
rezumar *v.* to ooze **3**
riña *f.* fight **6**
ronronear *v.* to purr **3**
roto/a *m., f.* lower-class person **6**
rozagante *adj.* healthy **3**
ruborizarse *v.* to blush **4**
rubricar *v.* to seal **5**
rumbo *m.* course **1**

S

sabandija *f.* bug **6**
salir (*v.*) **al padre** to be just like one's father **6**
salitre *m.* salt residue **1**
salpicado/a (*adj.*) **de** sprinkled with **4**
secuestro *m.* kidnapping **2**
sede *f.* seat **2**
segador(a) *m., f.* harvester **2**
según el sapo, así es la pedrada *loc.* you get what you deserve **5**
selva *f.* jungle **3**
semanario *m.* weekly paper **1**
semblante *m.* countenance **3**
semipuchero *m.* semi-pout **5**
ser (*v.*) **de rulo** *loc.* to be chicken **6**
ser (*v.*) **el colmo** *loc.* to be the last straw **6**
sermonear *v.* to lecture **5**
seto *m.* hedge **3**
sibilino/a *adj.* enigmatic **2**
sien *f.* temple **3**
sin rodeos *loc.* without beating around the bush **6**
sindical *m.* labor union **2**
siquiera *adv.* at least **6**
sitio *m.* siege **2**
sobar *v.* to rub **5**
soberbia *f.* arrogance **5**
sobrado/a *adj.* to spare **3**
sobre ascuas *loc.* on tenterhooks **5**
sobresalto *m.* fright **6**
soldar *v.* to weld **4**
sollozo *m.* sob **1**
sombrío/a *adj.* gloomy **3**
someter *v.* to subjugate **2**
sorberse (*v.*) **los mocos** to sniffle **6**
sordo/a *adj.* deaf **4**
substraerse *v.* to avoid **6**
sudor *m.* sweat **2**
sueldo *m.* salary **6**
sumido/a *adj.* plunged **4**
súplica *f.* plea **3**
surucuá *m.* species of bird **3**
suturar *v.* to stitch **3**

T

tabique *m.* wall **2**
tablón *m.* plot of land **6**
taimado/a *adj.* sulky **6**
tajante *adj.* categorical **1**
tambaleante *adj.* staggering **4**
tamiz *m.* sieve **4**
tanda *f.* round **4**
taparrabos *m.* loincloth **3**
taquillero/a *adj.* box office success **6**
tarado/a *m.f.* moron **5**
tarima *f.* dais **6**
tartamudear *v.* to stutter **5**
tejaván *m.* shed **4**
temblón/temblona *adj.* shivering **2**
tenazas *f., pl.* tongs **6**
tender *v.* to hand **4**
tenebroso/a *adj.* gloomy **1**
(no) tener (*v.*) **ley** to (not) care about **2**
tener (*v.*) **un miedo cerval** to be terrified **3**
tenida *f.* clothes **6**
tentar *v.* to feel **2**
teocalli *m.* Aztec temple **3**
terciar *v.* to intervene **6**
terco/a *adj.* stubborn **4**
terrateniente *m., f.* landowner **2**
tersura *f.* smoothness **3**
tertulia *f.* gathering **1**
tez *f.* complexion, skin **3**
tinieblas *f., pl.* darkness **3**
tirante *adj.* mounting **5**
tisis *f.* tuberculosis **3**
tizón *m.* charred stick **3**
tocado *m.* headdress **1**
torbellino *m.* whirl **4**
tosco/a *adj.* coarse **3**
trajín *m.* hustle and bustle **5**
tranco *m.* threshold **2**
trapisondista *adj.* conniving **6**
trasfondo *m.* undertone **3**
traste *m.* backside **6**
trasto *m.* piece of junk **4**
trocha *f.* path **6**
tronchado/a *adj.* cut **5**
tuerto/a *adj.* one-eyed **2**
turbación *f.* confusion **1**
turno *m.* shift **5**
turpial *m.* troupial **4**

U

ultraje *m.* indignity **5**
uncir *v.* to yoke **6**
urdir *v.* to devise **6**

V

vacío *m.* empty space **5**
vaivén *m.* swinging **3**
valla *f.* gate **5**
vano (*m.*) **de la puerta** doorway **4**
velador *m.* bedside table **5**
velar *v.* to keep watch **3**
vendado/a *adj.* blindfolded **4**
veraz *adj.* truthful **1**
verdugo *m.* tyrant **3**
verja *f.* wrought-iron gate **5**
vestíbulo *m.* foyer **1**
víbora *f.* snake **3**
virar *v.* to turn **3**
vivac *m.* bivouac **3**
volcar *v.* to turn **1**
volverse *v.* to turn to **2**
voraz *adj.* avid **3**

Y

yacer *v.* to lie **4**
yacútoro *m.* species of bird **3**
yagua *f.* royal palm **6**

Z

zafarse (*v.*) **de** to get rid of **3**
zafra *f.* sugarcane harvest **6**
zaguán *m.* hallway **3, 5**
zamarrear *v.* to shake **3**
zambullirse *v.* to immerse **5**
zarandear *v.* to shake **4**
zarpar *v.* to set sail **5**
zarzuela *f.* traditional Spanish operetta **5**
zonzo/a *adj.* silly **5**
zurrón *m.* haversack **6**

Créditos

Text Credits

12 © Ángeles Mastretta, 2007.
28 © Fundación Mario Benedetti, *c/o Guillermo Schavelzon & Asociados, Agencia Literaria,* www.schavelzon.com.
56 *Cuentos completos y uno más* © 1998, Luisa Valenzuela; © 2007, Alfaguara.
64 Pablo Neruda. "Explico algunas cosas" de *Tercera residencia* © Fundación Pablo Neruda, 2011.
72 © Herederos de García Lorca.
116 Julio Cortázar. "La noche boca arriba", *Final del juego* © Herederos de Julio Cortázar, 2011.
150 Gabriel García Márquez. "La prodigiosa tarde de Baltazar", *Los funerales de la Mamá Grande* © Gabriel García Márquez, 1969.
162 Juan Rulfo. "No oyes ladrar los perros", *El llano en llamas* © Herederos de Juan Rulfo, 2011.
178 Excerpt from *El jorobadito* by Rodolfo Aldasoro reproduced by permission of Ana Machado.
196 "La cruda realidad" from *El eterno femenino* by Rosario Castellanos. D.R. © (1975) Fondo de Cultura Económica. Carretera Picacho-Ajusco 227, C.P. 14738, México, D.F. Esta edición consta de 16,000 ejemplares.
202 "Emma Zunz" from *El Aleph* by Jorge Luis Borges. Copyright © 1989, 1995 Maria Kodama, reprinted by permission of The Wylie Agency LLC.
212 © Mercè Sarrias.
220 Mario Vargas Llosa. Fragmento de *Elogio de la madrastra* © Mario Vargas Llosa, 1988.
242 Ana María Matute. "La conciencia" de *Historias de la Artámila* © Ana María Matute, 1961.
262 © Juan Bosch, *La nochebuena de Encarnación Mendoza.* Reprinted by permission of Fundación Juan Bosch.
276 © Sergio Vodanovic, *El delantal blanco.* Reprinted by permission of Betty Johnson.

Image Credits

All images © Vista Higher Learning unless otherwise noted.

Cover: "*Plataia en el Cajón No. 2* (Silver in the Box)," by Marta Minujín 1995, Resin covered styrofoam, 96 x 60 x 60 in. Museum of Latin American Art, Long Beach, CA/Robert Gumbiner Foundation Collection. Photographer: © Mark Mauno.

Master Art: xi, 12, 14, 15, 20, 22, 23, 28, 30, 31, 36, 38, 39, 40, 41, 56, 58, 59, 64, 66, 67, 74, 75, 76, 77, 78, 79, 80, 81, 82, 83, 84, 85, 100, 102, 103, 108, 110, 111, 116, 118, 119, 120, 121, 122, 128, 130, 131, 132, 133, 150, 152, 153, 154, 155, 156, 157, 162, 164, 165, 170, 172, 173, 178, 180, 181, 196, 197, 202, 204, 205, 206, 207, 212, 214, 215, 220, 222, 223, 224, 225, 242, 244, 245, 246, 247, 252, 254, 255, 256, 257, 262, 264, 265, 266, 267, 268, 269, 270, 271, 276, 278, 279, 280, 281, 282, 283, 284, 285 © simlik/Shutterstock.

Front Matter: xiv (l) © Tequila Gang/WB/The Kobal Collection/The Picture Desk; (r) © EL DESEA-LAUREN/The Kobal Collection.

Lesson One: 4 (Column 1) © ta1/ZUMA Press/Newscom; **5** (r) (detail) *Fortuna* by Behaim. Original caption: Picture shows "Fortuna," a 1541 engraving by Behaim. © Bettmann/Corbis; **10** (l) © Angel Bocalandro/Cover/Getty Images; (r) From MARIDOS Copyright © 2007 by Ángeles Mastretta. All rights reserved. Reprinted by arrangement with HarperCollins Publishers.; **11** © CIRO CESAR/Newscom; **13** (full pg) © Richard Radstone/Getty Images; **15** © Freitag/Corbis; **18** (l) © PRISMA/Newscom; (r) © Cortesía de Ediciones Hiperión, Madrid; **19** © Owen Franken/Corbis; **26** (l) © Eduardo Longoni/picture-alliance/dpa/Newscom; (r) © Cubierta: Más! Gráfica; **27** (l) © Paramount/The Kobal Collection; (r) © Brian Lawrence/Purestock/SuperStock; **29** (full pg) Courtesy Everett Collection; **34** (l) Library of Congress; (r) © Benito Pérez Galdós, *Marianela*, edición de Agustín Sánchez Aguilar, Ediciones Vicens Vives, S.A., Barcelona, 2010, 10ª ed.; **35** © Hulton Archive/Getty Images; **37** (full pg) Picasso, Pablo (1881–1973) *Head*, 1960. Oil on canvas, 25 5/8 x 21 1/4 in. (65.1 x 54 cm). Gift of Mr. and Mrs. Leonard S. Field, 1990 (1990.192). © 2011 Estate of Pablo Picasso/Artists Rights Society (ARS), New York. Location: The Metropolitan Museum of Art, New York, NY, U.S.A. Photo Credit: Image copyright © The Metropolitan Museum of Art/Art Resource, NY.

Lesson Two: 46 (full pg) © Tequila Gang/WB/The Kobal Collection/The Picture Desk; **48** (Column 1) © Gabriel Bouys/AFP/Getty Images; (Column 2:t, Column 2: mr, Column 2: bl, Column 2: br) © Tequila Gang/WB/The Kobal Collection/The Picture Desk; (Column 2: ml) © Picturehouse/Everett Collection; **49** (l) © Hulton Archive/Getty Images; (r) © Popperfoto/Getty Images; **50** (t, m) © Tequila Gang/WB/The Kobal Collection/The Picture Desk; (b) © Picturehouse/Everett Collection; **54** (l) © Fernando Esteves; (r) Foto de Solapa: © Fernando Esteves, Diseño de cubierta: © Pablo Rulfo. Stega Diseño. Editores Alfaguara.; **55** (l) © Hulton-Deutsch Collection/Corbis; (r) © Eduardo Longoni/Corbis; **57** (full pg) *All Honorable Men*, 2006, oil on canvas, 64 x 56 in, NON 45 567. © Julio Larraz, courtesy Marlborough Gallery, New York; **62** (l) © Keystone/Hulton Archive/Getty Images; (r) © Colección Biblioteca Nacional disponible en Memoria Chilena/www.memoriachilena.cl. España en el corazón/Pablo Neruda. [Santiago]: Cruz del Sur, 1948 (Santiago: Universidad de Chile); **63** © Hulton Archive/Getty Images;

65 (full pg) (detail) Picasso, Pablo (1881–1973) *Guernica*, 1937. © 2011 Estate of Pablo Picasso/Artists Rights Society (ARS), New York. Location: Museo Nacional Centro de Arte Reina Sofia, Madrid, Spain. © Art Resource, NY.; **67** Picasso, Pablo (1881–1973) *Guernica*, 1937. © 2011 Estate of Pablo Picasso/Artists Rights Society (ARS), New York. Location: Museo Nacional Centro de Arte Reina Sofia, Madrid, Spain. © Art Resource, NY.; **70** (l) © Art Resource, NY; (r) © Alianza Editorial, S.A.; **71** © EFE/Corbis; **73** (full pg) © Maribel Bálius; **76** © Photograph: René Combeau. Rights: Archivo Teatral Universidad Católica de Chile; **83** © Photograph: René Combeau. Rights: Archivo Teatral Universidad Católica de Chile.

Lesson Three: 92 (Column 1) Jose Mari Goenaga; **93** (l) © The Kobal Collection; (r) © Everett Collection/Everett Collection; **98** (l) © Album/Oronoz/Newscom; (r) © Emilia Pardo Bazán. *Obras Completas Tomo X* (El fondo del alma. Sud-expres. Cuentos trágicos. Cuentos de la Tierra). Edición de Darío Villanueva y José Manuel González Herrán. Nº pp: 738. ISBN: 978-84-96452-06-0.; **99** © Photo Researchers; **101** (full pg) © Hill Peppard/First Light/Corbis; **106** (l) Universidad de la Republica, Uruguay; (r) © Biblioteca Artigas, Colección de Clásicos Uruguayos-Vol 70.; **107** © Album/Documenta/Newscom; **109** (full pg) © Roberto Verás. Media used: computer software manipulation and acrylic retouch on printed copy. Year: 2009. Name: *Rostro de Mujer*.; **114** (l) © Album/Cesar Malet/Newscom; (r) Cubierta: Atelier Jóvenes Arrugas de Julio Silva y Sophie Moret. Saúl Yurkievich, Foto: © Camila Van Zuylen, 1976; **115** (l) (detail) Artist: ARTIST unknown. Location: Palazzo Pitti Florence. Description: Portrait of MONTEZUMA, 1466–1520, last king of the Aztecs. © The Art Archive/Palazzo Pitti Florence/Alfredo Dagli Orti; (r) (detail) Rivera, Diego (1886–1957) *Class warfare*. Detail from: *The Aztec World*. 1929. Mural. North wall. © 2011 Banco de México Diego Rivera Frida Kahlo Museums Trust, Mexico, D.F./Artists Rights Society (ARS), New York. Location: National Palace, Mexico City, D.F., Mexico. Photo Credit: © Schalkwijk/Art Resource, NY.; **117** (full pg) Chagoya, Enrique (b. 1953) © Copyright *Life is a Dream, Then You Wake Up*. 1995. Color monotype on handmade Amate bark paper, 42 5/8 x 46 5/8". Museum purchase made possible by the Morris and Gwendolyn Cafritz Foundation, Calvert Walke Tazewell and Mr. and Mrs. G. Mennan Williams. Location: Smithsonian American Art Museum, Washington, DC, U.S.A. Photo Credit: Smithsonian American Art Museum, Washington, DC/Art Resource, NY.; **126** (l) Public domain from Wikimedia Commons; (r) Diseño de la portada: 23 Escalones Ilustración de la portada: "Orilla del río Bouzanne", 1860–1869, Theodore Rousseau Primera edición: agosto, 2010 © Editorial 23 Escalones, 2010 Tijarafe 42, 38390 Santa Úrsula ISBN: 978-84-15104-41-4.; **127** Ali Burafi; **129** (full pg) *Hunters with partridge*. © Part of MAXAM Collection. MAXAM Foundation.; **132** © B2M/Machet/Stock Image/Getty Images.

Lesson Four: 138 (full pg) © TORNASOL/JEMPSA/THE KOBAL COLLECTION/ PENSAVALLE, LIBIO; **140** (Column 1) © Jeffrey M. Boan/MCT/Newscom; (Column 2:t) © Sony Pictures/Courtesy Everett Collection; (Column 2: ml, Column 2: br) © TORNASOL/JEMPSA/THE KOBAL COLLECTION/ PENSAVALLE, LIBIO; (Column 2: mr, Column 2: bl) © NA/AFP/ Newscom; **141** (l) Ali Burafi; (r) Courtesy of Museo de la Inmigración, Argentina; **142** (t, m, b) © TORNASOL/JEMPSA/ THE KOBAL COLLECTION/ PENSAVALLE, LIBIO; **144** (t) © TORNASOL/JEMPSA/THE KOBAL COLLECTION/ PENSAVALLE, LIBIO; (b) © NA/AFP/Newscom; **148** (l) © Piero Pomponi/Liaison/Getty Images; (r) Diseño de cubierta © Random House Mondadori, Ilustración de cubierta © Jordi Sàbat; **149** © Foto Revista Cromos 1928; **151** (full pg) *en-jaulado* pintura técnica mixta © begmont; **155** *mercado colombiano*. © Edgar Augusto Moreno. Acrílico en espátula sobre lienzo 40 x 30 cm, 1983.; **160** (l) © Paco Junquera/Cover/Getty Images; (r) © D.R. Juan Rulfo, herederos de Juan Rulfo. 2010 Editorial RM. www.editorialrm.com; **161** (l) Library of Congress; (r) © Corbis; **163** (full pg) José Clemente Orozco Mexican, 1883–1949, *Zapata*, 1930, Oil on canvas, 198.8 x 122.6 cm (78 1/4 x 48 1/4 in.), Gift of Joseph Winterbotham Collection, 1941.35, The Art Institute of Chicago. Photography © The Art Institute of Chicago.; **168** (l) © INTERFOTO/Alamy; (r) Author: Darío, Rubén, 1867–1916; Ghiraldo, Alberto, 1874–Volume: 7. Publisher: Madrid Mundo Latino. Possible copyright status: NOT_IN_ COPYRIGHT. Language: Spanish. Call number: ACR-7285. Digitizing sponsor: MSN. Book contributor: Robarts - University of Toronto. © Archives.org; **169** José Blanco; **171** (detail) Kahlo, Frida (1907–1954) *Portrait of Luther Burbank*, 1931. Burbank (1849–1926), American horticulturist). © 2011 Banco de México Diego Rivera Frida Kahlo Museums Trust, Mexico, D.F./ Artists Rights Society (ARS), New York. Location: Fundacion Dolores Olmedo. Photo Credit: © Schalkwijk/Art Resource, NY.; **176** (l, r) Ana Machado; **177** © Jeremy Hoare/Alamy; **179** (full pg) (detail) Tamayo, Rufino (1899–1991) © Copyright *Man and Woman* [Hombre y mujer], 1981. Oil on canvas, 125.8 x 180 cm. Location: Tate Gallery, London, Great Britain. Photo Credit: © Tate Gallery, London/Art Resource, NY.

Lesson Five: 186 (full pg) © Sony Pictures/Everett Collection; **188** (Column 1) © Johns PkI/Splash News and Pictures; (Column 2:t, Column 2: br) © EL DESEO S.A/Album/Newscom; (Column 2: mtl) © Orion Pictures Corp/Everett Collection; (Column 2: mtr, Column 2: mbl, Column 2: mbr, Column 2: (bl) © EL DESEA-LAUREN/The Kobal Collection; **189** (l) © Album/Oronoz/Newscom; (r) © Danny Lehman/Corbis; **190** (t) © EL DESEO S.A/CATTARINICH, MIMMO/ Album/Newscom; (m) © Sony Pictures/Everett Collection; (b) © EL DESEO S.A/Album/Newscom; **194** (l) © Lola Alvarez Bravo, courtesy of Galeria Juan Martin; (r) © Fondo de Cultura Económica; **195** © Rodolfo Usigli Archive, Miami University Libraries, Oxford, Ohio, U.S.A.; **197** *Clothed Maja* by Francisco Jose de Goya y Lucientes, 1800. © The Gallery Collection/ Corbis; **200** (l) © Agencia el Universal/Newscom; (r) © Alianza Editorial, S.A.; **201** (l) © Robert Fried/Alamy; (r) © Daniella Zalcman; **203** (full pg) © Daniel Murtagh/Trevillion Images; **206** © Corbis Premium RF/Alamy; **210** (l) © Juanfran Martínez;

(r) *Mujeres sobre mujeres en los albores del siglo XXI: Teatro breve español.* One-Act Spanish Plays by Women about Women in the Early Years of the 21st Century. Author: Patricia O'Connor. Diseño: Paula Serraller. © Editorial Fundamentos Colección Espiral, serie Teatro 314. ISBN: 978-84-245-1076-3.; **211** © Itziar Pascual; **213** (full pg) © Simon Jauncey/Trevillion Images; **218** (l) © jeremy sutton-hibbert/Alamy; (r) © Mario Vargas Llosa/Al Fin Liebre Ediciones Digitales. 1988; **219** (detail) Munoz, Juan (1953–2001) © Copyright *Towards the Corner*. 1998. Wood, resin, paint and metal. Object: 2100 x 2785 x 1130 mm. Purchased with assistance from Tate Members 2003. Location: Tate Gallery, London, Great Britain. Photo Credit: © Tate, London/Art Resource, NY.; **221** (full pg) © Fernando Botero. *Pedro*. 1974. Óleo sobre tela. 194,5 x 150,5 cm. Donación Botero 1976. Colección Museo de Antioquia, Medellín, Colombia . Imagen reproducida con la autorización del titular de los derechos de autor.

Lesson Six: 230 (full pg) © Columbia/courtesy Everett Collection; **232** (Column 1) © Archivo/Newscom; (Column 2:t) © ALEMEDA FILMS/BLU FILMS/THE KOBAL COLLECTION; (Column 2: mtl, Column 2: mtr, Column 2: mbl, Column 2: mbr, Column 2: bl, Column 2: br) © Columbia/courtesy Everett Collection; **233** (l) FARRA, Felix: 1845–1919: Mexican. Location: National Palace Mexico City. Description: Bartolomé de LAS CASAS, 1474–1566 early Spanish historian and Dominican missionary in the Americas, painted 1875. © The Art Archive/National Palace Mexico City/Gianni Dagli Orti.; (r) (detail) Anonymous, 19th century. The conquest of Mexiko by the Spaniards. Following instructions of the Church the massacre begins. Ca. 1860. Wood engraving. Photo: Dietmar Katz. Photo Credit: © Bildarchiv Preussischer Kulturbesitz/Art Resource, NY.; **234** (t, m) © Columbia/courtesy Everett Collection; (b) © Samuel Goldwyn/courtesy Everett Collection; **236** (t) © Columbia/courtesy Everett Collection; (b) © Samuel Goldwyn/courtesy Everett Collection; **240** (l) © German Gallego/ Newscom; (r) © Cortesía de Ediciones Destino; **241** © Francesc Muntada/Corbis; **243** (full pg) *Strong Soul* © Levan Kakabadze; **250** (l) © Fundación Ricardo Palma; (r) Reproducción digital de la edición de Lima, Benito Gil, 1875. Obra digitalizada por Unidixital en la Biblioteca América de la Universidad de Santiago de Compostela.; **251** © Keystone-France/ Gamma-Keystone via Getty Images; **253** (full pg) *St. Dominic* by Greco, El (Domenico Theotocopuli) (1541–1614) Toledo Cathedral, Castilla y Leon, Spain. 17th (C17th). © Index/The Bridgeman Art Library Nationality. Copyright status: Greek/out of copyright.; **256** (detail) White, John (fl.1570–1593) *after: Two studies of scorpions*. Watercolour over graphite. Inv. PD 1906,0509.1.73. Location: British Museum, London, Great Britain. Photo Credit: © The Trustees of The British Museum/ Art Resource, NY.; **260** (l) © Hulton-Deutsch Collection/Corbis; (r) © Fundación Juan Bosch, 2005 trigésima edición. Editora Alfa & Omega ISBN: 99934-76-68-4.; **261** (l) © Hulton-Deutsch Collection/Corbis; (r) © Hank Walker//Time Life Pictures/Getty Images; **263** (full pg) © Topham/The Image Works; **274** (l) © Biblioteca Nacional; (r) © Deja que los perros ladren, Sergio Vodanovic, Pehuén Editores, 1990; **275** (l) © Keystone/Getty Images; **275** (r) © AP-PHOTO/wfn/sub; **277** (full pg) © Johner/Getty Images.

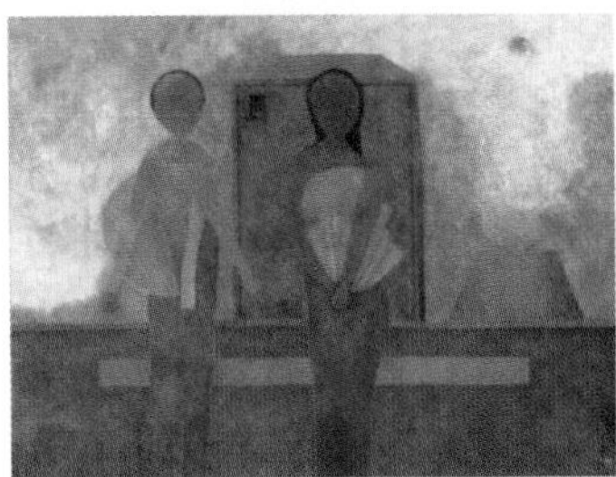

179 (full pg) (detail) Tamayo, Rufino (1899–1991) © Copyright *Man and Woman* [Hombre y mujer], 1981. Oil on canvas, 125.8 x 180 cm. Location: Tate Gallery, London, Great Britain. Photo Credit: © Tate Gallery, London/Art Resource, NY.

Sobre los autores

James C. Courtad es profesor de la Universidad de Bradley. En 2001 se doctoró en Literatura Hispánica en la Universidad de Texas. Su tesis se enfocó en la obra epistolar de Juan Valera y su influencia en la narrativa del autor. Al graduarse, trabajó en la Universidad de Central Michigan, donde enseñó literatura y cultura española, composición, conversación y cursos básicos de lengua. Ha publicado artículos sobre Benito Pérez Galdós y Juan Valera. Le interesan la literatura de viajes, el cruce de culturas y la representación alimenticia en la literatura.

Kathryn Everly es profesora de literatura española de la Universidad de Syracuse. Cursó el doctorado de Filología Española en la Universidad de Texas. Ha publicado *Catalan Women Writers and Artists: Revisionist Views from a Feminist Space* (2003); *History, Violence and the Hyperreal: Representing Culture in the Contemporary Spanish Novel* (2010), y varios artículos y capítulos sobre narrativa española. Sus intereses incluyen el cine, los estudios culturales y la voz de los inmigrantes en la narrativa contemporánea.

Martín Gaspar recibirá el doctorado en Lenguas y Literaturas Romances de la Universidad de Harvard en 2011. Sus investigaciones abarcan diversos campos, entre ellos la historia intelectual latinoamericana desde la conquista; la ficción en México, Argentina, Brasil y España; la teoría narrativa y psicoanalítica; los estudios sobre la discapacidad, y la traducción. Ha enseñado cursos sobre bilingüismo, traducción, estudios culturales, y de lengua y cultura a través del cine y la literatura.